大醫袁了凡

严蔚冰　严石卿　编著

中国科学技术出版社
·北京·

图书在版编目（CIP）数据

大医袁了凡 / 严蔚冰，严石卿编著 . — 北京：中国科学技术出版社，2023.6
（2024.5 重印）

ISBN 978-7-5236-0230-0

Ⅰ.①大… Ⅱ.①严… ②严… Ⅲ.①袁了凡（1533–1606）—传记 Ⅳ.① B248.99

中国国家版本馆 CIP 数据核字（2023）第 077076 号

策划编辑	王久红　孙　超
责任编辑	王久红
文字编辑	靳　羽
装帧设计	佳木水轩
责任印制	徐　飞

出　　版	中国科学技术出版社
发　　行	中国科学技术出版社有限公司发行部
地　　址	北京市海淀区中关村南大街 16 号
邮　　编	100081
发行电话	010-62173865
传　　真	010-62179148
网　　址	http://www.cspbooks.com.cn

开　　本	710mm×1000mm　1/16
字　　数	326 千字
印　　张	25.5
版　　次	2023 年 6 月第 1 版
印　　次	2024 年 5 月第 3 次印刷
印　　刷	北京顶佳世纪印刷有限公司
书　　号	ISBN 978-7-5236-0230-0/B・141
定　　价	78.00 元

（凡购买本社图书，如有缺页、倒页、脱页者，本社发行部负责调换）

编著者简介

严蔚冰,上海传承导引医学研究所所长,上海中医药大学兼职教授,国家级非遗"中医诊疗法－古本易筋经十二势导引法"代表性传承人,上海市非遗"坐姿八段锦导引法"代表性传承人。荣获首届全国中医药科普金话筒奖、第五届全国优秀科技工作者、2017中国非遗年度人物,主编《中医导引学》《帕金森病导引康复法》《袁了凡静坐要诀》等。

严石卿,上海陶唐导引文化发展基金会秘书长,国家级非遗"古本易筋经十二势导引法"(上海市)代表性传承人,上海市非遗"坐姿八段锦导引法"代表性传承人,上海市教卫工作党委健康顾问、中国民族医药学会非物质文化遗产分会执行秘书长,编著《古本易筋经十二势导引法》《坐姿八段锦导引法》《灸经辑要》等。

内容提要

"志在天下国家,则善虽小而大;苟在一身,虽多亦小。"袁了凡,明代重要的思想家,成长于浙江嘉善,为官于天津宝坻,隐居于江苏吴江。其善行、善学、善政,至今仍被世人铭记、传承。袁氏一脉从曾祖父袁颢"投身医家"到"寓意于医"、祖父袁祥"不屑于医"到"隐迹于医"、父亲袁仁"托迹岐黄"到"寓情于医",到了凡先生提出医者应从"祈嗣真诠"到"寿国寿民"贯彻始终,倡导"我命在我不在天"之"立命之学"。书中细述袁氏医道传家的故事,从中可以一窥明代中后期我国医药发展及其对江南文人的影响。著者践行修身数十载,以先哲之垂范,重新思索人生意义,今与众人分享,以期为大众身心健康提供帮助。

范峤青手绘《袁了凡先生画像》

前　言

见贤思齐，君子所欲。怀仁养德，君子所为。

袁黄（1533—1606年），字坤仪，号了凡，是明代著名的思想家，他一生践行"修身、齐家、治国、平天下"之信念，著作等身，惠人无数。了凡先生著《静坐要诀》《摄生三要》治人之身心；著《了凡四训》《祈嗣真诠》佑家族兴盛；著《宝坻劝农书》《皇都水利考》助一方之富庶。纵观先生一生，治己、治人、治家、治国各有章法，善始善终，立德立言，堪称大医。

身心健康和家庭幸福，一直以来是人们共同追求的人生目标，也是人们最大的心愿。追求目标不能盲目，需要有智慧和榜样。明代袁了凡先生的一生被印光大师称为"淑世良谟"。纵观袁了凡先生的一生，正是在践行修身、齐家、治国、平天下四件大事。修身是调服自身，齐家是治理家庭，治国是造福百姓，平天下是维护天下太平。前两件大事与个人的身心健康和家庭幸福有关，人人都应习之，后两件大事"治国"和"平天下"则是少数精英人士的人生目标，真正有机会去践行的人凤毛麟角。而袁了凡先生却把这四件大事都干得有声有色，他的个人修养从《了凡四训》中可以了解；齐家的要领在《袁氏家训》《四书训儿俗说》《庭帏杂录》中有记载；治理地方（国家）的能力在《宝坻政书》中有记录；至于"平天下"更是传奇，了凡先生是一位南方的文弱书生，走马上任宝坻县知县时已年近花甲，五年任满调任兵部职方司时已年过六旬，上任不久即在寒冬腊月随军跨过鸭绿江，到朝鲜去驱逐倭寇，先生固守平壤，在外无援兵的劣势下，击退来袭日寇。袁了凡先生用实际行动践行了人生理想，四件大事都做得很出色。他用一生践行这四件大事，为后世留下了宝贵的非物质文化遗产。

研读袁了凡，应从先生的家族传承和人生轨迹中找到修身、齐家的入手。了凡先生出身名门，嘉善袁家是"文献世家"和"医学世家"。据《辞海》载："袁黄，明浙江嘉善人。字坤仪，号了凡，万历进士。任宝坻知县后，升兵部主事。对天文、术数、水利、军政、医药等，多有所涉猎。曾用'功过格'记录'善恶'，扩大程朱理学的影响。著有《两行斋集》《皇都水利》《评注八代文宗》《袁了凡纲鉴》等。"

袁氏一脉的医学传承至袁了凡是第五代（从曾祖父袁颢的养父徐孟璋算起）。了凡先生童年丧父，遵从母命以学医为业。他从小立下大医之志，跟随师长、族兄努力学习医药经典。明代初中期，儒生们受"孝道"和"不为良相，便为良医"思想的影响，皆乐于学医；医者却以儒相尚，医儒互济成为风气。还有道教、佛教的教职人员以治病疗疾作为接引信众的抓手。正是由于儒生、道士、和尚的参与，从医人员的社会结构随之发生变化。了凡先生的曾祖父袁颢以师承开创了袁氏医学，袁氏由家庭血脉传承寓意于医，经过三代人不懈努力，造就了一代名医袁仁。袁了凡继承其父医学思想，终成大医，其"救人于始，救命于本"的医学思想，最终以一种"命自我立、大医精诚"的善学方式广为流传。了凡先生除了全盘继承家学外，还遵循家训"象纬术数，君子通之，而不欲以是成名；诗词赋命，君子学之，而不欲以是哗世"，先生以其大智慧，将儒家、释家、道家的理念合于医家，用道家的《太上感应篇》和《功过格》作为臂膀，使向上向善"改变命运"之善文化走进了千家万户，四百多年来惠及了无数的家庭。

我们可从袁家医道传家的故事一窥明代中后期我国医药学的发展及其对江南文人的影响。袁氏一脉从曾祖父袁颢"投身医家"到"寓意于医"、祖父袁祥"不屑于医"到"隐迹于医"、父亲袁仁"托迹岐黄"到"寓情于医"，到了凡先生提出医者应从"祈嗣真诠"到"寿国寿民"贯彻始终，倡导"我命在我不在天"之"立命之学"。

了凡先生的人生智慧集中表现在《祈嗣真诠》《四书训儿俗说》《静坐要诀》《宝坻政书》《了凡四训》五部典籍中，分别对应人生的五个阶段。婚孕之前以《祈嗣真诠》孕育健康聪慧的宝宝，为人父母后以《四书训儿俗说》教育子女，成年后以《静坐要诀》修身养性、涵养静气，工作后以《宝坻政书》学习如何全心全意为人民服务，而《了凡四训》中更是包含了"立命""改过""积善""谦德"四门学问，是全家老少皆应学习的善书经典。数百年来《了凡四训》被后人尊为"天下第一善书"，已经惠及了无数人和家庭。

《礼记·大学》认为，修身、齐家、治国、平天下，须从格物、致知、诚意、正心做起，其根本在于修身，而修身、齐家很难分开，家庭和家教尤为重要。了凡先生的曾祖父袁颢、祖父袁祥、父亲袁仁都是饱读经典、兼通医道的学者，王阳明及其弟子王艮、王畿等都是袁家的座上宾，文徵明、唐寅等皆是诗文好友，袁了凡兄弟亦从其学。

袁了凡先生总结了父辈传下来的经验和自己的心得，用毕生的精力来践行。他善于学习、总结并著书立说教育后人，观其一生，修身始终贯穿于其中，"大医精诚"是了凡先生一生践行的目标。

张机、陶弘景、孙思邈等古之大医莫不是饱读经典、胸怀天下、践行医道的大修行人。孙思邈在《备急千金要方》中要求："凡大医治病，必当安神定志，无欲无求，先发大慈恻隐之心，誓愿普救含灵之苦。若有疾厄来求救者，不得问其贵贱贫富，长幼妍媸，怨亲善友，华夷愚智，普同一等，皆如至亲之想，亦不得瞻前顾后，自虑吉凶，护惜身命。见彼苦恼，若己有之，深心凄怆，勿避险巇、昼夜、寒暑、饥渴、疲劳，一心赴救，无作功夫形迹之心。如此可为苍生大医，反此则是含灵巨贼。"这就是大医的修养。

孙思邈是儒、释、道三家合参的代表性人物，被后世尊为药王。三家合参的目的是什么呢？我的经验是"三家合参学做人"，做人是一门很深的学问。三家合参的交汇点在于"医"，小医以病为本，治病疗疾；大医以人为本，精神内守，长保健康。故曰：上工治未病。

了凡先生是继孙思邈先生后又一位三家合参的代表性人物，精通天文历算、地理堪舆、水利农耕、医学养生等，一生践行修身、齐家、治国、平天下，而且凡事都刻意尚行，为后世之典范。因此，仅用思想家、文学家、医学家等称号不足以定位袁了凡先生的德行。袁氏祖上四代皆有医学传承，其思想方法已经超出了"医"，修身以保命全形为本，齐家以行善积德为本，治国以服务人民为本，平天下以威德远播为本。余学习袁了凡先生30多年，认为用"大医"来称呼袁了凡先生较为合适。

袁了凡先生的自身修养亦采用中医学方法，以后天来补先天之不足，治愈自己的身心疾病；齐家则是按圣贤四书（《大学》《中庸》《论语》《孟子》）的要求，从每一个家人的起心动念上抓起，做到"广修善业，厚积庆源"。关于修身和齐家的准则是以祖上菊泉翁的《袁氏家训》为基础，综合儒、释、道三家经典发展而来的。到袁了凡先生时，已有《摄身三要》《静坐要诀》《祈嗣真诠》《四书训儿俗说》《庭帏杂录》《了凡四训》和《宝坻政书》传世。袁了凡先生解甲归田后，潜心治学，他所研究的学问并非在故纸堆里，而是走进千万学子家中，曰《游艺塾续文规》，让无数学子得益于此书。

此外，先生还做了一件非常了不起的事，在其编著的《祈嗣真诠》中，他将健康追溯到生命源头，即夫妻孕育生命之前应该做的事情。这是一部对现代人也极具参考价值的优生优育学医书，在封建社会的时代背景下，尤为难得。这部书的刊行，当时曾遭到不少诟病，清代编撰《四库全书》时也只著录了《祈嗣真诠》的书目。了凡先生的学术思想有超越时代的高度，这些思想可助人扫除人生烦恼、障碍，人人皆可学之、用之，这是尤为可贵的。400多年来，《了凡四训》在民间各阶层的传承最能说明问题。

了凡先生初始笃信天命，遇到云谷禅师才转变观念，努力改变命运，创立新生，并为自己专设《治心书》《清晨忏悔文》和《功过格》，用这些看似单调的做法对治自己的身心障碍，从利人、利家、利国做起，严于律己，勤于总结，最终完美诠释了云谷禅师所言："命由我造，福自己求。"

余喜欢了凡先生的一言一行，经常闭上眼睛脑海里就会出现一个年过半百的南方老人，千里迢迢去河北宝坻县（今属天津）上任的情景……他把一个连年水灾的贫穷县，治理得井井有条。甚至他还在任时，当地百姓就已经为其建了"生祠"日日供奉。400多年后"袁黄的传说"成为天津市（省级）非物质文化遗产。袁了凡先生当年治理宝坻的事迹，一直传颂至今，铭记在人们的心中。

余践行袁了凡先生的人学善法数十年，虽难言精通，却受益匪浅，遂发愿与大家共享。2013年余编辑整理《袁了凡静坐要诀》在上海古籍出版社出版发行。2015年应邀在上海玉佛禅寺觉群讲堂开讲《中医导引与佛教医方明》。2016年初编译《白话了凡四训》，3月在上海玉佛禅寺觉群讲堂开讲"学习了凡智慧·创建幸福家庭"系列讲座，让更多家庭知晓了袁了凡先生及其"人学"思想。后应邀参加在天津宝坻召开的"首届袁了凡学术思想研讨会",发表了《袁了凡与静坐要诀》一文,之后此文还被党建网和人民网转载。

辛丑年,余应上海浦东一念书院之邀开讲《大医袁了凡》,听众们很喜欢这种"讲故事"的形式。余在每次开场白时都会引用了凡先生之言:"志在天下国家,则善虽小而大;苟在一身,虽多亦小。"此乃"消灾延寿,自求多福"的要诀。

2018 年至今,余应善小公益基金会、上海中医药大学邀请为 2600 余位云贵乡村医生和基层卫生院院长讲授《大医袁了凡》,传授中医导引方法,广受欢迎。这些方法和思想已从北、上、广深入到云贵乡村的田间地头,为大众身心健康提供了有益帮助。

希望本书的整理出版,能乘盛世之东风,以先哲为垂范,让我们放慢脚步,静下心来,重新思索人生的意义,发散根植于内心的智慧与善良,追求身心健康和家庭幸福。

修身齐家今日事,缘起大医袁了凡。

严蔚冰

癸卯立夏书于静室

目 录

第一讲 袁氏家族

一、家族兴旺 / 001
二、命运突变 / 003
三、逢凶化吉 / 006
四、缘起良医 / 007
五、潜心学习 / 010
六、惟医近仁 / 012

第二讲 儒医袁颢

一、寓意于医 / 017
二、袁氏家训 / 018
三、医易同理 / 019
四、医贵自尊 / 021
五、大医之志 / 022
六、活人之术 / 024

第三讲 袁氏医规

一、医规十事 / 028
二、同体大悲 / 029
三、人情练达 / 031
四、慎言慎行 / 032
五、食饮有节 / 034
六、修身养性 / 035

第四讲 传承家学

一、经史传家 / 038
二、文献世家 / 040
三、真修实证 / 042
四、袁颢医案 / 043
五、太素脉法 / 045
六、无疾善终 / 046

第五讲 隐医袁祥

一、博洽高旷 / 048
二、名医家传 / 050
三、夫唱妇随 / 051
四、博采众长 / 053
五、儒医合一 / 054
六、家学渊源 / 057

第六讲 安居乐业

一、袁家八景 / 061
二、悬壶济世 / 063
三、藏书万卷 / 066
四、痛失双亲 / 069
五、后继有人 / 070
六、安身立命 / 072

第七讲 寓情于医

一、学医为孝 / 075
二、祝说病由 / 077
三、庭帏杂录 / 078
四、相由心生 / 080
五、经中之经 / 082
六、宝命全形 / 085

第八讲 仁心仁术

一、参坡医案 / 088
二、儒医同修 / 092
三、大医精诚 / 093
四、杂合而治 / 096
五、立意高远 / 098
六、医者意也 / 100

第九讲 明医参坡

一、博学敦行 / 102
二、交游广阔 / 104
三、博极群书 / 109
四、袁门家风 / 110
五、福由善生 / 113
六、量人施教 / 115

第十讲 传承精华

一、专治痘疹 / 119
二、传承家学 / 120
三、师承心学 / 121
四、参坡小传 / 123
五、用药玄机 / 126
六、参坡仙逝 / 129

第十一讲 大医之志

一、世事无常 / 131
二、弃仕业医 / 133
三、易号明志 / 135
四、立志立命 / 137
五、良相良医 / 139
六、治身治家 / 142

第十二讲 汇融三家

一、三家一理 / 147
二、佛家治心 / 148
三、道家医人 / 150
四、天人相应 / 151
五、以气为本 / 155
六、术数为学 / 156

第十三讲 大医了凡

一、医贵仁德 / 161
二、三著医书 / 163
三、太上感应 / 164
四、善因善果 / 166
五、自慎良方 / 168
六、形与神俱 / 169

第十四讲 一代宗工

一、医易同源 / 173
二、融会贯通 / 176
三、勤政爱民 / 178
四、博极医源 / 182
五、谦德自养 / 185
六、传承正法 / 186

第十五讲 杂合而治

一、改名自省 / 189
二、了凡论学 / 192
三、疏通文脉 / 195
四、治水劝农 / 198
五、哲医论刑 / 200
六、养兵练军 / 203

第十六讲 摄生三要

一、聚津成精 / 210
二、炼精化气 / 213
三、调息之法 / 215
四、吐纳养气 / 217
五、养气存神 / 218
六、守窍止观 / 220

第十七讲　静坐要诀

一、禅净双修 / 224
二、静坐次第 / 226
三、静坐辨志 / 227
四、静坐豫行 / 228
五、静坐境界 / 230
六、静坐密义 / 232

第十八讲　静心遣欲

一、静坐功用 / 236
二、善根发相 / 237
三、吐纳调息 / 239
四、清静自然 / 241
五、仁心广爱 / 243
六、静则洗髓 / 245

第十九讲　祈嗣优生

一、发愿求子 / 249
二、好生养德 / 252
三、和室择时 / 253
四、优生优育 / 255
五、改过积善 / 257
六、影响深远 / 259

第二十讲　锐意进取

一、整体医学 / 265
二、治心为上 / 266
三、融会贯通 / 268
四、朝鲜抗倭 / 270
五、自破执着 / 272
六、善始善终 / 274

第二十一讲　历久弥新

一、法脉兴盛 / 278
二、医道传承 / 279
三、性命双修 / 280
四、寿国寿民 / 282
五、世代相传 / 284
六、传承有序 / 289

附录部分

附一　《祈嗣真诠》/ 293
附二　《袁氏家训》/ 320
附三　《庭帏杂录》/ 358
附四　袁了凡大事记 / 375

后记 / 392

第一讲
袁氏家族

明朝（1368—1644年）是中国历史上最后一个由汉族建立的大一统王朝，共传十六帝，享国二百六十七年。明朝初年，朝廷颁布《教民榜文》，提倡"寺观合一"，其目的是创建和谐社会。《教民榜文》云："孝顺父母，恭敬长上，和睦乡里，教训子孙，各安生理，毋作非为。"永乐年间，国力昌盛，大兴土木，明成祖朱棣北修故宫，南建武当，组建航海团队下西洋。朱棣信奉道教，道教的因果律和行善积德的思想在民间广为传播，土生土长的道教越发兴盛。

袁了凡出生于浙江嘉兴嘉善县。嘉善地处杭嘉湖平原，长江三角洲腹地，滨海承湖，水陆交通便利，历来有"吴根越角"之称。嘉善民风淳朴，士人笃志好学，学识渊博之辈，代有其人。在此，主要讲述嘉善县集"文献""医学"为一家的袁氏家族，以及袁了凡的一生。

一、家族兴旺

据《赵田袁氏家谱》，袁颢为赵田袁氏家族的一世祖，袁祥为二世，袁仁为三世，袁黄（了凡）为四世。袁仁在《怡杏府君行状》中追述："余上世，自陈州徙江南，散居吴越间。八代祖富一公，由语儿溪徙居嘉善之净池。历三百余年，至吾祖菊泉（袁颢）先生，始入赘吴江之芦墟里"（台北图书馆藏《袁氏丛书》卷之十《重梓参坡袁先生一螺集》）。袁氏先祖袁富生活的年代应该是南宋，袁家由中原陈州（今河南省周口市淮阳区）南迁语儿溪（今浙江省桐乡市西南崇福镇东南）净池（今嘉善县陶庄镇），"净池"是因此地杂草不生而得名。袁颢《袁氏家训·家难篇》云："予家世居嘉兴之陶庄今析归嘉善。"袁仁《家居八景赋·序》云："余家世居陶庄之净池。"现在嘉善县陶庄镇陶东村袁家埭、净池南侧袁家汇还有袁家老宅。

袁顺（字巽之，号杞山）"世居陶庄"，时当元末明初，其时嘉善尚未立县（明宣德五年建县）。袁家拥有"田四十余顷"（约4000多亩），"元末家颇饶"（《袁氏家训·家难篇》）。袁顺富甲一方，家有藏书万卷，为典型的江南"耕读之家"。袁顺不仅是富足的财主，也是满腹经纶的学者，且"豪侠好义，尚气节，人有急投之，不论寒暑蚤暮，辄倾身赴之"（《袁氏家训·家难篇》）。袁顺为人善良，遇到灾荒年，主动组织救灾；若遇有急难之人，会尽力相助。他还倡导和组织乡贤成立"克己修身"的社团，"订礼义之社"，社团成员"皆勇于为善而奔义若赴"（《袁氏家训·家难篇》），自觉致力于类似"功过格"形式的修身方法，经常在一起交流心得，以各人所行善事的多少和难易程度来排定座次，作出评价。

袁顺是嘉兴地方著名的"六经"（《诗》《书》《礼》《易》《乐》《春秋》。《乐经》失传，然后世仍习称儒家经典为"六经"。《礼经》，汉代指《仪礼》，唐宋后逐渐以《礼记》代之，两书再加上《周礼》，合称"三礼"。《春秋》则有《左氏》《公羊》《谷梁》三传）学者。袁顺尤其精通《易》学，善卜筮，学养和人品俱佳。袁顺与苏州知府姚善讨论《易经》，受到姚善的赏识，又经姚善大力举荐，遂"游金陵诸公卿"（袁颢《袁氏家训·家难篇》）。姚善（1360—1402年）字克一，建文帝时忠臣，性耿直，仪表英伟，善谈论。他与季亨、魏观、况钟和王观，皆为贤能之士，被称之为"姑苏五太守"，祭祀于学宫。姚善喜欢结交贤能，袁则经常被其请到南京、苏州等地讲论《易经》。

明朝初年，京城在金陵（南京）。袁顺游金陵，与黄子澄私交很好。黄湜（1350—1402年），字子澄，以字行，江西分宜县人。洪武十八年会试第一，累官至太常寺卿，伴读东宫。建文帝朱允炆即位，兼翰林学士，极受器重。燕王朱棣起兵推翻建文帝，姚善、黄子澄在姑苏密谋匡复，往来袁家，袁顺因此卷入了一场灭顶之灾。

二、命运突变

朱棣（1360—1424年）是太祖朱元璋的第四子，洪武三年被册封为燕王，十八岁时娶开国元勋徐达的长女为妻，二十一岁赴北平（今北京）就藩，负责镇守北平。燕王朱棣（建文帝的叔叔）在诸藩王中势力较强，看到建文帝登基后整治藩国，已有五个藩王被削，接下来恐怕要轮到自己了。遂以"清君侧"的名义在建文元年（1399年）起兵，旨在夺取皇位，史称"靖难之役"。朱棣于建文四年（1402年），带领靖难军攻破金陵，推翻建文帝，登上皇位，年号永乐，为明成祖。

"靖难之役"是袁家命运的转折点。袁顺由于和参与建文帝削藩的重臣们有所往来，招致杀身之祸。袁颢对这件事作了非常详细的记述，曰："靖难师渡江定金陵，人有献叔英著作，并交游往来文字，而吾父（袁顺）始挂名党籍矣。时黄子澄在姑苏，密谋匡复，往来于予家甚数。苏州卫许千户知子澄与吾父及杨任等往来，遂驾舟密至吾家，而吾父适先期远出，连夜至新城镇扣杨任之门，入卧所械之，并擒其子礼益，俱赴京戮之，赤其族。同时累遣者吾邑凡七十余家，而吾兄谪戍北平，挈嫂及幼姪同往，财产籍没，而祖宗数百年之业荡然矣。"（袁颢《袁氏家

训·家难篇》）

按照《大明律》规定，袁顺属于谋反罪，处置是非常严厉的。《大明律·刑律》曰："凡谋反谓谋危社稷，及大逆谓谋毁宗庙山陵及宫阙，但共谋者，不分首从，皆凌迟处死。祖父、父、子、孙、兄弟及同居之人，不分异姓，及伯叔父、兄弟之子，不限籍之同异，年十六以上，不论笃疾废疾，皆斩。其十五以下，及母、女、妻、妾、姊、妹，若子之妻妾，给付功臣之家为奴。财产入宫。若女许嫁已定，归其夫，子孙过房与人，及聘妻未成者，俱不追坐。下条准此。知情故纵隐藏者，斩。有能捕获者，民授以民官，军授以军职，仍将犯人财产全给充赏。知而首告，官为捕获者，止给财产。不首者，杖一百，流三千里。"

又："凡谋叛谓谋背本国，潜从他国，但共谋者，不分首从，皆斩；妻妾、子女给付功臣之家为奴，财产并入官；父母、祖孙、兄弟，不限籍之同异，皆流二千里安置。知情故纵、隐蔽者，绞；有能告捕者，将犯人财产全部充赏。知而不首者，杖一百，徒三年。若逃避山泽，不服追唤者，以谋叛未行论。其拒敌官兵者，以谋反已行论。"

袁顺虽然不是朝廷命官，也是被作为从犯追捕的。袁颢曰："永乐初年，令严而法重，陶庄祖房拆毁无余，独镇房数十楹犹有存者。"又曰："吾兄谪戍北平，挈嫂及幼侄同往，财产籍没，而祖宗数百年之业荡然矣"（袁颢《袁氏家训·家难篇》）。当时建文帝朱允炆身边的大臣们，有齐泰、黄子澄、方孝孺等。

> 方孝孺（1357—1402年），明代大儒、思想家、理学家，明太祖时任汉中教授，建文帝时任翰林侍讲、侍讲学士、文学博士等职。建文帝败亡后，朱棣命方孝孺起草《即位诏书》，方孝孺拒绝，被"诛十族"，以身殉节，成为中国历史上唯一被诛十族之人。十

族，包含父四族（自己一族、出嫁的姑母一族、出嫁的姐妹一族、出嫁的女儿一族），母三族（外祖父一族、外祖母一族、姨妈一族），妻二族（岳父一族、岳母一族），共九族。第十族包含门生及朋友。史载：诛方孝孺十族，共杀死八百多人，行刑七日方止。方孝孺著《家人箴》曰："贫贱而不可无者，节也、贞也；富贵而不可有者，意气之盈也。"正是对其刚正不阿的个性写照。齐泰、黄子澄等忠于建文帝的大臣也都被逮捕处死，且株连九族。

袁顺因黄子澄而受牵连，留下儿子袁颢守家，送妻子寄居娘家，自己孤身逃亡。行至吴江北门，走投无路，作《绝命词》曰："北风萧萧兮秋水绿，木落松陵兮野老哭。周武岂不仁兮耻食其粟，生无益于时兮死又奚赎。吾将遵彭咸之遗则兮葬于江鱼之腹。"袁顺"行吟数回，自投于河"。幸遇松陵"居民吴贵三者，援而出之，问其状，告以颠末。吴泫然曰：'义士也。盍至吾家少息乎？'曰：'吾万金之产，一朝尽矣。岂敢累公！'固请以归，见其弟贵五，语之故，且曰：'人生世间，惟纲常为重，渠殚忠竭义，天地鬼神犹将祐之，吾破家相容，可也。'弟曰：'何论破家，虽杀身，其何悔！'吾父（袁顺）感其义，留其家者三月"（袁颢《袁氏家训·家难篇》）。吴家兄弟俩乃豪侠之士，听说袁顺的遭遇，宁愿冒死相救。袁顺避居于吴家，方才幸免于难。留守家中的袁颢夫妇及幼子，被公差押解到北平，家里的田地房产也被籍没，祖宗数百年的产业一朝荡然。

袁顺在吴家时，偶然从吴氏兄弟家所雇工匠郭美师傅口中，获知黄子澄还有一个儿子流落乡间的消息，即刻去江西寻访。"吴氏兄弟业银，工师江西分宜郭美。美言黄子澄死，有一子逃难在其乡，今冒田姓。吾父闻之，且惊且喜，即谋之吴（贵三），随郭（美）而西，果得之民间。

泣告之曰：'此岂汝安居之地耶？'遂挟之奔湖广之咸宁，与之相携，若一家然"（袁颢《袁氏家训·家难篇》）。吴贵三及其弟贵五是做银器生意的，店铺里有一工匠名叫郭美，是江西分宜人，和黄子澄是同乡，他说黄子澄及其族人被处死时，尚遗留下一子，在乡间逃难，现改为田姓。当时袁顺身处困境，冒着生命危险，请郭美带路，前往访求，工夫不负有心人，果然在乡间找到黄子澄遗孤，袁顺带着他远避至湖广之咸宁（今湖北省咸宁市），与之同居处，宛然如一家人。从这件事足见袁顺的人品高洁。

三、逢凶化吉

袁顺"邃于经学，《易》《诗》《书》、三《礼》、《春秋》三传，咸有论核"（袁颢《袁氏家训·家难篇》）。他对于被尊为"六经"之首的《易经》有深入研究，善于卜筮，因卜筮的源头来自《易经》。卜筮，俗称卜卦、算卦，包括向他人问卦，及自己为自己占卦决疑。卜筮是占问事件的未来走向，即卜凶吉。古时医卜不分，卜筮主要是用于断疑惑，趋吉避凶，医则防灾治病。卜筮古时也是一种独立的职业，旧时有人拿着幌子串街走巷，专为问卦者卜凶吉，也有固定门店，门口挂一幌子专事卜筮。

袁顺并不以卜筮为业，他曾将卜筮之法教过一个名叫胡浚的人。胡浚的母亲袁氏是袁顺的姑妈，胡浚称袁顺为表兄。据载："胡斋，初名浚，字元海，陶庄人，出居魏塘（镇）卖卜于市，言多奇中，其学盖得之同邑袁杞山，其母即袁（顺）之姑也。（袁、胡）二人相约游金陵，寓神乐观，提点姚一山偶失金杯，酷责其徒，二人怜之，占得剥之颐，告之曰：'金在土中，未亡也。汝第从房之西南隅掘下五寸，失而复得矣。'如其言，果得杯。"（袁黄 & 盛唐《明万历嘉善县志·方技》）

永乐八年（1410年），袁顺已经可以自由行动，由于他和表弟胡浚善卜筮，当时提点（官名，寓提举、检点之意，掌司法、刑狱及河渠等事）姚一山欲将袁顺和胡浚推荐给皇上。"永乐八年，（姚）一山荐二人于主，袁（顺）称疾不行，胡至京，卜无不验，赐今名（斋），免其劳役，授钦天监漏刻博士"（袁黄＆盛唐《明万历嘉善县志·方技》）。袁顺行事谨慎，尽量远离官场，称自己身体不好不能去。表弟胡浚则去了京城，他在京城"卜无不验"，朝廷免其劳役，授钦天监漏刻博士，被派往钦天监供职，皇上还赐名"斋"。

"永乐十一年（1413年）正月初二，太宗文皇帝（朱棣）敕谕三法司，齐、黄等远亲未拿者悉宥之，有来告者勿论。由是吾父（袁顺）始与（黄子澄之子）相别而归，携吾母同住吴江，以训蒙为业"（袁颢《袁氏家训·家难篇》）。朝廷宣布撤销对齐泰和黄子澄等人未拿获之亲属的通缉，袁顺始别黄子澄之子，回到嘉兴舅家，将夫人接到吴江一起居住。袁顺自此始在吴江公开定居，仍以塾师训蒙为业。逾年，袁顺夫人生了一个儿子，名颢。由于时局艰辛，整日担惊受怕，"吾母以哭泣太多，体羸无乳，时芦墟徐孟彰妻育一女而夭，遂鞠予其家，冒姓徐氏"。（袁颢《袁氏家训·家难篇》）

四、缘起良医

永乐十二年（1414年），袁顺夫人生下婴儿后，没有乳汁喂养。当时吴江芦墟良医徐孟彰夫人刚生的女儿夭折了，有乳汁可以育儿，袁顺遂将袁颢送给徐孟彰为养子，徐家人品家境都很好，徐孟彰夫妇又很喜欢这个小男孩，将其改为徐姓，并入了吴江籍。徐孟彰家后来又生了一个女儿，成年后与袁颢结成夫妻。

袁顺在万难之时，选择寄养于吴江良医徐孟彰家作为小儿袁颢安生之地乃明智之举。世称"良医"者，除了为人厚道心地善良，医术高明外，医家是有要求的，曰："夫医者，非仁爱之士，不可托也；非聪明理达，不可任也；非廉洁淳良，不可信也。是以古之用医，必选名姓之后，其德能仁恕博爱，其智能宣畅同解……贯幽达微，不失细小，如此乃谓良医"（杨泉《物理论》）。袁顺夫妇无力抚养将刚出生的袁颢，选择良医徐家，在当时完全是不得已而为之。袁顺对吴江徐孟彰的家庭背景和为人是做过一番调查的，徐孟彰是良医，为人厚道，世间名医很多，但良医极少；徐孟彰夫人刚生产且婴儿夭折，有奶水可以喂养婴儿，家境宽裕。于是和夫人商议后将婴儿送到徐家。当然，徐孟彰也是非常敬重袁顺的人品，以至于后来在袁颢的启蒙教育上是开放的。袁颢从小在二位父亲精心教育下成长，袁顺当时仍然在吴江隐居，以教童子书谋生，同时抽空给儿子做启蒙教育和六经的教习，袁颢也随养父徐孟彰学医。

徐孟彰视袁颢如同己出，等孩子满五岁，即请先生来家中教学，袁颢从小跟随养父徐孟彰学医，后来的袁氏医学，即缘起于良医徐孟彰。

永乐十九年（1421年），"（皇）上新作殿，命之（胡瀹）卜，布占筮，跪曰：'某月某日午时，当毁。'上怒，囚之以待。至期，倩狱卒觇视，返报曰：'午过矣，无火。'胡服毒。午时正三刻，殿果焚。上急召，胡则死矣。甚惜之，赐驰驿归葬。其子四人，旻、昊、昱、昂，皆弃占筮而学画，曾孙昺遂以善画名，工山水人物，尤精命"（袁黄 & 盛唐《明万历嘉善县志·方技》）。胡浚被授予钦天监漏刻博士，在钦天监任职，专司卜筮，皇帝赐名'瀹'。袁顺听说后，即为表弟胡浚卜了一卦，"得乾之五爻"。袁顺解卦说："五属君，升阳在四，子命又午也。其有赐名之庆乎？"胡曰："五直壬午，壬为水，而午者子之冲也。果赐名必不离水。"袁曰："非徒然也。四为渊，又值升阳，而五居渊上，渊而大者乎。以草莽之臣，践五位，终非吉兆。五为火，丁者壬之合也，遇火则危矣。""后闻赐名'斋'，袁大笑曰：'验矣，死不远矣。'果因殿焚而卒"（袁黄 & 盛唐《明万历嘉善县志·方技》）。古云：伴君如伴虎。在袁顺看来表弟胡浚只是"草莽之臣"，认为胡浚命中犯冲，遇火则危，大事不妙，故脱口而出"死不远矣"。

永乐十九年（1421 年），皇上朱棣命人在北京紫禁城内兴建三大殿，问卜于胡斋。胡斋占卜后跪奏："某月某日午时，三大殿毁于火灾。"朱棣听后勃然大怒，胡斋被囚，等待时至验证。时至某月某日，胡斋请狱卒去察看，午时刚至，狱卒即回监舍报称无火，胡斋惊恐不已，当即服毒自杀。时至午时三刻，三大殿果然失火，被焚毁。皇上朱棣闻报，急召胡斋，胡斋已经服毒身亡。朱棣听后感到很可惜，赐驿车送回乡归葬。胡斋虽善卜筮，但却没能自保，反遭其殃，被袁顺言中死于非命。胡斋的几个儿子再也没人肯学卜筮，而袁顺"称疾不行"，躲过了一劫。袁顺学识渊博，为人仗义，性格直率，乐施好善，之前曾遭遇杀身之祸，遇贵人舍命相助，逢凶化吉，遇难呈祥，这和他的人品和善于卜筮不无关联。

古时医卜归类于方技，嘉善之医卜，有论曰："卜商鄙小道，惧其泥也。顾扁鹊洞垣……医卜书画之类，盖可忽乎哉？吾邑彦高孝渊辈，穷怀素之秘……精医术，创自吴宣，而若袁（颢，菊泉）、若钱（萼）、若冯（喆，字克顺），俱为名家，至其子孙，愈精进乎技矣。胡斋善卜，而斋卒以技见殃，何无保身之哲也！"（袁黄 & 盛唐《明万历嘉善县志·方技》）

永乐二十二年（1424 年）七月，成祖朱棣驾崩，仁宗朱高炽继位当年，即诏礼部："建文诸臣家属在教坊司、锦衣卫、浣衣局及习匠、功臣家为奴者，悉宥为民，还其田土。言事谪戍者亦如之"（《明史·仁宗本纪》）。朝廷宣布复还田土令，这时距"靖难之役"已有二十多年。

后来袁颢在《袁氏家训·家难篇》中曰："洪熙元年四月，有复还田土之令，吾父（袁顺）始返陶庄，予始复袁姓。"袁家的房屋田地已被分割占用二十余年，真正归还的田地，仅仅是原有四十余顷的十分之一。这一年，徐颢才十一岁，袁顺夫妇返回陶庄，徐颢恢复了袁姓。袁颢曰："徐（孟彰）无子，不听予归，留予为婿。"袁颢同意留下来做女婿，保留了吴江籍。

五、潜心学习

永乐年间，袁顺告诫儿子要努力学习，读书不仅是为了荣华富贵，更重要的是为了读书明道。后来袁颢在《袁氏家训·民职篇》中讲了很多读书的方法，如"读其书，不知其人可乎？"这个读书方法一直传承到重孙袁了凡。袁颢出于无奈为孩子们做启蒙教育和为邻里看些常见病。现在社会稳定，为孩子们将来要有一个长远的打算，以悬壶济世为业，但是袁颢又不甘心自己的子孙后代一直以行医为业，因此亦要求子孙好好读书。

永乐皇帝驾崩，仁宗皇帝继位。仁宗为人仁厚儒雅，继位后大赦天下，下令"靖难之役"受牵连的人士不予追究，田房退还。可惜仁宗在位时间很短暂，在位仅一年。仁宗死后，由其长子朱瞻基继位，是为宣宗，年号宣德。宣宗皇帝即位后，曾致力于改善民生，仁、宣二朝被后世称为明朝"仁宣之治"。

袁顺携夫人搬回嘉兴陶庄镇上居住，因为"陶庄祖房拆毁无余，独镇房数十楹犹存者"。袁顺将陶庄退还的产业"以田房授伯祖"，按伯祖为祖父之兄，当指袁顺长子袁颢。然而袁颢说："吾父临终，尽以（所复之田产）畀予，予见族中皆贫难不能自立，随其亲疏而分授之。予家自高祖以来皆单传，吾父生吾兄弟二人。长兄既远戍，予生理不乏，遂不受遗产而分惠族人"（袁颢《袁氏家训·家难篇》）。若兄长袁颙谪戍北平未归，则此"伯祖"或指袁颢的族兄们。总之，袁颢未接收祖传田产，一辈子居住在吴江芦墟。

袁顺遭遇如此劫难，元气大伤，携家人回到嘉兴陶庄镇后，重整家业。袁顺把退还的万卷藏书都传给了袁颢，从此远离是非做个良民。袁颢没有接收陶庄祖传田产，却继承了父亲的万卷藏书及家传绝学。袁仁在《记先祖菊泉遗事》中曰："明年出赘芦墟徐氏，杞山以田房授伯祖，故所蓄书万余卷悉授（袁颢）先生。"后来袁颢又将家学传给了次子袁祥（了凡祖父），袁祥又传给儿子袁仁。袁氏的家学是正统的儒学，后来袁了凡的师父王畿（龙溪）尊称袁家为"文献世家"。

袁颢具有很好的学习天赋，并掌握了读书之法，"须扫除外好，屏绝纷华，洁洁净净，使胸襟湛然，从容展卷，必起恭敬，如与圣贤相对，俯而读，仰而思，字字要见本源，句句须归自己，不可以识神领会，不可以言语担当，不可以先入之言而疑至理，不可以邪师之见而乱圣经。一句染神，千劫受益。此是真实学问，实非小缘"（袁颢《袁氏家训·为学篇》）。袁颢初习举业时如鱼得水，颇有心得，自述"吾年十八，已能操笔为举业，将赴试于县，禀吾父。父曰：'但为良民以没世，何乐如之！'予遂罢试。今生尔兄弟三人，长郎、三郎质皆明敏，二郎负绝世之资，书过目辄成诵，驱之应举，南宫一第，不为难得。吾遵父命，皆不教习举业，今当世世为民矣。欲为良民，须勤职业"（袁颢《袁氏家训·民职篇》）。他又告诉儿子们："吾初习举业时，《四书》本经曾潜心熟玩，亦颇知读书之有益。及奉父（袁顺）命罢习举业，从而读书便觉不同。既无得失之念横于胸中，而以纯白之心事读明白之古书，自然触处心融，怡然理解，乃知举业之累人不浅。"（袁颢《袁氏家训·为学篇》）

袁颢十八岁时觉得"已能操笔为举业,将赴试于县",向父亲提出走仕途,表明袁颢有科举情结,但作为犯逆之家,已经被剥夺了科考的资格。当时父亲袁顺也已经获赦返回原籍,临行前嘱咐袁颢"做个良民,吾家不走仕途"。他告诫袁颢吾家虽然不走仕途,但要继续读书,读书为了明理,读书可以知天下古今事。认真做学问,以传承家学。袁颢放下功利心读书,顿觉眼明心通,境界与胸襟自然与以前大不相同。袁颢静心学习儒家"六经"和医家"六艺"(针、灸、砭、药、导引、按跷),从此再也不提科举事,游情于六艺,安心种药习医。后来袁颢还将"罢学举业"作为家训写进《袁氏家训》:"吾家不谋仕禄,非有所愤而逃也。吾亲受教于吾父,一则圣主之深仁厚泽,不可遽忘;一则杀运未除,所当苟全性命,四五世之后,时移刑省,亦可出而应世"(袁颢《袁氏家训·民职篇》)。袁颢子孙做到了,《嘉善县志》载:"曾祖颢,祖祥,父仁,代有著述,不仕。"

后来袁了凡说:"先高祖(袁顺)缘黄子澄之厄,全家籍没,流离奔窜,生曾祖(袁颢)菊泉先生于吴江,遂赘入芦墟徐(孟彰)氏,占籍为苏人,戒子孙不干禄仕。菊泉生怡杏(袁祥),怡杏生我父参坡(袁仁)翁,皆以医为业,有所托而逃也。然世讲道德性命之学,而游情六艺,著述甚富……夫先世以忠义之故横罹奇祸,晦其硕德懿行,而姑习一艺以成名,不知者因以医名之,而我先人亦因以医自名,其意亦可悲矣。夫受先人戒,罢举子业,而以其余力发挥经史遗文,绍孔孟之真传,作人天之眼目,岂徒卑卑立言之士而已哉!学者尝其一脔,可以窥其全体矣。"(《刻袁氏丛书引》)

六、惟医近仁

袁颢长大成人后,也乐于"寓意于医",用心随养父徐孟彰学医,以"自种药圃以自给"。袁颢曰:"吾家原无厚产,只种药圃中三十余种药,培溉得时,仅自足用,子孙其世守之。"据《嘉善县志》载,嘉善县本地常见草药有三十六种,如半夏、车前子、枸杞子、薏苡仁、麦冬、野菊花、墨旱莲、益母草、牛蒡子、何首乌、豨莶草、杜大黄(俗称秃菜根,善杀虫)等,通常医家都会自种各色草药备用。

袁颢学医后,曾得邵子(邵雍)《皇极经世》之正传,又受邵子《诫子孙》影响极深,一辈子行事谨小慎微,要求子孙们时时向上向善,做上品之人,并将邵子教子孙的方法融入《袁氏家训》。袁颢和徐氏结婚后,先后生了三个儿子。袁颢静下心来研经、著述,跟随岳父徐孟彰行医,修身、教子、齐家、立业。他亲自教大郎袁祯和三郎袁禧学习和接诊治病,袁颢渴望恢复昔日的袁氏家风,并为三个儿子讲述了袁氏《家难篇》和《主德篇》,这二篇是《袁氏家训》的前半部分。袁颢在八十岁时,又亲自撰写了《民职篇》《为学篇》《治家篇》,成为《袁氏家训》的核心部分,用以重整家道。袁颢说:"士农工商,所谓四民也。吾家既不应举,子孙又未必能力耕,而工商皆不可为。所藉以养生者,不可无策也……于诸艺中,惟医近仁,习之可以资生而养家,可以施惠而济众"(袁颢《袁氏家训·民职篇》)。袁颢要求儿子们好好读书,做个良民,以医药为业利己利人,不要重利忘义。其间袁颢还做了一个重要的决定,即将六岁的二郎袁祥送给嘉善名医殳珪家做养婿,名医殳珪家只有一个小女,其医学秘籍无人可传。殳珪家住在嘉善城里,岳父为袁祥请塾师来家中教习,袁祥学习很刻苦。袁颢见袁祥学习很有灵气,又和殳珪商议先将袁祥接回家中,亲自教习家传绝学。岳父殳珪则一心想把医学秘籍传给袁祥,并说医学秘籍不可无传,遂又将袁祥接回家中。因此,袁祥从小就接受了"经学"与"医学"两家传承,其经学和医药学功底都属于童子功。

从《袁氏家训·民职篇》中可以知晓袁颢是一位开悟的修行人，他精通世间法，在袁家躲过劫难后，经过反复权衡，最终决定还是以医为业。除了继承良医徐孟彰的医术和家风，还将释家医方明识人之"根器"，儒家腹有诗书气自华来提升人之"气质"，道家的内丹法融入医学之中，用以改变人的"命运"和提升人的"气质"。医学方法除了治病，还教人怎样牢牢地把握自己的命运。古德云：有所失，必有所得。袁颢深知袁家"杀运未除"，只有不断地培植福报消除业障，才能改变整个家族命运。以其自身的经历，告诫子孙不得求仕途，做个良民。袁颢说："吾家既不求仕，则已绝意于荣贵。而操履之正，自是吾人当行之事。言必谛审，行必确实，而读书明道，约己济人，绝无分毫望报之意。庶几学问日精，道德日茂，而可以无愧于良民也。荣贵毋论矣，即如富厚一节，乃良民所当得者。然世间尽有愚蠢而多财，智慧空乏者，皆自有一定之分，不可致诘。若知此理，安而处至，岂不省事？"（袁颢《袁氏家训·民职篇》）

在袁颢看来行医这个行业最接近儒家的仁义，不仅是为了谋生，而是为了有尊严地生活。随着生活慢慢稳定，袁颢已经能够独立行医，让岳父徐孟彰享受天伦之乐。袁颢为袁氏医学制定了"行医十事须知"，希望子子孙孙"宜世世守之"。袁颢最后说："我之行医，尝学严君平之卖卜，与人子言依于孝；与人父言依于慈；与贪者言则劝其无求；与富者言则讽其好礼。日间凡有所言，非有益于人，未尝启口，不特此也，倡议以兴大利，敦行以厚风俗，委曲以解人之忿，勇往以赴人之急，此皆良民之所得为者也"（袁颢《袁氏家训·民职篇》）。袁颢所说的严君平，名遵，字君平，原姓庄。生于公元前八十七年，精通黄老之学，生活在成都，以卜筮为业，"裁日阅数人，得百钱足自养，则闭肆下帘而授《老子》"。严君平五十岁时，为保身全命而隐居，享年九十多岁。

选择行医，是袁颢为子孙后代找一条生路。袁颢说："今择术于诸艺中，惟医近仁，习之可以资生而养家"（袁颢《袁氏家训·民职篇》）。归根结底是袁颢要求子孙们"不习举业，而能修身成德，安良民之分，尽良民之职"（袁颢《袁氏家训·民职篇》）。袁颢把主要的精力还是放在研究"六经"和传承家学上，为儿子们作垂范。袁氏医学总结出了《袁氏脉法》和《袁氏针法》，还引入了"太素脉法"和邵子的"皇极数"，走出了一条医药学创新之路。袁颢希望自己的子孙们不忘初心，不要涉及仕途，确保家庭平安。

袁家的子孙们生活过得拮据，尤其是大郎袁祯之子袁栢家，袁栢去世较早，全靠媳妇赵氏以纺纱织布维持一家人的生计，最终赵氏成为嘉善罕见的节妇，被载入《嘉善县志》。袁颢认为一切都是命中注定，说："盖功名出处，原有定分。愚人不察，妄事奔趋。然奔趋而得者，不过一二；而不得者，殆千万人……不知他人奔趋而得，亦其定分中所有者。若定分中所有，虽不奔趋，迟以岁月，亦终必得……前辈谓死生贫富，生来注定"（袁颢《袁氏家训·民职篇》）。袁颢要求子孙守住清贫，说："'俭'字一字，众妙之门。上则以俭养德，无求于人，寡欲于己，德将日进矣。次则以俭养志，志之所以卑污，欲累之也。以刻苦自励，以清虚毓神。"（袁颢《袁氏家训·治家篇》）

第二讲
儒医袁颢

袁颢（1414—1494年），字孟常，号菊泉，晚年自号汾湖散人。他经历了永乐、洪熙、宣德、正统、天顺、景泰、成化、弘治八个年号。袁颢继承了父亲袁顺的全部藏书，悉心研究学术。他从小接受以儒家思想为主的启蒙教育，文化基础好，阅读能力强，进而学习文史百家、阴阳术数、天文历算、医药养生、佛道方术等方面的理论知识，又很快掌握了养父徐孟彰的医方医术。儒家讲"孝道"，"宋儒谓，为人子者，不可不知医"（韩懋《韩氏医通·绪论章第一》）。袁颢有二位父亲要侍奉汤药、养老送终，任重道远，其学医的用功程度可想而知。

儒家思想对传统医学理论体系的形成和发展产生了巨大的影响。儒家的《易经》《礼记·中庸》《尚书·洪范》中所提出的"阴阳""中庸"和"天人感应"的生命整体观、"致用"观等，早已成为医药学的重要组成部分。《易经·系辞下传》很形象地说明了这种实用的理性精神，曰："日往则月来，月往则日来，日月相推而明生焉。寒往则暑来，暑往则寒来，寒暑相推则岁成焉。往者屈也，来者信（伸）也，屈信相感而利生焉。尺蠖之屈，以求信也；龙蛇之蛰，以存身也。精义入神，以致用也。"袁顺经历了生死磨难后，仍不忘初心，用心将家传绝学传给子孙。袁颢出生于动荡年代，自幼受父亲和岳父教养，继承了父亲渊源之家学和岳父的医药学。袁颢在八十岁时告诫子孙说："吾舍举业，而执是艺六十余年。虽不能无误，而怜贫救患，所积阴功无算，子孙宜世世守之。"（袁颢《袁氏家训·民职篇》）

儒家经典是古代学子的必读书，儒家的启蒙教育是一项全面的人文教育，广泛涉及文学、哲学、伦理、道德等，是提高综合性文化素质的必由之路。儒学也促进了医家文化素质的提高，许多医家自幼就接受了儒家基础教育，儒家思想成了其医学思想方法的核心。宋代至明代中后期是儒医结合的鼎盛期，被尊为金元四大家之一的朱丹溪著《格致余论》，即因"古人以医为吾儒格物致知一事"而名。儒医结合改变了医士的命运和社会地位。

一、寓意于医

袁颢有三个儿子，大郎袁祯（杏轩）、二郎袁祥（怡杏）、三郎袁禧（杏邻）。袁颢给三个儿子取表字都带"杏"字，意即希望儿子们读书明理，寓意于医，立足"杏林"（古时医家，又称杏林）。大郎和三郎都很聪慧，二郎袁祥读书过目不忘，是一个走仕途的人才，但是袁颢为三个儿子都选择医业，惟医近仁，医乃仁术。袁颢心里明白，选择继续行医不会引起人们注意，可以藏身，可以晦名，可以济人，可以养亲，于是过起了"种药圃自给""不干禄仕""以医为业"的生活。这在"杀运未除，所当苟全性命"的年代是至关重要的，而读书明理之事一刻也不能放松。俗话说：秀才学医，笼中捉鸡。由儒入医相对做工、务农、经商，也是一条比较可行之途，当时屡试不第不得志的士人们也普遍接受这种方式，"不为良相，便为良医"（范仲淹语）成为读书人的普遍共识。

袁颢遂"寓意于医"，专心继承岳父徐孟彰的医药学，立志要把袁氏医学做精做好。他刻意尚行，用儒家的学识来滋养医药学的内涵，以袁氏家传绝学《易》学、术数和天文学提升了医药学，儒家的"仁义之学"也融合进了医药学。这是一种传承精华，守正创新之举，走出了一条儒医结合之路，医术和儒道融合，是谓"医乃仁术"。

袁颢说："今生尔兄弟三人，长郎、三郎质皆明敏，二郎负绝世之资，书过目辄成诵，驱之应举，南宫一第，不为难得。吾遵父命，皆不教举业，今当世世为民矣，欲为良民，须勤职业"（袁颢《袁氏家训·民职篇》）。俗话说：万事开头难。袁家从劫难中走出来，要做到不为仕途而读书，不为谋利而行医，当真要把名利放下。袁颢自从懂事，即思考人生新的途径，结论是继承袁氏家学，读好书，做好人；继承徐氏医学，行仁术，做仁医。袁颢将儒医融合，后来他把自己的心得都写进了《袁氏家训》，对教子读书丝毫不放松，是为了令子孙不失家法，不堕家声。袁家在袁颢治理下，家境逐渐开始好转，加上夫人徐氏淑顺，袁家大有起色，袁颢将重整家道、树立家风放在首要的位置，对子孙后辈寄予厚望。袁颢说："吾家世不干禄仕，所以历代无显名，然忠信孝友则世守之。第令子孙不失家法，足矣！"（《庭帏杂录》卷上）

二、袁氏家训

徐孟彰是当地良医，家景较好。袁颢从小克勤克俭，奋发读书，努力钻研医药学。他一直在吴江和嘉善两地行医，广结善缘，并参与家乡的各种社会活动，在吴江曾充任"二十九都二副扇一册里长"。袁颢和夫人徐氏营造了一个温馨的家，对于家的渴望是袁颢梦寐以求的。成化后期，袁颢将近八十岁时，亲手制定《袁氏家训》，这个家教范本一直传到袁了凡兄弟这一代，再传至了凡之子袁天启（俨）一辈及后代袁家子孙。了凡五兄弟记录、回忆父亲袁仁及母亲李氏言传身教，由袁仁的女婿钱晓编订、了凡之子天启作序的《庭帏杂录》与《袁氏家训》一道，成为袁家世代相传的轨范。安居乐业是首务，是制定家法，注重家风家教袁颢一生以修身、教子、齐家为己任，以确保"文献世家"和"积善之家"永不改变，立家法是最为迫切的一件事情。如果仅仅满足于小康之家，家人一团和气，没有做出规范以防止不正之气，那么邪气就会乘虚而入。袁氏家法是建立在家庭日常琐事的处置上，修身齐家完全体现在日常的教养之中，父母的身体力行是最好的教法。这也符合儒家道在人伦日用间"君子之道，造端乎夫妇"的理念。

《袁氏家训》里包含了朝廷颁布的规范良民行为的《教民榜文》，训诫子孙不要触犯国法，遵循祖训不要走仕途，要读书明理，寓意于医。袁颢说："吾家子孙，不习举业，而能修身成德，安良民之分，尽良民之职，使一言一动皆足以师世而范俗，可以毋忝所生矣"（袁颢《袁氏家训·民职篇》）。袁颢明确要求子孙们不要去习举业、走仕途，做个安分守己的良民，修身的标准是一言一行都足以为人师范，做有道德修养有益于社会的人。家法是治家的法宝，是建立伦理道德的基础。长幼有序，对天地自然有敬畏之心，是伦理道德最基本的内容。伦理是指在处理人与人、人与社会、人与自然相互关系时应遵循的道理和准则。伦理一词最早见于《礼记·乐记》"乐者，通伦理者也"和《庄子·天下》"乐以道和"。伦理的本质在于"和"。西方学者在研究中国明代中后期历史时，认为世风日下，是伦理道德的沦丧所致，他们把"伦理"译作"秩序"。一个家庭秩序乱了，这个家庭也就消散了；家庭消散了，社会也就混乱了。所以"治天下观于家，治家观于身"（周敦颐《通书·家人睽无妄复第三十二》）。袁颢立家法，要求子子孙孙做良民。

三、医易同理

华夏文化乃圣贤之文化。上古伏羲时代河出图、洛出书，伏羲效法以作八卦，文王、周公、孔子相继推演、阐发，遂成《易经》；神农（炎帝）尝百草，日遇七十二毒，乃有《神农本草经》；黄帝问医道于岐伯，乃有《黄帝内经》(《素问》《灵枢》)；老子著《道德经》，后世结合黄帝学派之说和老子学说，称"黄老之学"；尧帝之玄孙彭祖创"吹呴呼吸，熊经鸟伸"养生导引术，遂有《彭祖导引图》（张介宾《类经附翼·医易义》)；扁鹊、仓公传经脉医学，方有《针灸经》传世。华夏之医药学乃圣人济天下之仁术。《易》者易也，具阴阳动静之理。孙思邈曰："不知《易》，不足以言太医。"

袁颢精通《易经》和"皇极数"，学医有其得天独厚的优势。"颢初读《易》，作《周易奥义》八卷（今不存）"（袁黄&盛唐《明万历嘉善县志》)。一位精通《易经》奥义的学者行医，遵循"医者易也"和"法于阴阳"。明代名医孙一奎曰："《易》理明，则可以范围天地，曲成民物，通知乎昼夜；《灵》《素》《难经》明，则可以节宣化机，拯理民物，调燮札瘥疵疠而登太和。故深于《易》者，必善于医；精于医者，必由通于《易》。术业有专攻，而理无二致也。斯理也，难言也，非独秉之智不能悟，亦非独秉之智不能言也。如唐祖师孙思邈者，其洞彻理气合一之旨者欤！其深于《易》而精于医者欤！其具独秉之智者欤！故曰：不知《易》者，不足以言太医。惟会理之精，故立论之确，即通之万世而无弊也。彼知医而不知《易》者，拘方之学，一隅之见也。以小道视医，以卜筮视《易》者，亦蠡测之识，窥豹之观也，恶足以语此。"（孙一奎《医旨绪余·不知易者不足以言太医论》)

袁颢又自称得邵雍"皇极数"（《皇极经世书》以《易》之六十四卦分配元、会、运、世、年、月、日、辰，以证明古今治乱，数皆前定，称为"皇极数"）之传承。邵雍（1012—1077年），字尧夫，自号安乐先生、伊川翁，谥康节，生于林县上杆庄（今河南林州市刘家街村邵康村），著名理学家、数学家、诗人。师从李之才学《河图》《洛书》与伏羲先天八卦，学有大成。著《皇极经世书》《先天图》《渔樵问对》《梅花诗》等，与周敦颐、张载、程颢、程颐并称"北宋五子"。通行本《皇极经世书》共十二卷六十四篇。"皇极"一词出于《尚书·洪范》，"九畴"中"五皇极"居中。这是一部"本诸天道，质于人事"之书，"其术本自道学家而来"，"凡兴亡治乱之迹，皆以卦象推之"，故朱熹称"《皇极经世书》是推步之书"。

袁颢除了通晓《易》义、"皇极数"之外，又参照《素问》《灵枢》和《难经》，著《袁氏脉经》。"《袁氏脉经》，袁颢撰。颢之学，自象纬舆地，以及三式九流之属，靡所不窥。谓医贱业，可以隐名，可以济人，遂寓意于医。实精'皇极数'，每诊辄托以'太素脉'，悬断其祸福，劝以积德祈天"（袁黄 & 盛唐《明万历嘉善县志》）。袁颢通晓《易》学和"术数"，又得"太素脉法"，因此把脉诊断精准。他对病人之病理、医理和药理有独到的理解，在日常行医应诊之时，常能"悬断其祸福"，病人无不心服口服，于是名声远播。

四、医贵自尊

元朝实行残酷的种族歧视和阶级压迫，将各族民众分为四等，其中汉人、南人，居于后两个等级；在社会上又把人们按职业分为十等，即一官、二吏、三僧、四道、五医、六工、七猎、八匠、九儒、十丐。医药学又分为十三科。到明代中后期，儒士地位迅速提升，而医生仍然处于第五位，并沿袭了元朝医学十三科，但实存十一科，导引按跷和祝由科流入民间。明代早期，医士、卜筮等行业，社会地位很低，故被称为"贱业"，人们的心目中"唯有读书高"。当时医药行业，社会地位排名延续元代，但在袁颢的眼里"医乃仁术"，医"可以藏身，可以晦名，可以济人，可以养亲"，而由儒入医也是一条捷径，当时士人们也普遍接受这种方式。

袁颢说："昔邓禹有十三子，教之各执一艺，最可师法。今择术于诸艺中，惟医近仁，习之可以资生而养家，可以施惠而济众。吾舍举业，而执是艺六十余年，虽不能无误，而怜贫救患，所积阴功无算，子孙宜世世守之。"又说："吾家原无厚产，只种药圃中三十余种药，培溉得时，仅自足用，子孙其世守之。"（袁颢《袁氏家训·民职篇》）

袁颢立大医之志，读书明理义，识古人趣向，忠、信、孝、友，尤其是坚守"孝道"。古云：百善孝为先。子女侍奉汤药世世代代都要坚持，不可以让子孙丢失以孝治家。《孝经·开宗明义章》曰："身体发肤，受之父母，不敢毁伤，孝之始也。"

袁颢精通儒、道、医三家，也很有才气，他所传读书之法，让子孙们受益匪浅。他说："吾初习举业时，《四书》本经，曾潜心熟玩，亦颇知读书之有益。及奉父命罢习举业，从而读书便觉不同，既无得失之念横于胸中，而以纯白之心事读明白之古书，自然触处心融，怡然理解，乃知举业之累人不浅。故读书之法，须扫除外好，屏绝纷华，洁洁净净，使胸襟湛然，从容展卷，必起恭敬，如与圣贤相对，俯而读，仰而思，字字要见本源，句句须归自己，不可以识神领会，不可以言语担当，不可以先入之言而疑至理，不可以邪师之见而乱圣经。"（袁颢《袁氏家训·为学篇》）

五、大医之志

医道关乎性命，选做谋生的职业，要立大医之志。袁颢说："民之职也，实体而力践之，可以希贤，可希圣，亦可以希天，懋哉！"（袁颢《袁氏家训·民职篇》）。明代儒医缪希雍说："昔称太医，今曰儒医。太医者，读书穷理，本之身心，验之事物，战战兢兢，求中于道，造次之际，罔敢或肆者也。外此则俗工耳，不可以言医矣。"（缪希雍《神农本草经疏》）

行医之初袁颢就立下了大医之志，要让袁氏医学有一个新的高度。袁颢是学识修养极高的人，又是一位极重情义的人，亦是清心寡欲的修行人，故能望而知之。他能识人之"根器"，根据不同根器而接引化导。他还能看人之"气质"，然后根据不同气质而提升。扁鹊《难经》曰："经言，望而知之谓之神，闻而知之谓之圣，问而知之谓之工，切脉而知之谓之巧。何谓也？然，望而知之者，望见其五色，以知其病。闻而知之者，闻其五音，以别其病。问而知之者，问其所欲五味，以知其病所起所在也。切脉而知之者，诊其寸口，视其虚实，以知其病，病在何脏腑也。经言，以外知之曰圣，以内知之曰神，此之谓也。"袁颢自述得邵雍《皇极经世书》之传承，这是一件非常重要的传承。可能是袁颢偏重家传绝学和医学的传承，袁祥、袁仁似乎都没有得其传承。凡是读过《了凡四训》的人，一定还记得袁了凡在十七岁时，游慈云寺，遇见一位道骨仙风的长者，了凡立定向长者行礼，这位自称来自云南的孔先生要将《皇极经世书》传给袁了凡。了凡将孔先生引回家中，并告诉母亲，母亲说："善待之。"袁了凡从此亦得秘传《皇极经世书》之传承，这就是旧时所谓师父寻找弟子的传承方式。

余读到这里似乎有一种感觉，这位自称来自云南的孔先生，好似曾祖袁颢"化身转世"再来。当时袁了凡如何看待这段法缘，余不得而知，但余深信袁了凡在禅坐时可以观到此因缘，所谓一切法都由因缘生。

袁颢依据《素问》《灵枢》《难经》等医学经典，著有《袁氏脉经》。"《袁氏脉经》，袁颢撰。颢之学，自象纬舆地，以及三式九流之属，靡所不窥。……遂寓意于医，实精'皇极数'"（袁黄 & 盛唐《明万历嘉善县志》)。其撰写的《袁氏脉经》被收入《道藏》,医学著作能被选入藏是一件很重要的事。至于《皇极经世书》,《四库全书总目》评论:"夫以邵子之占验如神,则此书似乎可信。而此书之取象配数,又往往实不可解"。后来袁了凡对"皇极数"也有专门的论著。袁家是洋溢着书香和药香的"文献世家"和"医学世家"。

六、活人之术

前面讲到燕王朱棣"清君侧",夺皇位,朱棣的兄弟宁王朱权被挟持参与"靖难之役"。

朱权(1378—1448年),明太祖朱元璋第十七子,十三岁被封藩于大宁(今内蒙古宁城县),故称宁王。他亲见骨肉相残,腥风血雨。永乐元年(1403年)朱权被明成祖朱棣改封到远离京城的南昌后,为了保全自身,开始韬光养晦。他多才多艺,自经子、九流、星历、医卜、黄老诸术皆具,修习医道和丹道,通医卜,自号涵虚子、臞仙、玄洲道人、南极冲虚妙道真君等,隐于丹道,编书自娱。朱权善琴道,著《神奇秘谱》;悉心茶道,著《茶谱》;医学著作有《活人心方》。朱权的医学创新是将"治未病"与"治已病"两者结合起来,并强调"治心为上",并阐述治心的机理,谓"病由心生,业由心作。盖阴有鬼神,阳有天理。报复之机,鲜无不验焉。故有天刑之疾,有自戕之疾"(《京本活人心法》上卷)。所谓"天刑之疾",佛教医方明称之为"先世业障病",包括一些先天残疾、遗传病、意外损伤,以及某些传染病等。又云:"夙世今生,积恶多过,天乃谴之,故致斯疾,此亦业原于心也。"对治的有"中和汤"与"和气丸",所谓汤、丸,并非药物炮制而成,而是劝人改过、积善的良方。《活人心法》上卷讲养生之道，书内收录"(坐姿)八段锦导引法"和"去病延寿六字诀"等；下卷讲药饵、砭焫。李时珍在编撰《本草纲目》时提到的宁献王或臞仙之书即有《庚辛玉册》八卷、《乾坤生意》四卷、《神隐书》二卷、《寿域神方》四卷、《乾坤秘韫》等。他极为赞叹朱权的才华，云："贯通百家，所著医卜、农圃、琴棋、仙学、诗家诸书，凡数百卷。"朱权编撰了很多书，其最为得意的是《活人心法》，他说："今述其两家之说，自成一家新语，编为上下二卷，目之曰《活人心》，谓常存救人之心，欲全人之生，同归于寿域也"(《臞仙活人心序》)。朱权还说："凡为医者而能察其受病之源而用之，止此一书，医道足矣。人能行其修养之术而用之，止此一书仙道成矣。何况不寿乎？士之于世，不可缺焉。"(《臞仙活人心序》)

朱权在自序中说："调泰鸿之炁，薄滋味，寡嗜欲，修长生久视之道，其修养之法已有矣；巢氏博生咀华以和气血，药饵之说已有矣；阴康氏时，水渎阴凝，民疾重坠，乃制舞以疏气血，导引之术已有矣。故人无夭伤。大朴既散，民多疾厄，然后轩辕氏作，岐伯氏出，而有医药之方行焉。故至人治于未病之先，医家治于已病之后。治于未病之先者曰治心、曰修养；治于已病之后者曰药饵、砭焫。虽治之法有二，而病之源则一，未必不由自心而生也。"(《臞仙活人心序》)

读书人中流行"尚医"风气，当时的医药学不是单纯的"方技"，已经融入了儒家和道家的思想，称为"活人之术"。朱权的医学思想对袁氏医学及明代医学产生了很大影响。明代医药学已从外求灵丹妙药，转向求诸内的内丹医学和祈求长寿的神仙学、涵养心性的静坐吐纳法融合在一起。读书习举业的士子，在咕哔帖括的同时，学习医经医方，静坐也已经成为他们的必修课。追求自身健康长寿，治病助人以积德修福，是很多读书人的愿望。袁颢为他们做出了表率，作为一名远近闻名的儒医，他"敬而无失，与人恭而有礼"（《论语·颜渊》），受到各界人士的尊重。

朱权注重实修，这对袁颢影响很大。朱权强调"心静可以通乎神明"，称："老子曰：'心为神主，动静从心。心为祸本，心为道宗。'静则心君泰然，百脉宁谧；动则血气昏乱，百病相攻。是以性静则情逸，心动则神疲。守真则志满，逐物则意移；意移则神驰，神驰则气散；气散则病生，病生则殒矣，虽常俗之语，最合于道妙。"（《臞仙活人心序》）

第三讲
袁氏医规

袁颢行医不是为了名利,而是为了能藏身,能保命全形,也能利己利人。经历了三代人的传承,成为"医学世家"。袁颢上承吴江良医徐孟彰之医学传承,擅长脉诊和治疗幼儿疾病,尤其是对痘疹的诊断和治疗。当时幼科还属于冷门,很少有人去专攻幼科,痘疹也是一种很凶险的疾病。袁颢开创了袁氏医药学,专攻幼科和痘疹。幼科为医中之难点,因小儿不能言,多惊啼,变态无常,加上有脏腑柔弱,易虚易实,易寒易热等特点,袁颢认为:"如小儿叫号,亦其意有不适也"。(袁颢《袁氏家训·为学篇》)

袁颢临床善于用文字总结,著有《袁氏脉经》《袁氏针经》《痘疹全书》《痘疹论》《内经辨疑》《运气图说》《惠幼良方》等,这些医书有一部分没能保存下来。袁颢凭借自身儒、道、释三家的学识与修养,很快走出一条医药学新路。他的父亲袁顺善于卜筮,旧时医卜不分,卜筮用于决疑。袁颢得父亲真传,善卜筮,平日看病兼卜筮,为人言利害,与人子言于孝,与人弟言于顺,与人臣言于忠,各因势之以善,从袁颢医案中可以得到印于证。

嘉善县整体医学水准较高,在太医院任御医的有吴弘道(洪武初,太祖召至京师擢御医)、吴照、朱贤等;永乐年间,陈以诚曾为太医院医官，随郑和船队下西洋；还有太医院吏目吴鍪、陆大胤等。袁祥的女婿钱荸是最早出名的医生，袁氏医学发展的大背景如此，承上启下始于袁仁，袁氏历代都在使医道还原，提升了医药学的地位。袁颢则是袁氏医学的开创者。

一、医规十事

俗话说：没有规矩，不成方圆。袁颢传承了岳父徐孟彰的良医之旨，并告诉子孙们欲做良医，先做良民。袁颢说："自是吾人当行之事，言必缔审，行必确实，而读书明道，约己济人，绝无分毫望报之意，庶几学问日精，道德日茂，而可以无愧于良民"（袁颢《袁氏家训·民职篇》）。医者要有敬畏之心，约己济人。孙思邈说："夫圣人安不忘危，恒以忧畏为本。营无所畏忌，则庶事隳坏。经曰：人不畏威，则大威至矣……是故士无忧畏，则身名不立；农无忧畏，则稼穑不滋；工无忧畏，则规矩不设；商无忧畏，则货殖不广；子无忧畏，则孝敬不笃；父无忧畏，则慈爱不著；臣无忧畏，则勋庸不建；君无忧畏，则社稷不安。"（孙思邈《摄养枕中方·自慎》）

袁颢教育子孙们"欲为良民，须勤职业"，欲做良医，操履要正，曰："操履与升沉，自是两途。不可谓操履之正，自宜荣贵；操履不正，自宜困厄"（袁颢《袁氏家训·民职篇》）。医者不可以见利忘义，不可以信口开河。袁颢制订了行医"十事须知"，作为袁氏医规，基本符合"大医精诚"之旨。

袁颢说："子孙宜世世守之，但有十事须知。一曰医之志，二曰医之学，三曰医之识，四曰医之慎，五曰医之养，六曰医之术，七曰医之量，八曰医之言，九曰医之行，十曰医之守。"袁颢以此"十事须知"提醒子孙们医卜虽为贱业，行医卖卜亦要先立志，立大医之志；学医要博学，上知天文、中知人事、下知地理；学医要见多识广，要识人，要阅人无数，要识药，用药如用兵；学医讲话要特别慎重，要引经据典，切忌信口开河；学医要修身养性，俗云：打铁还须自身硬。学医要有实修，精通六艺；学医心量要大，善于接纳各种人；学医要慎言，古人云：言多必失。学医行为要端正，知廉耻；学医要守住清贫，不为名利而动，要读书明理，约己济人，使道德日茂。

二、同体大悲

行医卜筮是一种养家济人的行业，如果能做好做精，利益众生，即是大医。孙思邈说："医方卜筮，艺能之难精者也，既非神授，何以得其幽微……故学者必须博极医源，精勤不倦，不得道听途说而言医道"（孙思邈《备急千金要方·大医精诚第二》）。袁颢说："所藉以养生者，不可无策也……择术于诸艺中，惟医近仁，习之可以资生而养家，可以施惠而济众"（袁颢《袁氏家训·民职篇》）。行医既可以解决生活问题，而且更重要的是并不违背袁氏家族的道德标准。医者要树立远大的志向，袁颢刻意尚行"寓意于医"，用儒家的学识和释家和道教的修行来滋养医药学的内涵，走出了一条儒、道、佛、医汇融之路，善巧方便。行医看病是和形形色色的病人打交道，这是真正的实学，来不得半点虚假，医者要阅人无数。袁颢说："明德便思亲民，遇父母即尽吾忠孝之心，遇长者即励吾靖共之节，遇朋友即思联之以信，遇僮仆即思抚之以恩。"（袁颢《袁氏家训·为学篇》）

医者要有同体大悲之心，心量要大。袁颢在医者十事须知中说："医之量。《书》云：'必有忍，其乃有济；有容，德乃大。'医者术业既高，则同类不能无忌；识见出众，则庸庶不能无疑。疑与忌合，而诽谤指摘无所不至矣。须容之于不校，付之于无心，而但尽力于所事。间有排挤殴詈形之辞色者，亦须以《孟子》三自反之法应之。彼以逆来，我以顺受，处之超然，待之有礼，勿使病家动念可也"（袁颢《袁氏家训·民职篇》）。袁颢坚信行善积德是改变袁家命运的唯一途径，告诫子孙医者要有恻隐之心，视病人如同体，并行善积德不断地涵养。袁颢说："恻隐之心，人皆有之，但贵涵养而扩充耳。随时用爱，遇物施仁，日逐进长……人是吾同胞，其当爱尤切，而其用爱之方，全在反求诸己，如己欲立则思立人，己欲达则思达人，随时随处，常存爱人之心，慈悲自然增长，忿戾自然消融"（袁颢《袁氏家训·为学篇》）。医者要有同体大悲之想，对病患感同身受，发大慈之愿。孙思邈说："先发大慈恻隐之心，誓愿普救含灵之苦，若有疾厄来求救者，不得问其贵贱贫富，长幼妍蚩，怨亲善友，华夷愚智，普同一等，皆如至亲之想。"（孙思邈《备急千金要方·大医精诚第二》）

其实，当时在吴江乡里以行医为业，生活还是很艰难的。大郎袁祯之子袁柏去世较早，"赵氏，袁柏妻，年二十八夫亡，即不茹荤，孤犹在襁，家贫甚，日惟纺织自给，抚儿慈严两至，每引至夫座前，课读稍踰度，辄跽而切责之。寿五十九。（袁）柏以八月十一日终，赵亦以是日呼儿曰：'我以半生事尔父，半生守尔父，今日是尔父亡日，我从此逝矣。'寻死，有司旌之"（袁黄 & 盛唐《明万历嘉善县志·闺行》）。赵氏死后被尊为"节妇"，可见当时袁氏行医生活确实也很艰辛。但是袁氏后代仍然不忘初心，袁仁说："遇同侪相处，己有能，则告之，人有善，则学之，勿存形迹，勿分尔我，量极宏矣。而病家方苦，须深心体恤。相酬之物，富者资为药本，贫者断不可受，于阁室皴眉之日，岂忍受以自肥？戒之！戒之！"（《庭帏杂录》卷下）

三、人情练达

医者的学识要博大精深,还要阅人无数。孙思邈说:"凡欲为大医,必须谙《素问》《甲乙》《黄帝针经》《明堂》《流注》,十二经脉,三部九候,五脏六腑……又须涉猎群书。何者?若不读五经,不知有仁义之道;不读三史,不知有古今之事;不读诸子,睹事则不能默然而识之;不读内经,则不知有慈悲喜舍;不读庄老,不能任真体运"(孙思邈《备急千金要方·大医习业第一》)。读书明理是袁氏家风,袁颢深知学医不仅是读医方,还"须上通天道,中察人身,下明物理",须行万里路,阅人无数,才能通达医道。袁颢在医者十事须知中说:"医之学。须上通天道,使五运六气变化报复之理,无一不精;中察人身,使十四经络,内而五脏六腑之渊涵,外而四肢百骸之贯串,无一不彻;下明物理,使昆虫草木之性情气味无一不畅,然后可以识病而用药。"(袁颢《袁氏家训·民职篇》)

医者要阅人无数,识药之气性味,才能识人、识药。袁颢在医者十事须知中说:"医之识。医之用药,如将之用兵,纵横合变,呼吸异宜,非识见之高,不能神会而独断也。然此识非可袭取,非可商量,全在方寸中虚明活泼。须涤除嗜欲,恬淡无为,则虚室自然生白也。"(袁颢《袁氏家训·民职篇》)

袁颢又说:"人性皆善,而学问工夫须从习起。如'忍'之一字,初时学忍,须刚制其心,坚抑其气,渐渐习熟,终至人以非理相加,不可忍者,亦处之如常;不能忍事,亦易以习熟,终至于睚眦之怨,深不足校者,亦至交詈争讼,期于取胜而后已,不知其所失多矣,故有'习相远'之说。释家有观、炼、薰、修四项工夫,观是省察,如镜之照物,妍媸毕见;炼是克治,如金之在炉,愈炼愈精;薰是涵育,如火之

蒸物，气透而自熟；修是检饬，如石之磨玉，相荡而愈精。总来只完得一个'习'字。"（袁颢《袁氏家训·为学篇》）

四、慎言慎行

袁颢认为医者慎言、慎行很重要，对于先天天资不足要后天通过学习来补充，学问可以提升气质。医者的言行关系到病人的性命，因此要培养自己的气质，医者的一言一行都要慎之又慎。袁颢说："人之德性，出自天资者，各有所偏。君子知其有所偏，故以学问而补之，则为全德之人。常人不知其偏，而任情行事，故多失。《书》言九德：所谓宽、柔、厚、乱、扰、直、简、刚、强者，天资也；所谓栗、立、恭、敬、毅、温、廉、塞、义者，学问也……故君子为学，惟务变化气质而已。然须识其偏，然后可以克治。此亦不难识者，凡人宽者必不足于栗；柔者必不能自立，反躬体察，昭然难掩。识之几微宥密之中，而默默变化者，上也。待其既失而用力挽回者，次也。待人言而后知者，又其次也。"（袁颢《袁氏家训·为学篇》）

良医首先要慎言行。袁颢说："言必缔审，行必确实，而读书明道，约己济人，绝无分毫望报之意，庶几学问日精，道德日茂，而可以无愧于良民也。"又说："日间凡有所言，非益于人，未尝启口。不特此也，倡议以兴大利，敦行以厚风俗，委曲以解人之忿，勇往以赴人之急，此皆良民之所得为者也。"（袁颢《袁氏家训·民职篇》）良医之言行，袁颢在医者十事须知中说："医之言。仲尼大圣屡以'慎言'为训，而医者之言，尤所当慎者。不可夸己之长，不可谈人之短，不可浮诞而骇惑病人，不可轻躁而诋诽同类，病情之来历，用药之权衡，皆当据实晓告，使之安心调理。不可诬轻为重，不可诳重为轻，即有不讳，亦须委曲明谕。病未剧，则宽以慰之，使安心调理；病既剧，则示以全归之

道，使心意泰然。宁默毋哗，宁慎毋躁。"（袁颢《袁氏家训·民职篇》）

孙思邈说："不能自慎而能克济者，天下无之。故养性之士，不知自慎之方，未足与论养生之道也。故以自慎为首焉"（孙思邈《摄养枕中方·自慎》）。袁颢认为医者必须自慎，医者的行为关系到病人的性命，他在医者十事须知中说："医之慎。为人之司命，生死系之，用药之际，须兢兢业业，不可好奇而妄投一药，不可轻人命而擅试一方，不可骋聪明而遽违古法。倘或稍误，明有人非，幽有鬼责，可惧也。"（袁颢《袁氏家训·民职篇》）

医者要自慎自重，孙思邈说：凡论养生之道，首先要"自慎"，要修身养性，又说："养性者，失其忧畏；则心乱而不治，形躁而不宁，神散而气越，志荡而意昏，应生者死，应死者亡，应成者败，应吉者凶。其忧畏者，其犹水火，不可暂忘也。人无忧畏，子弟为劲敌，妻妾为寇仇。是以太上畏道，其次畏物，其次畏人，其次忧身。故忧于身者，不拘于人；畏于己者，不制于彼；慎于小者，不惧于大；戒于近者，不侮于远。能知此者，水行蛟龙不得害，陆行虎兕不能伤，处世谤讟不能加。善知此者，万事毕矣。"（孙思邈《摄养枕中方·自慎》）

袁颢说："行高，人自重，不必其貌之高；才高，人自服，不必其言之高。我之言语简寡，不但在我可以少悔，在人亦可少怨，亦是养德之要，操心之法也"（袁颢《袁氏家训·为学篇》）。医者之行为，不同常人才能使病人"自然起敬起信"。袁颢在医者十事须知中说："医之行。语曰：'以身教者从，以言教者讼。'故慎吾之言，不若端吾之行。道高天下，守之以谦，智绝人群，处之以晦。敦孝弟，重伦理，而于礼义廉耻四字，则秉之如蓍龟，遵之如柱石，久而勿失，自然起敬起信，而医道易行也。"（袁颢《袁氏家训·民职篇》）

五、食饮有节

《黄帝内经》云"食饮有节",就是说吃喝要有节制,饮食过量会伤及脾胃,所谓"病从口入"。医云:脾胃乃后天之根本。脾胃完全靠节制饮食来养护。袁颢对饮食有专门论述,他说:"日用饮食,须知惭愧。盖不耕而食,已觉薄福难消,况复拣择求精,过矣。昔有僧持戒者,每饭先淡吃三口。第一以知饭之正味。人食多以五味杂之,未有知正味者。若淡吃食,则本自甘美,不假外味也。第二知衣食之由来。第三知农夫之艰苦。昔黄鲁直作《食时五观》,其言最为深切。《孟子》曰:'饥者易为食,渴者易为饮。'人饥渴迫身,粝饭粗羹,绰有余味。惟稍稍温厚,而无学无识者,则食膏粱而犹歉,酌甘旨而多嗔。昔有嘲公子之拣食者云:'终身饱食,不知农父之艰;一箸不工,便觅庖人之过。'可以尽轻薄子之情状矣。

禅家谓:食有二种,有智食,有识食。凡遇食而多所嫌择,此皆识神所为,认著则迷误终身矣。自智者观之,兰膏珍髓与粝饭粗羹,过喉皆成秽物,有何高下,而苦苦将心分别乎?慈觉禅师云:'饮食于人日月长,精粗随分塞饥疮。才过三寸成何物,不用将心细忖量。'我年八十矣,生平未尝以饮食之恶而嗔一人,亦未尝以烹饪之粗而动一念,为我子孙者,思之记之。"(袁颢《袁氏家训·治家篇》)

俗云:药补不如食补。孙思邈说:"进饮食,调和营卫,能参合而行之者,可谓上工"(孙思邈《备急千金方·诊候第四》)。医经云:药食同源。饮食不节制,暴饮暴食会伤身,饮食之患,过于声色。孙思邈说:"夫万病横生,年命横夭,多由饮食之患。饮食之患,过于声色,声色可绝之逾年,饮食不可废于一日。为益既广,为患亦深,且滋味百品,或气势相伐,触其禁忌,更成沉毒,缓者积年而成病,急者灾患而卒至也。"(孙思邈《摄养枕中方·自慎》)

古云：民以食为天。饮食一日不可废。"食饮有节"是养生要法，所谓"有节"是有节制。首先调节味，味要淡。然后控制量，量要在原来的基础上减少三分，控制在七分饱最好，使食欲旺盛，餐前都有饥饿感。余曾教过一个七十多岁的长者练导引，此人状态很好，外表没有显衰老象。余问他有何养生秘方，其夫人抢着回答："老先生四十年来，一日三餐只吃七分饱。"由此可见，七分饱可以带来健康，当然关键在于坚持。

六、修身养性

袁颢注重医者自身的修行与养生，在医者十事须知中说："医之术。医非徒仁术，亦仙术也。谚云：'古来医道通仙道。'此岂无稽之言哉？凡欲学医，须将玄门修养之旨留神，讲究玄牝之门、生身之户。守中养气之诀，观窍观妙之理，务求明师指示，亲造其藩而闯其室。此处看得明白，则病候之生灭、身中之造化已洞悉矣。以之治疾，岂不易易？况人之疾，有草木金石所不能治者，则教之依法用功，无不立愈。天台智者禅师谓：'一日一夜调息之功，可以已二十余年之痼疾。'盖天之阳气一回，则万物生色；人之元气一复，则百体皆和。宿疾普消，特其余事耳。"（袁颢《袁氏家训·民职篇》）

景泰三年（1452年），袁颢夫人徐氏去世，袁颢正值壮年，感念妻子淑顺，决心不再娶，发心做"义夫"，独自把孩子们培养成人，他从中也感受到父子同心之乐。在其影响下，长孙袁栢的妻子赵氏做了"节妇"，并载入县志。袁颢终生践行修身、教子、齐家和立业四件大事，丝毫没有松懈。他在堂后构筑一室，名曰杞菊山房，左边置图，右侧放书，每日焚香静修，体悟内丹医学奥义。内丹医学思想的特点是内求，将体内的三味大药（精、气、神）养好、用好、用足。

袁颢是一个典型的在家修行之人，注重性命双修，从现有的资料和当时的社会背景来看，他应该是修习道教的内丹医学。内丹炼养实践重在内在体验，决定了内丹医学思想的特殊性。内丹医学思想可以上溯至吐纳导引、行气吐字、静坐胎息、服饵辟谷、守一守窍等内炼实践，伴随着内丹医学的发展到了明永乐年间达到成熟阶段。医术博大精深，只有博极医源，治病才能得心应手。医者自身要善于修身养性。袁颢在医者十事须知中说："医之养。君子之游艺，与据德、依仁，皆为实学。故古人技艺之工，都从善养中得来。若承蜩，若养鸡，皆是法也。医虽小技，亦有甚深三昧。须收摄心体，涵泳性灵，动中习存，忙中习定，外则四体常和，内则元神常寂，然后望色、闻声、问病、切脉自然得其精，而施治得宜也。"（袁颢《袁氏家训·民职篇》）

孙思邈说："凡大医治病，必当安神定志，无欲无求。"他提出了"大医精诚"的理念，并终身实践，成为一代"药王"。通常人们认为大医、药王肯定是药到病除的良医，其实不然，欲成就大医者，必须自己要有上乘的修为，真正上乘的修为也是要从修身、齐家、治国、平天下四件大事上下功夫，否则就是一个"自了汉"。孙思邈说："以治身者，不以忧畏，朋友远之；治家者，不以忧畏，奴仆侮之；治国者，不以忧畏，邻境侵之；治天下者，不以忧畏，道德去之。故忧畏者，生死之门，礼教之主，存亡之由，祸福之本，吉凶之元也。"（孙思邈《摄养枕中方·自慎》）

袁氏医学不断地扩展，影响也愈来愈大。俗话说：创业容易，守业难。曾祖袁颢对子孙们说："吾舍举业，而执是艺六十余年，虽不能无误，而怜贫救患，所积阴功无数，子孙宜世世守之"（袁颢《袁氏家训·民职篇》）。袁颢希望子孙后代能世世守住医业，他又说："医之守。医虽为养家，尤须以不贪为本。凡有病人在床，即举家不宁。当此时而勒人酬谢，家稍不足，则百计营求，艰难更倍；即充足之家，亦于满堂懊恼之中而受其咨诅痛苦之惠，亦非心之所安也。故我生平，于病人所馈不敢纤毫轻受，有不给者，或更多方周给之，非以市恩，吾尽吾心而已矣"（袁颢《袁氏家训·民职篇》）。袁颢告诫子孙们要约己济人，约己是做良民的本分，勤业是做个良医，可以济人。他说："吾家既不求仕，则已绝意于荣贵，而操履之正，自是吾人当行之事。言必缔审，行必确实，而读书明道，约己济人，绝无分毫望报之意，庶几学问日精，道德日茂，而可以无愧于良民也。荣贵毋论矣，即如富厚一节，乃良民所当得者。然世间尽有愚蠢而多财，智慧而空乏者，皆自有一定之分，不可致诘。若知此理，安而处之，岂不省事"（袁颢《袁氏家训·民职篇》）。袁颢秉承父亲袁顺的遗愿，将家传绝学完整地传给次子袁祥。袁祥从小受父亲影响，学习能力极强，六岁后养父受珪为他请了先生，打下了良好的基础。袁祥于儒学和医学都有独到之处，尤其是精通六壬和用药玄机。他既传承了家学又传承了养父受珪的医学秘籍，但其人生目标是"隐士"，为了生活而"隐于医"。袁祥再传给女婿钱萼、儿子袁仁。袁颢所著《袁氏家训》，真实还原了袁氏医学之缘起。袁颢将儒家、道教和释教的思想方法融汇于医学，集中体现在袁氏医规"十事须知"之中，立志做成大医。袁颢制订的医规开头就说："一、医之志。须发慈悲恻隐之心，誓救大地含灵之苦，视众生之病，不论亲疏、贵贱、贤愚、贫富，皆当恫瘝乃身，尽心殚力，曲为拯理"（袁颢《袁氏家训·民职篇》）。此大愿和孙思邈所述的《大医精诚》相同，医者立下大医之志，心量须大。从曾祖袁颢传袁祯、袁祥、袁禧，再传袁泽、袁朴、袁栢、钱萼和袁仁等，经过三代人的不懈努力，袁氏开枝散叶，到第四代有钱晒、钱晓、袁衷、袁襄、袁裳、袁了凡、袁衮，袁氏医名享誉吴越之间，并且造就了大医袁了凡。袁氏由医家重新走上仕途，始于袁了凡。

第四讲
传承家学

袁氏自袁顺至袁俨经历六代，人人博极群经，著书立说，传承了文献之家。袁顺"尤邃于经学，《易》《诗》《书》、三《礼》、《春秋》三传，咸有论核"（袁颢《袁氏家训·家难篇》）。袁颢著有《周易奥义》八卷、《袁氏春秋传》三十卷等。《嘉善县志》载："《袁氏春秋传》，袁颢著。颢初读《易》，作《周易奥义》八卷（今不存）。次读《书》，读《诗》，读《礼》，咸能洞其阃奥。最后读《春秋》，叹曰：'仲尼实见诸行事，惟此书耳，杏坛一会俨然未散也。'作《春秋传》三十卷。其子（袁）祥摘其微旨，为《疑问》四卷以发之。并藏于家。"

"（袁）颢尝作《春秋传》三十卷，（袁）祥作《春秋或问》八卷，以发其旨。（袁）仁复悯世儒溺胡而不信也，作《针胡篇》以阐之，为文根本六艺，片词尺牍率关世故，诗斐然逼唐。"（袁黄 & 盛唐《明万历嘉善县志》）

一、经史传家

《袁氏家训》曰："一则杀运未除，所当苟全性命，四五世之后，时移刑省，亦可出而应世。"袁顺深知仕途艰险，告诫子孙不可以走仕途，为遵从祖命，三代人不得不放弃参加科举。尽管不能参加科举，袁顺仍然要袁颢继续读书，认真做学问以传承家学，曰："读书明理，读书知天下古今事，并非只为荣贵之事。"袁家自袁顺，至了凡之子袁俨，家学六代相传，盛况不衰，实属难能可贵。

袁颢静心跟随岳父徐孟彰行医种药圃，修身、教子、齐家、立业。袁颢渴望恢复昔日袁氏家风，在良医徐孟彰家里感受到医药治病救人的魅力，努力学习医家"六艺"。《易经·象卦》曰："天行健，君子以自强不息。"

现今可以查阅到《袁氏家训》共二卷（台北图书馆和上海图书馆），封面写着"汾湖散人袁颢著，男袁祯、袁祥、袁禧述，"其中分为《家难篇》《主德篇》《民职篇》《为学篇》《治家篇》五篇，由其门人徐有贞撰写《序》，曰："此吾师菊泉先生所著也。先生识高今古，学贯天人，缙绅士大夫从之……读其《家难篇》，忠义在膺，愤激千古；读其《主德篇》，流风善政，俨然在目；读其《民职篇》，辄兴为下不倍之思，若将驱天下之民而同归礼义之域也；读其《为学篇》，则游道德之场，登仁义之囿，而身心性命可按修也；读其《治家篇》，则善世有方，端阃有道，而乡闾子弟皆可为贤人君子也。"（徐有贞《刻袁氏家训序》）

徐有贞和吴江良医徐孟彰家有亲戚关系，徐有贞很聪明，知道袁颢有家传绝学，虽然徐有贞年龄比袁颢要大七岁，但是虚心向袁颢学习。徐有贞说："游其门最久，闻其教最深。正统间（1436—1449年），河决张秋，予受命往治，以先生之言试之，行事底有成绩。欲疏名于朝，先生遗书固辞，有嵇康绝交之语，遂辍弗荐"（徐有贞《刻袁氏家训序》）。景泰年间，徐有贞担任金都御史，派往山东治理黄河水患，因治水有功升任副都御史。

另外，《袁氏家训》中的《主德篇》有单行本行世，《主德篇》主要讲建文帝朱允炆德行。袁了凡说："至于建文旧主，施仁行义，自三代而下最称淳厚。缘《太祖实录》多所删改，而诸臣著述又拘于时讳，不敢称扬，遂使嘉谟善政澌灭几尽。我祖杞山先生得于目击，口授家传，《主德篇》所载，皆其大纲也，不可不传者也。是篇刻于成化中，岁久糜烂。今据其可读者梓之，残缺者不敢增补。为吾子孙者，能绎其义而世守之，庶无愧于故家风范矣。"（袁黄《重梓袁氏家训跋》）

二、文献世家

袁家从袁顺开始传承了完整的家学，尤其精通《易经》，袁顺传"五经"于袁颢，袁颢"年十八，已能操笔为举业，将赴试于县"，由于"杀运未除"不能赴试，但是仍坚持文献世家的传承，他精通《易经》和《春秋》。宣德五年（1430年），朝廷拟分割嘉兴东北境置嘉善县，在确定县治的时候，大理寺卿胡㮍与诸父老谋划，选嘉善县县城所在地。当时袁顺年事已高，足不出户，由其子袁颢代父建言，"陶庄里民袁颢方弱冠，进曰：'建邑者最上论国计，次论人情，又次论地势，西塘僻处一隅，非厄塞要会。武塘（即魏塘）海滨孔道，郡之东藩，地方有警，可以扼亢；又商旅往来，民易成聚。'胡（㮍）大然之，遂挟舆偕行，自嘉兴东来，先阅武塘，四水皆直，胡不甚乐。及抵西塘，见南北诸流皆会于文水漾，召（袁）颢语云：'国计民情，尔言当矣，如地势何？'颢曰：'西塘二水虽合，势实倾斜。武塘虽直，势甚平正。观形者得其伪，察理者得其直。古者太史觇土，较轻重法，试称之，优劣判矣。'胡命取二镇土称之，果武塘重，遂定焉"（袁黄 & 盛唐《明万历嘉善县志》）。先乘小舫遍览地势水利，发现西塘水势倾斜，不如武塘平正。经实地考察，袁颢遂向大理寺卿胡㮍献策，又用"观水势"和"称土法"加以说服，结果胡㮍采纳了袁颢建议将嘉善县设治于武塘，改变了原来拟设在西塘镇的方案。此后，大理寺卿胡㮍施政为事多咨询袁颢，袁颢凭借自己的学养和医生的特殊身份与地方官员交往甚多，进而参与地方公共事务，扮演了长官幕僚、地方精英的角色，为乡邦建设贡献良多。但他处事谨慎，为人低调，他告诫子孙要慎言。

袁颢传承了家传绝学，仅在家里传授于子，对外则是种药行医。"袁颢博学而隐于医"（江峰青《清光绪嘉善县志》）。袁仁《记先祖菊泉遗事》："先生发箧伏读，至忘寝食。初读《易》，作《周易奥义》八卷（今不存）。次读《书》，读《诗》，读《礼》，咸能洞其阃奥。最后读《春秋》，叹曰：'仲尼实见诸行事，惟此书耳，杏坛一会，俨然未散也。'作《春秋传》三十卷。先生之学，自象纬舆地，以及三式九流之属，靡所不窥。"《嘉善县志》："《袁氏春秋》三十卷、《袁氏家训》一卷、《庭帏杂录》一卷、《袁氏脉经》二卷、《痘疹全书》《主德篇》"（江峰青《清光绪嘉善县志》）。其中《庭帏杂录》"采入《四库附存目录》"，可见袁氏有记《庭帏杂录》的家风。

袁颢的门生徐有贞说："先生识高今古，学贯天人，缙绅士大夫从之游，如入武库检法物，无所不有也；又如探渊海而靡入靡深也；又如听《咸》《英》《韶》《濩》于洞庭之野，而怡怡忘倦也。"（徐有贞《刻袁氏家训序》）

袁颢次子袁祥六岁时，被送到嘉善名医殳珪家，袁颢仍将家传"五经"传于袁祥。袁祥著有《新旧唐书折衷》《六壬大全》《忠臣录》等，袁仁说："先君以菊泉所著《春秋传》有独得其奥，而人不易明者，因著《春秋疑问》四卷，以发其微旨。"（袁仁《怡杏府君行状》）

袁祥传承了家传绝学，并将家学传于儿子袁仁。袁仁是承上启下的一代，其博学多才，学风严谨，心胸宽阔，除了传承家学外，还吸收了阳明心学、佛学。《袁仁传》："袁仁〔两浙名贤录〕字良贵，父祥、祖显（颢）皆有经济学。仁于天文地理、历律书数、兵法水利之属，靡不谐习"（万相宾《清嘉庆嘉善县志》）。传至袁仁时袁家人丁也开始兴旺，袁仁不忘传承家学，应人施教，长子袁衮、次子袁襄、三子袁裳、四子袁表（了凡）、小弟袁袠，还有了凡之子袁俨等，都经历了文献世家的兴盛，六代相传，继承和发展了文献世家。

三、真修实证

袁颢将修养和治病结合在一起，通过长期的修证对生命的认知更加深刻，对医学经典的理解也更深，他用文字总结为《袁氏脉法》。修养之法并不难，难在日复一日的坚持，袁颢用了将近四十三年的时间，聚津成精，炼精化气，炼炁化神，实修实证。根据袁仁的描述，袁颢是在修炼内丹。这个时期是内丹医学成熟期，实践内丹医学要具备三个要素，要有充裕的时间和正确的方法；要有一定的经济基础和修炼环境；要舍弃一切名利思想才能成功。

袁颢凭借深厚的《易》学功底和社会阅历，放下万缘，平心静气地在家中实修实证。袁颢对于道家和佛家的修身方法很精通，晚年足不出户，实修仙道。谚云：古来医道通仙道。袁颢很早就得明师真传，对于玄门修身养性之旨，特别留神，道家讲究玄牝之门，生身之户，袁颢予守中养气之要诀无所不通；他亦修天台止观，对于调息、观窍、观妙之理，皆得明师开示，自言："亲造其藩而阖其室，此处看得明白，则病候之生灭，身中之造化，已切身洞悉矣。"对于那些草本金石所不能治者，则用导引吐纳之功，无不立愈。

袁颢亲书袁氏医规"十事须知"中说："天台智者禅师谓：'一日一夜，调息之功，可以已二十余年之痼疾。'盖天之阳气一回，则万物生色；人之元气一复，则百体皆和。"由于此法看似简单，往往被人忽视。此法的难度在于病人要自己行持，因此这么好的导引吐纳良方，却鲜为人知。

袁颢有真才实学，其尤重实修实证。徐有贞说："予与先生至戚，游其门最久，闻其教最深。正统间（1436—1449年），河决张秋，予受命往治，以先生之言试之，行事底有成绩。欲疏名于朝，先生遗书固辞，有嵇康绝交之语，遂辍弗荐。及予自金齿归田里，见先生，先生已凝神反约，尽脱文字语言之习，而玩心高明，终日堆堆然，款款然，敛其聪明睿智于无何有之乡，若一无所知识者。门生旧友进谒之，如春风吹拂，受其益于无形无象之中，而不自知其所以然也。"（徐有贞《刻袁氏家训序》）

徐有贞与袁颢的养父徐孟彰是亲戚，故云"予与先生至戚"。徐有贞是袁颢的门生，"天赋绝伦，学精群籍，才高当世，志方古人"（祝颢《祭武功伯墓文》），"其学自天文地理、释老方伎之说，无所不通"（陆粲《庚巳编》）。

> 徐有贞（1407—1472年），初名珵，字元玉，又字元武，晚号天全翁，吴江人。明朝中期大臣、内阁首辅。曾参与策划"夺门之变"［又称南宫复辟。指明代宗景泰八年（1457年）正月，明廷将领石亨、大臣徐有贞、太监曹吉祥等，拥戴被明代宗朱祁钰囚禁南宫的明英宗朱祁镇复位的政变］，被拜为华盖殿大学士、兵部尚书，受封"武功伯"，世称徐武功。

四、袁颢医案

《明万历嘉善县志》载有袁颢的两则医案，一则：王氏有子，素有不孝之名。袁颢为其把脉，曰："心脉为己身，肝脉为父母。今心脉弦急，凌其肝脉，子殆未能顺亲乎？急更之！不更，后三日，当有火灾。"

至日果验。诣门请，曰："后当无恙乎？"袁颢为其论孝思之理。王氏子心动，泪潸潸下，依为孝子。

这个医案很有意思。王氏有个儿子，是出了名的不孝之子。有一次，王氏子找袁颢看病，袁颢运用"太素脉法"为其把脉后说：你的心火很旺，肝脉很弱。心脉代表自己，肝脉代表父母。心脉弦急，会侵凌弱肝脉。医经云：心属火，肝属木，火克木。袁颢定神看了病人一眼，问：你平时是否不孝顺父母亲？你马上要改正！如果不改，你三天内，当遇火灾。王氏子起初不以为然，但在三天后，果然被炉火烧伤了，于是对袁颢心悦诚服，即刻上门拜见。袁颢遂以孝亲之语教导，且引《孝经·庶人章第六》云："孝无终始，而患不及者，未之有也。"王氏子幡然醒悟，潸然泪下，下决心痛改前非，终于成为一名孝子。

古云：百善孝为先。这是一例"灾病"同治的案例，医者除了要有身心同治的高超技艺外，还必须是德高望重，否则像这样有名的不孝之子，是没有任何灵丹妙药可以治疗的。这则医案表明，袁颢不是简单的治病而是治命，给人看病，以人的整体为对象，病由心生，人有问题先治人，不仅是在身体上找毛病，而是医心治神，通过"太素脉法"诊断人的吉凶祸福，来教人改过自新。

又一则："苏州胡节推，能吏也，而居官不廉。微服求诊，颢谓曰：'心脉圆而清，公殆贵人乎？'曰：'然。'曰：'肺金为财，而脾土生之。脾脉滚滚，且浮且沉，公得毋有羡心乎？'胡面赤不语。颢曰：'察君之脉，官当至三品，有守则验；不然，寿且不永。'胡曰：'予，某官某人也，敬奉教。后竟以廉名著。"（袁黄 & 盛唐《明万历嘉善县志》）

这是一则运用"太素脉法"诊断"贪病"的案例。病人是来自苏州的一位姓胡的节度推官（为节度使属官，掌勘问刑狱），患了心恙来求诊。胡节推行政能力很强，但是居官不廉，他听说袁颢的"太素脉法"很精准，于是就微服前往求诊。袁颢为其把脉后说：你的心脉圆而清，你可能是一个贵人？胡节推回答：是的。袁颢从脉象上知道上门求诊者是一位有"禄命"的人，他又说：肺金为财，而脾土生肺金。你脾脉滚滚，且浮且沉，你是否生有"羡心"了？胡节推听后，当即面红耳赤，羞愧不语。袁颢静默片刻，又说：辨察君之脉象，你应该可以官至三品。你若能守住清白，就会应验。不然的话，你可能连性命都不会长久。胡节推听后，坦诚地告诉袁颢自己的真实身份，并恭恭敬敬地表示，一定会遵照先生的医嘱认真实行。后来胡节推散尽不义之财，并且以廉洁著称，果然官至三品。

上述两个医案，都出自《明万历嘉善县志》。这部县志是袁了凡归田后，应知县章士雅之邀，了凡与盛唐（字元陶，号南桥，嘉靖十七年进士，曾任江西吉安府推官、监察御史、陕西河南巡抚等）主笔，又聘顾自新、李自芳等八位地方名士同纂的。县志中著录有袁颢所撰《袁氏脉经》，曰："《脉经》二卷，其言皆本《素问》《灵枢》，故曰经；曰袁氏者，别于王氏也。藏于家。"（袁黄 & 盛唐《明万历嘉善县志》）

五、太素脉法

袁颢将"教子之法"写进《治家篇》，一共有五条，均出自司马光（1019—1086年）之《温公家范》。作为医家，脉法很重要，袁颢在精研《素问》《灵枢》《难经》后著《袁氏脉法》，又得"太素脉法"之传承。《太素脉法》是古代脉学著作，据《读书敏求记》称："唐末有樵者，于其石宝函中得此书。"《四库总目提目》则云："不著撰人名氏。其书以诊脉辨人贵贱吉凶。原序称唐末有樵者于崆峒山石宝函得此书……盖术者所依托。"《太素脉法》兴于北宋，此法以师徒传承与血脉传承为主。袁颢秘传"太素脉法"，太素脉的脉相很有意思，如肝脉轻清，衣禄荣贵；心脉轻清，聪明发达；肾脉轻清，智巧谦和；肺脉轻清，义勇谋略；脾脉轻清，富贵声明；五脏轻清，心平气和，显健康长寿之相。《太素脉法》讲究五脏脉象"轻清"，以之预示荣禄、聪慧、谦和、义勇、富贵和健康长寿。

"太素脉法"是性命和疾病同时诊断。普通医生只知道诊断疾病，俗称把脉看病。上乘的医生阅人无数，懂得看人性命。人与人的差别其实是很大的，医生疗治，保命全形始终是第一位的，其次是命运。

关于如何改变命运，了凡的三哥袁裳著有《三命要诀》。"《三命要诀》，袁裳著。取子平五星，决人品类，历历可验，亦奇书也"（袁黄&盛唐《明万历嘉善县志》）。《三命要诀》说：人有三命，通常的人只有"性命"，而勤奋的人才有"生命"，谓生生不息；卓越的人，即所谓"贵人"，还多一条命，叫"禄命"，也叫"使命"。根器好的人有"慧命"。袁颢有一医案云：胡节推是有禄命在身的人，如果生了贪心，不仅会毁了自己的大好前程，也会毁了子孙后代。袁颢救了胡节推的禄命，救了胡节推一家人，善莫大焉。他用毕生的精力维护了"文献世家"之传承，并开创了"医学世家"之盛况。他精通痘疹诊疗，著有《袁氏脉法》《痘疹全书》《痘疹论》等。袁颢用医道接迎有缘之人，重新撑起袁家的门户，是袁家传承家学和开创医学的关键人物。其重孙袁了凡传承了云谷禅师的"立命之学"，才是彻底的改变命运之法。

六、无疾善终

袁颢和徐氏青梅竹马，感情纯真，结婚十五年，夫妻相濡以沫，相敬如宾。徐氏早逝，袁颢不再娶，为"义夫"。袁颢说："吾壮年丧室，思夫妇是人伦之大者，往往有节妇而无义夫，亦是人间欠事，遂立意不娶。四十余年，觉有至趣。一则自抚遗孩，得以尽心教育；一则阒如萧寺，可以寡欲清心。枕边无剥啄之言，父子有同心之乐。今佳儿佳媳，各竭孝思，和气满门，内外无间，此不再娶之验也。吾子孙如不能不娶，亦须访良家淑女，闲之以礼义，而于前妻之子更须加意保护，然终不若不娶之为愈也。"（袁颢《袁氏家训·治家篇》）

袁颢是在日常生活中起修，其孙袁仁记载："先生（袁颢）婚十五年，祖母徐氏卒。感其淑顺，不复娶。堂后构一室，曰杞菊山房，左图右书（古者记事，左史掌图，右史掌书），焚香晏坐。初十年，客至，惟谈名理，不轻为人诊。远方来恳者，遣吾伯父（袁祯）代之。展又十年，不复接客，惟闭户著书。又十年，屏书籍不阅，交游尺牍皆不启封，然犹时出庭中，盘桓松菊下。最后不出户者，凡十有三年。"（袁仁《怡杏府君行状》）

袁颢一生修行，无疾善终，其孙袁仁记载："甲寅岁九月朔日，遣人呼至榻前，悉以先世遗书授吾父（袁祥），如杞山先生故事。越九日，沐浴更衣，出坐正寝，亲友毕聚，相与诀别，无几微凄怆态，欢然而逝。盖自吾祖母没后，决然独处者垂四十三年"（袁仁《记先祖菊泉遗事》）。这是在弘治甲寅年（1494年）九月初十日，袁颢年高寿丰，预知末日，于当天亥时无疾而终。袁颢维护了正命，得到了《洪范》"五福"之五"考终命"，也就是俗称的"善终"，享年八十岁。善终绝对不是碰运气而是靠实修，袁颢作为一个医者和修行人维护了自己的正命，实现了"善终"。善终属于人之五福的最终福报，可以求得。"五福：一曰寿，二曰富，三曰康宁，四曰攸好德，五曰考终命"（《尚书·洪范》），袁颢庶几得之。袁颢善终后，与夫人徐氏合葬于吴江三十九都芦墟东杜圩袁家浜。

余曾见过善终的人，临终时没有生死离别和四大分离的身心痛苦，对亡者和亲人都是一种解脱。

第五讲
隐医袁祥

袁祥隐于医道，其安贫乐道的精神是力求把医药学"六艺"上升为"医道"，他无论是对疾病的诊疗，还是对医药的认知，其思想意识始终超越医药学本身的技艺。明代很多儒生从医，他们的潜意识都不约而同地回归到"黄老学说"，使医药学回归道的层面。袁祥以"隐逸"自居，安贫乐道隐于市。"小隐隐于陵薮，大隐于市朝"（王康踞《反招隐诗》），厌世躲进了山林避开人群是消极的行为，充其量只能称小隐；而居于闹市或在朝堂之上，既能"既明且哲，以保其身"（《诗经·烝民》），又能够贡献出自己的才智和能力者，方可称为大隐。隐士生活其实是一种修行。

一、博洽高旷

袁祥（1448—1503年），字文瑞，又字怡杏。生活在明代正统、天顺、景泰、成化、弘治年间。袁祥治学有个特点，叫做"穷究史籍"，就是把学问做到极致。其父袁颢说："二郎（袁祥）负绝世之资，书过目辄成诵，驱之应举，南宫一第，不为难得。"量人施教是教子的难点，袁颢将主要精力放在教养袁祥身上。袁祥的学习能力极强，袁颢为其营造了一个特别的家教。在袁祥六岁时，袁颢将他送到了嘉善魏塘镇名医殳珪家。殳珪医术高明，家中藏有"医学秘籍"，仅有一女，独缺一个男性传承人。殳珪请求袁颢将袁祥给殳家做女婿（俗称娃娃亲）。后来袁仁是这样叙述的："恒轩（殳珪）故无子……遂谒吾祖（袁颢），乞（袁祥）为养婿。六岁鞠于殳氏，延师授之。"

嘉善名医殳珪，字廷肃，魏塘人（此时魏塘已成嘉善县治，魏塘镇即嘉善县城。袁家自袁祥始开启了城居时代）。殳珪精于医，治疾有奇验，家中藏有医学秘籍。殳珪家境殷实，因膝下无子，其医学秘籍、独门医术不可没有传承，于是请求同为医道中人的袁颢将次子袁祥作为养婿入赘殳家。袁祥四岁时，母亲徐氏卒，袁颢同意将六岁的袁祥入赘殳家，岳父殳珪为袁祥专门请了塾师执教。袁祥学习很有灵气，一点就通，阅读过目不忘。袁颢看到袁祥在殳家学习如此上进，即和殳珪商议将袁祥暂时接回家中，"丁亥年三十，吾祖以为能读父书，呼回尽授以家传学术"（袁仁《怡杏府君行状》）。袁颢在家里亲自传授家传绝学，而岳父殳珪则希望袁祥尽快学成，回到自己膝下，专心研习医药学。袁颢用心将儒家思想方法传给袁祥，还有其擅长的痘疹诊疗术等，然后又将袁祥送回殳珪家，跟随殳珪左右学医辨药。袁祥从小打下了良好基础，稍长，殳珪发现袁祥"博洽高旷，不屑为医"。

袁祥和殳氏结婚后，生有一女。袁祥却不在家里帮助岳父看病、合药，而是长期居住在金陵（南京）收集查阅"靖难"资料，为其祖父袁顺等人做实录，撰写《建文遗事》。他认为此事是义不容辞的，如果他不做实录，再过几年这段历史就被淹没了。

俗话说：三岁看到老。袁颢深知袁祥的秉性和为人，袁祥之性格极像其祖父袁顺。袁祥的治学精神隔代传给了袁了凡，真可谓青出于蓝而胜于蓝，以致清朝初年，有个叫徐世溥（1608—1658年）的人，在写给友人的一封信札上评述明代晚期人文盛况，列举了赵南星、顾宪成、李时珍、袁了凡等人，评价袁了凡时只有"穷理"两字。

二、名医家传

袁祥从小跟随两位名医学医，他回到殳珪家后，殳珪亲授以"医经秘法"。袁祥十分聪颖，闭门静心研学《医经》和《本草》，由于有较扎实的家学功底且悟性很好，没用多长时间在岳父殳珪的带教下，病理、医理、药理尽通，稍长就能够帮助岳父殳珪抄方抓药打下手了。袁祥深得用药之玄机，独立行医后，其用药剂量特别精准。袁祥著有《用药玄机》（今不传），这是典型的血脉传承，以血缘关系为纽带的家族传承，是最常见的。袁祥的医术与出生医家、自幼生活在名医家有关，听得多、见得多、用得多，具有扎实的儒学和医药学基础，终成良医。

殳珪医案二则："一妇妊，及八月，卧不语，众医敛手。珪曰：'此《内经》所谓瘖也，十月当不药自愈'"（袁黄&盛唐《明万历嘉善县志》）。孕妇回家，二个月后，果然不药而愈。

又："有男子请诊，（殳）珪曰：'此疾不至死，然脉无生理，过三日当投剂。'期内忽溺死，人咸异之"（袁黄&盛唐《明万历嘉善县志》）。这是一个很棘手的病例，如果仅看表相，是不至于死的，但从其脉象上看，已无生理，如果妄投药会有风险，于是殳珪说："过三日当投剂。"意即三天以后，再看情况处方。结果三日内，病人忽然死了，人们都感到非常惊异。如果当时殳珪按惯例诊病后投剂，那么病家可能会上门找他追究。这也是古代医书上告诫医士的禁忌之一，有些病人看上去病不重，但离死期不远，相反有些病人看上去似乎很严重，但只要诊断准确，治法恰当，很快就会治愈，因此中医有"八不医""九不治"之说。

袁祥继承了父亲诊断治疗痘疹的经验，编著了《袁氏痘疹丛书》。袁祥立志做个仁义之士，而"隐于医"。袁了凡在为《袁氏丛书序》中说:"黄子澄之变,吾邑受祸者七十余家,不惮殒身灭族,以殉忠义之名,皆湮没而不传,则革除忠臣仅存而不泯者,不过十之一二耳,至于建文旧主,施仁行义,自三代而下最称淳厚。"袁了凡以此来纪念祖父袁祥的所作所为。

三、夫唱妇随

袁祥自小入赘嘉善名医殳家,袁祥与殳氏青梅竹马,袁祥十五岁时与殳氏结婚,殳氏对丈夫言听计从。由于夫妻俩从小生活在一起,殳氏对丈夫很包容,婚后生一女,女儿十余岁时,殳氏去世,对袁祥打击很大。袁祥四岁丧母,六岁入赘殳家,不到三十岁又丧妻,命运不济。袁祥自小接受的家教是做个良民良医,袁颢早年为儿子们讲述了袁氏《家难篇》和《主德篇》,合为《主德篇》作为抄本传家,是《袁氏家训》的前半部分。在《家难篇》中,袁颢告诫子孙们袁家"杀运未除",不可以走仕途,以保命养德为主。《主德篇》篇幅较长,是根据袁顺所述,用以教导"吾子孙慎勿忘吾君之深厚泽"。袁顺讲仁义,《主德篇》对袁祥影响最大,成年后付诸行动。

清代《嘉善县志》曰:"(殳)珪无子,赘袁祥为婿。(袁)祥博洽高旷,不屑为医。珪以秘经授之,曰:'此不可无传也。'祥曰:'建文御极四年,不修实录,忠臣死事,泯没无传。医经特琐琐者耳。'时祥生女十余岁,妻亡,遂择钱萼为婿,俾受珪术。而薄游南都,遍询博采,作《革除私记》四卷、《建文编年》四卷以归。萼遂精医,有声吴越间,手辑《医林会海》四十卷。子昞、晓。孙赟,能世其业。晓兼工诗"。(江峰青《清光绪嘉善县志·人物》)

随着年龄的增长,袁祥的秉性和为人,愈来愈像祖父袁顺,讲义气,重节操。这也是父亲袁颢为之担忧的。袁祥舍家离开妻女,独自在留都（南京）二年之久，他为写实录，在南京一住就是数月，往来费用甚多，殳氏私下接济丈夫。他寻找建文忠臣后裔，检阅文档资料，写了三部实录。袁祥记述建文遗事，是想为死难蒙冤的忠臣讨个说法，其中也包括自己的祖父袁顺。"《建文私记》，袁祥撰。祥留心世事，数阅国家典故，见革除之际，忠臣骈首就戮，惨焉伤之。念建文不修实录，恐湮没无传，遂往留都，博询遗事，诸部院残文旧案，靡不翻阅，下至军司之册、散坊之籍，亦旁求而笔记之，以为私记。又有《革除编年》，乃挨月挨日而细纪之，俱有案卷可据者。若《忠臣录》，则录当年死事诸臣，分类而叙，较之《逊国臣纪》尤详。以上三书，皆藏于家。"（袁黄 & 盛唐《明万历嘉善县志》）

袁祥的妻子殳氏十分贤惠，处处都依着丈夫的志趣，对于丈夫长年在外收寻文档撰写实录也给予支持。于是袁祥长期住在南京，不遗余力地为建文遗事寻觅相关资料，"遍询博采，作《革除私记》四卷，《建文编年》四卷以归"。袁祥以隐逸自居，潜德独行，在南京逾二年而归，勒成三书。岳父殳珪则希望把家传医学全部传给从小培养的女婿，希望女婿像自己一样，成为一个医术高明、生活稳定、收入丰厚的名医。袁祥是很有个性的人，整天倾心于时政和学问。其实袁祥的医术是很高明的，且精于炮制经方丹药，只是一心想做自己喜欢的学问，不愿把时间花在看病问诊上。父亲袁颢用历史的教训告诫儿子，但是袁祥不以为然。令袁祥痛心的是，妻子殳氏不幸去世了，失去真正懂得自己和关爱自己的亲人，随之生活也发生了变化，面对孤独的女儿，才重新静下心来思考，以后的人生如何规划，应该怎么生活下去。当时女儿只有十余岁，岳父殳珪对袁祥有怨气，也为自己女儿过早去世而伤心，又心痛年幼的外孙女。待女儿长大，袁祥为其择婿，又传医术于女婿钱萼，让女儿有个安稳的家。自己则"更折节为恭俭，布袍蔬食，有客过门，糜粥菜羹，欣然共饱"。父亲袁颢则为袁祥物识良家女子，于是袁祥搬离殳家，于财产毫无所取，茕茕一身，心甘情愿地过起了安贫乐道的生活。

四、博采众长

袁祥从小承继家传绝学。父亲袁颢作《春秋传》三十卷，袁祥摘其隐奥难明者，抉发其微言大义，作《春秋疑问》四卷。后来袁祥之子袁仁又作《春秋针胡编》《周易心法》《尚书砭蔡编》《毛诗或问》《春秋蔡注考误》《三礼要旨》等，延续充实家传经学。袁祥很博学，《易》学造诣很深，对天文、乐律均有研究，著有《天官纪事》《彗星占验》《乐律通考》《金谷歌注》《八阵图说》《新旧唐书折衷》《六壬大全》等，他是一位一身正气的大学问家。

古代中国家庭有高祖、曾祖、祖父、父亲、自身，五代人的传承关系。袁家自高祖袁顺、曾祖袁颢、伯祖袁祯、祖父袁祥、叔祖袁禧，到父亲袁仁，再到袁了凡兄弟五人，五代相传，成就了文献世家。袁氏家传学术，主要是《易经》《春秋》和"术数""象纬""乐律"等。同样，袁氏医学至此亦传承了五代。开宗是在不得已的情况下将袁颢送进吴江良医徐孟彰家。袁颢之子袁祥又从小生活在嘉善名医殳珪家，传承了父亲和岳父两家的医学。袁祥再传授给女婿钱萼和儿子袁仁，袁仁又传给了袁衷、袁襄、袁裳等兄弟。

袁氏医学走了两次捷径，一是曾祖袁颢投身良医徐孟彰家，二是祖父袁祥入赘名医殳珪家，将医学师徒授受直接改变成家族血脉传承，这不得不说是袁氏智慧的选择。从袁颢发展起来的医药学，历经四代人，在对医药学研究的同时，始终没有放弃文献世家的传承，袁氏医学是最为典型的儒医合一。历代儒家将行医治病视为"仁术"，体现了其仁泽百姓、爱护生命的道德理念，造就了医生强烈的社会责任感，正是这种社会责任感，使医生行业完美诠释了孔子"仁者安仁，知（智）者利仁"（《论语·里仁》）的思想。

王畿在《参坡袁公小传》中除了认定袁家为"文献世家"，还提及袁家祖孙三代皆乐"隐居之道"。王畿曰："祖颢、父祥皆乐隐居之道，著述甚多，吴下推为文献世家。"袁颢学严君平，以隐士自居。袁祥学父亲亦以隐逸自居，一直到袁仁仍然以隐士自居，大隐隐于市，袁仁在五十多岁时还曾一度出山。袁氏隐居之道，借助于医药，又将袁祥入赘到嘉善名医殳珪家做养婿，在最短的时间内使医药传承经历了三世，其中还有两大名医（吴江的徐孟彰、嘉善的殳珪）作支撑，从乡村芦墟发展到城镇魏塘，这真是智慧选择。从此袁氏家族以独具的文献世家，逐渐华丽转身为医道世家。

袁祥和殳氏小两口从小生活在一起，殳氏对丈夫是言听计从，独自在家带孩子，照顾父亲。殳氏处处都依着丈夫的志趣，他喜欢读书，好与名士交往，名士们亦乐意与之交往，户外之辙常满。袁祥为了探究还原建文、永乐之际的真实史事，往往常住南京，宿旅费用甚多，殳氏则私下接济丈夫。

岳父殳珪对女婿的行为大为不满，他希望袁祥能专心一致学习殳家的医经秘术，嘱咐道："此不可无传也。"袁祥却认为："建文御极四年，不修实录，忠臣死事，泯没无传，医经特屑屑耳。"殳氏很贤惠，理解包容丈夫的志向和作为，时常瞒着父亲，私自出资支持丈夫去南京蒐录史料做实录，并招待来访的文士人。故而名士们认为，袁祥妻子殳氏有"古风，妻似友"。

五、儒医合一

袁祥出生医家，又长在名医家，精通医道，深谙用药玄机，擅长炮制经方丹药。他一生虽以医药谋生，但仅以满足温饱所需为限，日取百钱，满百收摊，始终保持着儒者安贫乐道的品性，和"谋道不谋食，忧道不忧贫"（《论语·卫灵公》）的君子之风。

袁祥生活在殳家，不得已而为自己定了一个行医的规矩，即每天看病，当诊金收到百钱，立即停诊，这一天再也不看病了。袁祥自夫人殳氏去世后，为了延续光大殳门医学，遂选择钱萼为婿（名医殳珪之孙婿，曾投殳珪学习灸术，遂精于医。袁祥让他住在殳家的居所，使受外祖岳父殳珪之医术。殳珪倒是很喜欢这个外孙女婿，将所藏医学秘经全部传授给了钱萼。岳父袁祥也将自己总结的临床经验传授给女婿。钱萼学习医术也很有天赋，在外祖岳父殳珪的带教下，钱萼传承了殳珪的医学秘录和袁祥的《用药玄机》，诊断治病得心应手。后来钱萼的医术在吴越一带医名大振，最终成为嘉善名医。钱萼根据外祖岳父殳珪所传医学秘录与岳父袁祥传授的用药玄机，辑有《医林会海》（亦作《医林验海》，四十卷，已佚）。《中医名人大辞典》曰："钱萼，嘉善人，世医袁祥婿。袁祥为名医殳珪赘婿，殳珪无子，投术于祥。袁祥遂以术授钱萼，钱萼得真传，医名振于吴越间。子钱晌、钱晓，孙钱赟，皆继承其业。"钱萼之子钱晓善医术，兼工诗，后来与袁了凡的姐姐结婚。钱晌、钱晓又将《医林会海》和医术传给下一代钱赟兄弟。钱氏世代以行医为业，作为袁氏医学的分支，在江南医学界有一定的名声。

明代是继宋朝后又一次"儒医合一"的兴盛期。儒家的"仁义""孝悌""中庸"等思想，对医学伦理学和医疗行为起到规范作用，对后世都产生了积极的影响，同时也提高了医士的地位。"仁"是儒家道德修养的最高境界，"仁者爱人"（《孟子·离娄下》），以济世利天下为最高理想。儒医的优势在于其识文明理，文字功底好，理解能力强，不仅便于学习医方医术，且善能总结医理，撰写医著。现存的中医药古籍，明代的占较大比例，张介宾著《类经》，将《黄帝内经》进行分类解析；李时珍著《奇经八脉考》和《本草纲目》，他用毕生精力带领弟子们完成了《本草纲目》这部巨著；王九思、王鼎象、石友谅等辑《难经集注》，将古代《黄帝八十一难经》释疑解难；沈子禄、徐师曾著《经络全书》，将"经络分野"和"经络枢要"编成合集；陈实功著《外科正宗》，详细记录排脓、除腐、清疮、敷药等方法，并在书中提出医家"十要"。

明代在养生医学方面有杰出贡献的很多。洪武初年，已经年过百岁的道士冷谦，精通医学和音律，为太常协律郎（正八品），著《修龄要旨》，其中有"养生十六宜"和"长生十六字诀"；著名医家龚居中著《福寿丹书》，将安养、延龄、服食、采补、玄修、清乐、养护脏腑等求福寿之法汇编成书；尹真人高弟著《性命圭旨》，堪称内丹医学经典；吴正伦著《养生类要》，将导引、内丹、服饵、丹药（紫金锭）等分门别类，编撰成册；高濂著《遵生八笺》最合于道，堪称养生保命的百科全书；袁了凡著《静坐要诀》和《祈嗣真诠》，他几乎想尽了人间所有的善法，诠释了不孕因缘和优生的方法；沈懋孝著《导引图诀》，详解导引行气、健体却病之要；陈继儒著《养生肤语》等；还有明末清初的伍守阳、柳华阳撰《古本伍柳仙宗》，将儒、释、道的修行方法合于一炉，形成了非药物方法的"内丹医学"。那时名医辈出，查一下这些名医的医学背景，大多是由儒入医，或是由道入医、由释入医的。当时也多有儒生释化和道化而成为医士，三教合一的思想已被社会广泛接受。

从袁颢给吴江良医徐孟彰做养婿，到袁祥给嘉善名医殳珪家当养婿，两代人在吴越间用最短的时间走出了一条儒医结合之捷径，也从乡里走进城镇。袁祥从六岁起生活在嘉善名医殳珪家中，儒学和医学教育双管齐下。岳父殳珪曾令袁祥闭门学习医学秘籍一年，由殳珪亲自传授，俗称"童子功"，加上袁祥悟性好，在后来的临床接诊时，他的医学功底就表现出来了。袁祥医术是很高明的，关键是其精通医理、药理和病理，经其亲自炮制的丹药都很灵验。袁祥不屑于医，并非不懂医，只是不肯将主要心思花在医药学上，其实他对医药亦有所研究，在用药方面有独到之处，临床用药出神入化。

袁祥的医术，与他有交往的名士们也都是耳闻目睹，经过他们口口相传，袁祥声名越发远扬，上门求医问药者都愿意支付高额诊金，但是袁祥仍然坚守轻利重义的底线，从来不多要一文线，他还是承袭了往日的惯例，每日应诊收入总数超过百钱，即关门大吉，再也不接待病人。如有病家为感恩而多给，他也会随手将多余的钱掷还。

有一次，某直指使者（官职）患病，上门求医。袁祥诊断后，即开处方用药，并关照他服药禁忌。直指使者遵嘱服药七日后康复了，于是大喜过望，亲自上门道谢，并询问道："吾患此二十余年，服药无算，卒莫效。子用药不多而辄奏功，何也？"袁祥说："公有积水在脾，去之则病源拔矣，何难之。"二十多年之顽疾，袁祥一个疗程治愈了，而且讲明病源所在。直指使者以五十金致谢，但是袁祥只收了诊金和七日的药费，其余悉数退还。当时很多人看不懂袁祥的作为，而事情往往也是相辅相成的，越不屑医，上门求医问药者反而越来越多，袁祥很快就能独当一面，但其始终重文而轻医，重义轻利，世人以为其痴。袁祥行医只为谋生而已，其兴趣在于"以文会友，以友辅仁"（《论语·颜渊》），读书求道。

六、家学渊源

袁祥出生于集书香和药香于一之家庭，从小又生活在名医之家，却一直以隐士自居，平生喜欢结交名士，"客至则对酒赋诗，评花咏月，陶然有忘世之趣"（袁仁《家居八景赋序》）。袁祥留下了很多著作，如《春秋疑问》八卷、《新旧唐书折衷》二十四卷、《六壬大全》三十三卷、《建文私记》四卷，及《革除编年》《忠臣录》《天官纪事》《彗星占验》《八阵图说》《金谷歌注》《乐隐编》《乐律通考》等。从这些著作可以看出他不但熟谙经史，还精通"术数""象纬"。

天文学和《易》学是袁氏家传绝学。袁祥撰有两部重要的著作《天官纪事》《六壬大全》，其中《六壬大全》被后世公认为明代最权威的术数类经典。徐有贞与袁颢的岳父徐孟彰是至戚，徐有贞曾经向袁颢学习过"象纬之学"，后来中进士走上仕途。徐有贞从云南金齿卫返乡归田后，即登门造访袁颢，对于象数谶纬之术提出新的见解和疑问，向袁颢请教。袁颢却说：这些人世间的闲伎俩，我都忘记了。你有什么疑问，可以去问吾儿袁祥。徐有贞便又上门去与袁祥探讨，袁祥年纪要比徐有贞小四十多岁，袁祥拿出了自己亲撰的《六壬大全》三十六卷，给徐有贞观看。后来徐有贞说："（袁）祥父颢赘武功徐氏之族，武功从（颢）受象纬之学。后归田时，叩门质所疑。颢曰：'世间闲伎俩，都忘尽矣。君有所疑，试叩吾儿。'武功叩之，见是书（《六壬大全》），惊服。叹曰：'父子之间，举千古绝学，自相授受，遂使天人蕴奥，尽在蓬门斗室中，亦奇事也。'"

袁祥"取古来六壬诸书，检其精当者纂之，凡三十六卷"（袁黄＆盛唐《明万历嘉善县志》）。"六壬"是古代宫廷占术的一种，与"太乙神数""奇门遁甲"合称为三式。"六壬"为三式之首，壬通根于亥，亥属于乾卦，乾卦为八卦之首，其次亥为水，水为万物之源，用亥是突出"源"字，奇门、太乙均参考六壬而来。徐有贞看了《六壬大全》后惊叹不已，敬佩地说："明之盛，草莽岩穴之下，有隐君子怀珍蕴玉如先生云"。

袁祥还撰有《彗星占验》,"《彗星占验》,袁祥撰。彗星之变已具《纪事》中,此则随类绘图,详闻事应,较前更明备也"(袁黄 & 盛唐《明万历嘉善县志》)。有一则有关袁祥占验彗星之变的案例:"成化间,有彗星之变。江右王钟廉素精占候,谓彗出井度,色不红而反白,主秦地有兵。(袁)祥曰:'不然。彗虽在井,其冲在斗,凡彗之出重尾,所指不在秦,当在吴也。白虽主兵,然白而暗,暗则近黑矣。又出之日壬申也,主江南大水。'未几果应。王(钟廉)踵门求教,因缉是书授之"(袁黄 & 盛唐《明万历嘉善县志》)。这里所说的《纪事》即《天官纪事》。"《天官纪事》,袁祥撰。绘图于前,各星皆开距极度数。次分类注释,词不繁而意甚明。"(袁黄 & 盛唐《明万历嘉善县志》)其中"是书"是指《彗星占验》,此书因江右占候家王钟廉求教而作。

明朝宣德年间,为防倭患,嘉善修筑城墙,凡民间坟墓悉令迁出,仅留下太守刘侃、经历张彦伦和隐士袁祥三墓。袁祥为人重义轻利、恬淡自守,深受人们敬重,身后得到了与太守刘侃、经历张彦伦同等待遇。袁祥的性格和行为对儿子袁仁的影响很大,后来袁仁亦以"隐逸"自居。

第六讲
安居乐业

袁颢将"儒医合一"做到极致,除了保持"文献世家",还开创了"医学世家"。世家之传承,关键在人。为了中和袁祥的刚烈之性,袁颢除了传授家学提高其学养外,还以慈父身份相规劝来感化。袁祥妻子殁,无子嗣。在旧时代,"不孝有三,无后为大"(《孟子·离娄上》),于是袁颢替他安排,因谓曰:'汝无子,不可不娶。平湖朱学博(唐制,府郡置经学博士各一人,掌以五经教授学生。后泛称学官为学博),心术行谊,迥出常流,闻有女,吾已遣人请婚矣。'遂聘吾母婚焉。朱故巨室,资送甚厚。吾母又勤劬,善料理,家大起"(袁仁《怡杏府君行状》)。袁祥对父亲是极为孝顺和尊重的,袁颢托媒人为袁祥说亲,为他娶了嘉兴平湖朱学博的掌上明珠朱氏(朱氏即了凡祖母)。袁颢希望袁祥有一个贤惠的妻子和一个安稳的家,更希望有子嗣传宗接代。平湖朱学博,名凤,字文瑞。出身名门世家,且家境殷实。朱学博为千金陪嫁甚丰厚。朱氏贤惠能干,成亲后即和丈夫商议选地建房。

袁祥"卜地于东亭桥之浒,既筑正寝,庖庾馆舍靡不备矣。又于正堂之东植杏数十株,构轩其上,题曰'怡杏轩';后有园四围,栽竹种药草三十余种于中,曰'种药圃';垒石为山,对山为楼,曰'云山阁';阁后为'雪月窝';园中凿池,种莲养鱼,曰'半亩池';池上架小桥,曰'五步桥'；沿池植芙蓉，而虚其北，曰'芙蓉湾'；园之南植蔷薇，以木架之，曰'蔷薇架'"（袁仁《怡杏府君行状》）。袁祥在嘉善县城关魏塘镇东亭桥之浒，觅得一块风水宝地。古人建房前选宅基地后要占卜，来决断是否宜居，故又称卜筑、卜居。古代选宅基地要依据《黄帝宅经》。《黄帝宅经》曰："夫宅者，乃是阴阳之枢纽，人伦之轨模。"凡是"人之家室，土厚水深，居之不疾。故人居处随其方所，皆欲土厚水深。土欲坚润而黄，水欲甘美而清"（蒲虔贯《保生要录》）。袁宅门前有条河，宅基地土坚敦厚。嘉善的泥土很特别，京城里用的金砖就是在嘉善烧制的。袁祥所建的袁家大院，是寓于城内却不失乡野风光意趣的生活空间。袁仁说："吾父卜筑西菖蒲泾上（东亭桥横跨南北的西菖蒲），有圃可艺，有池可泳，有阁可登，有桥可涉，有轩可偃息，有红杏、青松、芙蓉、蔷薇可寓目而笑傲，余承而居之。"（袁仁《家居八景赋》）

一、袁家八景

袁仁在双亲去世后，守着父母亲手建设的庭院，触景生情，遂作《家居八景赋》，序曰："余家世居陶庄之净池，宣德间王父菊泉先生赘芦墟徐氏，遂推祖居让伯兄。暨吾父怡杏公赘武塘殳恒轩所，复让祖居于兄弟，而以殳氏所分之房，授婿钱萼"（袁仁《家居八景赋序》）。故有袁祥"卜地于东亭桥之浒"建造新居之举。

袁仁说："吾父既没，余承遗业，思前虑后，愁肠如织，爰作《家居八景赋》，以贻之子孙。"《家居八景赋》曰："吾父……自筑室于亭桥浒。堂之东复筑一厅，植杏于庭，而以轩临之，曰'怡杏轩'；东北有园，植药草三十余种，曰'种药圃'；轩东起小楼，楼前有山，曰'云山阁'；阁后有垩室，曰'雪月窝'；窝之北有池，植藕其中，曰'半亩池'；上有桥，曰'五步桥'；绕池皆植芙蓉而虚其北，曰'芙蓉湾'；湾之南植蔷薇，而周围以木架之，曰'蔷薇架'。"

袁仁在《家居八景赋序》中说："正堂之东复筑一厅，植杏于庭（此景出自"杏林行医"的典故），而以构轩临之，其上题曰'怡杏轩'（袁祥字怡杏）……读书抚景，徜徉自适，客至则对酒赋诗，评花咏月，陶然有忘世之趣。"

作为医家在院内东北辟一块地作为种药圃，袁仁有《种药圃》诗云："清露滴新黄，春风满药畦。无穷活人意，带月自耕犁。"种植药草三十余种。袁家这个种药圃很有名，《清光绪嘉善县志·卷三》"区域志三·古迹"记载："药圃在城东南隅。明袁仁家居八景之一。（袁）仁精于医，园中植药草三十余种，有'无穷活人意，带月自耕犁'之句。"

江南潮湿，怡杏轩之东，起一小楼，小楼用于藏书，名曰"万卷楼"。万卷楼正对面，垒石为山，对山为楼，"楼对青山，山对楼"（俞德邻《题叶劝农对山楼次韵》），曰"云山阁"。袁仁有《云山阁》诗云："南山飞白云，朱帘敞丘阁。山从帘外青，云向帘前落。"

云山阁后有垩室，曰"雪月窝"。袁仁有《对雪》诗云："元圃同云冻不流，琼林飞霰曙光浮。四郊缟素明书幌，一夜梅花遍古北。玉树远从云外落，明珠都向暗中投。而今寂寞寒塘路，不见山阴雪后舟。"

雪月窝北，留有一亩空地，其中半亩凿水池，种植莲藕，水中养鱼，曰"半亩池"。袁家的半亩池冬夏遇干旱，池水不涸，了凡大哥袁衷"问（父）：吾祖凿半亩池水，冬夏不涸，邻池常涸，何也？曰：池中置牛骨则不涸，出《西都志》"（《庭帏杂录》卷上）。由此可见袁祥学识之渊博。袁仁有《半亩池》诗云："花村一亩地，半凿养鱼池。昨夜山童报，飞龙出短篱。"半亩池上架小桥，曰"五步桥"。沿半亩池岸边种植芙蓉而虚其北，曰"芙蓉湾"。袁仁有《芙蓉湾》诗云："秋水泹芙蓉，花开曲涧红。自言甘寂寞，不敢怨东风。"芙蓉湾之南，悉植蔷薇而周围以木架之，曰"蔷薇架"。袁仁有《蔷薇架》诗云："寒林春欲尽，闭户特相留。几点蔷薇雨，花飞香满楼。"

范峤青根据袁仁《家居八景赋》手绘

袁祥当时营造的这座庭院很有特色，这些投入显然不是他行医所得，大多由其岳父朱学博暗中资助，袁祥则始终坚守儒者重义轻利的品性。

目前，袁宅遗址尚存，但院子早已毁坏，院内建了一些现代化的小楼。近年曾有人在嘉兴、吴江的古玩市场还曾淘得袁家老宅的砖雕对联，可见当时建筑之气派。

二、悬壶济世

袁家经过几代人的努力，袁家医馆在嘉善县城已经有了一定的影响力，慕名而来的人也多了起来。袁家在主母朱氏的操持下，生活大有改善。袁仁从小在传承家学的同时跟随父亲学医。

儒医合一，悬壶济世，盛于宋代。宋太祖赵匡胤颇通医道，有记载称，他曾为其兄弟做艾灸。皇帝垂范，上行下效，群臣争先，掀起了朝野上下学医热潮，医药之学大兴。宋太宗赵光义留心医学，收得要方千余首，太平兴国三年（978年），诏翰林医官院征集各家应验药方，合万余首，令王怀隐等校勘编类，于淳化三年完成，题名《太平圣惠方》，共一百卷，1670门，载方16834首，宋太宗亲自为之作序，颁行天下。

北宋名臣范仲淹（989—1052年）论良医，曰："夫能行救人利物之心者，莫如良医。果能为良医也，上以疗君亲之疾，下以救贫民之厄，中以保身长生。在下而能及小大生民者，舍夫良医则未之有也"（黄凯钧《友渔斋医话》）。这就是"不为良相，便为良医"的出处。在当时的社会环境里，一个读书人将"医"与"相"并列去认识，一般人都不能理解，因为医只是方技，是上不了台面的"贱业"，尽管历史上有陶弘景、孙思邈等大医学家，但把"医"视为"利泽生民"的途径而仅列之于"相"之次，范仲淹当是第一人。

儒者习医为行"孝道"，后来发展到无儒不通医，儒者仕途不顺转而行医者众，医者的社会地位也就得到了提升。宋代有四位儒医合一的代表性人物，许叔微、朱肱、沈括和苏轼，他们都有著作传世，如许叔微有《伤寒百证歌》《伤寒发微论》等，朱肱著《活人书》，沈括、苏轼著《苏沈良方》。

袁祥建造了一座很有特色、融书香和药香为一体的庭院，新宅位于嘉善东亭桥浒，水乡交通主要靠船，进出门有水路，便于他乡病人坐船来看病。袁家在嘉善县城开馆行医，应该是从此时开始。袁家大院内有正堂屋和偏房。正堂屋用于接待来客和病人，偏房取一静室作为药室。

明代医馆往往有一个标配的"药室",选"用静屋一间,不闻鸡犬之处,中设供案一,以供先圣药王。分置大板桌一,光面坚厚,可以和药。大铁碾一,石磨一,小碾一,乳钵大小二,堑筒一,用以捣珠末不飞。舂臼一,大、小、中稀筛各一,大、小密绢筛各一,棕扫帚一,净布一,铜镬一,火扇一,火钳一,大、小盘秤各一,药柜一,药箱一。葫芦瓶罐,此药家取用无算,当多蓄以备用。凡在药物所需,俱当置之。药室平时密锁,以杜不虞,此又君子所先"(高濂《遵生八笺·起居安乐笺·药室》)。旧时行医配药,尤其是筋骨伤,会用到一些新鲜药。为了便于配药,还在院内开辟了一块"种药圃",药圃内种植了三十多种草药,以供急用。

新建庭院内的"万卷楼"极具人文特色,彰显了主人的人文素养。袁家的这座院落建成后,在当时嘉善小有名气,诚然和袁祥的人品和职业、交游有关联。庭院外还预留了一块空地暂时种菜,以待将来袁家人丁兴旺时,再扩建成住宅。后来袁了凡出生,家里显得有点拥挤,袁仁就将菜地扩建为"半村居",这是后话。

朱氏非常善于料理家务,自朱氏进门执掌袁家内务,袁祥才又过上了安居乐业的生活。此时袁家家境大有起色,袁祥又开始静下心来读书做学问。袁祥继承了"文献世家"的法脉,逐渐恢复和光大了祖上的家学传承,并坚守安贫乐道的家风,在行医的过程中也始终保持重义轻利的理念,自此袁家家道开始兴盛。

从袁颢到袁祥、袁仁始终不渝地走文献传家的道路,后来王畿为爱徒袁了凡撰写其父《参坡袁公小传》时说:"参坡袁公,名仁,字良贵,浙西嘉善人也。祖颢、父祥,皆隐居乐道,著述甚富,吴下推为'文献世家'。"从这段文字可以看出,袁家之"文献世家"是公认的。袁了凡撰有《袁氏易传》《毛诗袁笺》《春秋义例全书》《尚书大旨》《四书疏意》

《四书删正》等著作。

三、藏书万卷

明朝，在黄昏的时分，街巷有专人敲击木铎，一边敲击一边高声叫喊："和睦乡里，教训子孙，各安生理，毋作非为。"到夜深人静的时，有更夫打更报时。当天亮时分，又开始敲击木铎，高声叫喊："创业难，守成难……"意在提醒人们振作精神，迎难而上，这也是一种倡导修身、齐家的方法，朝廷希望家家户户安居乐业，以达到治国使天下太平。

袁颢在守住家传绝学的基础上开启了袁氏医学，其以仁义传家，将家学传给了袁祥，袁祥建"万卷楼"藏书，并将万卷藏书和家传绝学传给了袁仁，当袁仁将万卷藏书和家学传至袁了凡时，袁家已经成为远近闻名的"文献世家"和"医学世家"。袁氏家族最为珍惜的还是文献世家，但是经过五代人的不懈努力，袁家"世以医显"已经成为现实。《易经·坤·文言》："积善之家，必有余庆。"袁祥以文会友，家里的气象为之一新。成化十五年（1479年），朱氏怀孕足月，产下一子，取名仁。袁仁出生，延续了袁氏香火，给家里带来了生气和喜乐。朱氏的理家能力强，袁仁自幼便生活在极佳的家庭环境里，父亲的风范和学养使他自小养成手不释卷、日日临帖的良好习惯。袁祥和朱氏很恩爱，婚后共生育了一子一女。家住平湖的外公朱学博特别喜欢聪慧的外孙和外孙女，经常来看望孩子们，这可能是人们常说的隔代亲。

古云：百善孝为先。袁仁是远近闻名的大孝子，对双亲及外祖父百依百顺。在袁仁十三岁时，袁祥身患重病，小袁仁亲自侍奉汤药，夜以继日，衣不解带，在病榻前侍奉。侍奉汤药是医学临床至关重要的环节，佛教医方明将"瞻病人"作为医治之必须，要明确知晓什么对病人有益，什么对病人有害，事事要做到趋益避害。小袁仁寓情于医，并用道教的"续命法"祈祷，让父亲袁祥续命一纪（十二年）。

袁仁的姐夫钱萼继承了外祖岳父殳珪的真传，也传习了岳父袁祥的医道，他一心从事医药，在嘉善已经成为名医，他的儿子钱晒、钱晓，孙子钱贽，皆承继其业。袁家子嗣也继承文献世家和医学世家传统，等到袁了凡懂事时，他的三位兄长袁衷、袁襄、袁裳也都能独当一面行医了。袁氏医学从吴江良医徐孟彰传袁颢，袁颢传大郎袁祯、三郎袁禧，大郎袁祯传长子袁朴、次子袁栢，嘉善名医殳珪传袁颢二郎袁祥，殳珪、袁祥再传到钱萼（外孙女婿、女婿）、袁仁（儿子），经过四代人的不懈努力，开枝散叶，第五代有钱晒、钱晓、袁衷、袁襄、袁裳、袁了凡、袁衮等，袁氏医名享誉吴越之间。由医生重新走仕途，始于袁了凡及其子袁俨。

袁仁的妹夫，是同住在魏塘东亭桥浒的沈扬，他有两个儿子，沈科与沈称。沈家重视科考前程，袁仁也已将袁家中举入仕的希望寄托袁了凡身上。前面说过，袁家祖训"不应举"，"但为良民以没世"，袁仁希望儿子中举入仕，是否有违祖训？其实，袁氏"不应举"固然由于仕途险恶，却也另有隐衷的，袁顺作为建文殉难诸臣之友，虽获赦免，其子孙也是没有应试资格的。袁颢告诉子孙："杀运未除，所当苟全性命，四五世之后，时移刑省，亦可出而应世。盖祖宗修德济人之志，与自己亲民爱物之学，不可终郁而不彰也"（袁颢《袁氏家训·民职篇》）。从袁颢之语可见端倪，了凡一辈与高祖袁顺已隔三代，不受牵累，"可出而应世"。了凡兄弟应试求仕，非但不违祖训，恰是听从曾祖教导。

弘治四年（1491年），袁祥患病，时年十三岁的"袁仁亲自侍奉汤药，终日衣不解带侍奉父亲，父亲的大便和小溲亦每日侦视（此乃传统医学诊断常识），若不好即担忧，若见好则欢喜。每夜，夜深人静时，即净手焚香，祷告上天，愿以自身代替父亲受此病苦。其诚心感动上苍，一日夜半梦见祖父袁颢菊泉翁，祖父告之说：'司命者，感汝勤恳，增汝父寿一纪矣。'第二天早晨，父亲的病果然痊愈了。"小袁仁在夜深人静时，沐手焚香对苍天祈祷，发愿以自己的寿数换得父亲延寿，这个方法属于道教的"续命法"。天真纯洁的心灵，发自内心的祈祷，感动了上苍。晚上小袁仁坐在父亲身边，昏沉间梦见住在吴江的祖父袁颢，祖父告诉袁仁，你的行为感动了上苍，你的父亲得以增寿一纪。袁仁经历了床前尽孝，为亲人担忧、祈祷，意识到治病救命仅凭技艺是不够的，更重要的是情义，从此以后，袁氏医学从"寓意于医"走向"寓情于医"。看到父亲袁祥康复，袁仁及妹妹都很高兴。

袁仁长大成人，父亲袁祥亲自主持了儿子袁仁的"冠礼"和"婚礼"。袁祥享受天伦之乐，其为人正直忠厚，心地善良，宽以待人，注重身教，每当家僮仆人犯错，就配合夫人朱氏，一个唱红脸，一个唱白脸，起个警示作用。袁仁对孩子说："汝祖（袁祥）生平不喜责人，每童仆有过当刑，辄与汝祖母私约：'我执杖而往，汝来劝止。'我体其意，终身未尝怒责仆，亦未尝骂仆。汝曾识之"（《庭帏杂录》卷上）。袁祥以忠厚诗书传家，其家风潜移默化，世代相传。他继承家学，对《诗经》《春秋》和"六壬""乐律""象纬"等，做了深入研究。袁仁说："先君（袁祥）以菊泉（袁颢）所著《春秋传》有独得其奥，而人不易明，因著《春秋疑问》四卷，以发其微旨。

邑人周天雨哀其诗文，序而将梓之，大略谓：（袁祥）公诗绝句法乐府，古风法汉魏，五言律法盛唐，七言律浑雄典雅，更出唐人之上。至其本之性情，绳之礼仪，则汎汎乎三百篇之遗旨也。其学醇酽六籍，隽饫百家，故其为文精邃闳深，蔚瞻酝蓄，苍然有西京风骨。又非法不言，言则有关世教，陈义甚高，寓意甚远，非徒作也。先君得之，封而藏诸箧中,语不肖曰:'渺哉末耳。吾衰弗事此也久矣。敛英沃根,忧虑其侈。况的而招射乎?小子识之,勿轻出也'"(袁仁《怡杏府君行状》)。上面这段文字,足以说明袁祥的学问之深,无愧于文献世家。

四、痛失双亲

光阴似箭,岁月无情,转眼十二年过去。弘治十六年(1503年)八月十五日,距弘治四年袁祥重病痊愈,刚满一纪,袁祥晨起,感觉身体不适,"遂沐浴更衣,坐正寝以没"。袁祥寿终正寝,与其父袁颢一样都是无疾而终,虽然其寿命不算长,但去世时无病无痛,这也是一种修得的善终。袁仁乃大孝子,父亲去世后,三日米浆不入口。母亲朱氏亦悲痛欲绝,每天暗自流泪,悲伤过度而一病不起。孝子袁仁照护母亲,侍奉汤药,不离左右,每次外出接待来吊唁的宾朋,则"哭不偯,礼无容,言不文"(《孝经·丧章章第十八》),挥涕落泪,其悲哀感动路人。他返回内室,在母亲床前,为了让母亲开心,强忍悲痛,委曲自己来宽慰母亲,希望母亲能够早日康复。然而朱氏日夜忧心忡忡,没过多久病情转重,在袁祥去世后十七天,朱氏由于悲伤过度,也随丈夫去了。袁仁在不到三周的时间里痛失双亲,其悲伤程度可想而知。

袁仁为父母亲居丧,祭奠哀悼悉遵古礼,然后按照江南传统的规矩,将父母安葬在嘉善县魏塘镇东亭桥北西菖蒲泾(后移葬姑苏白杨山)。安葬好双亲,袁仁也结庐于墓所,每日朝夕上供礼拜,泣泪成血,感动了上苍,有只白色鸟雀来墓旁树上筑巢,坟墓上还长出了青色的灵芝,乡里的人见此瑞象,都以"纯孝"称之。袁仁服丧三年,悉遵古代的庐墓礼仪,寝苦枕块,素食饭粥。服丧期满,至忌日,袁仁必筹办祭品携家人上供祭祀,逢三月三、清明节、七月十五等民俗祭扫,袁仁和全家人追思先人,不曾开口,泪流满面,深悔儿欲养而亲不在,无从报答父母养育之恩。

五、后继有人

袁仁二十五岁继承父业独立行医，悬壶济世。"袁仁（1479—1546年），字良贵。父祥，祖颢，皆经济实学，至仁愈遂，天文、地理、历律、书数、兵法、水利之属，靡不熟谙，谓医贱业，可以藏身，可以济人，遂寓意于医"（袁黄 & 盛唐《明万历嘉善县志》）。袁仁先后娶过两任妻子，原配夫人王氏是嘉善武塘王孟璿公之女，王氏生有两子一女，长子袁衷（号两山）、次子袁襄（号春谷），正德十二年（1517年）王氏去世。袁仁续娶嘉善李月溪公之女李氏为妻，李氏生三子二女，袁裳（号星槎）、袁表（号学海，后改名黄，号了凡）、袁衮（号观海）。袁仁和两位妻子共生育了八个子女。长女嫁嘉善钱南士，次女嫁嘉兴张高标，小女嫁钱晓，钱晓乃袁仁姐夫钱萼的次子，亦精通医学。

嘉靖二十三年（1544年），沈科成功中了进士，袁仁得知，不胜欢喜。沈科临行前来向舅舅道别，"沈科初授南京行人司副，归别吾父（袁仁）。吾父谓之曰：'前辈谓仕路乃毒蛇聚会之场，余谓其言稍过，然君子缘是可以自修。其毒未形也，吾谨避之，质直好义，以服其心；察言观色，虑以下之，以平其忿。其毒既形，吾顺受之，彼以毒来，吾以慈受可也'"（《庭帏杂录》卷上）。沈科历任临江府知府、江赣兵备副使，为官勤勉，清廉恤民，有政声。袁仁的小外甥"沈称，字子德，苑马卿（沈）科之弟也。科博学，有声艺林，兄弟自相师友。科擢第。称十试不利，代养父母，绕膝愉愉"（袁黄 & 唐盛《明万历嘉善县志》）。沈称是嘉善有名的孝子，他和哥哥沈科的关系也非常好。袁仁的大外甥沈科走上仕途，对袁仁内心也是有触动的，他开始有意识地培养袁了凡，并亲自带教。袁了凡看到表哥沈科成功走上仕途，心中也想朝这个方向努力，后来成功地走上仕途。袁了凡在万历十四年（1586年）考中进士，为官政绩卓著，治学著作等身，成为明代重要的思想家，这也从一个侧面显示了"文献世家"的实力。

袁仁，号"参坡"，医者仁心，为拯救民命者，莫如药，而药之中补益者，莫如（人）参故。参坡幼承庭训，长大后"博极群书"，又"博极医源"，更是将儒、医兼济之道在医学上发挥到极致。袁仁自幼习儒，著《春秋针胡编》，于《易》著《周易大义》，于《书》著《砭蔡编》阐述之。及长修道，又将儒道合于医，使医道还原。袁仁的博学从《庭帏杂录》里记载的一些问答中可以看出，如外甥沈科问："六艺，御为卑，今凡上用之物皆称'御'，官称'御史'，何也？"袁仁答曰："吴临川云，君之在车，与御者最相亲近，故君所近之人谓之御，君所亲用之物谓之御。"其大女婿钱南士问："何以谓之市井？"袁仁答曰："古者，一井之地以二十亩为庐舍，因为市以交易，故云。"其外甥钱㭹问："寒食禁火，相传为介子推而设。果尔，止该行于晋地，何四方皆然也？"袁仁答曰："予尝读《丹阳集》，云：龙是木之位，春属东方，心为大火，惧火盛，故禁火。是以有龙禁之忌，未必为子推设也。"其次子袁襄问："《月令》言'孟冬腊先祖'，郑玄注云：'腊即周礼所谓蜡祭也。'然则腊、蜡同乎？"袁仁答曰："尝观《玉烛宝典》，云：'腊祭先祖，蜡祭百神。'则腊与蜡异。蜡祭因飨农以终岁，勤动而息之；腊，猎也，猎取禽兽祭先祖，重本始也。二祭寓意不同，所以腊于庙，蜡于郊。"三子袁裳问："俗以每月初五、十四、二十三日为月忌，凡事皆避之，何所取义？"袁仁答曰："阴阳书以是三日为良星直日，故不用，其义亦不明。《河图》九数，趋三避五。初一日起，一居坎；至初五日，五居中；十四日、二十三日，五皆居中。五为君象，故民庶不可用。"袁仁除了有深厚的儒道修养外，最重要的是当他接手袁家医事时，母亲为其打下了良好的经济基础，已经可以把医药诊疗作为一门学问和一件济世的善事来做，袁仁亦继承父亲安贫乐道的精神，其积累的功德护佑了子孙后代。

历代儒生从医促进了医药学的社会化。在先秦时期，医学被视为"禁方"，往往以父子、师徒的形式私下传授。到了两汉，由于汉皇帝"以孝治天下""独尊儒术"，儒家成为传播文化知识的主体，因此只要具有一定文化素养的人，无不受到儒学的熏陶和影响，而"居则致其敬，养则致其乐，病则致其忧"（《孝经·纪孝行章第上》），知医亦成为行孝的必要手段。学习医学必须具备识字断字、领会文义的能力，故有"秀才学医，笼里捉鸡"之说。由于儒生学医日益增多，促进了医学的传播和发展，使医药学摆脱了神秘的色彩，逐渐规范化、系统化。对于某些儒生来说，医术也是实现其道德理想的手段。

六、安身立命

隆庆六年（1572年）六月，神宗朱翊钧即位。"甲子，即皇帝位。以明年为万历元年，诏赦天下。祀建文朝尽节诸臣于乡，有苗裔者甄录"（《明史》卷二十）。外部环境愈来愈好，袁氏子孙也受到尊重，《嘉善县志》载：袁祥（字文瑞），袁泽（字世霈）和其子袁朴（字崇雅），还有袁仁（字良贵），袁家四人均为嘉善县乡饮耆宾（国朝盛典，乡绅之殊荣。是由乡里举荐，皇帝恩准的德高望重、齿德俱优之贤能担任）。袁仁开始接触官场，沈科成功走上仕途，增强了袁了凡走仕途的信心。袁仁有"王佐之才"，曾一度在时任兵部右侍郎兼佥都御史，总督两广军务的蔡经（1492—1555年，又称张经，字廷彝，号半洲，福建侯官人。抗倭名将，累官至南京兵部尚书，谥襄敏）幕中为客，后因自己不适应幕僚生活，辞职回家后，自嘲为"百懒道人"，自作《百懒道人歌》

一首，为自己画像。《百懒道人歌》（了凡注：百懒道人，先君自谓也）曰：

> 百懒道人何许人？虬髯如戟齿如银。
> 有口不谈城市事，有足不践王公门。
> 蓬门白日且高卧，煮石为肴草作茵。
> 得钱即付酒家饮，陶然长醉玉壶春。
> 白笔横秋汉高吟，一律穷入琅琊倾。
> □□九霄吸沆瀣，险如万仞摩嶙峋。
> 怪如燃犀照牛渚，黄龙碧马喘幽津。
> 驱山走海凭彩笔，金章紫绶何足珍。
> 赤城霞气如可扫，一瓢长挂宁辞贫。
> 白云映水竹枝瘦，春风滴露花蕊新。
> 山林自宜容此老，木石可偶猿可宾。
> 假使身灭名尽湮，长啸岂有丝毫嗔。
> 请看当年诸贵臣，高堂寂寂生埃尘。

袁仁（《一螺集》）

袁仁淡于功名，但于"行谊"则相当看重。他在外时与妹夫沈抑之书信交往中说："吾祖、吾父孳训吾辈，谓浮华易谢，实德难磨，故不以科第为荣，而以行谊为重。此妹丈所熟闻者也。"又有"《寄沈抑之妹丈》诗曰：衰草残阳满地红，苹花零落野棠风。一秋多少怀君梦，半在青灯细雨中。"（袁仁《一螺集》）

第七讲
寓情于医

袁氏医学初创时期"寓意于医",袁颢入继吴江良医徐孟彰家,隐身医家求生存;袁祥入赘嘉善名医殳珪家,无奈学医图发展;袁仁通过为父诊疗、祈祷,又领悟到"寓情于医"。袁仁立足于儒道,汇通于医学,运用家传"太素脉法",走出了一条与众不同的医学之路。此袁氏三代人,以自身的学养和努力,将儒、道、医殊源合流,一步一步使医从方术上升至"道"的层面。

《了凡四训》开篇说:"余童年丧父,老母命弃举业学医,谓可以养生,可以济人,且习一艺以成名,尔父夙心也。"袁了凡晚年告诉儿子袁俨说:在我十四岁的时候,父亲就去世了,家境发生了变化,母亲要我放弃求取功名的科考学业,随兄长们学习医药学。母亲说:学成以后,既可维持生计,还可济世利人。母亲还说:做人若能学成一门技艺,就可以在社会上有地位有名声,这也是你父亲生前很早就有的心愿。

袁了凡听从母命,走上了医学之路,安心跟随兄长们学习医药知识。袁了凡早年丧父,命途运舛,但他志向高远,勤修精进,参透天地、人生之玄机,善巧方便,终成一代大医。袁了凡把医治的范围扩大到人世间最基本和最重要的诉求上,如平安、健康、长寿、登科、富贵、求子、农耕、水利、军事、兵刑等，并且将已有广泛社会基础的佛教"因果报应"理念，将"命由我造，福自己求"的思想通过"功过格"的形式加以推广，让更多的人向上向善，践行行之有效的"立命之法"。袁仁将儒、道和阳明心学汇通于医，袁了凡在此基础上全力推广立命之法，将其融入医道，终成一代苍生大医。

一、学医为孝

明代中后期，整体医药学水准都有所上升。袁氏家族以文献传家、医道传家、孝悌传家。曾祖袁颢表率于前，父亲袁仁力行以继之，袁了凡五兄弟承传父祖之德，"皆以医为孝者也"，这些从《庭帏杂录》等著作中都有明显的体现。儒家奉行孝道，讲究百善孝为先，孔子曰："父母唯其疾之而忧"（《论语·为政》）。儒生行孝道，医为孝之术，谓"为人子者不可不知医"。明代中后期，为行孝道而学医且小有名气者，不计其数。最终的事实也证明，一个人的心愿是良药，是可以起死回生的，这方面的例子很多。

北齐李元忠（486—545年），卒于东魏武定三年（因元忠本传载《北齐书》中，故此称"北齐李元忠"）。元忠家饶富而性仁恕。母老多病，元忠专心医道，研习积年，遂善医。族弟亦为母病，医为治疗不愈，遂自精究针药，母病乃除。凡遇见有病之人，不问贫富贵贱，都帮助医疗。

隋许道幼曾仕南朝梁，官至员外散骑侍郎。亦因母病而潜心医学，遍览经方，得以究极，世号名医。其子许智藏也是著名医家。其戒诸子曰："人之尝视膳药，不知方术，岂为孝乎？"由是转相传授。

唐代王勃（650—676年）十二岁至十四岁时，跟随曹元在长安学医，先后学习了《易经》《黄帝内经》《难经》等，对"三才六甲之事，明堂玉匮之数"有所知晓，十六岁应幽素科试及第，授职朝散郎。王勃尝谓："人子不可不知医"。时长安曹元有秘术，王勃从之游，尽得其要。王勃之所见与许道幼同。

唐代王焘（670—755年），亦因母病学医，因以所学作书传世，著有《外台秘要》，上自神农，下及唐世，无不采撷。

高若讷（997—1055年），宋代大臣，亦因母病，遂攻读医书，宫廷御医皆折服。

上面列举的名医李元忠、许道幼、王勃、王焘、高若讷等，这些人都是出于孝心而学医。人人皆有孝心，那么人人都需要知医事。随着士人学医的人数增多，儒医开始出现。儒医的出现大大提高了医生的社会地位，以致宋代出现了"进则救世，退则救民，不为良相，亦当为良医"的说法，这就使得医生群体更加注重道德修养。明清时期所刊刻行世的医经、医论、本草等，大多是由儒生编撰的，在序跋中，往往也会写上"为人子者，不可不知医"这些话，这显然是为了行孝道而学医的。明末清初的战乱使得很多医学经典都不传，《友渔斋医话》载："张仲景《伤寒论诀》、孙思邈《千金方》及王焘《外台秘要》久不传，悉考校讹谬行之，世始知有是书。名医多出衡州，皆本高氏学焉。此皆以医为孝者也。"（黄凯钧&邢玉瑞《友渔斋医话·为人子者不可不知医》）

清代孝子吴尚先（1860—1886年），因见"不肯服药之人，不能服药之症"（《理瀹骈文·略言》），乃著《理瀹骈文》。书中收入的全部是外治法和非药物疗法，包括敷、洗、熨、熏、浸、嚏、刮痧、火罐、导引、推拿等，其目的是不让父母承受针药之苦。

清代乾隆年间的赵学敏纂辑《串雅内篇》，是为了能让走村串巷的"铃医"（手持铜铃）就地取材，其用"一招鲜"能立马缓解病痛。

二、祝说病由

明代医学分科沿袭元朝，仍为十三科。《元史·刑法志》载："诸医人于十三科内，不能精通一科者，不得为医。"医生的社会地位排名亦是延续元朝的"五医六工"，和普通工匠归为一类。到了明朝中后期大量儒生为奉行孝道而习医，医生的社会地位随之提高。明代张介宾说："国朝医术十三科，曰大方脉，曰小方脉，曰妇人，曰伤寒，曰疮疡，曰针灸，曰眼，曰口齿，曰咽喉，曰接骨，金镞，曰按摩，曰祝由。今按摩、祝由二科失真传，惟民间尚有之。"按摩应指"导引按跷"，早在明朝，导引按跷和祝由科在太医院等官方机构已不存在，流入民间，而市井行医者大多已失去真传。这二科的传承者是真正要具有"扶正祛邪，治病疗疾"本领的。导引者，引筋骨以舒展，导气血以调达，是自主的内应之法。祝由术即"祝说病由，移精变气"，可远溯上古，《古今医统大全》卷之一："上古神医，以菅为席，以刍为狗，人有疾求医，但北面而咒，七言即愈。古祝由科，此其由也。"医生通过"祝说病由"，使病人闻之惕然有悟，达到趋利避害，得到精神复强而内守的效果。《素问·移精变气论》："黄帝问曰：'余闻古之治病，惟其移精变气，可祝由而已；今世治病，毒药治其内，针石治其外，或愈或不愈，何也？'岐伯对曰：'往古人居禽兽之间，动作以避寒，阴居以避暑，内无眷慕之累，外无伸宦之形，此恬淡之世，邪不能深入也。'故毒药不能治其内，针石不能治其外，故可移精祝由而已。"上古全德之世，邪气不能深侵，故凡有疾病，惟用祝由而已，以其病不甚而治亦易。

祝由术和导引按跷之传承常常是师父找徒弟，首先是徒弟有先天的潜质，再经师父后天口传心授，诸般因缘聚合，才能得法。犹如云南孔先生云游到嘉善，才找到袁了凡，授之以"皇极数"。祝由科古时主要用于治疗所谓"鬼神附体"等奇症怪病，也就是常人不明缘由的病。《外台秘要》中载有医生自述用祝由术治病的情况："（余）令人高声先导，首慑其气，余即整容，随而突入。病者亵衣不恭，瞠视相向。余施怒目胜之，面对良久，见其赧生神怯，忽尔潜遁，余益令人索之，惧不敢出。乃进以白虎汤一剂，诸邪悉退。此以威仪胜其亵渎，寒凉胜其邪火也。"这是祝由配合汤药的医案。还有用观想和符咒等，也属于祝由一科。

明朝后期，官方医学分科，实际只有十一科。袁了凡在宝坻任上，为疏通文脉，欲在文昌阁前修建文昌桥，使文脉贯通。袁了凡亲自撰写了《建桥募捐缘起文》，立石于河边。时有一位善祝由者，坐在桥基工地旁，声言专治各种疑难杂症，被治愈者须捐款建桥。祝由师每天为慕名而来的病人治病，一直治到款项充足，才不辞而别。可见民间确实存在祝由术高手，而祝由流落民间，其生存空间也得以扩大。

余在上海，也会见过一位民间祝由师（上海传承导引医学研究所是被授牌的上海市民间中医征集基地），经与其交流，发现他很从容淡定。他说当下传承弟子难找是主要问题，但他坚信一辈子总能找到一个传承人。据余所知，在清末民初时期，浙江瑞安"利济堂"开办过中医药师承班，其课程表上《易筋经》是必修课，祝由科是选修课。陕西省延安市有非物质文化遗产项目"黄帝的传说"，其代表性传承人在讲述祝由术。

三、庭帏杂录

袁氏作为四代（曾祖袁颢至袁了凡兄弟）行医的家族，有个很有意思的传统，即记录父母的言传身教。《论语·卫灵公》："子张问行。子曰：'言忠信，行笃敬，虽蛮貊之邦矣；言不忠信，行不笃敬，虽州里行乎哉？立则见其参于前也，在舆则见其倚于衡也，夫然后行。'子张书诸绅。"孔子弟子随时记录夫子言行，故有《论语》传世。袁氏子弟显然遵循了这一方式。《庭帏杂录》就是一本由儿子们记录父母庭训身教的特殊家教范本。现存《庭帏杂录》有上下两卷，卷上由长子袁衷、次子袁襄记录，卷下由三子袁裳、四子袁表（了凡）、幼子袁衮记录，由袁仁女婿钱晓编订，袁俨作序。《庭帏杂录》文字不多，但足以彰显文献世家和医学世家的精神魅力。《四库全书总目提要》说："嘉善袁衷等录其父母之训，而钱晓所订定者也。"

《庭帏杂录》还原了明朝中期一个向上向善家庭的状况及其人员构成（包括往来的宾朋、病人、仆人等）。袁了凡的姐夫钱晓在编订《庭帏杂录》后作跋曰："《庭帏杂录》者，吾内兄袁衷等，录父参坡公并母李氏之言也。参坡初娶王氏，生二子，曰衷，曰襄。衷五岁，襄四岁，王氏没。继娶李氏，生三子，曰裳，曰表，曰衮。衮十岁，参坡公亡。又二十七年，李氏弃世。故衷、襄所录父言居多，而衮幼不及事父，独佩母言自淑耳。参坡博学敦行，世罕其俦。李氏贤淑有识，磊磊有丈夫气。观兹录，可以想见其人矣。"袁仁继续保持着"文献世家"之书香和"医学世家"之药香，真可谓子承父业。

在《庭帏杂录》中，兄弟五人分别记录了父母为人处世的方式，读来十分感人。继母李氏对长子、次子和长女视同己出，凡遇王氏忌日，都准备祭品，带领子女们祭祀，并教育王氏所生子女不能忘记母亲的生养之恩。袁衷五兄弟在《庭帏杂录》中记录的一些有关母亲李氏的小故事，足以证明这位母亲的伟大，生长在这样家庭的孩子们是有福气的。家庭是人生的第一个课堂，父母是子女们最初的老师。袁家是诗礼传家的厚道人家，袁仁夫妇待人接物也是充满善意和智慧的。在袁家，事无巨细，父母都会及时予子女以引领示范，发现异常会立即纠正。大哥袁衷说母亲（李氏）对他们兄弟"坐立言笑，必教以正，吾辈幼而知礼"。父亲袁仁尤其善教，凡教必出于典籍。与常见"家训"不同，《庭帏杂录》不是父母以居高临下的姿态训诫子孙，而是言传身教，尤其是母亲以德报怨，屈己伸人的言教和身教令人感动。

袁仁重视家教，曾对儿子们说："凡言语、文字，与夫作事、应酬，皆须有涵蓄，方有味。说话到五七分便止，留有余不尽之意令人默会；作事亦得五七分便止。若到十分，如张弓然，过满则折矣。"袁仁最推崇《颜氏家训》，认为这部家训最为正宗，因其始于胎教。《颜氏家训》曰："古者圣王，有胎教之法：怀子三月，出居别宫，目不斜视，耳不妄听，音声滋味，以礼节之。书之玉版，藏诸金匮。子生咳提，师保固明孝仁礼义，导习之矣。凡庶纵不能尔，当及婴稚识人颜色，知人喜怒，便加教诲，使为则为，使止则止，比及数岁，可省笞罚。父母威严而有慈，则子女畏慎而生孝矣"（南北朝颜之推《颜氏家训·教子第二》）。这也是袁仁的教子之方。此方特别注重早教，早教始于胎教。俗话说：先入为主。又云：三岁看老。胎教和三岁以前的幼教是至关重要的，这才是真正的"人生起跑线"。

四、相由心生

袁仁是得道的修行人，气质极佳。佛云"相由心生"。人的身心不被名利所困，就多了一份脱俗之仙气。据袁了凡回忆，"父自外归，辄掩一室而坐，虽至亲，不得见之。予辈从户隙私窥，但见香烟袅绕，衣冠俨然，素须飘飘，如植如塑而已"（《庭帏杂录》卷下）。友人们称袁仁"有和悴之气，望之有儒者之道"。袁仁和合儒家、道家和医家之学，将医药学上升为医道，当时上流社会都主动与他结交。袁仁自言"托迹岐黄"，而以儒者之情怀济世，他"炮制礼乐"，用伦理道德洗涤病人之心灵，一生践行上医"保命全形"之原则，心存"寿国寿民"之大志。

袁仁悬壶济世，人来客往阅人无数。临床实践时，医生会习惯性地看一下来人的面色，这是医门四诊之首诊"望诊"，即观察病人的气色。明朝还有一种专门的职业叫做看相，俗称"相面"，有专门的著作，叫《相法十六篇》。相传该著作是汉初第一位女相师许负所撰，体例完整，包括相目、相鼻、相耳、相手、相脚之术等（明代周履靖善导引，亦传《许负相法十六篇》）。比较有名的著作还有《麻衣神相》和明朝术士袁珙撰写的《柳庄相法》。《柳庄相法》分为天、地、人三卷，人卷可知人之贵贱穷通，地卷可知人当年吉凶祸福，天卷可知未来休咎。相师占卜疾病，分病症、病体、鬼神和医药，病症是辨明病病人的症状，病体是指出病人机体的感受，鬼神是察看有无侵犯因果，有无冤亲债主跟随，医药是推荐往哪个方向，找某姓氏某属相的医师或高人去治疗、化解，这或许就是古代的"体检"和"导医"。如果灾病还未发生，就有治未病的意思。这个行业我们小时候还有，其道理在于"相由心生"，再往深里面讲是"心由孽起"。

人的仪容举止，皆是其起心动念的外在体现，因此观察一个人的面相与言谈动作，便能观察其病源病情，预测其吉凶祸福。《尚书·伊训》："作善降之百祥，作不善降之百殃。"故而心存善念是自己给自身培福，这样的人福泽深厚，反之则灾祸不断。命由心造，亦由心改，改过即是改命。王阳明说："无心外之理，无心外之物"（王守仁《传习录·上》）。"见物便见心，无物心不现"（张伯端《见物便见心》）。没有离开心而"独立存在的外境"，也没有离开外境而"独立存在的心"。一切外相，皆由心生；一切祸福，皆由心造。只要心能转念，外境随之而转。凡夫心随境转，受制于心，无力改命；智者境随心转，善用其心，命由己造。因此，改变命运，必须从心上开始转变，改恶向善，助人利众，命运由此而改。好的医生除了会治病，还要会治命，治命才是续命、救命。治命的医案可以在袁氏医学中找到，最终在袁了凡手上成为自治自救的"立命"。《中庸》曰："故大德必得其位，必得其禄，必得其名，必得其寿。"相由心生，福由己造。

五、经中之经

古德云：大道至精至简。中医药学是研究自然和生命的一门学问，人人都应该了解。但世人好"简"而忽略了"精"，以致现今绝大多数的人对于中医药都一笑了之，诚如《老子》所云："上士闻道，勤而行之；中士闻道，若存若亡；下士闻道，大笑之，不笑不足以为道。"中医药有历史，但很多中医药人不重视历史，一味地凭小聪明创新，最终是不了了之。寻医之道，就必须要回到中医药文化的源头，重新温习《黄帝内经》和《老子》的心法，用"天人合一"的生命整体观来看待每一个生命。《素问》曰："法于阴阳，和于术数，食饮有节，起居有常，不妄作劳。"余认为这二十个字是华夏医学之心法，是保命全形之大法。

当然，《黄帝内经》的"心法"，余说了是不算数的。那么谁说了算数？怎么来印可？圣人孔夫子说了算。《孔子家语》载，孔子对鲁哀公说："人有三死，而非其命也，行己自取也。夫寝处不时，饮食不节，劳逸过度者，疾共杀之；居下位而上干其君，嗜欲无厌而求不止者，刑共杀之；以少犯众，以弱侮强，忿怒不类，动不量力者，兵共杀之。此三者，死非命也，人自取之。"孔子告诫哀公：人有三种死法，与命运无关。死于非命，不一定是有飞来的横祸或恶病，起居无常，饮食不节制，劳逸过度，整天忙碌，这是三种死于非命的第一种。孔夫子的话，是对《素问》二十字心法的最经典的诠释和印证。

古云：病从口入，祸从口出。此言出自魏晋时期名臣，文学家、思想家傅玄（217—278年）自书的座右铭，名曰《口铭》："神以感通，心由口宣。福生有兆，祸来有端。情莫多妄，口莫多言。蚁孔溃河，淄穴倾山。病从口入，祸从口出。存亡之机，开阖之术。口与心谋，安危之源。枢机之发，荣辱存焉。""祸从口出"，一作"患从口出"，"患"字上有二个口，意为多一口，中间一竖，犹如书法之"悬针"，直接插入"心"。因此，随心所欲，信口雌黄，会损现世福报。

袁仁将《素问》二十字心法用于家教，云："忌食饮不节，暴食暴饮伤脾胃；忌房事过度，耗损元阳；忌信口雌黄，损现世福报；忌怨天怨地，殃及子孙；忌学术不正，诒误天下。"上述"五忌"是袁了凡记录在《庭帏杂录》中的，袁氏子孙当作家法来看待。袁仁告诫儿辈，好好学做人，从食饮有节制开始，民以食为天，不可以暴食暴饮以免伤及脾胃；为传宗接代优生优育，要固精培元，忌房事过度耗损元气和元阳；做人要有口德，不要多嘴乱说犯口业。袁仁说："古人慎言，不但非礼勿言也。《中庸》所谓'庸言'，乃孝弟忠信之言，而亦谨之。是故万言万中，不如一默"（《庭帏杂录》卷下）。袁仁还说："忌怨天怨地，殃及子孙。"这一条也应该引起人们警觉，殃及子孙的恶果很大。袁仁作为文人，不忘学术，告诫子孙"忌学术不正，诒误天下"。用口讲误一时，写在纸上真的要贻害无穷，其恶果亦无穷尽。关于最后一条学术要正，袁了凡在这上面做了大量的工夫，这是儒医世家的家法。

《素问·上古天真论》中这二十字，是包含在岐伯答黄帝问的一段话中的。岐伯告诉黄帝说："上古之人，其知道者，法于阴阳"，就是说上古懂得养生之道的人，会按照自然界的变化规律而起居生活，如日出而作，日落而息，随四季温凉变化而御寒避暑等。这显然与《老子》学说"人法地，地法天，天法道，道法自然"有相通之处。又云"和于术数"，是说相应采用正确的养生保健方法，进行适度调养锻炼。唐人王冰注云："上古，谓玄古也。知道，谓修养之道也。夫阴阳者，天地之常道；术数者，保生之大伦，故修养者必谨先之。"明代医学家张介宾进一步阐述："法，取法也。和，调也。术数，修身养性之法也。天以阴阳而化生万物，人以阴阳而荣养一身，阴阳之道，顺之则生，逆之则死，故知道者，必法则天地，调和于术数也。""法于阴阳，和于术数"可以说是《黄帝内经》的养生总原则，本质含义就是要顺从自然规律生活。后面三句"食饮有节，起居有常，不妄作劳"，人人一听一看即明了，历代圣贤也都讲得很清楚，根本不需要再别出心裁地去发明和创新。

医术，又称活人之术。医术以人为根本，起居法乃"宝（保）命全形"之法。袁颢在《袁氏家训》中说："食以止饥，衣以御寒，此诚不可阙者。"食饮有节制，七分饱最佳。《袁氏家训》又说："清晨早起，昏晚早睡。"早起早回家，不要在外游荡，不要在外面瞎忙。咱们的祖先造字很有意思，看看这个"忙"字，部首是竖心，又名小心，右边是个"亡"字，小心亡也。祖宗造这个字时就提醒子孙们不要过忙。在当下所谓快节奏时代，一些忙人们有句口头禅"忙死了、忙死了"，其实真有人忙死了。现代医学有个名词曰"猝死"，亦名"过劳死"，死者大多是中年人，人生步入中年压力最大，而抗压能力减半。《素问·阴阳应象大论》云："年四十而阴气自半也，起居衰矣。"中年人上有老、下有小，事业刚起步，压力可想而知。猝死者年龄大多在三十七八岁上下。还有更年轻的人猝死，则是沉迷于各种声色犬马游戏之中，无所谓"起居""饮食"之规律，因为其完全违背了人的正常自然生活，那就是长期生活放纵所致，没有药物可救治。

《袁氏家训》曰："非时之风雨，皆宜教之回避。卧窗去处，亦宜点检，勿令隙风秽湿侵其肌肤。疾病则推摩之。"这属于中医"起居法"，传统医学是非常看重人的日常起居是否符合自然规律。《素问》二十字"心法"是人人可以读懂和理解的保命全形之法，只要保住性命，一切都还会有机会。改过立命，乃保命大法。明代盛行的内丹医学中有"续命之法"，袁仁在给父亲侍奉汤药时，每晚对上苍祈祷"以自己寿命换父亲住世"，即是"道教续命之法"。他悟到了"寓情于医"，在行医的同时，将诊疗延伸到释家的"利乐有情"，用仁心来对治。

余将《素问》这二十字心法称之为《黄帝内经》的经中之经，宝中之宝。余将"心法"归纳落实在日常生活中，即"学做人，过日子"六个字。身边的好人好事很多，要见贤思齐学做好人；日子要一天一天过，要珍惜每一天每一时，这就是珍惜生命。一天分四季，早晨是春季，春主生，一日之计在于晨，要早起；中午是夏季，夏主长，要按时吃好；傍晚是秋季，秋主收，收工回家；漫长的夜晚是冬季，冬主藏，早点上床休息。古人还将一天十二时辰和一年四季二十四节气对应养生，子时是冬至，午时是夏至。好好过日子，日日是好日，就是养生。《史记·太史公自序》曰："夫春生、夏长、秋收、冬藏，此天道之大经也，弗顺则无以为天下纲纪。"养生之道亦然。

六、宝命全形

《素问·宝命全形论》曰："夫人生于地，悬命于天，天地合气，命之曰人。人能应四时者，天地为之父母；知万物者，谓之天子。天有阴阳，人有十二节；天有寒暑，人有虚实。能经天地阴阳之化者，不失四时；知十二节之理者，圣智不能欺也。"《黄帝内经》中提出"宝命全形论"，宝，在古文中和"保"字通用，宝命就是保命，也就是保全生命。此论讲医学的本质，已经讲到极致。黄帝问曰："天覆地载，万物悉备，莫贵于人，人以天地之气生，四时之法成，君王众庶，尽欲全形"（《素问·宝命全形论》）。袁家保命全形之法，除了正餐七分饱外，杂食也要节制，"正食既饱，复索杂食，吾母量授而搏节之，不拂，亦不恣也"（《庭帏杂录》卷上）。袁仁还说："毋以饮食伤脾胃，毋以床笫耗元阳，毋以言语损现在之福。"（《庭帏杂录》卷下）

医家的宗旨是"保命全形"，保命之法重在日常起居。曾祖袁颢实行的是"神仙起居法"，他把修和养结合在一起，故能健康长寿。保身立命落实在"天人合一"和"身心合一"的生命整体观上，如人的五脏之神的关系。《黄帝内经》曰："心藏神，肺藏魄，肝藏魂，脾藏意，肾藏志。"一个心神不定、失魂落魄、意志薄弱的人有疾病在身，先要调治其五脏之气，使其恢复信心，增强抵抗力。经云：正气存内，邪不可干。《黄帝内经》以五行为纲的天人合一的思想体系，包括五时、五方、五气、五音、五声、五化等，在人体则包括五脏、五体、五志、五官、五味等。这是依据事物之间的相似性，以类比的方法和求同观念，借助于从一个整体认识另一个整体的途径，构建的天、地、人的系统模型。至今中医仍然根据这一系统诊断、处方。

第八讲
仁心仁术

袁仁居家整日手不释卷,通读家中万卷藏书,亲朋好友有什么疑难问题都喜欢来问他,儿子们将父亲的答疑也记录在《庭帏杂录》里。袁仁自言年轻时"窃有志于斟酌元气,寿国寿民。因不屑雕虫细业,遂托迹于岐黄,期救民疾苦,登一世于春台"(袁仁《辞魏子材相召书》)。古代明医都会看相,实乃望诊,由表及里,依据是所谓"相由心生"。袁氏脉法乃综合了家传的"太素脉"与"皇极数",把脉时结合望诊,借助于脉象看面相,悬断祸福吉凶,劝人迁善积德。

袁仁性情和顺,虽三尺童子,皆恂恂相接,得其欢心。"袁仁生平一草一木未尝轻折",这是袁仁友人对他的评价。袁仁却不断地在暗自忏悔改过。有一次,袁仁请友人吃饭,"顾子声、王天宥、刘光浦在坐,设酒相款。刘称吾父(袁仁)大节凛然,细行不苟,世之完德君子也!父曰:'岂敢当!尝自默默检点,有十过未除,正赖诸君之力,共刷除之。'王问:'何者为十?'父曰:'外缘役役,内志悠悠,常使此日闲过,一也。闻人之过,口不敢言,而心常尤之,或遇其人而不能救正,二也。见人之贤,岂不爱慕?思之而不能与齐,辄复放过,三也。偶有横逆,自反不切,不能感动人,四也。爱惜名节,不能包荒,五也。好道学不能戒酒肉,六也(原文缺六)。终日闲邪,而心不能无妄思,七也。

有过辄悔如不欲生，自谓永不复作矣！而日复一日，不觉不知，旋复忽犯，八也。布施而不能空其所有，忍辱而不能遣之于心，九也。极慕清净而不能断酒肉，十也。'顾曰：'谨受教！'且顾余兄弟曰：'汝曹识之，此尊翁实心寡过也！'"（《庭帏杂录》卷下）

袁仁作为医士要接待形形色色的人，儿子们在旁仔细观察："父每接人，辄温然如春。然察之，微有不同。接俗人，则正色缄口，诺诺无违。接尊长，则敛智黜华，意念常下。接后辈，则随方寄诲，诚意可掬。唯接同志之友，则或高谈雄辩，耸听四筵，或婉语微词，频惊独坐，闻之者，未始不爽然失，帖然服也"（《庭帏杂录》）。袁仁与父亲袁祥一样皆以隐逸自居，其医学思想秉承了黄老学说，诊疗技法除了传承自父亲袁祥和姐夫钱萼的医药经验外，自己也不断总结经验，撰写了《内经辨疑》《本草正讹》《活人本旨》《运气总论》《五运论》等。

一、参坡医案

袁仁大量的临床诊治案例都收录在《参坡医案》里，稿藏于家，后散失。下面介绍二则参坡医案，求治的病人是昆山人魏子才及仁和人邵锐。

医案一：魏子才（1483—1543年），名校，昆山人，居苏州葑门之庄渠，故自号庄渠。魏子才私淑胡居仁主敬之学，贯通诸儒之说，认为理、气、心虽歧而为三，但天地间只有一气，其升降往来即所谓理，人得之以为心，故心亦气。弘治十八年（1505年）中进士，官至太常寺卿掌祭酒事。子才母为徐有贞之女，徐有贞曾从袁颢受象纬之学，故魏校、袁仁亦算世交，但两人之前当未曾谋面。

魏校睡眠不安，常做噩梦，他听说嘉善袁仁医术高明，就派人赍信召袁仁到苏州葑门去为其治病。袁仁接到来信，知道此君患有心疾，不是针药可以对治的，且"医不叩门"，除非是急症重症，病人登门就医，方表明求治诚意，于是前二次来信相邀，他都婉言谢绝了。事不过三，待魏校第三次来函相召时，袁仁回了一封《辞魏子材（亦作子才）相召书》，曰："（袁）仁之少也，气豪肠肥，窃有志于斟酌元气，寿国寿民。因不屑雕虫细业，遂托迹于岐黄，期救民疾苦，登一世于春台。不意韩康知名，奔走吴越，而足下亦因而物色之。侧闻足下义至高，咄咄向往。所以不即应召者，欲以道自重，而不欲以艺相售也。乃烦从者三顾矣，敢以直请，今而后足下倘以心疾召仁，仁当咀嚼仁义，炮制礼乐，而醒先生之沉痼，畅先生之精神；如以身疾召，则负笈鬻技，岂少而人，奚必仁耶？虽使者十至，不能来也。"

袁仁回信中"不意韩康知名，奔走吴越"提到的韩康，是东汉人士，字伯休，一名恬休，常采药名山，卖于长安市，口不二价，三十余年。本欲隐身药业以避名，不料一日被一女子叫出名姓，自愧而遁入霸陵山中。此"韩康知名"，意思是原来想与韩康一样托迹岐黄以逃名避世，没有想到"奔走吴越"，居然也被"足下"知名"因而物色之"，托以自比，自道惭愧也。

魏校接到袁仁回信后，内心大为震动，才知道袁仁是位"以道自重，而不欲以艺相售"的明医，不是可以轻易招致的，于是便亲自登门求诊。袁仁将魏校请入静室，坐定后用太素脉法结合望诊为其诊断，告知此"心疾"非针药能治，然后"咀嚼仁义，炮制礼乐"，魏校听后犹如醍醐灌顶，乃稽首谢道："公抱伊周之志，精孔孟之学，而吾徒以术召，公宜不欲赴也。"与之畅谈三日，袁仁对治其"沉痼"心疾。病由心生，心病还须心药医。袁仁以"仁义"为散剂，用"礼乐"作药丸，使魏校"沉痼"得醒，精神复畅。

关于魏校召袁仁治病一事，后来被收入《嘉善县志》，"昆山，魏校疾，召（袁）仁，使者三至弗往，谢曰：'君以心疾召，当咀嚼仁义，炮治礼乐，以畅君之精神；不然，虽十至弗来也。'校疾愈，访仁，与语三日，大惊，遂定交焉。"（袁黄 & 盛唐《明万历嘉善县志》）

魏校崇儒而辟佛，袁仁以为不利子嗣。《庭帏杂录》卷下曰："昆山魏祭酒，崇儒辟释，其居官毁六祖遗钵，居乡又拆寺兴书院，毕竟绝嗣，继之者亦绝。"魏校当官时，曾打碎禅宗六祖慧能遗留下来的饭钵，致仕回乡后，又拆除佛教寺院改建儒学书院，结果断绝子嗣。效仿他作为的，也多绝后。

这件事后来被袁了凡收进了《游艺塾续文规》里（日本内阁文库本《续文规》卷三）："然辟佛之果报，恐不止退位分身而已也。昆山魏校，讲学修行，素敦厚德。其提学广东时，曾毁六祖之钵。既毁，钵中有'魏、禾、女、鬼、木、交'六字，众官传览，知先世之谶记不虚。及患病沉重，梦中往见阎王，问及毁钵之事，魏对：'钵有旧谶，原该毁于我手。'王曰：'汝前世修苦行三十年，福报甚重，今削尽矣。生当绝嗣，死当入无间狱也。'放之归，约三日而反。及出门，见其叔以铁钩悬于梁上，哀乎求救。魏欲入，门者不许，托之代奏，遂传命得释。既醒而寻问，则其叔先患背疽，是夜卒。越三日，魏殂，果无后，嗣子亦夭，何其报之酷也！"

明朝时期有为数不少的官员认为儒学是正教，其他的宗教都属异教。袁仁曾经告诉儿子："聂双江为苏州太守，以兴儒教、辟异端为己任，劝僧蓄发归农。一时诸名公如陆粲、顾存仁辈，皆佃寺基。闻聂公无嗣，即有嗣，当亦不振也。吾友沈一之，孝弟忠信，古貌古心，醇然儒者也。然亦辟佛，近又拆庵为家庙。闻陆秀卿在岳州，亦专毁淫祠而间及寺宇。论沈、陆之醇肠硕行，虽百世子孙保之可也。论其毁法轻教，宁能无报乎？尔曹识之，吾不及见也。"（《庭帏杂录》卷下）

袁仁提到的聂双江（1487—1563年），名豹，字文蔚，明朝著名廉吏，官至兵部尚书，追赠太子太保，谥贞襄）等人，他们和袁仁都有往来，袁了凡和聂双江也有交往。聂双江在王阳明去世后，"作文称弟子而祭之，厥后砥砺自立，问学日精"。其中提到的沈一之（名概，号平斋）与袁仁"相正以学，相勖以道"，为"比目而连理者"（袁仁予沈概书）。从沈概之子沈大奎为袁了凡《训儿俗说》作序，自称"通家弟"来看，沈概还可能是了凡继室沈氏之父。对于他们的辟佛行为，袁仁十分担心会遭到果报。袁仁对儿子们说，他们的结局我可能看不到，你们是可以看到的。

医案二："仁和邵锐患眩瞢，久不瘥，诸医莫效，邀公（袁仁）治之。公既诊，不付药，惟坐谈清虚广大之旨。邵听之忘疲，谈三日，病良已。"

邵锐（1480—1534年），字思仰，号端峰、半溪，仁和塘栖人。明正德三年进士。为官廉明公正，做人刚正不阿。由于性格过于峻急拘谨，故久患眩瞢之症。袁仁与之"坐谈清虚广大之旨"，开阔其心胸，是以疾患"霍然而解"。陪同邵锐看病的儿子感到很奇怪，医生既不扎针，也不用药，只是与父亲清谈，谈了三天，也没见父亲呈现疲态，病却痊愈了，就开口问袁仁是何缘故。袁仁回答："而父之疾在心，非药石所能及。病由心生，心空则愈。且而父素拘于方之内，而吾以物外之言涤之，宜其霍然而解也。"邵锐事后听儿子说出治病因缘，遂与袁仁订，交为知心朋友，他说："吾阅人多矣，如公者海内第一流人物也。"（王畿《参坡袁公小传》）

上述二则医案均是"心疾"，前者靠几封来信诊断，后者有"眩瞢"的症状，两者都是久治不愈、久诊不决之疑难病。袁仁同样采用"话疗"三日的形式，不过前者采用仁义礼乐儒家之学，后者应用清虚广大道家之旨，以解开病人的心结，达到不药而愈的效果，真可谓仁心仁术。此乃保命全形之法，医者如果不是有修有证的人，如缺乏定力，是很难达到预期治疗效果的。诊疗主要看结果，医生靠病人的口碑。袁仁治愈疑难杂症的消息，不胫而走，使他名声大振，成为名副其实的一代明医。

二、儒医同修

清代医药学家认为："医之为道，非精不能明其理，非博不能至其约。是故前人立教，必使之先读儒书，明《易》理，《素》《难》《本草》《脉经》而不少略者，何也？盖非《四书》无以通义理之精微，非《易》无以知阴阳之消长，非《素问》无以识病，非《本草》无以识药，非《脉经》无以从诊候而知寒热虚实之证"（刘仕廉《医学集成》）。医者须先熟读《四书》，明《易》理，方知伦理道德、阴阳变化；再学《素问》《难经》《本草》，以识病起因缘，以辨草药性味；熟知《脉经》，方能从诊候而知寒热虚实之证。

袁家以文献世家和医学世家著称，上述要求袁仁和他的儿子们都做到了。袁家从了凡曾祖袁颢开始就为恢复"文献世家"和创立"医学世家"打下了良好的基础，而祖父袁祥继承和光大了文献、医学世家；袁仁奠定了袁氏文献世家和医学世家在社会上的地位，为儿子袁了凡成就大医伟业创造了优越的条件。

袁氏从儒入医，袁家弟子自幼闭门阅读四书和医经，个个善于学习，具有良好的学识功底，长者传授医学秘诀又都是在临床实践中，因此皆识病、识药，尽得医家之心法。袁家自袁颢以来，儒医同修，至袁仁包容性更强，又容纳了"黄老之术"。炎帝和黄帝始创的医药学认为天地间都是"药"，任何人间"灾病"都是可以防治的，其宗旨是"保命全形"，《内经》认为一个健康的人应该是"形与神俱"。

《道德经》五千言诠释了人道、地道、天道三者密不可分。《老子》曰："道生一，一生二，二生三，三生万物；万物负阴而抱阳，冲气以和。""人法地，地法天，天法道，道法自然。"《老子》又将人道分为三士道，曰："上士闻道，勤而行之；中士闻道，若存若亡；下士闻道，大笑之，不笑不足以为道。"为什么下士闻"道"会哈哈大笑？因为"大道至精至简"，下士听到了"简"而没有觉知其"精"，故大笑之。《老子》对《黄帝内经》医学哲学思想的形成和发展产生了积极的促进作用，《黄帝内经》中的天人相应、阴阳学说、养生思想、病机治则等，无不受到《老子》思想的熏陶和启迪。《老子》曰："躁胜寒，静胜热。"《黄帝内经》发挥道："动作以避寒，隐居以避暑。"黄老学说从"以人为本"到"天人合一"，达到防灾治病，保命全形。保命是传统医学贵生、尊生的核心思想。所谓"人生难得，正法难闻"，得闻上古养生论，是要有大福报的。千百年来流传的医药学，不仅是"方技"，而是历代圣贤心里的"仁学""人学"和"活人之术"，实乃"实学"。袁仁继承了家学，还发展了家学，他将儒学、道教和医术相融合，使医道合一，给袁氏医学增添了新的内涵。

三、大医精诚

"大医精诚"是孙思邈提出来的。孙思邈（581—682年）[①]。京兆华原（今陕西铜川市耀州区）人，唐代医药学家，著有《备急千金要方》《备急千金翼方》等，被后世尊为"药王"。袁氏医学从曾祖袁颢《医有十事须知》到袁仁进一步提升了学医和行医的内涵，立了八事须知，名曰《医有八事须知》，纵览"八事"乃大医须知，要精通医理、药理、

---

① 年龄存在争议，此处以纪晓岚《四库全书总目提要》中所述辑录。

病理，要上知天文，下知草木，中知人情，要博学。孙思邈说："凡欲为大医，必须谙《素问》《甲乙》《黄帝针经》《明堂》《流注》，十二经脉、三部九候、五脏六腑、表里孔穴，《本草》《药对》，张仲景、王叔和、阮河南、范东阳、张苗、靳邵等诸部经方；又须妙解阴阳禄命，诸家相法，及灼龟五兆，《周易》六壬，并须精熟，如此乃得为大医。"（孙思邈《备急千金方·论大医习业第一》）

袁仁要求子孙们熟读孙思邈所列医典，如《素问》《针灸甲乙经》《黄帝针经》《明堂灸经》《子午流注》；深谙人体十二经脉、三部九候、五脏六腑、表里孔穴；《神农本草经》《雷公药对》，张机的《伤寒杂病论》《金匮要略》，王叔和的《脉经》，阮河南（名炳，字叔文）的《阮河南药方》，范东阳（名汪，字玄平）的《范东阳方》，张苗的导尿术、发汗法、七物独活汤剂，靳邵的五石散、矾石散方等，当然包括孙思邈的《备急千金方》和《千金翼方》，亦当精熟。又须精妙理解阴阳禄命，诸家相法，灼龟五兆，《周易》六壬。这是袁氏医学的强项，阴阳禄命，是指依据人的四柱八字来推断妻财子禄寿；诸家相法，前面已经叙述；灼龟五兆，乃古代用烧灼龟甲等占卜法取兆，以判吉凶；《周易》，以象、数推测运命；六壬，以月将加时，起出四课，而后定三传，再以四课三传定吉凶、进退、取舍等。上述内容为成就大医之必要条件，精通以上内容方可称之为大医。

袁仁为子孙们学医行医立了"八事须知"，当时三子袁裳都一一记录下来，即此《医有八事须知》：一、志欲大而心欲小，学欲博而业欲专，识欲高而气欲下，量欲宏而守欲洁。二、发慈悲恻隐之心，拯救大地含灵之苦，立此大志矣。三、而于用药之际，兢兢以人命为重，不敢妄投一剂，不敢轻试一方，此所谓小心也。四、上察气运于天，下察草木于地，中察情性于人，学极其博矣。五、而业在是则习在是。如承蜩，如贯虱，毫无外慕，所谓专也。六、穷理养心，如空中朗月无所不照，见其微而知其著，察其迹而知其因，识诚高矣。七、而又虚怀降气，不弃贫贱，不嫌臭秽，若恫瘝乃身而耐心救之，所谓气之下也。八、遇同侪相处，己有能则告之，人有善则学之，勿存形迹，勿分尔我，量极宏矣。而病家方苦，须深心体恤。相酬之物，富者资为药本，贫者断不可受，于阁室皱眉之日，岂忍受以自肥？戒之！戒之！（《庭帏杂录》卷下）

当时被尊为"医林状元"的龚廷贤（1522—1619年）也公开发表了《医家十要》："存仁心，通儒道，精脉理，识病原，知气运，明经络，识药性，会炮制，莫嫉妒，勿重利"，主张"博施济众"，强调"贫富虽殊，药施无二"。他对当时社会那种重富轻贫的风气很不满，曾在所著《万病回春》中写道："今世之医……每于富者用心，贫者忽略，此固医者之恒情，殆非仁术也。以余论之，医乃生死所寄，责任非轻，岂可因贫富而我为厚薄哉！"龚氏认为，治病以贫富分厚薄，是很不人道的，违背了医生的职守，因而予以批评。

明代名医陈实功（1555—1636年）撰《医家十要》曰："一要，先知儒理，然后方知医业。或内或外，勤读先古明贤确论之书，须旦夕手不释卷，一一参明，融化机变，印之在心，慧之于目。凡临症时，自无差谬矣。二要，选买药品，必尊雷公炮炙。药有依方修合者，又有因病随时加减者。汤散宜近备，丸丹须预制。膏药愈久愈灵，线药越陈越异。药不吝珍，终久必济。三要，凡乡井同道之士，不可轻侮、傲慢。与人切要谦和、谨慎。年尊者恭敬之，有学者师事之，骄傲者逊让之，不及者荐拔之。如此自无谤怨，信和为贵也。四要，治家与治病同。人之不惜元气，斗丧太过，百病生焉。轻则支离身体，重则丧命。治家若不固根本，而奢华费用太过，流荡日生，轻则无积，重则贫窘。五要，人之受命于天，不可负天之命。凡遇进取，当知彼心愿否，体认天道顺逆。凡顺取人缘相庆，逆取子孙不吉。为人何不轻利远害，以防还报之业也。六要，凡里中亲友人情，除婚丧疾病庆贺外，其余家务至于馈送来往之礼，不可求奇好胜。凡餐只可一鱼一菜，一则省费，二则惜禄，谓广求不如俭用。七要，贫窭之家及游食僧道、衙门差役人等，凡来看病，不可要他药钱，只当奉药。再遇贫难者，当量力微赠，方为仁术，不然有药而无火食者，其命亦难保。八要，凡有所蓄，随其大小，便当置买产业，以为根本。不可收买玩器及不紧物件，浪费钱财。又不可做入银会、酒会，有妨生意，必当一例禁之，自绝谤怨。九要，凡店中所用各样物具，俱要精备齐整，不得临时缺少。又古今前贤书籍，及近时名公新刊医理词说，必寻参阅以进学问。此诚为医家之本务也。十要，凡奉官衙所请，必当速去，毋得怠缓。要诚意恭敬，告明病源，开具方药。病愈之后，不得图求匾礼，亦不得言说民情，致生罪戾。间不近公，自当守法。"（陈实功《外科正宗》）

原来余对袁了凡在宝坻待客用餐时"一鱼一菜"不甚理解，看了"医家十要"才知此乃医家规矩。陈实功悉心专攻外科四十余年，毕生治愈的病人无数，其中有相当一部分是贫苦病人。对于个别极端贫困的病人，他不仅免费供给医药，还酌情赠送生活费，这种博施济众的精神，一直为后人所传颂。

四、杂合而治

袁仁受父亲之影响，与社会名流交游甚广，他没有门户之见，方外僧道、山野奇人都可以出入袁家的大门，袁家的座上宾除了大文豪大名士外，还有相面、卜筮、圆梦、望气、听声和善风鉴者，来者都颇有传奇色彩，袁仁与人为善，博采众长，认真接待每一位来客。袁仁其对于医药的态度不同于父亲袁祥，其心态是开放包容的，认为大千世界无奇不有，且深信一物降一物，各人有自身的因缘，只要因缘具足，总会有对治的方法。

明医的特点是深晓疗病之源，再加上杂合而治，这对于出身文献世家和医学世家的袁仁是相应的。"学极其博"是袁仁在《医有八事须知》中对儿子们要求的，在这方面他本人堪称典范。袁仁除了擅长父亲传授的脉法、药法，姐夫钱薱传授的针法、灸法外，还通晓道教五术：山（仙）、医、命、相、卜。山（仙），即服饵、丹法、玄典、拳法、符咒等；医，指方剂、针、灸、推拿、灵治等；命，用"紫微斗数""子平推命""七政四余"等方法，以生辰八字和阴阳五行为理论基础，推断人的命运，进而趋吉避凶；相，包括相天、相地（风水）、相人（面相、手相等）；卜，包括卜与筮（扶筮），有《易》占、奇门、太乙、六壬等。袁仁借助这些民间方士传承的世间法，旨在有助于防灾防病和续命延年。

袁仁的为人和行事风格深深地影响了幼小的袁了凡，使得了凡很小就学会静坐，其定力异乎常人，这和几代人的医学传承有关联。美国学者包筠雅博士在《功过格：明清社会的道德秩序》一书里说："从家庭蒙耻，到袁黄（了凡）出生的一百三十年间，袁家发展起医生的声誉。对经书的独到见解，以及他们对道教和佛教的兴趣，与此同时，他们也重新得到了经济上的安稳和一些社会身份。"

> 包筠雅博士，现任美国俄勒冈大学历史系教授，主要研究领域为中国封建社会晚期女性社会史。著有《功过格：明清社会的道德秩序》，杜正贞、张林译，浙江人民出版社出版。

日本学者奥崎裕司认为："到十五世纪晚期，或十六世纪早期，袁家的行医制药，正值生意兴隆，并且再度有了可靠的经济保障。他们在与地方重要家族联姻上一定是成功的，袁家与吴江的徐家、平湖的朱家及嘉善的沈家和钱家通婚，它们都是富有显赫的家庭。"（奥崎裕司《中国乡绅地主の研究》）

包筠雅又说："袁黄的父亲袁仁除了作为医生声名鹊起之外，还与十六世纪的思想领袖（王阳明、王畿等）及地方士家（钱士升、陈龙正等）很有交情。他被选为乡饮酒礼中的'尊长'这一事实，表明了他在嘉善社区中的身份"（包筠雅《功过格：明清社会的道德秩序》）。袁仁虽然没有走上仕途，却也被推选为"乡饮耆宾"。旧制，每岁举行乡饮酒礼，由各州县遴选年高有声望的乡绅，一人为"宾"，次为"介"，再次为"众宾"，详报巡抚。所举宾介姓名籍贯，造册报礼部备案，注册后方能称为"乡饮耆宾"。耆宾只是荣誉称号，算不上官职，但是要地方上受人尊敬的乡贤才能担当。嘉善县还请袁仁撰写"祭祀文"，并主持祭祀仪规，是一件十分庄严的事，这也可见袁仁在嘉善的威望。

根据包筠雅、奥崎裕司等的研究，袁家有可靠的经济来源，有显赫的朋友，几代人与地方重要家族联姻，已经成为在地方上有地位的富足家庭。

五、立意高远

袁仁自言"托迹岐黄"，黄帝、岐伯是传说中的华夏医学始祖，"岐黄"也就成为中医学术之代称。袁仁的《参坡医案》已经散失，记录在《庭帏杂录》里的几则医案还是很有意思的，其中有一则讲到一位善于风鉴的王先生，以及袁仁指导长子袁衷、三子袁裳处方用药的故事。风鉴是古代方士相面识人之术，据《青箱杂记》："风鉴一事，乃昔贤甄识人物，拔擢贤才之所急，非市井卜相之流用以贾鬻取资者。"可见风鉴乃古代用以选拔人才的一种方法，现今的"面试"有点类似。以下根据《庭帏杂录》中袁衷所记，还原当年王先生风鉴和袁仁父子诊疗的场景。

嘉靖年间某日，一位姓王的江湖奇士来袁家拜访袁仁。"王某者，善风鉴，江湖奇士也。来访父（袁仁），坐定，闻门外履声橐橐，王倾耳，曰：'有三品官来。'及至，则表兄沈科也。王谛观之，曰："肉胜骨，须肉稍去则发矣。"（沈）科不怿，即起入内见吾母。是冬，科患病，大肉尽脱，吾（袁衷）与三弟（袁裳）调理之，将愈。父（袁仁）谓曰：'此病但平其胃火，火去则脾胃自调，必愈。若滋其肾水，水旺则邪火自退，亦愈。然胃火去则善食，必肥。不若肾水旺则骨坚，而可应王生（即善风鉴者）之言也。'因书一方授予（袁衷），使付科，如法修服，后果精神日旺，而浮肉不生。明年举乡荐，甲辰（嘉靖二十三年，1544年）登第，终苑马卿。"（《庭帏杂录》卷上）

袁仁平日交友甚广，喜欢与奇人异士、世外高人交往，无论三教九流，只要进了袁家大门，袁仁都奉为上宾。有一天，袁家来了一位善于谈相论命的王某，宾主坐定，寒暄间，忽闻门外传来脚步声。侧耳谛听，沉吟道："有三品官来了。"片刻来人进门，却是袁仁妹妹的长子沈科。沈科先向舅父袁仁问安，然后跟王某打个招呼。王某却自顾自地仔细端详沈科，叹道："肉太丰厚，压制了骨骼。必须稍许去掉些赘肉，就可以发迹显达了。"沈科觉得这姓王的很不礼貌，有点不高兴，就起身告辞，入内堂拜见舅母李夫人去了。

这年冬季，沈科突然发病，日渐消瘦，胖子成了瘦子。袁衷、袁裳为表兄沈科悉心调治。病将痊愈时，袁仁对儿子说：沈科这病是由于邪火太旺，平其胃火，则脾胃调和，病必愈。然而胃火去则胃口开，食量将大增，势必依旧肥胖。那善风鉴的王生说，沈科太胖，肉胜骨，不利于科第仕途。如今不如滋其肾水，水旺则邪火自退，病也会痊愈。肾水旺则筋骨强，不会肥胖，倒也正合乎王生的建议。袁仁亲书一方交给袁衮，让他吩咐沈科按方服药。后来沈科果然精神越来越好，而身材瘦削劲拔，不再是个胖子了。第二年，沈科参加乡试，考中举人，至嘉靖二十三年，如愿登进士第，累官至三品的苑马卿，果真应了善风鉴的王某之言。

袁仁行医立意高远，包容性强，他改平胃火为滋肾水，以强筋壮骨为主。医云：肾主骨，藏精。骨藏髓，主运。又云：骨为干，筋为纲，肉为墙。人若骨质坚固、筋柔气和，则运势好。后经如法调理，沈科精神日旺，筋骨强健，行走脚下生风，科第仕途也就顺利了。袁仁兼听则明，乃真明医、真智慧也。

上述医案，记录了四百多年前，袁氏诊疗以治病"救命"为主，兼"救禄命"的故事。古代确实有像江湖奇士王某那样的"善风鉴"者，袁了凡年幼时就是生活在这样的医学文化氛围里，跟随父兄见习，涉猎极广，故自幼养成了儒、释、道医学合参的思维方式。袁仁志在"斟酌元气，寿国寿民"，因不入仕途"遂托迹于岐黄""治身以治天下"也。

六、医者意也

华夏文化以及医药学始于伏羲、炎帝（神农氏）、黄帝、岐伯、雷公、彭祖、伊尹等，相传伏羲创"九针"和"祝由术"；炎帝神农氏"作蜡祭，以赭鞭鞭草木，尝百草，始有医药"（《史记·补三皇本纪》）；黄帝与岐伯、雷公等讨论医道与养生之道，开始建立人体生理、病理以及诊断、治疗和预防的基础认知；彭祖之"导引医学"，伊尹之"汤液医学"，扁鹊、仓公之"经脉医学"，世称"三世医学"。东汉末华佗著《中藏经》，张机著《伤寒杂病论》，东晋葛洪著《肘后备急方》，南朝齐梁时陶弘景著《养性延命录》，隋代巢元方著《诸病源候论》，孙思邈著《备急千金要方》《千金翼方》，一直到元明时期，医家细分十三科，历代大医、明医、哲医辈出。中医药学是历代圣贤智慧的结晶，是打开中华文明宝库的一把钥匙。

医药学注重"以人为本"而不是以"病"为本，治病是为了保命全形，如果为了治病而不能保全性命，就违背了医者之本意。医者应该有很强、很定、很清晰的意念，故曰："医者意也"（孙思邈《备急千金方·诊候第四》）。这种定力和意识是要经过长期的修行，以及训练和磨炼才会产生的，这就是医者的自信。如果医者缺乏自信，病人就很难对医生产生信心，医者的自信和病人的信心二者缺一不可，这和医疗条件、医疗资质没有因果关系，单纯是人的问题，也是传统医学的治疗原则"以人为本"。

"医者意也"是中医灵魂性的观念。《后汉书·方术列传下·郭玉传》载："医者意也，腠理至微，随气用巧，针石之间，毫芒即乖。神存于心手之际，可得解而不可得言也。"《旧唐书·许胤宗传》载："医者意也，在人思虑。又脉候幽微，苦其难别，意之所解，口莫能宣。"从上引文字可见，"医者意也"固然强调行医贵在用心尽意，贵在思考，却也阐明了经验、灵感、创造性想象的重要。袁颢以"心脉弦急，凌其肝脉"判定王氏子不孝，以"脾脉滚滚，且浮且沉"推出胡节推"有羡心"，袁仁凭眩瞀之症断定邵锐狷介褊急之性，而以道家"清虚广大之旨""物外之言涤之"，从中皆可看到思维意识的跃动，灵感的勃兴，袁颢、袁仁的医案皆可作为"医者意也"之注脚。

中医学之医理"一阴一阳为之道"，袁了凡连审罪犯都因人、因时、因地，做到三因制宜，譬如上午哪些生理部位不能用刑，否则罪不该死而会因刑而死，总之袁了凡强调凡事用心。古云：医者，易也。又云：医者，意也。了凡则说："因事炼心，则喧杂纷挐，皆成妙境也。"

第九讲
明医参坡

袁仁自号参坡。参坡之号，因拯民命者莫如药，而药中和补益者莫如参而起。袁仁福气很好，出生在父母新建的庭院里，自幼得父母、祖父、外公教养关爱，人又聪慧，深得亲朋好友喜欢。出身于文献世家的参坡手不释卷，"博极群书"，读书明理，满腹经纶。钱晓说："参坡博学敦行"，王艮称其有"王佐之才"，其医术和贤能闻名于吴越两地，书法、诗文皆已臻上乘。

一、博学敦行

袁仁继承了家传绝学，读《易》，作《本义沉疴》；读《诗》，作《素王素问》；读《礼》，作《三礼穴法》；读《书》，作《砭蔡编》；读《春秋》，作《针胡编》；读《论语》，作《疑症举讹》；读《孟子》，作《孟脉辩》。这些著述足以提醒人心，而使世人不致婴沉于痼疾。袁仁还从"寓意于医"，发展到"寓情于医"。

《嘉善县志》载："《春秋针胡编》，袁仁著。（袁）仁于《易》著《周易大义》，于《书》著《砭蔡编》，于《诗》著《毛诗或问》，于《礼》著《三礼要旨》，皆未梓。祖颢、父祥皆论撰《春秋》，此编则专攻胡传之谬者，今已梓行。"又载："《纪年备考》，袁仁著。正德改元，误袭前代旧号。当时铨部考诸生,出《宰相须用读书人论》,盖用宋事讥内阁耳。故(袁)仁缉是书,自汉迄今,先载正统,次及闰位篡位之属,博搜备记"(袁黄 & 盛唐《明万历嘉善县志》)。又据《吴江县志》载:"袁仁著《大易心法》《毛诗或问》二卷,《三礼穴法》《纪年类编》四卷等。还有《地理异同辨》《韵府群玉补遗》四十卷等。"(倪师孟 & 沈彤《清乾隆吴江县志》)

袁仁留下了大量的文稿,袁衮说:"吾父不刻吾祖文集,以吾祖所重不在文也。及书房雨漏,先集朽不可整,始悔之。吾父亡,吾母命诸兄先刻《一螺集》,曰:'毋贻后悔'"(《庭帏杂录》卷下)。袁衷兄弟即遵母命,着手整理父亲的遗稿,编纂《一螺集》,刻于嘉靖二十六年(1547年)。"《一螺集》,袁仁诗文也。刻自嘉靖丁未,凡十卷。王元美评其诗,以为斐然逼唐。今子(袁)黄重刻之。"(袁黄 & 盛唐《明万历嘉善县志》)

  评论袁仁诗"斐然逼唐"的王元美(1526—1590年),名世贞,号凤洲,又号弇州山人,太仓(今苏州太仓市)人。明代文学家、史学家。嘉靖二十六年(1547年)进士,官至南京刑部尚书,卒赠"太子少保"。王世贞曾为李时珍(1518—1593年,字东壁,湖北蕲州人,明代著名医药学家)的中医药典《本草纲目》作序,其时李时珍已届七十三岁。王世贞对李时珍的印象深刻,他写道:"楚蕲阳李君东壁,一日过予弇州山园谒予,留饮数日。予窥其人,晬然貌也,癯然身也,津津然谈议也,真北斗以南一人。解其装,无长物,有《本草纲目》数十卷。"王世贞阅览了李时珍带来的《本草纲目》手稿后,赞曰:"博而不繁,详而有要,综核究竟,直窥渊海。兹岂仅以医书觏哉,实性理之精微,格物之通典,帝王之秘录，臣民之重宝也。"欣然为之作序。王世贞是明代"后七子"代表人物，李攀龙故后，独领文坛二十年。

袁仁诗能得王世贞青睐，足见造诣之高。而袁仁对自己的诗作也颇为自负，甚至觉得比自己擅长的医学更为重要，更具人生意趣。这种得意之情流露于他回应蒋主政请教诗学的作品中。

后来，由于"兵燹迁移"，《一螺集》刻版"半毁"。至万历二十四年，这年袁了凡六十四岁，迁居吴江芦墟赵田村，安顿下来，于是重刻《一螺集》，并作序道意："吾父参坡先生博学，攻铅椠。吴文学渊薮，时髦菁华之誉者，踵相接也，然皆无当吾父。吾父之文，根本六经，不钻深，不吊奇言，言关世教，非徒作也。其诗则涵养性灵，以悟为则，视汉魏而下漠如矣。取欧阳公'沧海一螺'之喻以名集，志谦也。集凡十卷，刻自嘉靖丁未，余方髫年，未知当去取之意。兵燹迁移，板半毁，因重梓之。然吾父自辑《一螺集》计八十卷，止存十卷行世，佳者未必刻，刻者未必佳，欲搜罗原集更检订，而稿多遗逸，幸而存者，又编残卷蠹，手而目之，泪淫淫下，遂先举其旧刻者重梓之，俟博访亲知，遍寻遗墨，徐图而重订焉。嗟嗟！仆老矣。继志述绪，正在何年？三复遗章，肠焉如割，徐图而重订焉。"

二、交游广阔

袁仁除了工诗能文外，还写得一手好书法。袁仁家藏有南宋大书法家赵孟頫的真迹。

赵孟頫（1254—1322年），字子昂，号松雪道人，又号水晶宫道人、鸥波，吴兴（今浙江湖州）人，原籍婺州兰溪。宋太祖赵匡胤十一世孙，仕元，官至翰林学士承旨、荣禄大夫，追赠魏国公，谥文敏。博学多才，能诗善文，工书法，精绘艺，擅金石，通律吕，尤以书法绘画成就最高，亦通经济之学。

袁仁长年临摹赵孟頫的字，落笔已经到了乱真的程度。他有时会将书法作品赠送友人，遇到手头拮据时，也会拿些出来换些银两，以致当时吴越地区所流通的松雪（赵孟頫号）书法作品，几乎都是出自袁仁之手笔。袁仁曾经对友人文徵明说："弟一筹莫展，藏拙江湖，迹逐蓬飞，心随灰稿。少年曾学书，家有松雪遗墨，习之三年，遂酷肖焉。今吴下售赵（孟頫）字者，大半皆（袁）仁笔也。"（袁仁《送裳儿从文徵仲学书书》）

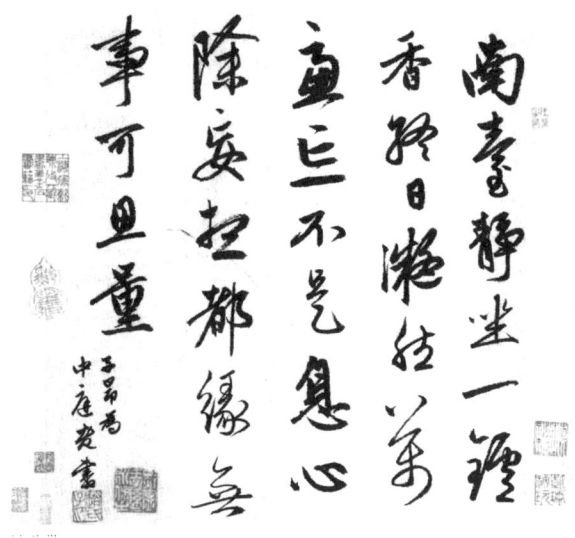

赵孟頫真迹

袁仁乃性情中人，好交友，与王艮、王畿"交往甚密"。

王艮（1483—1541年），字汝止，号心斋，泰州安丰场（今江苏东台市安丰镇）人。初名银，拜王阳明为师，师为之易名为"艮"。王艮创立了传承阳明心学的泰州学派。

王畿（1498—1583年），字汝中，号龙溪，绍兴府山阴（今浙江绍兴）人。师事王阳明，为王门七派中"浙中派"的创始人。嘉靖进士，官南京兵部郎中谢病归，来往江浙闽粤等地讲学四十余年。王艮、王畿二人均为王阳明的弟子，也是袁家的常客，对袁家家世及袁仁人品十分了解，王艮称袁仁有"王佐之才"，王畿则称赞袁家为"文献世家"。

王畿、王艮的老师王阳明（1472—1529年），本名王云，更名守仁，字伯安，号阳明，浙江余姚人。弘治十二年进士，官至南京兵部尚书、左都御史，获封新建伯。明代杰出思想家、军事家、文学家、教育家，"心学"集大成者，有《王文成公全书》。穆宗追赠新建侯，谥号"文成"，万历十二年，从祀于孔庙。

袁仁是如何结识王阳明的，据王畿《参坡袁公小传》："王艮见之（袁仁）于萝石（董沄）所，与语，奇之曰：'王佐之材也。'引见阳明先师。（袁仁）初问良知之旨，先师以诗答之……瞿然有省，然终不称弟子。有谤则告，有过则规，先师以益友待之。""（袁）仁早岁闻阳明谈道，徒步往谒之，而不称门生。然休戚相关，时有题咏，皆性情所触，非漫语也"（袁黄 & 盛唐《明万历嘉善县志》）。袁仁早年由王艮引见王阳明，为表诚意，袁仁徒步前往拜谒，初问王阳明良知之旨，王阳明以《答袁良贵问良知之旨》诗答之曰："良知只是独知时，此知之外更无知。谁人不有良知在，知得良知却是谁。"（袁黄 & 盛唐《明万历嘉善县志》）

袁仁以隐逸自居，虽然没有拜王阳明为师，但每次见面还是虚心请教，内心十分尊重。正德元年（1506年）冬天，王阳明因上疏触怒宦官刘瑾，被廷杖四十，贬谪贵州龙场。袁仁寄诗《袁仁闻王伯安谪龙场》，安慰王阳明，诗曰："白简霜飞拂紫宸，一鞭遥指漳江春。孤身愿作南飞雁，万里随云伴逐臣。"（袁黄&盛唐《明万历嘉善县志》）

正德十四年（1519年），王阳明平定宁王朱宸濠叛乱，声震天下。袁仁又作《又闻王伯安靖江西》诗云："当年谈道薄鹅湖，此日挥戈靖国魔。夜静灯前看宝剑，先生应悔杀人多"（袁黄&盛唐《明万历嘉善县志》）。于祝贺中不失调侃，微讽不宜过多杀人。据王畿回忆："嘉靖戊子年（1528年），闻先师（王阳明）之变，公（袁仁）不远千里，迎丧于途，哭甚哀。与余辈同反会稽。自是而后，予至嘉禾，未尝不访公，公闻予来，亦未尝不扁舟相过，故予知公最深。"当袁仁得知王阳明去世时，"不远千里，迎丧于途，哭甚哀"，最终还以弟子礼，与阳明众弟子一起，将王阳明灵柩送回故里安葬。

袁仁与王阳明师徒的关系延续了两代人，王阳明比袁仁大七岁，袁仁比王艮大四岁，比王畿大十九岁，了凡三十四岁赴绍兴拜王畿为师。袁仁对于宋儒以及阳明心学有自己的见解，曰："宋儒教人，专以读书为学，其失也俗。近世王伯安尽扫宋儒之陋，而教人专求之言语、文字之外，其失也虚。观子路曰：'何必读书，然后为学。'则孔门亦尝以读书为学。但须识得本领工夫，始不错耳。"

王艮惊异于袁仁有"王佐之才"，实际上，袁仁确实经历过军政生涯。嘉靖十六年（1537年），蔡经任兵部右侍郎，总督两广军务，平定广西瑶民起事。有人向蔡经推荐袁仁，说他抱经世才，洞识韬略。于是蔡经邀袁仁赴两广（广东、广西地区）总督府做幕僚。袁仁有《赴蔡司马召》诗曰："野老投闲日，驱驰却未闲。身仍耕陇上，名自满人间。岁月孤蓬转，星霜两鬓斑。紫芝徒入梦，深愧负西山"（袁仁《一螺集》）。《赴蔡司马召》题下有袁了凡注：蔡司马，"名经，号半洲，福建人，时以兵部右侍郎兼金都御史，提督两广军务，征诸瑶。客有荐先君抱经世才，洞识韬略，故有是召"（《重梓参坡袁先生一螺集》）。袁仁由于受父亲袁祥影响，不适应官场上的事，最终还是决定回家，像父亲一样做个隐士比较自在，不久就辞别蔡总督回江南了。归途中正值端午佳节，袁仁作《端阳舟次》诗曰："途次逢佳节，孤蓬带晓凉。薰风吹药草，绿水上绨裳。角黍谁投涧，新蒲何处觞。楚人千古恨，不复吊潇湘"（袁仁《一螺集》）。其实袁仁心气很高，修行工夫扎实，他曾说："位之得不得在天，德之修不修在我。毋弃其在我者，毋强其在天者。"其中虽然有听天由命的感慨，又有自强不息的精神，深合孟子"存其心，养其性，所以事天也。夭寿不二，修身以俟之，所以立命也"（《孟子·尽心上》）之旨。

袁仁为浙西名儒，又有出生医学世家的背景，他常与江浙名士往来，如诗人、书画家沈周、文徵明、唐寅、徐祯卿（1479—1511年，字昌谷，吴县人）、王宠（1499—1533年，字履仁、履吉，号雅宜山人，吴县人）、郁九章、谭舜臣、沈概、包凭、陆文选等，这些当时的社会名流都是袁仁的至交好友，他们对医道都很感兴趣，尤其是丹道医学，而袁仁与友人们诗酒唱和，袁仁作《怀郁九章》诗云："深夜石桥霜，清斋对石床。怀人浑不寐，明日落空梁。"又作《寄谭舜臣》诗云："湖海三年客，诗书一病身。时危春水急，机息白鸥亲。广汉愁鸣鹤，青灯忆故人。茅次甘寂寞，不用报平津"（袁仁《一螺集》）。他在友人面前从来不炫耀自己的医技，这一点完全像其父亲袁祥。

袁仁与吴门画派创始人沈周是至交。沈周（1427—1509年），苏州府长洲县人，字启南，号石田，晚号白石翁。出身富裕的书香门第，一生居家读书，吟诗作画，悠游林泉，始终过着田园隐居生活。沈周是绘画大师、书法家、文学家，亦擅长医药学。沈周曾赠送袁仁一幅"墨竹图"，袁仁说："昨见石田子，惠我一幅竹。"欣喜之余，作《画竹谢沈启南》诗，曰："萧然展阅生清风，丹凤翩翩下淇澳。仿佛坐我潇湘甸，叶叶飞霞起华屋。见竹如见石田子，高节凛然凌众木。一枚独倚岩谷寒，江水滔滔为谁绿。为君深贮莫轻开，葛陂风雨愁龙歇。"（袁仁《一螺集》）

袁仁与苏州吴县人唐寅也是交往多年的好友。唐寅（1470—1524年），名寅，号六如居士，伯虎为其字。明朝著名画家、书法家和诗人。唐寅与沈周、文徵明、仇英并称"明四家"。当袁仁听闻唐伯虎去世，心里十分悲痛，作《哭唐伯虎》诗曰："敝屣残裘折角巾，石湖零落更伤情。廿年知己灯前泪，两字功名地下尘。茂苑有诗追大历，长沙无赋吊湘津。思君不见愁如织，门掩黄昏月色新。"（袁仁《一螺集》）

三、博极群书

《易经·坤·文言》："积善之家，必有余庆。"袁颢说："夫一身行善，只可谓之积善之人，不可谓积善之家也"（袁颢《袁氏家训·治家篇》）。只有全家上下都行善，才能称之为积善之家。袁家祥瑞之气满庭院。袁仁坚守向上向善的家风，遵循古礼，以孝行善行闻名乡里。每于祭日，袁仁率领子孙入家庙祭祀祖先，常自忏悔，以生不及尽养而自责。袁仁多才多艺，也会绘画。他为前辈好友、弘治间解元，曾任福州府同知的周泽（字天雨，号芝丘）祝寿，绘过一幅"蟠桃图"相赠，并赋诗："摘得瑶池阿母桃，特来席上献仙曹。"袁仁以医为业，热心于文人诗酒雅集，但也不乏家国情怀。长子袁衮曾记下袁仁对天下大事的看法，即有关"天下事皆重根本而轻枝叶"的论述，所谓"天下有道，则行有枝叶；天下无道，则辞有枝叶"（《礼记·表记》），枝叶从根本而生，邦有道则人务实，所以精神畅于践履；邦无道则人尚虚，所以精神畅于词说。

袁仁交游极其广泛，与同好常有诗酒之会，平日里，除行医外，无非读书、静修。李夫人曾经教育儿子了凡："汝父博极群书，犹手不释卷。汝若受书而不能读，则为罪人矣。"而根据袁了凡回忆："父自外归，辄掩一室而坐，虽至亲，不得见之。予辈从户隙私窥，但见香烟袅绕，衣冠俨然，素须飘飘，如植如塑而已。"俨然已呈入定状态。袁仁不仅"博极群书"，且著述颇丰，"著有《周易心法》《尚书砭蔡编》《毛诗或问》《春秋考误》《三礼要旨》《历代纪事》《编年备考》《一螺集》十卷"（袁黄 & 盛唐《明万历嘉善县志·艺文志》）。涉及面极广，袁仁有"王佐之才"（王艮语），有忧国忧民之心。袁仁《与陆绣卿书》曰："江南之租赋太重，何以轻之？北方之荒土甚多，何以辟之？奸佞满朝，何以祛之？贿赂公行，何以清之？造作不息，醮祭日繁，何以止之？贤人在野，何以进之？四夷未靖，边费日增，何以省之？"（袁仁《一螺集》）

袁仁的主业毕竟是行医，精通医理、病理、药理和诸家相法，重要的是明事理，凡事分寸都拿捏得很准。袁仁还曾有过"五运六气"方面的论述。"五运六气"是中医学术语，是"运气学说"的中心内容，通过天干地支、阴阳五行，来标记六十年、十年、十二年、六年、一年、七十三天、六十一天等七个长短不同的时间周期，并把它互相重叠起来，用以推算某年某月气候、动植物和人类身心的状态。医者运用"五运六气"学说，可以更好地为疾病预防或诊疗、康复服务。袁仁还有一部《参坡医案》，可惜没有保留下来，后来袁了凡在序刻父亲《一螺集》时说，父亲性格使然，只要友人开口借阅，父亲就随手送出，除了极少数主动归还，大多都散落不见了，十分可惜。

四、袁门家风

据《记先考参坡遗事》："武塘王先生……其次女甚贤淑，欲得佳婿，见公奇之，遂妻焉。"袁仁成年后取王氏为妻，王氏乃嘉善魏塘王孟璿的次女。王孟璿端严懿行，他认为袁仁是个奇才，即以次女妻之。王氏为人贤淑，生二子一女，长子袁衷（字和卿，号两山），次子袁襄（号春谷）。正德十二年（1517年），袁仁三十八岁时，妻子王氏去世，留下五岁的袁衷、四岁的袁襄。袁仁作《悼内》纪念，有"青灯相对坐，寂寞泪沾巾"句，以示哀痛之情。袁了凡在《袁氏丛书》卷九题注："先君三十八岁，前母王氏辞世，盖正德丁丑十一月廿八日也。此诗作于既没之后，乃平居追悼之词。"（《重梓参坡袁先生一螺集》）

袁仁继娶嘉善李月溪之女。李氏为袁仁育有三子二女，为三子袁裳（字垂卿，号星槎）、四子袁表（字庆远，号学海）、五子袁衮（字补卿，号观海）。袁仁夫妇都是悟道的明白人，袁了凡在《庭帏杂录》中记载："癸卯除夕，家宴。母问父曰：'今夜者，今岁尽日也。人生世间，万事皆有尽日，每思及此，辄有凄然遗世之想。'父曰：'诚然！禅家以身没之日为腊月三十日，亦喻其有尽也。须未至腊月三十日而预为整顿，庶免临期忙乱耳。'母问：'如何整顿？'父曰：'始乎收心，终乎见性。'予初讲《孟子》，起对曰：'是学问之道也。'父颔之。"

从上述袁仁与李氏间的对话，可见母亲李氏对生命以及人生感悟之深刻，而袁仁显然是一位明心见性得道的修行人。因此，他们的语言行为通常的人是听不懂，也看不明白的。

袁了凡又记云："父与予讲《太极图》，吾母从旁听之。父指图曰：'此一圈，从伏羲一画圈将转来，以形容无极、太极的道理。'母笑曰：'这个道理亦圈不住，只此一圈，亦是妄。'父告予曰：'《太极图》汝母已讲竟。'遂掩卷而起"（《庭帏杂录》卷下）。可见袁了凡的母亲李氏也是见性证悟之人，一语道破玄机，她修行的方法是屈己伸人。

屈己伸人是袁家门风，因此远亲近邻都愿意和袁家交往。袁家宅第在嘉善城关东亭桥浒，邻居沈家是有实力的富户，袁沈两家比邻而居，在父辈时有些怨仇，沈家主仆事事都要占些便宜，袁家则处处忍让，母亲李氏要求家人，包括仆人，都要屈己伸人，并告诉他们"千钱买房，万金买邻"的道理。当李氏得知邻居沈家主人病重，即号召邻居们各出银五分资助以表心意，共筹到银子一两三钱五分，而袁仁家还给沈家送去一石大米（石，是古代的容积单位。明代一石等于二斛，一斛等于五斗，一斗等于十升，一石约为一百五十三斤半）。对袁家的仁义之举，街坊邻居们并不是都理解，李氏就诚恳地对那些人说："疾病相恤，乃邻里之义。"

旧时有"医不叩门"之说，当隔壁邻居沈家主人生病时，袁仁却不请自去，为之诊疗，沈家对此心存感激，两家嫌隙从此消除了。后来，袁仁还将自家的妹妹嫁给了沈家的儿子沈扬（字抑之，号心松），由此两家便结成了姻亲。沈扬与袁仁妹妹生有二子，长子沈科（字子进）和次子沈称（字子德），沈家兄弟俩寝食以共，在乡里以孝友闻名。沈称在家奉养父母，"有事必长跪以请"，父亲沈扬年八十八、母亲袁氏年九十四卒，哀毁尽礼。袁仁对这两个外甥关怀备至，显示了比自己子女更多的关心。沈科弱冠，塾师为其取字"子登"，时人皆以为佳。但在袁仁看来，这字取得鄙陋了。沈科深以为然，请舅父改字。袁仁遂改为"子进"，有"宁累寸积尺而求进，毋一日千里而或退"之意。沈科中嘉靖二十三年进士，袁仁在"玩鹤南轩下，悠然闻凯歌"诗句中寓含了欣悦之情。

"以德报怨、屈己伸人"是袁仁夫妇的行为准则。父母亲睦邻友善之义举，孩子们记录在《庭帏杂录》这本家教范本之中，体现了袁家的为人和门风。

五、福由善生

嘉靖十二年（1533年），袁家显现瑞象，"隐士袁仁家，盆中栽禾，一茎五穗者二，四穗者六，三穗者十有九，二穗者无算。凡九盆，悉送之官。仁作诗纪之"。

在嘉靖癸巳年春，袁仁在院内种了九盆稻子，到了夏天长势良好，进入秋季，稻子开始结实，一茎结五穗的有二棵，结四穗的有六棵，结三穗的有十九棵，结双穗的不计其数。前来袁家观看瑞兆嘉禾的人络绎不绝，与袁仁"酸咸相济，甘苦相调"的君子之交沈概（字一之，号平斋）作诗云："嘉禾自是君家瑞，观赏何妨客纵过。此物遭逢应不远，紫薇深处听笙歌。"

袁仁高兴地对上门观赏的亲友们说："吾窥盆中而知宇内之丰登也。"可见其以小见大，心系天下。袁仁特意叫僮仆将九盆嘉禾送至嘉兴府衙及下属各县衙报喜，祈祝年年风调雨顺，五谷丰登。袁仁作《嘉禾记》记录此事，以及嘉禾兆贵子之征："余性少嗜好，世之秾葩艳质，郁郁姣姣，可以悦众目而共欣赏者，视之若嚼蜡然，举无当于怀也。交游间不谅素心，间以盆花相饷，余不忍逆其意，受而陈之庑下，不加缉艺，未几辄萎，花萎而盆之积者以什计。予又恶其弃于地也，取禾植之，日呼童灌之，时而壅之，手耨之，俯视庭除，生意郁郁，池莲、篱菊，曷克踰兹，使茂叔（周敦颐有《爱莲说》）、渊明（陶潜诗多咏菊）辈坐吾室，玩吾禾，当欢然适也……吾友沈一之（沈概）氏，阅而奇之，作诗赠予，谭舜臣（谭稷）又演为长篇，于是赓和成帙。观者日数十人，衡门如市，老妻厌之，谓尤物足以劳人，有不如无也，屏而藏之。未几，府大夫（嘉兴府之佐属官吏）闻而索之，予不能隐，自府至县（明清嘉兴府下辖嘉兴、秀水、嘉善、海盐、石门、平湖、桐乡七县），官献一盆，凡九盆。时嘉靖癸巳岁也。

客有朱生永和者，善望气，七月至余家，谓：'瑞气葱郁，当有善征。'及嘉禾生，朱生复至，余指谓曰：'此非所谓吉祥善事耶？尔言验矣。'朱（永和）曰：'不然，庆色方新，更有进于是者。'十二月十一日，生第四子（袁表）。是日，朱适自云间返，笑谓余曰：'此足庆矣。'因字之曰'庆远'。然嘉禾实兆之，爰追纪其颠末。他日儿子有知，当务秋实，毋务春华也。"

袁仁有位名叫朱永和的朋友，善于"望气"。"望气"是古代堪舆学术语，可以用于战事、建筑、农事、墓葬、官运等。善望气者，可以觉察到气场阴阳转换，用以判断凶吉。望气还可以用于医学诊断，是比较上乘的"望诊"，能洞察生命的凶吉。朱永和于农历七月间曾来袁宅看望袁仁，一踏进大门就感应到袁家有祥瑞之气，脱口而出"当有善征"。等到秋渐深，稻子结穗了，朱永和又来访，袁仁引其观看嘉禾，朱说不仅是嘉禾，当有更值得庆贺的事。当年十二月十一日，四子袁表（了凡）降生，这一年，袁仁已经五十五岁了。这天，朱永和恰好从松江返回，径至袁宅，笑称："此足庆也。"袁夫人李氏季春怀胎，至此临盆。旧时内眷不见外客，何况孕妇，所以外人不知情。袁仁老来得子，喜不自禁，因依朱永和"庆色方新""以此足庆矣"之言，为四子取名"表"，字"庆远"，号"学海"。袁表应嘉禾之兆而生，父亲袁仁专门将此记录下来，并强调："他日儿子有知，当务秋实，毋务春华也。"袁家人丁兴旺，住房显得有些拥挤，于是袁仁在父亲原先建房时预留的半村居建了新房，"嘉靖癸巳，四子庆远生，旧厦隘不能容，爰筑室其南，中为堂三楹，堂之前为门，门临溪，即所谓魏塘河也"。（袁仁《新筑半村居记》）

六、量人施教

量人施教是袁颢在《袁氏家训》中提出来的。因人施教是诸多教学方法之中最难的教法，唐代王冰在为《素问·金匮真言论》所作的注释中说："随其所能而与之，是谓得师资教授之道也。"《灵枢经》曰："明目者，可使视色；聪耳者，可使听音；捷疾辞语者，可使传论；语徐而安静，手巧而心审谛者，可使行针艾，理血气而调诸逆顺，察阴阳而兼诸方论；缓节柔筋而心和调者，可使导引行气……由是则各得其能，方乃可行，其名乃彰。故曰非其人勿教，非其真勿授也。"

袁仁的传道、授业、育人是很成功的，不仅是言传身教，而且善于因人施教。长子袁衷，幼承庭训，自小得到袁氏医药学的传承，在众兄弟中起了带头作用。袁衷成家后，另外择地居处，独立行医。在了凡尚未成年时，袁仁又将袁家科举希望寄托在次子袁襄身上，与表兄沈科一同参加科考，袁仁建议他俩"同居一寓，朝夕切磋"。考了几次没中，袁襄为邑庠生。袁仁并不强求，仍时时强调要秉持志节，"以行宜为重"。袁襄也得到了袁氏医学的真传，他成家后移居东墅，在东墅行医，后来小弟袁衮和四兄了凡到二兄袁襄家学医。

三子袁裳，自小就很聪慧，学习能力极强，阅读过目不忘，年届十四岁时，"四书""五经"已诵遍。母亲李氏想让袁裳像兄长袁衷、表兄沈称一样习举子业，走仕途。袁仁却对李氏说："此儿福薄，不能享世禄，寿且不永，不如教习六德（智、信、圣、仁、义、忠）六艺（儒家：礼、乐、射、御、书、数。医家：针、灸、砭、药、导引、按跷），做个好人。医可济人，最能种德，俟稍长，当遣习医"（《庭帏杂录》卷下）。袁裳十四岁时，被父亲袁仁送到好友文徵明门下，学诗习字。

文徵明（1470—1599 年），苏州府长洲县人，原名壁，字徵明，四十二岁起,以字行,更字徵仲。因先世为衡山人,故号衡山居士,世称"文衡山"。明代诗人、画家、书法家、文学家和鉴藏家。

袁仁有《寄文徵仲》云:"诗拟开元字永和,吴门小隐旧曾过。骚坛有雪谐鸣鹤,笔冢无云负白鹅。细草愁生今夜雨,空山落尽隔年萝。相逢欲话雕虫事,为问先生意若何。"(袁仁《一螺集》)

袁仁很敬佩文徵明的为人和艺事,袁仁作《送裳儿从文徵仲学书书》,将袁裳托付给他。文徵明教授弟子有句名言,大意是:慢慢学写字,好好学做人。袁裳始终牢记父亲教诲:"可爱之物,勿以求人;易犯之怨,勿以禁人;难行之事,勿以令人。"袁裳在《庭帏杂录》中写道:"余十四岁,五经诵遍,即遣游文衡山(徵明)先生之门,学字学诗。既毕姻,授以古医经,令如经史,潜心玩之。"

袁仁博学又善于教育,教子强调成事兴业必须先"立志"。次子袁裹在《庭帏杂录》中记录了父亲之训诫:"士之品有三:志于道德者为上,志于功名者次之,志于富贵者为下。近世人家生子,禀赋稍异,父母师友即以富贵期之。其子幸而有成,富贵之外,不复知功名为何物,况道德乎!……欲洁身者必去垢;欲愈疾者必求医"(《庭帏杂录》卷上)。袁仁将人分为上、中、下三品,期望中、下品者能立志自新,更上一等。又曰:"欲洁身者必去垢;欲愈疾者必求医。"(《庭帏杂录》卷上)

袁裳过世甚早,应验了袁仁生前的预言。小弟袁衮在《庭帏杂录》中说:"三兄蚤世(袁裳早逝),吾母哭之哀,告余(衮)曰:'汝父原说其不寿,今果然。'因收七侄、八侄(袁裳之子)教育之,如吾兄弟幼时,茹苦忍辛,盖无一日乐也。余与二侄同入泮,母曰:'今日服衣巾,便是孔门弟子,纤毫有玷,便遗愧儒门。'以是余兢兢自守,不敢失坠。"

袁裳去世后，与祖父袁祥葬在一起，松江华亭（今上海松江区华亭镇）人顾汉明有《怀袁祥祖孙墓址》诗云："象纬编来启《一螺》，空余墓址记城阿。菖蒲泾左潇潇雨，滴破荒榛带泪多。"

袁仁有一个至交好友，名叫潘用商，潘用商膝下无子，袁仁和夫人商议把小儿子袁衮过继给潘家做养子。后来潘用商去世了，母亲李氏又把袁衮从潘家接回，让他和哥哥、姐姐们一起生活，李氏认为这样有利于孩子成长，她说："一家有一家气习，潘家虽然善良，但其诗书、礼义之习，不若吾家多矣。我早一点把孩子收回，随诸兄长学习，或会有所成就"（《庭帏杂录》）。小弟袁衮在家跟随二兄读书学医，学业也有长进，《嘉善县志》载："袁衮，生员奉例。"

第十讲
传承精华

　　袁氏医学除了继承徐氏、殳氏医学之外，还有很多拓展。袁颢著《袁氏脉法》《袁氏针经》《痘疹论》《内经辨疑》《运气图说》《惠幼良方》；袁祥"生女十余岁妻亡，遂更择钱萼为婿，使受殳术"，袁祥精于炮制经方丹药，深谙用药玄机，撰有《袁氏痘疹丛书》；袁仁著有《内经疑义》《本草正讹》《痘疹家传》《活人本旨》《五运六气》《参坡医案》。袁了凡曾为《刻袁氏世传痘疹丛书》作序。袁颢自儒入医，相得益彰；袁祥继踵父亲而光大之，袁家在县城内开馆行医，从他开始；袁仁又参合儒家义理、道教方术，终成一代明医。另外，袁祥女婿钱萼传殳珪、袁祥之医术，撰《医林会海》。嘉靖年间，嘉善的儒生们学医已成风气，钱萼的名声已经很大了，如果说某医生与钱萼齐名，即是名医。"冯喆，字克顺，质直嗜义，精于医，尤长伤寒、带下二症，人遇之辄愈，呼曰多吉先生，乃其名也。子恺性敏，博览医籍，名与钱萼并驰"（袁黄＆盛唐《明万历嘉善县志》）。可见当时学医已经受到普遍的重视，学医药的人受到尊重，医药从业者已不再是"贱业"了。袁仁和姐夫钱萼关系很好，凡事与之商量。袁仁特别喜欢外甥钱晌（字允彰，号简斋），悉心传教，钱晌也像舅舅一样善诗词。钱晌有子钱贤、钱贺、钱贞，又有孙钱吾德、钱吾义、钱吾仁，皆以文章显，钱家人才辈出。袁仁后来还将小女儿嫁给了钱薴的儿子钱晓,使袁钱两家亲上加亲。钱晒之孙钱吾德与袁了凡同年中举,任迁安县(今河北省唐山市)知县,为官清廉。

钱薴的儿子钱晒、钱晓,皆以医术知名;袁仁的儿子袁衷、袁襄、袁裳亦精擅医术;袁氏家族的男性很多是通医的,如袁祥的侄孙、与袁衷兄弟平辈的袁泽(字世霱),从小学习儿科,特别善于治疗痘疹,时有"神仙"之号。这是袁氏医学的鼎盛时期,在当时,事实上成就了一个吴江、嘉善的"医联体",从吴江良医徐孟璋、嘉善名医殳珪发展出来的医疗体系,显然是一个很好的民间医药学发展模式,可以更有效地惠及更多的人。

一、专治痘疹

从袁颢的医学著作来看,除了脉法和针法有独到之处外,主要是以治疗小儿疾病为主。6岁以下的小儿作诊断和治疗是当时医学的难点,有云:"医之为艺诚难矣,而治小儿为尤难。"这是医家的共识,医生的四诊望闻问切,在小儿身上很难施展,患儿见医生,大多叫嚎啼哭,医生难见真相;小儿不会表述痛苦,医生难闻真情;幼儿生病,医生无法问诊。袁颢说:"如小儿叫号,亦其意有不适也"(袁颢《袁氏家训》)。医生把脉,小儿脉微难以判断。当时可以参考的文献极少,有关小儿诊疗的医案大都散在医书里,较早的一部小儿专著是宋代太医丞钱乙所著的《小儿药证直诀》。

钱乙(1035—1117年),字仲阳,郓州(今山东东平)人。他还著有《婴孺论》《伤寒论指微》《惠幼良方》(今不存)等,擅长幼科,专研幼科六十余年,为古代杰出的幼科专家。

袁颢的临床专长是诊治痘疹,他的重孙袁泽得袁氏医药之真传,诊断治疗痘疹有"神仙"之称。袁颢著有《痘疹全书》和《痘疹论》。袁颢说："凡诸早幼，事无大小，毋得专行，必咨禀于家长"（袁颢《袁氏家训》）。痘疹俗称"天花"，古代亦称"豆疮""疱疮"，是比较凶险的一种疾病。幸存者脸上会留下"麻子"或眼睛失明。其次子袁祥将父亲所传《痘疹全书》《痘疹论》两书，编集为《袁氏痘疹丛书》。长子袁祯的子孙均以诊断和治疗痘疹而闻名，尤其是善于早期诊断和治疗。"袁泽，祥之侄孙也，习幼科，尤精痘疹，视儿色理，即预知痘之疏密。当痘时，每至一家，或一村集群童阅之，与之期，曰：'某何日出痘，法当生。某何日出痘，法当死。'靡一不验，更无觊利心，求其一诀者填门，有神仙之号。子（袁）朴、栢咸克继其术。"（袁黄 & 盛唐《明万历嘉善县志》）

袁祥编撰的《袁氏痘疹丛书》传至袁仁，袁仁临床善于文字总结录于《参坡医案》（今不传），又重新编撰了《痘疹家传》，书中传有治痘疹良方。传至袁衷兄弟这一辈时，袁了凡重刻了《袁氏痘疹丛书》（明代双峰堂刻本，现藏国家图书馆），并作《刻袁氏世传痘疹丛书序》。

二、传承家学

曾祖袁颢强调，齐家必先教子，又说："人家行善，难得父子一心。"他在《袁氏家训》中还传授了如何识人之"根器"，如何提升人的"气质"等方法。这些看似和医学无关的问题，其实是人的本质。袁颢说："量人……皆须洞识其根器，而随类化导之，然使善有诸己，恶无诸己，可以教人矣。"又说："温良恭俭让五字，时时提撕，默默涵养，庶可以变化气质。"袁氏医学后期融入了对命理的研究，有"三命之学"和"立命之学"，尤其是对"禄命"的承续养护，有独到的见解，如养护"禄命"必须舍弃名利。

袁祥著有《天官纪事》《彗星占验》《六壬大全》。"《天官纪事》，袁祥撰。绘图于前，各星皆开距度数。次分类注释，词不繁而意甚明。"又："《彗星占验》，袁祥撰。彗星之变已具《纪事》中，此则随类绘图，详闻事应，较前更明备也……又有《六壬大全》，取古来六壬诸书检其精当者纂之，凡三十六卷。以上三书皆存。"（袁黄 & 盛唐《明万历嘉善县志》）

袁仁读《春秋》，著《春秋针胡编》。"《春秋针胡编》，袁仁著。于《易》，著《周易大义》。于《书》，著《砭蔡编》。于《诗》，著《毛诗或问》。于《礼》，著《三礼要旨》。皆未梓。祖颢、父祥皆论撰《春秋》，此编则专攻胡传之谬者，今已梓行。"（袁黄 & 盛唐《明万历嘉善县志》）

袁了凡的三哥袁裳通天文星学和性命之学，著有《天文志》《选择新书》《三命要诀》等。"《三命要诀》，袁裳著，取子平五星，决人品类，历历可验，亦奇书也。又有《选择新书》，阴阳家多拘忌而少贯通，是书发挥精准，颇近于理。二书皆藏于家。"（袁黄 & 盛唐《明万历嘉善县志》）

袁了凡传承家学，著有《袁氏易传》。"《袁氏易传》，袁黄著。《易》学久失传，为训诂胜而象义微也。黄阐发前人所未发，作《传》十卷，藏于家"（袁黄 & 盛唐《明万历嘉善县志》）。了凡涉及的领域和处置的人和事最多，"读《礼》，则有《礼记略说》《周礼正经解义》共二十卷；读《四书》，则有《疏意》二十四卷。外古史有《袁氏通史》一千卷，今史有《皇明正史》四百卷。皆未梓行"（杨士范《刻了凡杂著序》）。他还著有《毛诗袁笺》《尚书大旨》《春秋义例全书》等。

三、师承心学

袁仁与王阳明关系亲近，又和王阳明的两大弟子王艮、王畿是至交。晚明主流思想对于阳明心学是排斥的，袁仁属于较早认同其学说的那部分人。在袁仁仙逝二十多年后，嘉靖四十五年（1566年），袁了凡三十四岁时，专程到绍兴拜王畿为师，这时王畿已经六十八岁。袁了凡仰慕王畿之学识，以弟子礼上门求教，当时的师承关系是很开明的，没有门户之见，而且学的门类也很广博。父亲逝世时了凡只有十四岁，袁了凡初入师门，并不知道师父王畿和父亲早年时有深交，而且还是家里的常客。

袁了凡到绍兴拜王畿为师，王畿十分爱才，悉心倾囊而授，时间久了觉得弟子面善，遂询问了凡家世，才知晓原来是至交好友袁仁的儿子。王畿很喜欢这个弟子，说："最称颖悟，予爱之，而不知其为公（袁仁）之子也。后询其家世，始知为故人之子，因作《小传》授之。"

王畿提笔写了一篇《参坡袁公小传》，授予弟子袁了凡，以纪世交之谊。王畿回忆了与好友袁仁的交往，对袁仁的人品极为赞赏。从这篇《小传》中，我们可以了解到袁家乃"文献世家"，袁仁是一个大孝子、学问家和大医生，往来的都是一些有学问有修养的名士，其为人，尤其是对挚友王阳明的那份感情，读来令人动容！王畿只用了不到一百个字，就将王艮引见袁仁于王阳明，以及袁仁问道，王、袁相交，交代得清清楚楚。当袁仁"闻先师（王阳明）之变，公（袁仁）不远千里，迎丧于途，哭甚哀，与予辈同返会稽"，王畿与袁仁的感情又深了一层。从这篇《小传》的内容来看，王畿对袁仁的家了解非常之深。

嘉善的丁宾也拜王畿为师，学习阳明心学。

> 丁宾（1543—1633年），字敬宇，又字礼原，号改亭。隆庆五年（1571年）进士，累官至南京工部尚书，为官清廉，甚至捐产济民，诏加太子太保（正一品），旌其门。享年九十一岁，谥清惠。

有《丁清惠公遗集》八卷传世，《明史》有传。丁宾是王畿晚年的得意弟子，也是著名理学家。百年之后，袁了凡与丁宾一同入祀嘉善"六贤祠"。

丁宾与袁了凡除了是同乡，还是志同道合的同门师兄弟，了凡在《退丁敬宇书》中极言其贤："足下真实之心，恺悌之行，事不敢为天下先，而举世让步，言若讷讷，而能使听者醉心，以至柔而胜天下之至刚，以无为而胜天下之有为，实当世之伟人，而理学之巨擘也。"丁宾为人至柔、无为、谦虚，他曾为王畿编刻《龙溪王先生全集》。袁了凡尚博好学，游学四方，学文武于唐荆川，学禅于云谷禅师，走仕途经历了"六应秋闱（乡试）"又"六上春官（会试）"，袁了凡在《寄夏官明书》中说："弟凡六应秋试，始获与丈齐升，又六上春官，仅叨末第，秦裘履敝。齐瑟知非，落魄春风，孤舟夜雨，此时此味，此恨此心，惟亲尝者脉脉识之，未易为傍人道也。"了凡在漫长而艰辛的举业生涯中走出了一条儒医结合之路。

四、参坡小传

当王畿得知眼前的弟子是故人袁仁的儿子时，即为弟子袁了凡撰写了《参坡袁公小传》。王畿说："袁公没后二十年，嘉善武塘袁生表从予游，最称颖悟，予爱之，而不知其为袁公子之也，后询其家世，始知为故人之子，因作《小传》授之，以志通家之雅。"

王畿曰："参坡袁公，名仁，字良贵，浙西嘉善人也。祖颢，父祥，皆隐居乐道，著述甚富，吴下推为'文献世家'……（父疾）公执事汤药，衣不解带，即大小溲亦日侦视，以为忧喜，每夜焚香，吁天求以身代。梦祖菊泉先生告之曰：'司命者感汝勤恳，增汝父寿一纪矣。'明旦父病果愈。

弘治甲子（1504年），父终于正寝，公为孺子慕，水浆不入口者三日。母朱孺人，以哭夫而病，公左右就养，出遇客则毁容挥涕，哀动路人，入侍母疾，则变哀为愉，曲候颜色。未几，母亦没去，父没之期才一十七日耳。

公居丧，悉遵古礼，寝苫枕块，饭粥啖蔬。既葬庐于墓所，朝夕拜谒，洒泪成血，感白雀来巢，青芝生于墓，乡里咸以纯孝称之。

三年之丧毕，每至忌辰，辄蔬食迁坐，不笑不语者终日；俗节上奠，追思不及养，泪未尝不沾沾下也。

公与关中孙一元，海宁董沄，同邑沈概、谭稷辈为诗社。心斋王艮见之（袁仁）于萝石（董沄）所，与语，奇之曰：'王佐之材也。'引见阳明先师。（袁仁）初问良知之旨，先师以诗答之曰：'良知只是独知时，自家痛痒自家知。若将痛痒从人问，痛痒何须更问为。'矍然有省，然终不称弟子。有谤则告，有过则规，先师以益友待之。

嘉靖戊子（1528年），闻先师之变，公不远千里，迎丧于途，哭甚哀，与予辈同返会稽。自是而后，予至嘉禾，未尝不访公，公闻予来，亦未尝不扁舟相过，故予知公最深。

大率公之学，洞识性命之精，而未尝废人事之粗；雅彻玄禅之奥，而不敢悖仲尼之轨。天文、地理、历律、书数、兵刑、水利之属，靡不涉其津涯，而姑寓情于医，谓可以全生，可以济人。著《内经疑义》《本草正讹》《痘疹家传》等书百余卷。

仁和邵锐患眩瞀，久不瘥，诸医莫效，邀公治之。公既诊，不付药，惟坐谈清虚广大之旨。邵听之忘疲，谈三日，病良已。其子问故，公曰：'而父之疾在心，非药石所能及。病由心生，心空则愈。且而父素拘于方之内，而吾以物外之言涤之，宜其霍然而解也。'邵遂相与订为心交，曰：'吾阅人多矣，如公者海内第一流人物也。'

昆山魏校召公治疾，使者三返。公以书拒之曰：'倘呼我治心疾，当咬咀仁义以从。'后相见，闻公论议，稽首称谢曰：'公抱伊周之志，精孔孟之学，而吾徒以术召，公宜不欲赴也。'

丙午六月，公有微疾，闭关谢客，焚香静坐，语家人曰：'世事如梦，生死如影，吾欲高谢尘纷矣。'至七月四日，呼儿书偈一首，投笔而逝。

公为文不作艰涩语，惟务阐明道术。主张风教，其诗以《三百篇》为宗，出乎性情，止乎理义。

自哀其诗文为《一螺集》八十卷，今梓行者，仅八卷。读《易》，著《周易心法》；读《诗》，著《毛诗或问》；读《书》，著《砭蔡编》；读《春秋》，著《针胡编》；读《礼》，著《三礼穴法》。他所著述尚多。

公没后二十年，武塘袁生表从予游，最称颖悟。予爱之，而不知其为公之子也。后询其家世，始知为故人之子，因作《小传》授之，以志通家之雅。"（王畿《王龙溪先生全集》）

上面提到"公与关中孙一元，海宁董沄，同邑沈概、谭稷辈为诗社。"袁仁诗友孙一元（1484—1520年），字太初，关中（今陕西）人。好老氏书，辞家入太白山，号太白山人。工为诗，与名流唱和。海宁董沄（1457—1533年），字复宗，号萝石，海盐人。嘉靖甲申年（1524年），年六十八岁游会稽，闻王阳明讲学山中，往听之。阳明与之语，连日夜，乃悟道，曰："吾今而后始得离苦海耳，吾从吾之好。"遂自号"从吾道人"。沈概，字一之，著有《平斋遗稿》，"概博学嗜古，所著有《诗经漫语》《四书赘言》《孝经刊误》《乡约释义》等，书皆不传。其甥陆光祖为刻其遗稿诗文，共十卷。又有《谕后录》附刻遗稿之末，《摄生要义》凡十篇，并梓行"（袁黄&盛唐《明万历嘉善县志》）。又"谭稷，字舜臣，博学善吟咏，云间朱豹见其诗惊曰：'青莲不能过也。'邀归训其子弟凡六年，昼读其所藏书，又与关中孙一元，同邑袁仁、顾珊、王宥辈联诗社，稷约曰：'诗非小物也。'"（袁黄 & 盛唐《明万历嘉善县志》）

五、用药玄机

袁祥精于炮制经方丹药，熟谙用药玄机。袁仁用药得到了父亲的真传。当时民间已经有多种版本的《本草》，袁仁校对各种《本草》版本，辨析真伪，判断得失，然后著《本草正讹》。其时蕲州李时珍之《本草纲目》尚未开始编写，最为正宗的应推《神农本草经》，由于年代久远，传抄错漏不少，以讹传讹亦复不少，故袁仁作《本草正讹》。

《神农本草经》曰："凡欲治病，先察其源，先候病机。五脏未虚，六腑未竭，血脉未乱，精神未散，食药必活。若病已成，可得半愈。病势已过，命将难全。"这里讲了医和药的关系。旧时医药是不分家的，医者一定要熟知药之产地和来路，产地正宗、来路正规的谓之"道地"；亦要深知药物炮制工艺如何以及药之气、性、味和归经，还要晓得服药禁忌。

《神农本草经》将药分为上品、中品、下品，曰："上药一百二十种为君，主养命，以应天，无毒，多服、久服不伤人。欲轻身益气，不老延年者，本上经。中药一百二十种为臣，主养性，以应人，无毒、有毒，斟酌其宜。欲遏病补虚羸者，本中经。下药一百二十五种为佐使，主治病，以应地，多毒，不可久服。欲除寒热邪气，破积聚愈疾者，本下经。三品合三百六十五种，法三百六十五度，一度应一日，以成一岁。"

有一次，三哥袁裳为表弟沈称看病："表弟沈称病，心神恍惚，多惊悸不宁，求药于余（袁裳）。既授之，父（袁仁）偶见，命取半天河水煎之。半天河水者，乃竹篱头空树中水也。

（沈）称问：'水不同乎？'父曰：'不同。《衍义》（《本草衍义》）曾辨之，未悉也。半天河水，在上，天泽水也，故治心病。腊雪水，大寒水也，故解一切热毒。井华水，清冷澄澈水也，故通九窍，明目，去酒后热痢。东流水者，顺下之水也，故下药用之。倒流水者，回旋流止之水也，故吐药用之。地浆水者，掘地作坎，以水搅浑，得土气之水也，故能解诸毒。甘烂水者，以木盆盛水，杓扬千遍，泡起作珠数千颗，此乃搅揉气发之水也，故治霍乱，入膀胱（经），止奔豚也。"（《庭帏杂录》卷下）

这个医案是说沈称神情恍惚，惊悸不安，故请表兄袁裳为之诊治。袁裳给沈称把完脉、看了舌苔，显然是心病，于是开了一个处方后去抓药，偶尔给父亲袁仁看到，袁仁就特别关照这一付药要用"半天河水"来煎煮。外甥沈称听后不解，问舅父：水有不同吗？舅父袁仁著过《本草正讹》，熟知各种《本草》书，于是将《本草衍义》记载而辨析未详备的"半天河水""腊雪水""井华水""东流水""倒流水""地浆水""甘烂水"等各种水的气、性、味及其功效，讲得明明白白。

袁仁特别讲了"甘烂水"的炮制方法：制作甘烂水，先用木盆盛水，然后用木杓扬千余遍，使水起泡如数千颗圆珠。这是搅揉气发之水，因此可以治疗霍乱；此水入膀胱经，还可以止"奔豚"。奔豚，中医学病名，属于疑难杂症，现代医学叫"克罗恩病"。奔即奔跑之意，豚即小猪，此病犹如有小猪在肠道内奔跑，腹胀如鼓，饮食困难，排泄不止。

关于医药用水，医书上大多写用"井华水"。所谓井华水，即每天早晨第一汲井水，其功用极广，与诸水不同。井水来自地脉，利于疗病养疴。

李时珍在《本草纲目》第五卷〔水部〕载有四十三种水，其中载："半天河水。[释名]上池水。弘景曰：此竹篱头水，及空树穴中水也。

《战国策》云：'长桑君饮扁鹊以上池之水，能洞见脏腑。'注云：'上池水，半天河也。'［气味］甘，微寒，无毒。［主治］鬼疰，狂，邪气，恶毒（《别录》）。洗诸疮（弘景）。主蛊毒（日华）。杀鬼精，恍惚妄语，与饮之，勿令知之（甄权）。槐树间者，主诸风及恶疮风瘙疥痒（藏器）。［发明］宗奭曰：半天河水，在上天泽之水也，故治心病鬼疰狂邪恶毒。［附方］旧一，新一。辟禳时疫：半天河水，饮之（《医林集要》）。身体白驳：取树木孔中水洗之，捣桂末唾和傅之，日再上（张文仲《备急方》）。"此是有关半天河水最权威最详尽的说明。

余记得童年时，上海有些中药店附近有专门代煎中药的，院子里放满了大大小小盛水的缸，水缸上都标着各种各样的水，煎药工会按照医生的要求，配各种水来煎药。后来这个行业消失了，改成中药店自己煎中药，再将煎好的汤剂灌装进一个小保温瓶内，有专人骑自行车送到病人家中，当时听老人们说，这种汤药的疗效差得很多。余后来到湖北工作，也曾向汉口、九江、南京的一些老人提起过此事，他们都说原来汉口、九江、南京也是这样，有专门从事代客煎中药的行业，据一位行家说煎中药不但水有讲究，而且用的木柴升火也有讲究。

现在是用机器煎了，不知疗效如何？但有一点是肯定的，病人已经很少有机会闻到煎中药的气味了，其实自己煎药时所闻到的药味也是有药理作用的。余认识上海一位八十多岁的老药师谢先生，老先生看上去形与神俱，他平时喜欢去药材市场，他说闻闻味道，从学徒到现在习惯了，如果看到有好药材，就会买一些回家重新如法炮制。余曾请谢先生帮忙炮制"六味地黄丸"，闻到味道就感觉很正，余舍不得服用，转赠友人，友人服后赞不绝口，告余久治不愈难言之病好了。

现在的中医师离开了道地中药，那是一件很痛苦的事。其实现今祖国大地不缺野生天然的药物，缺少的是认识它们的采药人和懂得如法炮制的药工。旧时有"药不到樟树不灵"之说。有一次，余和樟树的领导一起用餐，在餐桌上余请教这句话怎么解？领导答：樟树在历史上不仅是中药集散地，而且樟树有专门炮制各种中药的药工，中药一经如法炮制，药效大增，故樟树名声在外，现在只剩下一个中药材批发市场。众所周知，中医中药的关系密不可分，医药分家犹如将士丢了得心应手的武器，如何御敌！当务之急是要使医道还原，尤其是要传承精华。

六、参坡仙逝

袁了凡描摹了父亲待人接物的状况："父每接人，辄温然如春。然察之，微有不同。接俗人，则正色缄口，诺诺无违；接尊长，则敛智黜华，意念常下；接后辈，则随方寄诲，诚意可掬；唯接同志之友，则或高谈雄辩，耸听四筵，或婉语微词，频惊独坐，闻之者，未始不爽然失，帖然服也"（《庭帏杂录》卷下）。这段文字是了凡记下的，此乃父亲袁仁待人处事的方式。

古人云：天有不测风云，人有旦夕祸福。嘉靖二十五年（1546年）六月，袁仁已感觉身体不适，遂闭门谢客。他对家人说："吾将行矣。吾欲静养数月，以还太虚。""即命家人洒扫'半村居'居之，正寝设一榻，闭门危坐，倦即偃卧。"危坐是明代读书人的坐姿，即正襟危坐，当觉知疲倦，即躺下偃卧，这是养身法。袁仁身体状态好些时，命家人将藏书检其重者，分赐侄辈，遗书二万余册均由四子袁表（了凡）收藏。袁了凡在《庭帏杂录》中记载："丙午六月，父患微疾，命移榻于中堂，告诸兄曰：'吾祖、吾父，皆预知死期，皆沐浴更衣，肃然坐逝，皆不死于妇人之手。我今欲长逝矣！'遂闭户谢客，日惟焚香静坐。至七月初四日，亲友毕集，诸兄咸在，呼予携纸笔进前，书曰：'附赘乾坤七十年，飘然今喜谢尘缘。须知灵运终成佛，焉识王乔不是仙。身外幸

无轩冕累，世间漫有性真传。云山千古成长往，哪管儿孙俗与贤！'投笔而逝。"（《庭帏杂录》卷下）

袁仁好友王畿说："七月初四，参坡公预知归期，亲友毕集，诸兄咸在，临终前举笔书诗云……"又县志云："袁仁卒之日，沐浴更衣，坐正寝，呼笔题诗，有'附赘乾坤七十年，飘然今喜谢尘缘'之句，投笔而逝。"（袁黄&盛唐《明万历嘉善县志》）

袁仁生于成化十五年（1479年），卒于嘉靖二十五年（1546年），享年六十七岁。袁仁逝世时，小弟袁袠只有十岁，了凡十四岁。母亲李氏提醒年长的儿子们赶紧收集父亲的遗稿刊刻，不要留下遗憾，然而还是有很多文稿未及时刊刻而失散。袁了凡六十四岁时重刊《一螺集》，在序言中对父亲在文学方面的成就十分赞叹，又叹惜没能保存好父亲留下的遗稿，使得珍贵的文稿所剩无几，并说日后当"博访亲知，遍寻遗墨"，以谋重订再版，但最终没有如愿。

袁仁辞世后，又过了二十七年，辛劳一生的夫人李氏亦往生。袁仁与王氏、李氏合葬于嘉善县城东南胥伍区小冬圩孙家浜。万历十四年（1588年），袁黄任直隶顺天府通州宝坻县知县，朝廷按例赠袁仁为文林郎、宝坻知县，王氏、李氏俱诰赠孺人。"制曰：潜德独行之士，名不越其乡，乃有升闻于朝，而光服赞命者，则其子扬之也。尔袁仁乃顺天府通州宝坻县知县之父，涵古茹今，才擅天人之誉；规言矩行，德高月旦之评，有子象贤，为予司牧，爰追遗泽，宜霑渥恩。是用赠尔文林郎，顺天府通州宝坻县知县，式彰启佑之功，庸慰显扬之愿"（袁黄&盛唐《明万历嘉善县志》）。"制曰"即"奉天承运，制曰"，为圣旨开头，是皇帝表达皇恩浩荡，宣示百官时使用，并不下达于普通百姓。父以子贵，儿子当官，皇帝赠封其父亲。

第十一讲
大医之志

袁了凡十二岁时，表兄沈科中进士。表兄登第入仕，对袁了凡心灵震动很大，暗暗下决心长大也要像表兄一样。沈科获选南京行人司职位，在走马上任前，先到袁仁家向舅父、舅母和表兄弟们辞行，并向舅舅袁仁讨教为官之道。袁衷后来追忆此事，记录下袁仁对外甥的教诲："沈科初授南京行人司副，归别吾父。吾父谓之曰：'前辈谓仕路乃毒蛇聚会之场，余谓其言稍过，然君子缘是可以自修。其毒未形也，吾谨避之，质直好义，以服其心；察言观色，虑以下之，以平其忿。其毒既形，吾顺受之，彼以毒来，吾以慈受可也。'"（《庭帏杂录》卷上）

沈科中进士确立了袁了凡的人生目标，袁仁也觉察到了袁了凡的志向不是学医而是要像沈科一样走仕途，于是开始往科第方向培养他。袁了凡年幼时和三哥袁裳由父亲袁仁亲自教授"四书"，从小打下了坚实的基础。立志、勤学、改过、责善（劝勉从善），这四条是王阳明的教条，袁仁将之贯彻在对儿子的教育中。

一、世事无常

二年后，嘉靖二十五年（1546年），袁仁逝世。袁仁在逝世前已经把家中藏书分赠一部分给侄儿辈，大部分藏书（二万余卷）都留给了袁了凡,他对四子了凡寄予了厚望。父亲故后,家境自然也发生了一些变化,母亲李氏含泪对袁了凡说:"汝父博极群书,犹手不释卷。汝若受书而不能读,则为罪人矣。"母亲又说业医"可以养生,可以济人,且习一艺以成名,尔父夙愿也",她让了凡"弃举业学医",袁了凡顺从母命(其实第二年了凡遇见孔先生后,即拜郁海谷为师学科举,第三年中秀才)。

世事无常,时运难料。在短短的两年时间里,表兄登第,父亲辞世,这两件大事使年幼的了凡感悟到"人生如逆旅,我亦是行人"(苏轼《临江仙·送钱穆父》)的意味。发心继承父亲遗志,刻苦学习,努力精进。袁仁具有治身、治家、成贤、成圣的境界,立意高远。他曾对孩子们说:"童子涉世未深,良心未丧,常存此心,便是作圣之本"(《庭帏杂录》卷下)。作圣之本在于良心常存于胸,"当务秋实,毋务春华",袁了凡幼承庭训,自小立下了法先圣、成大医之志。

袁了凡发奋学习,并掌握了很好的方法,他寻根问底的钻研精神更是难能可贵。袁了凡曾对弟子们说:若要看某人的书,先要了解这个人,如果不了解作者的为人,就去读他所著的书,很容易被误导。在明朝后期出现一部白话小说集,书名《七十二朝人物演义》,正文所介绍的人物和事件都源自《四书》,每卷题目也取自《四书》中的原句,故又名《七十二朝四书人物演义》,不题撰人,相传袁了凡及其弟子也参加了其中部分章回的编撰。此书于崇祯十三年(1604年)刊刻,是一部较为特殊的白话小说集,共四十卷,每卷独立成篇,因其所描写的《四书》中提及的人物分属于春秋列国,"那时天下有七十二国"(该书卷三五),故冠之以"七十二朝人物"。

袁了凡晚年著《训子文》(即《了凡四训》),短短一万多字中也出现了将近八十多人,这可能与了凡学医背景有关,医者以人为本。袁了凡读书用心，能把书读通、读透、读好，且博学尚奇，从小就表现出卓有异才。

二、弃仕业医

袁了凡十四岁时父亲去世，遵照母亲的意愿放下举业，专力跟随兄长们学医术，足不出户，静心研读父亲留下来的书籍。袁了凡后来在《了凡四训》开篇中说："余童年丧父，老母命弃举业学医，谓可以养生，可以济人，且习一艺以成名，尔父夙愿也。"袁家有丰富的藏书，还有独到的传承方法，对古代文献有深入独到的研究，譬如伏羲时代的《河图》《洛书》，袁了凡早年就作了《河图洛书考》，到六十岁时随军到朝鲜抗倭，在战时间隙还不忘请教经略宋应昌《河图》《洛书》之奥义，他居然还在朝鲜为官员们讲儒学，还著《河图洛书解》，这就是袁家代代相传的治学精神。

袁了凡幼承庭训，耳濡目染，铭记在心里的是长大成为大医。他之所以能够做到大医精诚，是因为心中没有"名利"二字，心里只有救人于厄难。"大医精诚"，所谓"大"，无所不包为"大"；"医"，救人于危难为"医"；"精"，对技术精益求精为"精"；"诚"，真实无妄善待一切众生为"诚"。纵览袁了凡的一生，自始至终都是在这"大医精诚"四个字上践行。

袁了凡时时刻刻提醒自己"举头三尺有神明"，上天不可欺！袁氏医规是遵循"大医精诚"的宗旨而立。孙思邈在《备急千金要方》书中首列《大医习业第一》和《大医精诚第二》，是为中医伦理学的基础。袁了凡始终将之放在心头，并终身用于治身、治学、治人、治家、治水、治土、治县、治军。

尊重生命、宝命全形是中医学的核心思想。佛云：人身难得。生命来之不易。《素问·宝命全形论》曰："夫人生于地，悬命于天，天地合气，命之曰人。"对任何人来说，生命只有一次，不珍惜生命，有无量无边的罪过。珍惜生命，才是人生家教第一课，也是人生的起跑线。中医学贵生，"以人为本""宝命全形"和"天人合一"，是中医学之生命整体观。

修身齐家始于防止灾难和疾病。疫，于个人为病，于群体则亦为灾。如发生疫情，便是"灾难"降临人间，人类要同心合力才能防疫。《说文解字》曰："疫，民皆疾也。"其意是当疫情降临，只要是生活在这地区的人，大多不能幸免。防病防疫的最好方法是提升正气，《内经》云："正气存内，邪不可干。"所谓正气，就是免疫力。其实对于防病，提升免疫力是一个永恒的话题。一年四季阴阳转换，风寒暑湿入侵，七情六欲内乱，都会造成四大不调，烦恼不断，故中医学有优生优育、宝命全形、治未病、治已病和回生（康复）等种种对治法门，还有健康长寿返老还童的仙道和无疾而终的善法。

优秀传统文化的传承，包括医药学的传承，主要有二条脉络，一条是继承家学之血脉传承，另一条是得之明师的师徒传承。旧时大多是顺从这二条脉络将文化之精华传承下来，因为这二条脉络最为亲近、最可信赖。因此，中华文化传承具有很强的生命力，无论是儒学的"孔孟之道"，还是医学的"岐黄之说"。尤其值得一提的是黄老之学，黄老之学为黄帝之学和老子之学的合称，是华夏道学之渊薮。黄老之学形成于东周战国时代，其思想发展主要分为三大主题，一是经世，即治理国政，无为而治等；二是致用，为方技、数术、兵略等；三是修行，为养生、医治、丹道等，具有极强的目的性、操作性。医家之"保（宝）命全形"，道教之"性命双修"，还有释家禅宗之"明心见性"，只有亲近者，才有可能得其心法。若不得心法，即俗称"学习不得法"。《吉祥经》有云："亲近善知识，为最吉祥。"有教养的人和善知识，儒家称为君子；缺乏教养和不善之人，则是小人。君子和小人的区别在于，君子重道，小人重欲。君子所传授的法为善法、为上乘法，安全有效，没有后患；小人喜欢耍小聪明，贪小便宜，自以为得计，其实会失去朋友，会吃大亏。

三、易号明志

正当袁了凡一门心思学医时，遇到了人生中第一位贵人，来自云南的孔先生。孔先生是世外高人，他除了告诉袁了凡命里有官运外，还传授了《皇极经世书》，他让袁了凡又回到了走仕途的路上。其实在父亲去世的第二年，即嘉靖二十六年（1547年）初，了凡已经起了读书念头，通过表兄沈称介绍，拜在嘉善望族郁海谷（郁钦）的门下。孔先生为袁了凡测算，不仅将以前的事算得十分准确，而且将他再次读书之后的事，乃至他一生命运走向，方方面面都测算了。孔先生算到，袁了凡明年去县里考秀才，是第十四名，果然，嘉靖二十七年，袁了凡中县考十四名。

隆庆三年（1569年），袁了凡三十七岁，遇见了人生中另一位贵人，传授"立命之法"的云谷禅师。云谷禅师（1500—1575年），法名法会，号云谷，嘉善县胥山人，俗姓怀，明代中兴禅宗之大德高僧。云谷禅师在栖霞山清修四十余年，七十三岁时由嘉兴名贤请归故里，圆寂后葬嘉善大云寺右。云谷禅师是一位得道高僧，精通儒、释、道三教，且精通世间法。袁了凡悟性极好，践行"立命之法"，人生开始出现了重大改变。

袁了凡当着云谷禅师的面，发心易号明志，"余初号学海，是日改号了凡，盖悟立命之说，而不入凡的窠臼也"（《了凡四训·立命之学》)。古时大号让人称呼,时时刻刻提醒自己(古时一般不直呼其名,而是称呼号,以示尊重)。从此以后,立志成才,立命成人,作为了凡一生的追求,"二立"也是袁了凡的立身之本。

袁了凡凡事都要研究到通透,尤其是治身。宋明诸贤都告诫弟子学习静坐的重要性,袁了凡可以把静坐坐到一念不生,凡关乎性命之事,他都可以做到极致。袁了凡行动前先发愿,立意在行动之前,然后朝着目标不遗余力地精进,让人刻骨铭心的就是他的"易号明志"。

袁了凡的友人、著名佛教居士冯梦祯对热心佛事、倡刻经藏的了凡十分尊敬。

> 冯梦祯(1548—1606年),字开之,号具区,又号真实居士,浙江秀水(今嘉兴市秀州区)人。万历五年(1577年)进士,累官至南京国子监祭酒。与沈懋学、屠隆以节气相尚。因家藏王羲之《快雪时晴帖》,遂名其堂为"快雪"。著有《快雪堂集》六十四卷、《快雪堂漫录》一卷等。

冯梦祯曾说:"先生(指袁了凡)虽诸家无所不窥,尤邃于医。"博极医源,这可能是先入为主的缘故。袁了凡遵从母命钻研医药学,从小打下了良好的医药学基础。精通医理且代代相传,是袁氏医学的特点。虽然四代都以行医为业,但始终坚持于"诸家无所不窥"的学风。从表面上看,袁氏医学一直很有名声,但人们更多是对袁家人品和学识的认可,因此袁了凡深知自己的使命,从小立下了大医之志。

明朝并未建立医生的资格认证及审核制度,医儒之间身份常可自由转换,因举业不成而改业医,并成为著名医家者不可胜数,也有为数不少的官员有医学著称传世,医药学成为一种特殊的人文现象代代相传。袁氏医学始于曾祖袁颢,袁了凡始终没有放弃文献的传承,而将医术成为袁家的本业；其父亲袁仁承上启下，将文献世家和医学世家完美结合，成为一代明医；袁了凡将儒家、道教、释教的义理和方法参合于医道，成为善巧方便的一代大医。

四、立志立命

立志向上，立命向善。立志可以成才，立命可以成人。两立是袁了凡的立身之本。华夏文化是圣贤文化，上连天气，下接地气。如果讲"道德"而不接地气，那么都成为空话。志不立，则一事无成；命不立，则随波逐流。袁仁受王阳明的影响极大，尤其重视立志。王阳明（守仁）写给其三弟王守文的《示弟立志说》，阐述了立志的重要性，强调立志是做学问和做人的根本。立志，实乃培根之学。阳明为亲兄弟作《示弟立志说》，字里行间尽显骨肉至亲之厚意，其言辞恳切，令人动容。

王阳明说："夫学，莫先于立志。志之不立，犹不种其根而徒事培拥灌溉，劳苦无成矣……夫立志亦不易矣。孔子，圣人也，犹曰：'吾十有五而志于学，三十而立。'立者，志立也。虽至于不逾矩，亦志之不逾矩也。志岂可易而视哉！夫志，气之帅也，人之命也，木之根也，水之源也；源不浚则流息，根不植则木枯，命不续则人死，志不立则气昏。是以君子之学，无时无处而不以立志为事。正目而视之，无他见也；倾耳而听之，无他闻也。如猫捕鼠，如鸡覆卵，精神心思凝聚融结，而不复知有其他，然后此志常立，神气精明，义理昭著……后世大患，尤在无志，故今以立志为说。中间字字句句，莫非立志，盖终身问学之功，只是立得志而已。"（王阳明《示弟立志说》）

孟子说："夫志，气之帅也；气，体之充也。夫志至焉，气次焉。故曰：特其志，无暴其气"（《孟子·公孙丑上》）。王阳明告诫兄弟修身之要时，应用孟子立志、养气之说，及导引医学理念，如志为气之帅，志不立则气昏沉；精神心思凝聚融结，则神气精明，义理昭著。显然，立志是修身学道的第一件事，是为了立身。我们在社会贤达的身上或他们的个人传记中，可以看到他们是怎样立下雄心壮志，又是怎样克服重重困难成就自己的梦想的，这是大人之学。

袁家屈己伸人的家风影响了几代人，这是祖父袁祥和父亲袁仁两代人的言教和身教（详见《庭帏杂录》）。袁了凡先立志，后立命，才真正找到立身之道。先立志向上，立志学会做事；再立命向善，善心为立命之本，好好做人。袁了凡的志向和所作所为都是向圣贤看齐，以经典为依据。袁了凡说《四书》犹如父母对孩子说的话，是后人将其理解成很深邃的学问，以至于人们不知所云。袁了凡为儿子袁俨举行"冠礼"（成人礼）而写的《四书训儿俗说》，一切言教都是出自"四书"（《大学》《中庸》《论语》《孟子》）。

立命之法，是袁了凡感受到命运不济时，得之于栖霞云谷禅师的。袁了凡于隆庆三年（1569年）游栖霞山，访云谷禅师，二人对坐一室，三昼夜未曾瞑目，因此有缘受云谷"立命之学"。云谷禅师是袁了凡人生中最为重要的导师之一，立命之法改变了袁了凡的人生和命运，得法后保任工夫做得极好，这也是成功的关键所在。袁了凡晚年写《训子文》则是告诉儿子袁俨，除了立志这还不够，还要立命，"立命之法"在于发大愿，改过，行善，谦德，缺一不可。袁了凡在《训子文》中列举了将近八十位圣人、贤人、善人的事迹，要儿子袁俨见贤思齐，立志日日向上，立命天天向善。

袁了凡将立志和立命作为鸟的两翼，车的二轮，人的二脚，缺一不可。立志要高，成德成才；立命要远，健康长寿。只有健康长寿的人才能完成志向，才能更好地为民众服务。袁了凡在《训儿俗说》开篇就将

"大学之道，在明明德，在亲民，在止于至善"，用最简单的文字讲明白了。接下来讲"敦伦"，敦即敦厚，伦即伦理，曰："《中庸》以五伦为道，乃天下古今之所通行，终身所不可离者。"至于"事师之道，全在虚心求益。倘能随处求益，则三人同行，必有我师；若执己自是，则圣人与居，亦不能益我。""处众"就是亲民，要以诚相待。"修业"则要无欲、要静、要信、要专、要勤、要恒、要日新、要逼真、要精、要悟。"崇礼"从日用要有节制开始，行住立坐卧睡，乃至扫洒应对都要有度。"报本"即要存感恩之心，不要忘记根本。袁了凡认为孔孟之道就是父母亲教育子女的言语，不是深不可测的学问，是为了让后代子子孙孙能明白事理；历代贤人一脉相承，有识之士当见贤思齐。袁了凡深知"我命在我不在天"，除了要立志外，还要立命。人的福报，生来有限，求来无限。袁了凡之立命学说，从发愿行善、改错开始的，始于自立，终于立人。人有五福，靠自己求，第一福长寿，忌杀生，多护生、放生；第二福富贵，须施舍、大气；第三福健康安宁，凡事宜有节制；第四福喜好美德，应与人为善；第五福老而善终，当看穿放下。

五、良相良医

袁了凡行医之路从读万卷书、行万里路开始，自幼继承家传学术，由父亲袁仁亲自施教，古云知子莫如父，这才是真正的因材施教。了凡从小立志"不为良相，便为良医"，他好学且没有门户之见，从四书五经，到医药学"七经"（《黄帝内经》《难经》《伤寒杂病论》《神农本草经》《诸病源候论》《金匮要略》《针灸甲乙经》），以及医学"六艺""十三科"，无不通晓。袁了凡"独行塞外经年，九边形胜、山川、营堡历历能道之"（朱鹤龄《赠尚宝少卿袁公传》）。他还将所行之路绘成图。

袁了凡承接了父亲传下的二万卷藏书，自小养成手不释卷的习惯。

读史明理，学医亦然，研读医药学史料是学医者的重要功课。医学是研究人的学问，故又称"人学"。袁了凡阅人无数，他所医治的疾病远远超出普通医生的认知。他教人学做人的大学问，人学真可谓博大精深。袁了凡秉承"以人为本"的医学思想和"见贤思齐"的人学思想，上接天道、下接地气（修身齐家，治病度人，经世济民），能深入人心和进入家门，故后世历代有不间断的传承。《孟子》曰："古之人，得志，泽加于民；不得志，修身见于世。"历代都会有修身见于世者，让后来者有历久弥新之感，见贤思齐，勇猛精进。

研读史书是袁了凡的志趣，袁家历代都注重读史、修史。其高祖袁顺对《春秋》三传（《左氏》《公羊》《谷梁》）咸有论核。其曾祖袁颢接着著《袁氏春秋传》，"《袁氏春秋传》，袁颢著。初读《易》，作《周易奥义》八卷（今不存）。次读《书》，读《诗》，读《礼》，咸能洞其阃奥。最后读《春秋》，叹曰：'仲尼实见诸行事，惟此书耳，杏坛一会俨然未散也'。作《春秋传》三十卷，其子祥摘其微旨为《疑问》四卷，以发之，并藏于家"（袁黄 & 盛唐《明万历嘉善县志》）。其祖父袁祥著《春秋疑问》四卷发《春秋传》之微旨；父亲袁仁著《春秋胡传考误》，驳胡传之失；袁了凡本人读《春秋》，则有《义例全书》十八卷。从其高祖袁顺至袁了凡五代人，历时百余年研究《春秋》的学术，袁了凡考证说："《春秋》始于鲁隐元年，先儒皆以为实平王四十九年也。今考之，周平王四十九年东迁，在惠公之三年，非隐之元年也"（袁黄《群书备考》）。居然有五代人做一件事，这在民间是极为罕见的。

袁了凡有一部重要的著作名为《纲鉴补》，全称《鼎锲赵田了凡袁先生编纂古本历史大方纲鉴补》，三十九卷，属于通史类，一直流传至今。从首一卷来看，袁了凡编撰古代通史的意义，在于"使上可资黼扆之金镜，而下可作衿绅之元龟"，黼扆为帝王宝座后面的屏风，此代指君王；衿绅即儒者之服，此代指士绅；金镜、元龟在此喻可资借鉴的往事。意即袁了凡所编的《纲鉴补》，是用来作为帝王以及官吏、士绅借鉴的。袁了凡门生韩初命则进一步申述道，乃师继司马光《资治通鉴》和朱熹《资治通鉴纲目》之后撰《纲鉴补》，还在于目睹"迄今制科涂虚为实"，经义"名盛而实衰"，尤其是史学"名有而实无"，如"江河日下"等时弊，"吾师忧之，为之述古史，征往事，寄思深而回世远矣"。无论提供资治的镜鉴，还是纠绳诸多的时弊，其深意仍落实于"回世"，即"经世致用"。经世观念，即"圣学言现在，不言未来"的入世精神，乃"儒家所特有的一种基本价值取向"（张灏《宋明以来儒家经世思想试释》）。前面提到的韩初命是袁了凡的门生，山东人，举人出身，明万历十六年（1588年）任宝坻县教谕（类似当今的县教育局长），后升任参政。袁了凡离任宝坻知县，韩初命撰写了《袁了凡先生德政碑》。

袁了凡兼习儒、释、道三家之学，成为儒、释、道合一的代表性人物。为此，袁了凡同乡后辈评论道："语云：通天、地、人之谓儒。公（了凡）虽未为醇儒也，独不得谓之通儒乎？"有西方学者说："佛教居士袁黄（了凡）能把他们的传统与儒家思想调和。"可见袁了凡并没有背离儒家思想，而是综合释、道及百家精义，使之汇入儒家和医道而融会贯通，使传统文化之精华更接地气。

纵观袁了凡一生，无论走到哪里，第一件事是学习，学习是他的修身法宝。袁了凡用近乎严苛的佛家"净行"来约束自己的眼耳鼻舌身意，并始终贯穿于后半生。人人都希望能"寿、富、康宁、攸好德、考终命"，但是绝大多数的人只能享受五福之一二，福不能全使人痛苦。俗话说：家家有本难念的经。怎样念好这部经？这是历代圣贤研究的重点，读圣贤书是正道。袁了凡到宝坻任职，首先打通文脉，每逢初一、十五亲自为学子们讲课，用当今的话说就是培养人才。

六、治身治家

隆庆三年（1569年），袁了凡遇到了改变命运的贵人云谷禅师。当时袁了凡作为贡生至南京，未及入国子监，先游栖霞山，拜访云谷禅师，遭到了禅师的棒喝。这时候的袁了凡有两大"病患"，就是孔先生所预测的命中不得科第，无有子嗣。云谷禅师直截了当地问袁了凡："汝自揣应得科第否？应生子否？"了凡追省良久，回答："不应也。科第中人，类有福相，余福薄，又不能积功累行，以基厚福；兼不耐烦剧，不能容人；时或以才智盖人，直心直行，轻言妄谈。凡此皆薄福之相也，岂宜科第哉！地之秽者多生物，水之清者常无鱼，余好洁，宜无子者一；和气能育万物，余善怒，宜无子者二；爱为生生之本，忍为不育之根，余矜惜名节，常不能舍己救人，宜无子者三；多言耗气，宜无子者四；喜饮铄精，宜无子者五；好彻夜长坐，而不知葆元毓神，宜无子者六。其余过恶尚多，不能悉数"（《了凡四训·立命之学》）。

袁了凡对自己的"隐患"认识得很清楚，不能得科第，无子嗣，还有短寿。找到病因后再对症下药，接下来云谷禅师为袁了凡讲了立命之法。云谷说："岂惟科第哉。世间享千金之产者，定是千金人物；享百金之产者，定是百金人物；应饿死者，定是饿死人物。天不过因材而笃，几曾加纤毫意思。即如生子，有百世之德者，定有百世子孙保之；有十世之德者，定有十世子孙保之；有三世二世之德者，定有三世二世子孙保之；其斩焉无后者，德至薄也。汝今既知非，将向来不发科第，及不生子之相，尽情改刷；务要积德，务要包荒，务要和爱，务要惜精神。从前种种，譬如昨日死；从后种种，譬如今日生。此义理再生之身。

夫血肉之身，尚然有数；义理之身，岂不能格天？《太甲》曰：'天作孽，犹可违；自作孽，不可活。'《诗》云：'永言配命，自求多福。'孔先生算汝不登科第、不生子者，此天作之孽，犹可得而违；汝今扩充德性，力行善事，多积阴德，此自己所作之福也，安得而不受享乎？"（《了凡四训·立命之学》）

袁了凡受云谷"立命"之学，发展为立命、改过、积善、谦德四大部分，从治身做起，以达改命之成效，了凡"善学"之两翼"立志""立命"于是确立成型。

袁家从袁颢到袁了凡，经历四代，到了明朝末年，世风日下，治身和治家之道的紧迫性更加突显了出来。袁了凡深知治家不是一朝一夕的事，只有"长治"才能"久安"，于是在晚年又重刊了曾祖袁颢的《袁氏家训》，还专门撰写了《重梓袁氏家训跋》。《袁氏家训》主要是讲做人的道理和营生的方法，而这些道理源自《四书》，其实都是讲做人的学问，用以规避人生旅途上的障碍，医家则更具针对性，强调"言必缔审，行必确实，而读书明道，约己济人"（袁颢《袁氏家训·民职篇》）。时隔一百多年，袁家经历了四代人，袁了凡面对末世之风，重新思考应该为后代留下些什么训诫？袁了凡一生光明正大，扬善于公庭，规过于私室，育人无私心，历史上名门望族留下来的家训，他并不陌生，尤其是曾祖袁颢推崇的司马光《居家杂仪》，邵子《诫子孙》，父亲袁仁推重引证的颜之推《颜氏家训》。

颜之推（531—约597年），字介，琅琊临沂人（今山东）。南北朝时期的著名学者，其祖先乃孔子的弟子颜回，其后代子孙中有颜真卿。《颜氏家训》被后世誉为"古今家训，以此为祖"。

袁家从曾祖袁颢立家训、定家法，到祖父袁祥重身教，父亲袁仁母亲李氏注重言传身教，树立了良好的家风，历经三代人的努力传承，才形成家道。超越三代是一件很不容易的事情，俗话说：好不过三代，赖不过三代。袁了凡随着长辈走出了这个三代怪圈。袁了凡极为推崇这些家训，但当下要解决的问题和以后会面对的障碍如何开解，还是要因时、因地、因人，从实情出发，医家谓之"三因制宜"，于是他在五十八岁时写了《训子文》。袁了凡结合自身的实践，用文字总结成《祈嗣真诠》（优生优育的医学专著），其中"改过第一""积善第二"两篇和"训子文"后来被收入《了凡四训》。袁了凡在六十二岁时为儿子袁俨撰写了《训儿俗说》，这是迄今为止最为详尽的教子书。袁颢说："作（齐）家以教子为先，子贤，则虽贫可以自立。"

袁了凡又在六十九岁时杜门教子，编纂《游艺塾文规》十卷（举业书），《游艺塾文规》中有"阴骘录""谦虚利中"两篇，"阴骘录"又名"立命文"。最终有贤者将袁了凡的"立命文""改过篇""积善篇"和"谦虚利中篇"一起合编为现在看到的《了凡四训》。《了凡四训》并非应袁家而生，而是应世而生。《了凡四训》上接天道（圣贤之说），下接地气（可以进入人心，进入千家万户），故能广为传播至今。袁了凡继《游艺塾文规》后又编纂《游艺塾续文规》十八卷。

袁了凡的大医之学从治身、治家下手，他坚信治身、治家是立足于人世间的根本，否则自身不保，后院起火，至于治病度人根本无人会信。治身、治家是一门学做人的大学问，有学者称之为人学。有云：人学以外无学问。说明人世间最大的学问当是"学做人"，若不会做人则会烦恼丛生，会做人则清静自在。

此外，袁了凡还编撰了治身三书，有《摄生三要》（分聚精、养气、存神三部分），《净行别品》（仿《华严净行品》之意，而将"儒者所宜行"者"随类演绎，广列若干事"，所载均系生活中常见的细碎之事，但却是行善之路径),《静坐要诀》(主要从禅门心法论述静坐功夫,全书分辨志、豫行、修证、调息、遣欲、广爱六篇),又有《当官功过格》《功过格》(自记善恶功过的簿册,"一月一小比,一年一大比,自知功过多寡")等。这几本书是治身、治家和家庭保平安的法宝。袁了凡一生注重治身、治家,注重身教,注重家风,而且用文字的形式传承下来,这是难能可贵的一件大善事。

第十二讲
汇融三家

在华夏文化的学术思想史上，儒、释、道三家是影响最大的三大思想体系，在宗教哲学、医药养生、文学艺术等诸多领域均产生了重大影响。传统医药学的发展，与儒、释、道三家也有着密不可分的内在联系，传统医药理论体系的建立，离不开儒家和道家文化的影响，在发展过程中不断受到儒、释、道三家思想的熏陶，医药养生的繁荣，更是建立在儒、释、道三家的基础之上。

从南北朝至隋唐时期，是儒、释、道三家逐渐合流之时。三教合一亦称"三教论衡"，古德云：三教一心。其代表性人物和作品有南北朝时陶弘景及所著《养性延命录》，隋代巢元方及所著《诸病源候论》，孙思邈及所著《备急千金要方》《千金翼方》等，他们把儒、释、道诸家关联医学的论述及在医学上的成就，汇总于一编，集合为中华民族医学之大成。他们对后世医学的影响极大，尤其是巢元方的《诸病源候论》，不载方药，而载养生方、导引法，更具特色，近代医家周学海誉之"为《灵》《素》后之一书"，是卓有见地的。

宋代医药学盛行，奉张机为"医圣"，于是"伤寒之学"大兴，独重方药而对于有特殊见解的"我命在我不在天"的自主保命全形之学研究应用日少，一些养生延寿的方技沦为旁门，实在令人扼腕。到了金元时期，医生地位沦落为普通匠人，自修自炼的内丹医学甚至被斥为"外道"。

一、三家一理

明代民间普遍信奉道教，信因果轮回，《太上感应篇》被广泛传诵，善有善报、恶有恶报的因果报应思想被普遍接受。一些儒生也开始阅读《道藏》和佛教经典，"性命双修"和"四大不调"医学理念进入他们的视野，对生命和疾病的认知又提升到了一个高度。明中后期，三教合一达到鼎盛期，"我命在我不在天"的观念和《太上感应篇》被袁了凡上升到了医学顶端，名曰"立命之学"。道教徒追求长生不老，这也是民间所祈求的。他们相信"我命在我不在天，还丹成金亿万年"（葛洪《抱朴子·内篇》）。

禅宗中兴的同时，阳明"心学"兴起。袁仁接受了阳明心学，他是袁氏医学承上启下的人。袁仁除了研究医理、病理、药理外，还研究病人的生理、心理和命理，急则治表证，缓则治心，不但会治病，还会"救命"，即改变病人的命运。袁仁将儒学、道术融会贯通于医学，成为一代明医。袁仁开放包容的思想方法直接影响了儿子袁了凡，袁了凡的成就是将儒、释、道三家汇融于医。古人云：儒家治世，道家治身，佛教治心，医家活人。袁了凡说："心一耳，教何三也！至人迭兴，乘时诱世，不别而别也。是故释迦之慈悲，老聃之清静，与吾仲尼之仁义，皆尽乎此心之量而已矣"（袁黄《两行斋集·刻三教合一序》）。圣人立教都是因人而立，而人有形形色色，人所生之病也是千奇百怪，这些都是医生要面对的。袁颢信仰儒家、道家和佛家，其将儒道佛融合于医家，其医学著作融入了儒家思想和道家的方法，诊断偏重于"望诊"（看相）和"脉法"（太素脉），治疗则以痘疹和幼科为主，也治疗一些疑难杂症，其生活方式、处世之道和修行方法，还直接影响了次子袁祥和孙子袁仁，三代人都以隐士自居。

蔡国炳说："（了凡）先生悟彻三灵，学穷二酉，有所抒发，辄足破乾坤大梦，类得，大鉴真印，不从人间者。迄先生著述日益富，名日益盛，每有梓行，可当十五城……袁家自袁颢传至参坡公（袁仁），俱窠身长桑，然以功德航世，以六艺鞭心，以性命度真，学殖之具世无落也。"（蔡国炳《袁氏丛书序》）

蔡国炳，福建泉州晋江（今福建省晋江市）人，万历二年（1574年）进士，历任吏部文选司郎中、四川副使、广东布政使司左参政分守岭东等，曾主持兴建惠州长乐县狮雄山塔。

蔡国炳说："长桑君，与扁鹊交往甚密，事之唯谨，乃以禁方传扁鹊，又出药使扁鹊饮服，忽然不见。于是扁鹊视病尽见五脏症结，遂以精通医术闻名于世。"

二、佛家治心

袁了凡师从云谷禅师习天台止观，得"准提法门"之真传。了凡的座师殷迈（南京礼部右侍郎兼国子监祭酒）"研精内典"，被称为"佛学作家"，殷迈命了凡依止真节法师"以求解脱"，于是袁了凡皈依了真节法师研习佛教经论。真节号素庵，生于正德十四年（1519年），湖广襄阳（今湖北襄阳）人，俗姓钟。当时真节法师在栖霞寺开讲"诸部疏钞时，常听者三百余人，覆讲者三十余人"。真节法师"道业愈隆，法席愈广"。了凡又师从妙峰法师学习天台教理，为使禅净双修大法振兴，著《静坐要诀》（原名《坐禅要诀》）。佛教徒诵佛号、持咒，抄写《心经》以及早晚功课都是为了摄心，佛教教人除烦恼和调伏"四大"（地大、水大、火大、风大），故云：佛教治心为上。其实药师琉璃光如来所发的十二大愿，关乎人生的方方面面。明代洪武五年（1372年），朝廷敕令在金陵开雕佛教《大藏经》，召集高僧大德于蒋山寺（今南京），校点佛教经典，为明初官刻版佛教《大藏经》，名《初刻南藏》（为梵夹本）。永乐八年（1411年），朝廷敕令在北京开雕佛教《大藏经》，名《永乐北藏》（为梵夹本）。永乐十年，在金陵也开雕佛教《大藏经》，名《永乐南藏》（为梵夹本）。当时一如法师等还奉敕编撰佛学工具书《三藏法数》。

早年袁了凡的老师唐顺之曾劝其多读佛教经典，曰："若《楞严》《维摩》《圆觉》诸经，皆所谓异书也。不但东坡苏公于《楞严》得悟，我于禅书不止此三经，涉阅颇广，自知得益甚深。吾弟子世情颇淡，今将一切闲书尽从屏省，只将此三经熟玩，句句要透本心，字字要消归自己"（唐顺之《答袁坤仪》）。万历元年，佛教禅宗开始复兴，嘉善出过二位高僧大德，一位是寂照禅师，另一位就是云谷禅师。"阛禅师，讳普明，字寂照。初投妙常庵，薙染受具，日诵《法华经》不辍。后居古杭山中，每日静坐，蛇鼠鸟雀，皆嬉游于前，客至叩门，飞走不及，辄纳诸怀，以衣覆之，客去则复出矣。有一病者诣之，手摩其项，凤恙顿除，遂委身为弟子。一日语弟子曰：'我五月十八日逝矣。'弟子以五月非吉，更订八月，遂归嘉善。届期弟子来送师，方扫地，语之曰：'汝不来，吾几忘矣。'遂鸣钟集众，作偈曰：'这个老汉，全无思算。禅不会参，经不会看。生平百拙无能，晦迹青松岩畔，静如磐石泰山，动若雷轰掣电。'遂端坐而化。举龛荼毗，火光五色，异香竟夕，独舌不毁，扣之有声。过旬余，人犹见之古杭。"（袁黄 & 盛唐《明万历嘉善县志》）

又曰："云谷禅师，讳法会。胥山乡人也。后薙发于大云寺，年十七游天宁，遇济法舟荣发之，遂携游方至阳羡，见古林禅师，教参一归何处……后至留都，闭关数载，习定入禅，每坐辄旬日不起，复遇异

人，相与辩难，豁然有省，二十年所得妙境消释。"（袁黄 & 盛唐《明万历嘉善县志》）

寂照禅师、云谷禅师等，是明中期大力复兴佛教禅宗的先驱。寂照禅师、云谷禅师都精通佛学，融会儒学、道学，应人施教，被后世尊为明代四大高僧之一的憨山德清大师是云谷禅师的弟子。云谷禅师圆寂后，憨山德清（1546—1623年）大师看到袁了凡为云谷禅师所作《云谷禅师传》后，认为写得过于简略，于是亲自作《云谷禅师传》，读来真实感人。袁了凡倡议将现有佛教《大藏经》梵夹本改为方册本，得到了高僧大德的支持，开创了民间修佛教《大藏经》的先河，名《嘉兴藏》。

袁了凡所著《祈嗣真诠》第十篇"祈祷"，用了显密双修的念佛法门和早年云谷禅师传授的密法"准提法门"，有"像法""坛法""印法""受持法"和"准提咒"等，袁了凡将已经断了传承的显密双修之法写进了《祈嗣真诠》。袁了凡在清代被彭绍升载入《居士传》。

三、道家医人

道教经典总集正统《道藏》中收录的与医药典籍相关的内容，占正统《道藏》内容的百分之七十以上，说明当时很多修道人士都具有道教教职身份和医药学家的双重身份。历史上有代表性的如葛洪、陶弘景、孙思邈等，都是杰出的大医药学家。葛洪是道教丹鼎派奠基人，曾编纂《玉函方》百卷、《肘后救卒方》三卷，对后世医药学影响深远。《肘后救卒方》是最早记载治疗疟疾、天花、结核等疾病的医籍，特别是倡导用狂犬脑组织治疗狂犬病，是我国免疫思想的萌芽，还有用青蒿治疗疟疾等。陶弘景是南朝时著名道教思想家，被皇帝称为"山中宰相"，陶弘景建立了道教神仙体系，并著有《本草经集注》《补阙肘后百一方》《养性延命录》等医药养生学著作。

历史上三教合一的代表性人物有孙思邈、刘完素。刘完素（1110—1200年），字守真，号通元处士，别号宗真子，河间（今河北河间市）人，故后世称刘河间，为中医历史上著名的金元四大家之首，著有《素问病机气宜保命集》等。

道教讲究实修，袁了凡在《摄生三要》里专门论述了"道宗观妙观窍，总是聚念之方，非存神之道……有存泥丸一窍者，谓神居最上，顶贯百脉，存之可以出有入无，神游八极，而失则使人善眩晕"（《摄生三要·存神》）。他还列举了几个关窍意守的利弊，可见是有实修经验的。当时儒佛道三家都是注重实修实证的，袁了凡将儒、释、道三家学说，融会贯通于医道。近代学者包筠雅博士说："袁黄（了凡）正好出生在这个家庭渴望世俗成功（不抛弃道德的纯洁性）的时候。作为有资格应举的第一代，重振家门的重担，落在袁黄的肩上。此外，使随意取材的、注重道德要求的袁家传统，适应于新的汲汲于功名的期望，使它在对真正的儒生最具挑战性的要求——在为官任职中发挥作用，也是他的责任。在相当大的程度上，功德积累的方法，使袁黄能完成这些任务。"（包筠雅《功过格：明清社会的道德秩序》）

四、天人相应

天人相应观念应用于医学，即生命整体观。明代由于官员士子提倡"孝道"，刻意介入医药学，使医生地位不断提高。袁仁等明医将医术上升为医道，使医药学发展的空间更高更广。具有儒学背景的医士们有个共识："医之为道，非精不能明其理，非博不能至其约。是故前人立教，必使之先读儒书，明《易》理，《素》《难》《本草》《脉经》而不少略者，何也？盖非《四书》无以通义理之精微，非《易》无以知阴阳之消长，非《素问》无以识病，非《本草》无以识药，非《脉经》无以从诊候而知寒热、虚实之证"（张介宾《类经》）。明代如果欲一本正经学医，必须先熟读《四书》，方能通达天理人心、伦常道德的精深微妙；明白《易》理，方能知晓阴阳二气之对立、相冲、转换；读《素问》《难经》可以识病之源，明病之因，知病之机；读《本草》可以识药之气性味，及其效用；读《脉经》可以诊断病情，察辨寒热虚实之症，对于医之六艺都必须精熟，才可以诊断处方治疗。

明代医药学成就主要表现在有大量的医药学专著问世，如李时珍著《濒湖脉学》《奇经八脉考》《本草纲目》，张三锡著《经络考》，陈实功著《外科正宗》，薛己著《内科摘要》，吴又可著《温病论》，李中梓著《医宗必读》，缪希雍著《炮炙大法》《神农本草疏》，万全著《养生四要》，高濂著《遵生八笺》，张介宾著《类经》等。袁氏医学的优势在于其根植于"文献世家"，袁颢"寓意于医"之后又有二代人投身于医药事业，尽得医药学之精髓。对于袁氏家族来讲，"上知天文"并不是一句空话，而是家学传承，连学问渊博曾任内阁首辅的徐有贞都惊呼："父子（指袁颢与袁祥）之间，举千古绝学，自相授受，遂使天人蕴奥，尽在蓬门斗室中，亦奇事也。"

有文献记载，明代万历年时，内阁首辅张居正曾请袁了凡帮助修订乐律。据《松陵文献·人物志·袁黄》："（张）居正如（袁）黄言，择地天坛之南隅，候之飞灰，果应。居正大喜，欲属以'正乐'之事。黄请（张居正）先改历法，语不合，遂谢去。"天文历法与律吕之学是袁氏家传学术，袁祥曾著《乐律通考》，袁了凡曾著《历法新书》，李渐庵为《历法新书》作序。

> 李渐庵（1534—1600年），名世达，字子成，号渐庵，又号廓庵道人，陕西泾阳人。嘉靖三十五年（1556年）进士，官至刑部

尚书、左都御史，加太子少保。卒谥敏肃，追赠太子太保。李渐庵与袁了凡的关系非常密切，亦师亦友，了凡在《两行斋集》中收录与李渐庵的信札最多，两人都注重知行合一。李渐庵在序言中，还提到了张居正请袁了凡"正乐"的因缘。

张居正（1525—1582年），字叔大，号太岳，湖广江陵（今湖北省荆州市）人。嘉靖二十六年（1547年）进士，官至内阁首辅，是明代唯一生前被授予太傅、太师的人。卒谥"文忠"，追赠上柱国。著有《张太岳集》《书经直解》《帝鉴图说》等。

礼乐用于朝廷祭祀大典，"国之大事，在祀与戎"（《左传·成公十三年》），因此，"正乐"是一件国家大事。张居正很有能力，当时国力也强盛，于是张居正想修正乐律。十二音律与十二月份相应，调整音律须先测定节气时令。张居正按照袁了凡建议，选择在天坛南边用"葭管吹灰"法候气，果然葭灰按节气应时从律管中飞出。张居正大喜，欲嘱托袁了凡以"正乐"之事。袁了凡明确告诉张居正，若"正乐"，必先修正历法，并告知自己已经计算出现今所用历律与真实节气之误差值。张居正却不以为然，担心改动历法涉及面太广，示意袁了凡单从"正乐"下手即可，而袁了凡仍坚持从源头历律上开始修正，然后以此为基础修订乐律，结果两厢意愿不合，此事也就作罢了。

袁了凡说："古今谈历法者，至我师陈星川先生精绝矣。予从之游，口授心惟，颇尽其秘。"李渐庵曰："时张宦掌内，司天之印，了凡以历法询之，曰：'今《授时历》所纪七曜躔度多所参差，甚有差五六度者。每夜每更，各有五人分值，而督率稍懈，辄与外台不应，是以古候甚劳。'了凡曰：'历法谬耳。'张不信，袁预算十日，授之，靡不协者。张大惊，求其书，袁即授之，遂匿而不还。厥后了凡门生王肯堂读书中秘，从今少司马王对沧公传录此书，喜其失而复得，爱付之梓，索予一言为叙。昔张江陵傲睨一世，无所许可，独折节于了凡，延为诸子师，见是篇，叹服，许为奏进，付该监行之。时方有'正乐'之议，盖江陵自谓深明律学，命官依古法造三层密室，又依蔡元定多截管以候气，不应。请袁往视之，复命曰：'候气之室，宜择清净闲旷之地……'"（《袁了凡文集·刻历法新书序》）

候气法在中医也有应用，如五运六气亦属候气法。清代江永著《律历新论》，其中收有《录袁黄候气法》。"（袁）黄尝受历于长洲（今属苏州市）陈壤，其法本《回回历》，而以监法会通之，更定历元，纠正五纬，号为详密。有《历法新书》行于世。"《回回历》即伊斯兰历，旧时简称"回历"，于蒙古至元四年（1267年）传入中原，为伊斯兰国家和穆斯林通用的宗教历法。元世祖（忽必烈）至元十八年（1281年）开始实施的《授时历》，及明代在全国实行的《大统历》，均参考《回回历》；清代也曾一度使用，它对中国历法影响达四百年之久。

前面讲过袁祥精通天文，此乃家传绝学。袁了凡在《再上李渐庵书》曰："时下木（星）躔于尾（宿），光芒大光天耀。今年丁壬，木运，阳木太过，上应岁星。木旺固宜，但不旺于春，而旺于夏，占书以为有兵忧。而尾之分野，则蓟辽也。三屯之变，恐未足以尽之。但木星所在之国不甚为殃，而殃常见于所冲之国。尾之门对冲，则参井也。意者，秦晋之间尚未净乎？某头颅已长，青山在念，一转官便拂衣长往矣。五经之外，别自有学；缙绅之表，别自有人，咫尺宦途，非硕人所久恋也。"（袁黄《两行斋集》）

李渐庵是袁了凡挚友，万历七年，了凡随李渐庵入关，欲上终南山隐居，未果。袁了凡观察天象，所占所测，后来都被事实印证。袁了凡还曾著《律吕考》《候气法》等，其中有"候气五不合之论"，李渐庵阅读后认为，其论述"颇有理"。了凡善于望气，将"候气法"广泛应用于医学、兵法、堪舆、水利等，对气的认知是传统医学的核心。

五、以气为本

先秦时期的诸子几乎均有关于气的论述，如《管子》的"精气论"，《庄子》的"通天下一气耳"，都认为人生命的本质是气。《管子》说："有气则生，无气则死，生者以其气。"《庄子》说："人之生，气之聚也，聚则为生，散则为死……故曰：通天下一气耳。"形成了"以气为本"的生命观和生死观。"氣"字，《说文解字》中解释为："云气也，象形。"其原意是指云气、烟气、蒸气、雾气、风气、寒暖之气、饮食水谷之气、呼吸之气等。道教还有"先天一炁"和"炁生道成"的说法，指通过特殊吐纳导引和胎息养气形成的"真炁"。医家则认为：正气在，邪不可干，还有先天气、元气、营气、卫气等。有学者做过统计，《黄帝内经》中记载各种气名共二百七十一类，二千九百九十七个。

袁了凡在《摄生三要》中说："人得天地之气以生，必有一段元气亭毒于受胎之先，道家所谓先天祖气是也。又有后天之气，乃呼吸往来，运行充满于身者，此与先天之气，同出而异名。"袁了凡又说："人身之气，各有部分。身中有行气、横起气、诸节气、百脉气、筋气、力气、骨间气、腰气、脊气、上气、下气，如此诸气，位各有定，不可相乱；乱则贼，大则颠狂废绝，小则虚实相陵，虚则痒，实则痛，疾病之生，皆由于昔此。"（《摄生三要·养气》）

"二气交感，化生万物。万物生生，而变化无穷焉。唯人也得其秀而最灵。"（北宋周敦颐《太极图说》）人的生命是由气构成的，人体的功能也是由于气的作用，医家以此建立了以气为本的人体生命观，故曰："善言气者，必彰于物"（《素问·气交变大论》）。对于看不见，摸不着的气，袁了凡说："举扇便有风，为满天地间皆是气也……故人在气中，如鱼在水中，气以养人之形而人不知，水以养鱼之形而鱼不觉"（《摄生三要》）。他还引用了《孟子》中"吾善养吾浩然之气"，并感叹道："诚然！诚然！"《孟子》又曰："志者，气之帅也。气者，体之充也。"人的意志可以调动气，即人们常说的人要有志气。人的意志为气之帅，引领方向，气是能量、是动力。各家都有养气的方法。佛家云：人命在呼吸间，一气不来即为命终。养气方法有数息、随息等。道教注重"性命双修"，实修"养炁存神"，养气方法有闭气、胎息等，故曰：炁生道成。无论儒家、释家、道家，还是医家，其修身的方法相同，曰"调息"，故有"调息一法，贯穿三教"之说。

余将传统医学归纳为六个字，即"学做人，过日子"。学做人是一辈子的事，所谓活到老，学到老。过日子是珍惜生命，一年四季春生、夏长、秋收、冬藏，二十四节气，其中四立、二分、二至（立春、春分、立夏、夏至、立秋、秋分、立冬、冬至）八节最为重要，一年三百六十五日，日日是好日，过好每一天。

六、术数为学

隋唐时期，巢元方著《诸病源候论》，在"风病诸候"篇中以八卦配邪气八风；孙思邈著《千金要方》，在"大医精诚"篇中提出欲为大医者须精熟《周易》等。金元时期，刘完素《伤寒直格》中有"天水散"，李东垣《脾胃论》中有"交泰丸"，《兰室秘藏》中有"丽泽通气汤"等，后世此类方名不断出现，如"太极丸""两仪膏""坎离既济丸""乾坤一气膏"等。晚清唐宗海在《医易通说》中云："凡辨药能详卦气，则更深远。""药物之升降浮沉，全视爻位为衡。"并列举了大量药物的卦象分析。

明代中后期，出现了一批以善谈医、《易》为特色的著名医家和论著，如下面会提到的孙一奎在《医旨绪余》中有"太极图说""不知《易》者不足以言太医论""命门图说""右肾水火辨"等专论；赵献可在《医贯》中通篇贯彻易理；张介宾在《类经附翼》中有《医易》专卷，全面阐述医、《易》关系，明确提出"医易同源"的观点。他们依据《易》理创立的命门学说，对中医学理论的发展产生了重大影响。

明代中后期是医药学发展比较快的时期。李时珍著《本草纲目》五十二卷，始于嘉靖三十一年（1552年），完成于万历六年（1578年），稿凡三易，万历二十一年（1593年）得以刊刻，王世贞为之作序。李时珍几乎和袁了凡是同一代人。张介宾著《类经》。张介宾（1563—1640年），字会卿，号景岳，别号通一子，居会稽（今浙江绍兴）。他的特别贡献是将《黄帝内经》进行分门别类的研究，后世称其为《内经》学者，透过张介宾对《素问》和《灵枢》的梳理研究，可以知晓明代中后期的医药。张介宾亦是个修行人，在其开悟后曾说："故曰天人一理者，一此阴阳也；医《易》同原者，同此变化也。岂非医《易》相通，理无二致，可以医而不知《易》乎？予因默契斯言，潜心有日，管窥一得，罔敢自私，谨摭《易》理精义，用资医学变通。"

明《易》理是必须的，古云：医者《易》也。而袁氏家学于《易》尤有专研，这是得天独厚的先天条件。袁了凡早年曾作《河图洛书考》，《河图》与《洛书》是上古伏羲时代流传下来的两幅神秘图案，奠定了中华文化之根基，亦是中华文明之源头。《易经·系辞上传》："河出图，洛出书，圣人则之。"古人以为《河图》《洛书》乃先天八卦之源。袁了凡六十一岁时随经略宋应昌入朝抗倭，乘战时间隙，还向宋应昌请教《河图》《洛书》奥义。

《素问》载："法于阴阳，和于术数。"袁了凡家传学术首重《易经》，他第一次得世外高人孔先生的传承是邵雍的《皇极经世书》，云南孔先生是了凡第一位师父。袁氏"以数为学"是其特长，深信一切都有定数。袁颢亦曾得异人"皇极数"之传承，深明其奥旨，"遂将二百五十六卦逐年布定"。袁了凡十七岁时遇孔先生，得"皇极数"的传承，著《皇极考》。"《皇极考》，袁黄著。皇极数法具邵子《经世》书中，有编年而无卦爻，故莫能推算。（袁）黄曾祖颢得异人之传，深明其旨，遂将二百五十六卦逐年布定，黄因其说而演订之，尚未梓行"（袁黄 & 盛唐《明万历嘉善县志》）。古人所谓"心中有数"，其实是一门大学问。袁了凡说："尧夫之以数为学。"其子袁俨注曰："邵康节先生所著有《皇极经世》等书，尤邃于数，以起震终艮，明文王之八卦；以天地定位，明伏羲之八卦，发挥先天之学殆尽。《皇极经世书》凡十二卷，其一之二则总元会运世之数，《易》所谓天地之数也；三之四以元经运，列世数与岁甲子，下纪帝尧至于五代治乱之迹，以天时而临人事也；五之六以运经世，亦上列世数甲子，下纪帝尧至五代之迹，以人事而验天时也；七之十则以阴阳刚柔之理，穷动植飞走之数，《易》所谓万物之数也；十一之十二则论皇极经世之所以为书，穷日月星辰、飞走动植之数，以尽天地万物之理，述皇帝王伯之事，以明大中至正之道，阴阳之消息，古今之治乱，昭然矣。"（袁黄《增订二三场群书备考·道学》）

术数，又称数术，汉代刘歆在编撰《七略》时，将天文、历谱、五行、蓍龟、杂占、形法等，统归入术数。术数是关于天文、历法、占卜等方面的学问，运用数理机制推断人事吉凶、解说自然现象。医者要上知天文历谱，袁了凡说："《易》曰：'观乎天文，以察时变。'又曰：'天垂象，见吉凶，圣人则之。'《诗》曰：'敬天之怒，无敢戏豫。'《礼》曰：'天有四时，风雨霜露，无非教也。'又曰：'天秉阳，垂日星。'老子曰：'天之道，其犹张弓乎，高者抑之，下者举之'"（袁黄《群书备考·象纬》)。古人坚信"数"能代表事物的规律,认为万物皆有"定数",并认为"数"可由"象"推出。这种理念来源于推演《易》象(八卦的众多卦象)、《易》数(阴阳奇耦之数)的占卜者,如《左传·僖公十五年》云:"物生而后有象,象而后有滋,滋而后有数。"《易》学象数派在术数学中占有重要地位,而术数对医学理论的构建也产生重要而深远的影响。

袁了凡还寻根探源,著有《河图洛书考》《河图洛书解》。《河图》《洛书》相传是上古伏羲时代留下的两幅图,被后世称为"无字天书",奉为《易》学之源。《河图》《洛书》中包含的"天机"和医学的关系,中医所谓的"天地人合一",天、地、人三宝,天上的日、月、星,地上水、火、风,人身的精、气、神,还有"天一生水""地二生火""道生一,一生二,二生三,三生万物"等生生之道,袁了凡在《河图洛书考》(袁黄《两行斋集》)中一一作了诠释。袁了凡在万历壬辰年(1593年)升任兵部主事,为"经略备倭事宜"的兵部左侍郎宋应昌之"随行赞画"。癸巳年,袁了凡随宋应昌东征,他在紧张的战争间隙仍然研究《河图》《洛书》之奥义,并请教于宋应昌,作《河图洛书解》。"《河图洛书解》,袁黄撰。给事中杨士鸿刻之密云,今嘉善亦有板。"(袁黄 & 盛唐《明万历嘉善县志》)

第十三讲
大医了凡

袁了凡"诸家无所不窥,尤邃于医"。他写文章、说事习惯用医做比喻,治政、做事也喜欢用医理,他既是大医也是哲医。"哲医"一词,出自宋代《太平圣惠方》,曰"古之哲医"。《说文解字》载:"哲,知也。"本义是指聪明;因其经常与"贤"合用,指代某人贤明睿知,后引申为"有智慧的人"。哲医又称哲匠,哲匠指明达而贤能的大臣,亦指技术高超的工匠,泛指富于智慧、才能出众的、有专门技艺的人。古时医术归属方技,医者亦是工匠,"修理"的对象是患病的人,故有"上工治未病"之说。《太平圣惠方》曰:"古之哲医,寤寐俯仰,不与常人同域,造次必在于医,颠沛必在于医,故医者必能感于鬼神,通于天地,可以济众,可以依凭……学者必当摒弃俗情,凝心于此,则和(医和,春秋时秦国良医,最早提出'六淫致病'说)鹊(扁鹊,姬姓,秦氏,名越人,战国时名医,各科皆擅)之功,因兹可得而致也。"《太平圣惠方》所云哲医者,即大医,其中提到两位古代大医医和与扁鹊,据史书记载他俩都具超强的感应能力和洞察力,但是常人却视为奇特不可思议。袁了凡从小学医,且志向高远,一生"造次必在于医,颠沛必在于医",了凡非常符合哲医之定义。其"寤寐俯仰不与常人同域",这一点其小弟袁衮在《庭帏杂录》中有记载。而"医者必能感于鬼神,通于天地",袁了凡自言:"试静观吾神于方寸,其心之起,即生之象也;其心之息,即死之象也;心绝而复续,即生死不已之象也;后心与前心忽判若辰参,即化为异物之象也。虽然征诸事则多信,征诸心则多疑,神之不灭,亦姑就事言之而已"(袁黄《两行斋集·形神论》)。袁了凡悟出了其中的奥妙,在艰难的科举考试路上,看到身边中举的人,感知到内在的因缘,著有《科第全凭阴德》。他经常会讲到一些梦境中的感应,而且事后都得到了应验。了凡的感应能力在《宝坻政书》之《祀神篇》《感应篇》中可以得到印证。

袁了凡是修行人,精通《易》理和术数。《易经》曰:"观乎天文,以察时变。"又曰:"天垂象,见吉凶,圣人则之。"了凡在世时,有很多所谓正统的儒生不理解他,并写了刻薄的文章批判他的所作所为。随着时间的推移,认可他的人愈来愈多,因为他的起心动念都是为了他人,根本没有一丝一毫名利之心。

一、医贵仁德

袁氏乃积善之家,子承父业活人无数,培植大福田。古人云:救人一命,胜造七级浮屠。袁了凡从母之命立志习医,即发愿要成为一名大医。他出身于文献世家和医学世家,父祖们的努力奠定了良好的基础。袁仁、袁了凡父子将医道推进到了极致,明医、大医皆亦能谓之哲医,哲医含有顶级工匠的意思。袁仁、袁了凡继承家传《易经》、六壬、天象之学,对于了凡的治学精神,李渐庵说:"予交了凡二十余年,见其乐善如饥,好学不倦,日间非静坐即观书,虽祁寒盛暑,不令隙虚。其与人交也胸怀洞然,至情可掬,孳孳欲人同归于善。听其教,激励裁抑,具于片言之中,贤愚皆获其益。觌其面,如春风发物,鄙吝潜消,未有不爽然心服者。六艺之学久不讲。而了凡能以身通之。二氏为世所大忌，而了凡则笃信而力行之。大而天文地理，小而三式六壬之属，靡不开其关而入其奥。"（李世达《刻历法新书序》，载《袁了凡文集》）

中国古代医学家对于医学目的有很精辟的定义，如汉代名医张机在《伤寒论·序》中说："（医药方术）上以疗君亲之疾，下以救贫贱之厄，中以保身长全，以养其生。"夏良心作《重刻本草纲目·序》曰："夫医之为道，君子用之以卫生，而推之以济世，故称仁术。"夏良心，字景尧，号仁寰，广德（今安徽广德市）人。隆庆五年（1571年）进士，历官刑部主事、山西参议、两浙水利道。这里所讲的"卫生"与现在不同，其意"保卫生命，犹言养生"之卫生。孟子说："仁者爱人，有礼者敬人。爱人者，人恒爱之；敬人者，人恒敬之"（《孟子·离娄下》）。仁学是儒家学说的核心，"医乃仁术"是仁学在医学界的反映。冯梦祯在《寿了凡先生七十序》中说："先生于九流诸家无所不窥，尤邃于医，即点化黄白、枕中石函之秘，世儒所云捕风捉影，不可希冀于万分一者，而先生以为必有，即试之而败不较，故挟数负术者入幕颇多，则方外之士知有先生"（冯梦祯《快雪堂集》）。冯梦祯是非常了解袁了凡的，说他三教九流无所不窥，尤邃于医，炼丹秘法都会去试，对于这些事情，儒生认为是捕风捉影，是不可以希冀的，而袁了凡则认为必有，即使试后失败了，也不计较，因此世外高人都挟数负术入幕颇多，那些方外之士都知道有袁了凡。

袁了凡的门生朱鹤龄称："（了凡）先生识高古今，学贯天人。上自天文、地理、历律、兵刑之属，下至奇门、六壬、遁甲、翻禽、阴阳、选择之类，靡不涉其津而咀其真。"

> 朱鹤龄，字长孺，自号愚菴。颖敏嗜学，尝笺注杜甫、李商隐诗，盛行于世。著有《愚菴诗文集》《松陵文集》《春秋集说》等。

二、三著医书

对于袁了凡的医学成就，国人知之甚少，美国学者包筠雅在《功过格：明清社会的道德秩序》中说："有什么文献能比他的《祈嗣真诠》更清楚地说明，他愿意自由地从所有教义中取己所需。这本医书出版于万历十九年（1591年），袁黄时年五十九岁，专为生育提供建议。这部著作从第三到十部分，概述了源自于讲'内丹'的金丹道的、被认可的医药应用方法，以及普遍流行的佛教祈祷。"包筠雅博士提到的"金丹道"即"钟吕金丹道"。袁了凡在《两行斋集》中有《与张见吾书》，书中谈论了张见吾所集的《金丹大全》（此书未见刊印）。袁了凡看了《金丹大全》后，回函劝张见吾千万不要"以无价之身，轻试于小术"，并让来使带回《金丹大全》。袁了凡在《与张见吾书》中论及"金丹"与"参禅"，提醒张见吾不要"重玄而薄禅"，否则会有大魔障。他说："人之处世，如白驹之过隙……言家则养家之外，皆无益之事也；言身则养身之外，皆无益之事也。人唯识神播弄，驰东骛西，受尽世缘，难逃业报，求之侪辈中鲜有解脱者。弟始究丹经，继参禅，教口诀，未逢机锋难契……金者五行之极，五行相生至金而极，历万年而不坏，实纯阳之至宝也。天得纯阳，故曰乾为金；一得纯阳，故曰'金丹'。以此参之佛家，即所谓'金刚'之义也。故达者以防意为野战，以习静为沐浴，以身外有身为出神，以打破虚空为了当，诚得最上第一乘法门也。今兄所得，未知正否，望勿以无价之身，轻试于小术。《金丹大全》检付来使，细为参悟，切勿执己见而牵合，以诬前人，则此书幸甚"（袁黄《两行斋集》）。袁了凡注重三家合参，尤重禅修，他劝张见吾不要太执着沉迷于炼丹结元婴，以免走火入魔，斫性戕生。医云宝命全形，是因为人的生命"无价"啊！切勿轻试各种"小术"，譬如当下流行之"辟谷"，辟谷乃内丹法之旁门小术，现今被奉为包治百病，害人害己。

袁了凡在年近六十岁的时候写了三部医书，互为次第。万历十八年（1590年）夏，付梓《祈嗣真诠》，袁了凡认为，中医养生的源头在"婚孕时期"的备孕期，就是在孕育健康聪慧的新生命之前，男女双方要有强烈的意识，接下来是具体的方法。了凡又将其中"聚精""养气""存神"三法，合集为单行本《摄生三要》，这是以中医导引和金丹道为核心，护持人之"三宝"精、气、神。怀孕后怎样进行胎教，出生后怎样进入启蒙教育，发育阶段除了保持孩童的天性"好动"，其相对应的"静"怎样融入日常生活中，这里所讲的静是袁了凡的教子之法，详见《训儿俗说》。袁了凡在宝坻任上梓行了《静坐要诀》，这本有关静坐的专著在当时的上流社会产生了一定的影响。这样就有了保命全形系统具体的方法，确保健康幸福的人生。

袁了凡将人类疾苦的防治追溯到了医学的源头优生优育和身心健康上，其发心是寿国寿民。袁了凡著有后天改变先天的导引养生法《摄生三要》，即"聚精""养气""存神"，这是内丹医学的基础，用聚津成精之法养精、固精；用炼精化气之法和气、养气；用运精补脑之法养神、安神，使精满不思淫，气足不思食，神圆不思睡。袁了凡早年能和云谷禅师对坐三天三夜，关键是其精满、气足、神定。当时传承内丹医学的有龚廷贤、龚居中、尹真人、张三丰等，都著书立说，把原来的消极治病，向前推进到保全性命和健康长寿。袁了凡说："道家者，使人精明专一，动合无形。其为术也，旨约而易操，事少而功多。"（袁黄《增订二三场群书备考·诸子》）

三、太上感应

袁了凡终日心静如止水，从表象看外静，实为内动，幼习禅观造就了追逐日月之精神，是常人无法与之相比，其止观法门已修到炉火纯青的境界。袁了凡曾随云谷禅师习禅定，禅师用六祖惠能的语录开示了凡，曰："汝不见六祖说：'一切福田，不离方寸；从心而觅，感无不通。'求在我，不独得道德仁义，亦得功名富贵，内外双得，是求有益于得也。"了凡牢记在心，勇于践行，随云谷禅师习禅定十个月，出定后谦称自己只进入"四禅"，得六神通且善于保任，在其《祈祷文》中有所表露。他对于道教《太上感应篇》有着深入的体悟，并且有诸多实证，如果简单地将《太上感应篇》看作是道教劝人为善的经文，而不是用来实践，那是不可能改变命运的，也不可能具备感应能力。又听从云谷禅师"立命之说"，跟随禅师修习禅定，反躬自省，"摒弃俗情，凝心于此"，感应能力大增。

万历十六年（1588年），袁了凡五十六岁时，带着家眷，到京师附近的县邑宝坻走马上任，六月初九到达宝坻县。了凡下马伊始即作《到任祭城隍文》，次日带领同僚们一起到宝坻县城隍庙，在城隍老爷神像前立誓（明朝为官有三十二条规定，其中"祭祀"第一），当时参与祭祀的同僚和围观的人们看到袁了凡亲自上供、起誓、发愿，如仪如法。试想四百多年前，一位年近花甲的南方老先生到皇城附近一个贫穷县任职，其艰辛程度是可想而知的，千头万绪，一步一个脚印。袁了凡行事，无论巨细，都有板有眼，在衙门公干时，正襟危坐，两眼炯炯有神，为了不影响穿官服形象，就是在寒冷的冬天，用以保暖的内衣也很单薄，以免外表显得臃肿。袁了凡的形象气质，言谈举止，形与神俱很有定力，使得身边的同僚和过往的官僚都敬重他。

现代人通常将"感应"称为"直觉"，对那些还没有答案的事，会说"直觉告诉我是……"，也有将直觉称为第六感觉。除了直觉外，还有梦觉，做梦的存在本身就是一种普遍的生命现象，梦并不是一句"日有所思，夜有所梦"可以解释的。道家认为，只有"至人无梦"，要达到至人的境界才会"其寝不梦"。关于各种"解梦"的书，在民间也很流行，还有《圆梦大全》传世，书中说梦有三种，一善梦，二恶梦，三无记。

人的生命现象是非常复杂多变的，被称之为"小宇宙"。从袁了凡的《阴骘文》《宝坻政书·感应篇》等文章中，可以知晓他的天人感应能力是很强的，所说的都是真实不虚。作为一个哲医是必须要具备这方面能力的，还要能出具对治的方法。其实高僧大德和世外高人的言行，凡人都感到不可思议。袁了凡的言行也常常遭到一些儒生质疑，对于这些人，李渐庵说："以故闻者或疑而憎之，或信而忌之，憎与忌合，而了凡之道始穷矣。昔有疏论了凡者，予问：'曾识其人乎？'曰：'未也。'夫谋面论人，已非古道，矧未识其面，悬断其心，而其人又所谓高贤大良者乎"（李世达《刻历法新书序》）。李渐庵对于袁了凡的学术态度非常明确，"予重了凡之学，惜了凡之遇，耿耿不平久矣"。（李世达《刻历法新书序》）

四、善因善果

医者关于救治或"对治"（佛教名相，指以道断除烦恼等。因人而异，因事而异，如以不净观对治贪欲，以慈悲心对治嗔恚，以因缘观对治愚痴等。医家用以对症下药，一人一方）的话题很多。袁了凡说："世之谈治者类，谓不难于始而难于有终。仆初闻而甚信之，及窃禄于朝，谙练久，乃知终不难而始难。"了凡此言所论为治事理政，行医治病亦同理，救治以始，即治未病。了凡还说：有时用眼看到的不一定是真相，用耳听到的也不一定是真话，因此不要轻信自己的耳目，而是要用心去感受。

俗话说：万事开头难。袁了凡从"种善因得善果"出发，把健康医学的理念定位在婚孕期和备孕期，尽最大的可能降低先天不健康的因素。生命救治之源在备孕期，备孕的方法极为重要，在这一期间如果能遵循《祈嗣真诠》里所说的备孕方法去认真实行，在一百天的备孕期里让女性阴柔之气生起，男性阳刚之气生起，那么健康聪慧的宝宝就孕育成功了，就从根本上消除了先天不足的问题，人生难道还有比这个始于孕育生命更为超前的事吗？近代美国学者包筠雅博士说："毫无疑问，在这一思想体系中，他从袁家传统中所继承的道教医术及预言手法也扮演了一个次要角色。袁黄尽管否认宿命论的不完善形式，但自己却擅长于某种预言法。据说他在朝鲜供职时，曾'望气'，力图通过分析气的力量，预言明军是否能获全胜。他致仕以后，涉猎成仙之道，寻找长生不老之药，或施行金丹道的方术"（包筠雅《功过格：明清社会的道德秩序》）。显然，袁了凡无论在哪里都在使用《易》理术数，而且获得成功，作为一种方便法门，他也一直用之于医学实践。

包筠雅博士又说："他力劝渴望生子的父亲，练习吐纳以'聚精''养气'和'存神'。这些方法最初是为引导练习者成仙而设计的，袁黄却赋予了它们更平凡的物质目的：怀上儿子。袁黄也为孕期各阶段以及治疗与怀孕有关的疾病提出建议，这些建议可能是从他家庭的行医见闻中收集的。袁黄引用了佛教的原理支持一些道家的方术，由此断言，禅'止观'的概念是'存神'的要素，而且他既引用'丹经'，又引用天台宗的教义《华严经》以支持养生方法。最后，袁黄用佛教的符咒或曼陀罗经来结束的（《祈嗣真诠》）。这些符咒对这一过程的成功完成是必需的：对观音的符咒《白衣观音咒》，对通常与观音有关的女神准提的符咒《准提咒》，以及《随心陀罗尼》。他也概述了'受持'符咒以保证有效的各种方法。作为一个非常混杂的家庭传统的真正继承者，袁黄在发展他自己修身养性的方法时，自由地混合了从'金丹道法''禅宗''天台宗'到'密宗'的各种东方派系的佛教教义，以及'儒家'经典的典故。"（包筠雅《功过格：明清社会的道德秩序》）

我们看到美国学者包筠雅博士是这样评价袁了凡《祈嗣真诠》这本医学专著的，她说："没有什么文献能比他的《祈嗣真诠》更清楚地说明，他愿意自由地从所有教义中取己所需了。这本小册子出版于1591年，专为生子提供建议"（包筠雅《功过格：明清社会的道德秩序》）。袁了凡所采用的理论和方法包括儒家、释教、道教和医家的，对于当时流行的内丹医学也是全盘接受，很多治疗理念和方法显然已经超出了医学"不孕症"的范畴，他告诉人们不孕不育不只是男女的生理问题，更是关乎人的身、心、灵与外界的和谐。书中涉及的各种方法，袁了凡都是经过实修实证的，而且有这方面成功的经验，譬如举行"祈嗣法会"以及成功后的"功德回向"等。仅凭这一点，其他的"不孕症"医学专家不一定会涉及。因此，《祈嗣真诠》问世后，不断被比较开放的医学家引用。

五、自慎良方

古云：医不自治。可见"自治"是很难的一件事。孙思邈有一个自治的妙方，名曰"自慎方"。孙思邈说："夫天道盈缺，人事多屯。居处屯危，不能自慎而能克济者，天下无之。故养性之士，不知自慎之方，未足与论养生之道也。故以自慎为首焉。夫圣人安不忘危，恒以忧畏为本"（孙思邈《摄养枕中方·自慎》）。袁了凡将孙思邈的"自慎方"作为治身的第一良方，纵观先生的一生自慎方不离身，唯有"慎独"修身才是真修身。先生自小就接受儒家思想教育，志向远大，他深知长大治国理政，必须从修身、齐家开始，读书是为了明理。《大学》曰："古之欲明明德于天下者，先治其国；欲治其国者，先齐其家；欲齐其家者，先修其身；欲修其身者，先正其心；欲正其心者，先诚其意；欲诚其意者，先致其知。"只有自慎才是正心、修身，修身齐家是根本。他为此特意把自己的学习、经历和感悟认真总结整理，用文字的形式传承下来，他严于律己，日常按照《净行别品》《当官功过格》《治心书》《思补堂自检款目》《晨昏功课录》(包括《清晨忏悔文》和《黄昏回向五戒》)等，用以自治。他行止清净，虽然身处名利场，但不为名利所动，行事善巧方便，每次祈祷都真心诚意，感动上苍，有求必应，天人感应之说真实不虚。如果用口传，只能是一时，用文字则可以世世代代传承下。他论及"生死轮回""鬼神变化"如影相随，若非哲医者无以论述。袁了凡沿着这条路辛勤耕耘，承授圣贤的法脉，终于成为一代大医。

余学习袁了凡数十年，认为用"大医"来称呼袁了凡最为合适，因为袁氏祖上有四代的医学传承，其思想方法已经超出了传统的医学，其修身以立命，保命全形为本；齐家以教子为先，行善积德为本；治县以利国利民，仁治德政为本。袁了凡用毕生的精力实践这些人生大事，为什么称其为"刻意尚行"？因其深信因果，他采用道家最简易的"功过格"，可操作性很强的方便法门，如履薄冰般的做人，可以成为后世之楷模。

六、形与神俱

"形与神俱"是《黄帝内经》对健康人的认知。人的形态比较好理解，经云："人始生，先成精，精成而脑髓生，骨为干，脉为营，筋为刚，肉为墙，皮肤坚而毛发长，谷入于胃，脉道以通，血气乃行"(《灵枢·经脉》)。至于神，人们时常有这样的评价，此人很精神、很神气，看上去两眼炯炯有神。医云"眼为神舍"，说明神是可以看出来的。经云:"上古之人,其知道者,法于阴阳,和于术数,食饮有节,起居有常,不妄作劳,故能形与神俱,而尽终其天年,度百岁乃去"(《素问·上古天真论》)。袁了凡在《形神论》中说:"人之有神,如刀之有利,未有刀去而利存,岂有形灭而神在?噫!是狗形而不知神者也。天下无刀外之利,而有形外之神。倩女思极而离,仙之阳神静极而出,神何尝滞形乎?神不滞于形,则必不以形之生死为起灭矣。"(袁黄《两行斋集·形神论》)

儒家重视人生,对于运命、鬼神采取"敬而远之"的态度。《论语》云:"未能事人,焉能事鬼。"又云:"未知生,焉知死。"袁了凡是哲医,必须面对形形色色的病人,只有精通"方技",才能解除病人心灵和肉体上的痛苦,除了尊重生命外,还要敬"鬼神"以帮助病人驱邪安神。袁了凡说:"神聚形为人,神去形为鬼,间有化为异物者,则神受滓而变也。其有升云御气而登九天者,神得其养而灵也"(袁黄《两行斋集·形神论》)。关于形与神的关系,袁了凡说:"夫耳目口体,形也;其所以视听言动,神为之也。蝉无口而鸣,是口外有言矣。龙无耳而聪,是耳外有听矣。生平足迹不及之地,而一旦梦游,山水垣屋宛然在目,寤而征之,不爽毫发,是体外有动矣。所可灭者,耳目口体之形也;所必不可灭者,视听言动之神也。"(袁黄《两行斋集·形神论》)

明代名医孙一奎说:"黄帝曰:'余闻人有精、气、津、液、血、脉,余意以为一气耳,今乃辨为六名,余不知其所以然。'岐伯曰:'两神相搏,合而成形,常先身生,是谓精。''何谓气?'岐伯曰:'上焦开发,宣五谷味,熏肤充身泽毛,若雾露之溉,是谓气。'黄帝曰:'六气者,有余不足,气之多少,脑髓之虚实,血脉之清浊,何以知之?'岐伯曰:'精脱者,耳聋;气脱者,目不明;津脱者,腠理开,汗大泄;液脱者,骨属屈伸不利,色夭,脑髓消,胫酸,耳数鸣;血脱者,色白,

夭然不泽，其脉空虚。此其候也。"（《医旨绪余·决气篇》）

孙一奎（1522—1619年），字文垣，号东宿，别号生生子，安徽休宁人。孙氏幼受儒学，十五岁遵父命访伯兄于浙江括苍，偶遇异人，授以方术，试之多效。后励志习研，上自《素问》《灵枢》《难经》，下及名家医籍，靡不翻阅，又非徒然搜猎古人之诠，务因言诠融洽古人之神髓，居而心惟，出而广询，积之三十年所，独智益彻，理窾益融，著有《赤水玄珠》三十卷、《医旨绪余》二卷、《孙氏医案》五卷。其对形与神有较为详尽的解说。

关于"神"，孙一奎说："黄帝问于岐伯曰：'何谓德、气、生、精、神、魂、魄、心、意、志、思、智、虑，请问其故。'岐伯答曰：'天之在我者德也，地之在我者气也，德流气薄而生者也。故生之来谓之精，两精相搏谓之神，随神往来者谓之魂，并精而出入者谓之魄，所以任物者谓之心，心有所忆谓之意，意之所存谓之志，因志而存变谓之思，因思而远慕谓之虑，因虑而处物谓之智。故智者之养生也，必顺四时而适寒暑，和喜怒而安居处，节阴阳而调刚柔，如是则僻邪不至，长生久视'"（《医旨绪余·本神篇》）。关于"伤神"，孙一奎又说："是故怵惕思虑者，则伤神，神伤则恐惧，流淫而不止。因悲哀动中者，竭绝而失生。喜乐者，神惮散而不藏。愁忧者，气闭塞而不行。盛怒者，迷惑而不治。恐惧者，神荡惮而不收。心怵惕思虑则伤神，神伤则恐惧自失，破䐃脱肉，毛悴色夭，死于冬。脾愁忧而不解则伤意，意伤则悗乱，四肢不举，毛悴色夭，死于春。肝悲哀动中则伤魂，魂伤则狂妄不精，不精则不正当人，阴缩而挛筋，两胁骨不举，毛悴色夭，死于秋。肺喜乐无极则伤魄，魄伤则狂，狂者意不存人，皮革焦，毛悴色夭，死于夏。肾盛怒而不止则伤志，志伤则喜忘其前言，腰脊不可以俯仰屈伸，毛悴色夭，死于季夏。恐惧而不解则伤精，精伤则骨酸痿厥，精时自下。是故五脏主藏精者也，不可伤，伤则失守而阴虚，阴虚则无气，无气则死矣。"(《医旨绪余·本神篇》)

可见伤神、伤精会死人，而且一年四季都会死，没有药物可以医治。伤神只能养，《庄子·刻意》曰："平易恬淡，则忧患不能入，邪气不能袭，故其德全而神不亏……纯粹而不杂，静一而不变，淡而无为，动而以天行，此养神之道也。"

第十四讲
一代宗工

袁了凡的养子叶绍袁称颂养父曰:"一代之宗工,百家之汇海。"袁了凡幼习禅观,成年后随云谷禅师习入定,跟随世外高人学内丹诸法,乃得道开悟之人,有六神通,且阅人无数,救助病人则善巧方便,所以见者都啧啧称奇。袁了凡说:"奇与正无二境,解与行无二途。"又说:"惟此一点妙明真性,本来无奇特,却大奇特。三教(儒、释、道)中无量无边妙用,俱从此中出,神妙到极处,即平常到极处,在世出世,惟此事而已。"华夏医学"以人为本",医术乃活人之术,医生对治病人之身心性命,都要有深切的感悟,才能对治有血、有肉、有灵魂的人,佛家称众生为有情,对治的方法则是多多益善。袁了凡在《情理论》中说:"古之圣人治身以治天下,唯用吾情而已。人生于情,生于人理,原未尝远于情也。"父亲袁仁"寓情于医"是在为祖父袁祥侍奉汤药时感悟到的,才有后来的明医袁仁,从曾祖袁颢"寓意于医",到父亲袁仁"寓情于医",是袁氏医学一大突破,袁氏一门践行医道,精通医理,能孕育出大医袁了凡也在情理之中。

一、医易同源

《易》学与传统医学的关系,历来有"医易同源""医源于易"和"医者易也"的说法，并有专门研究医易关系的专著。《易》学被认为是中国古代研究宇宙根本原理及事物变化法则的学问，反映了古人对自然和社会普遍规律的总体认识。《易》学在中国传统文化中占有极重要的地位，班固在《汉书·艺文志》中称《易》为"大道之源"；《四库提要》称："易道广大，无所不包，旁及天文、地理、乐律、兵法、韵学、算术，以逮方外之炉火，皆可援《易》以为说。"在以《易》学思想为学术源头的中国古代文化背景下形成的医学，与《易》学自然是密不可分的。

袁了凡家传《易》学，深研家学《易经》。深于《易》者，必善于医；精于医者，必通于《易》。术业有专攻，而理无二致也。袁了凡以《易》理与医理互参，取得了完整的经验，他从立大医之志，到建立立命之学，深信命由我作，福自己求。人的命运本质上都是"自作自受"。祸福无门，惟人自召。在实修方面袁了凡对于东汉魏伯阳之《周易参同契》，宋代张紫阳的《悟真篇》都深得其奥义。曰："《参同》发阴阳之妙，而金丹《悟真》更衍其余（汉真人魏师，观乾坤、坎离、兑艮之妙于一身，著《参同契》。谈玄者宗之，朱子为之注释。《悟真》张伯端所作）。"（袁黄《增订二三场群书备考》）

嘉兴平湖人沈懋孝曾与袁了凡通信探讨丹道、老庄与禅宗的兼通之处。

> 沈懋孝（1537—1612年）字幼真，号晴峰，人称长水先生，平湖（今浙江嘉兴）人。隆庆二年（1568年）进士，累官至河南巡抚。学问博洽，拥书万卷，退居后授徒讲学。著有《周易博议》《淇淋雅咏》《长水先生文钞》《导引图诀》等。

沈懋孝《与袁了凡》信函曰："西浒竹庵奉玄论者竟日夕，沃捧良多。仆于玄无解也，自少好与高缁道者游，亦闻梗概。其超达玄指，则老、关（关尹子）、庄三子而已，禅宗上乘亦时有兼通处。自八公（汉淮南王刘安好方技，其门客有苏非、李尚、左吴、陈由、雷被、毛周、伍被、晋昌八人，称八公）以下，始言有术，如《参同》《悟真》《规中》《玉笥》诸诀，以及《抱朴》之书，亦详哉言之矣。古诗有云：'万岁更相迭，圣贤莫能度。服药求神仙，徒为药所误。'若服食诸方，未可轻试也。大都七尺之器，必有尽时，合神还庐，此吾辈自养之道"（沈懋孝《水云绪编》）。沈懋孝在信函中所说的"《参同》《悟真》《规中》《玉笥》诸诀，以及《抱朴》之书"，都是道家内丹医学的经典。

上述《参同》即《周易参同契》，东汉魏伯阳撰，以《易经》作为主要说理工具。从内丹术的角度来理解，即以乾、坤两卦，喻为"鼎器"，以坎、离两卦，喻为"药物"，借爻象变化，喻作"火候"，以说明内丹功法的修炼过程。《周易参同契》为道家系统地论述炼丹的最早著作，兼及内外丹，被后世尊为"万古丹经之祖"，有"万卷丹经祖参同"之称。早历代不乏研习之士，宋代朱熹研究了一辈子，最后叹曰："无下手处，不敢轻议。"

宋代张伯端（984—1082年），字平叔，后改名用成，号紫阳真人。浙江天台人。《悟真》即《悟真篇》，张伯端撰，以三教一理的思想，阐述内丹理论，弘传内丹修炼，后世作注者无数。

《规中》即《规中指南》，宋末元初武夷山道士陈冲素撰，讲"内丹三要"。《玉笥》全称《玉清金笥青华秘文金宝内炼丹诀》，亦是张伯端撰。《抱朴》即《抱朴子》，晋代著名炼丹家、医药学家葛洪著，袁了凡说"抱朴习养生之说"。这些书想必了凡都是研读实践过的。

袁了凡的《与沈懋孝书》比较能够说明问题。书曰："百年尘世如石火、如电光、如草头露，若不回光返照，速求本命，元辰下落，岂不错过！然我辈学术不但热闹中能扰我性灵，而寂静中亦有坐驰之患，积闲成懒，积懒成衰，暗地损伤，不自觉耳。故智者除心不除事，愚人除事不除心。适过白下（南京的旧称），知尊已入山中，除心乎？除事乎？能从心上用功，则不论闲忙皆为胜事；不能治心而徒避事，虽终身岩谷，草木衣食，避尽一世尘嚣烦恼，终属厌恶心肠，非究竟廓然之旨也。"（袁黄《两行斋集》）

二、融会贯通

袁了凡除了传承家学，早年还得授云南孔先生秘传的"皇极数"，著有《历法考》《律吕考》《形神论》《情理论》《自治书》《净行别品》《祈嗣真诠》等。"《祈嗣真诠》，袁黄撰。黄世精数学，谓人各有命，不可妄干。后贡游留都（南京），访云谷禅师于栖霞，谓祸福皆自己求之，不由天命，历举《诗》《书》'自求多福'及'天难谌''惟命不于常'之说以为证，始悟立命之理，因作是书。夫人能修心积德，则贫可富也，贱可贵也，夭可寿也。今不言祈福而独举祈嗣者，以无后为大耳。刻之顺天，今本县亦有板"（袁黄 & 盛唐《明万历嘉善县志》）。袁氏祖上的积功累德显然是重要的基石，而袁了凡本人的初心，以及一以贯之的善行，使他的人生有了成功以及经验。后来被人们所熟知的《了凡四训》，其实也是一部医书，是用于对治"家人"和"家庭"的卫生书。

袁了凡五十八岁时，在宝坻收养了好友叶重第之子叶绍袁。叶重第和了凡同年中举人，时任玉田县知县。袁了凡著《劝农书》并付梓，杨起元为之作序。同年《静坐要诀》付梓，夏月《祈嗣真诠》付梓。这三本书的刊刻印行，在农村田头、在读书人群、在医学界造成很大影响，为农民写书，还要劝农民种地务农，这在当时知县里是少有的。为儒生写书，先贤提倡儒生习静，苦于没有静坐入门之要诀。艰于子嗣者，求医无门，"祈嗣真诠"集中了所有的善法，了凡毫无顾忌地付梓，他全然不顾同僚们怎么看待。袁了凡的人生经历，尤其是命运转变后，由医门走上了仕途，他对生命和疾病的认知更加深刻，他把不断积累功德始终放在第一位，以培植福报。了凡认为，凡是对人的身心造成障碍的都是病因，若能主动意识到自己的缺陷，那就是病因，再能善巧方便，发大愿改过、行善，意到患除。

包筠雅博士还说："这部著作（《祈嗣真诠》）的前两部分，以经书中大量的典故为来源，力促道德改良，'改过'和'积善'。但是，文本的更大部分，从第三到十部分，概述了源自于讲'内丹'的金丹道、被认可的医药应用方法，以及普遍流行的佛教祈祷……袁黄也为孕期各阶段，以及治疗与怀孕有关的疾病提出建议，这些建议可能是从他家庭的行医见闻中收集的。袁黄引用了佛教的原理，支持一些道家的方术，由此断言，禅的'止观'的概念是'存神'的要素"（包筠雅《功过格：明清社会的道德秩序》）。包筠雅博士在文章中概述了袁了凡"作为一个非常混杂的家庭传统的真正继承者"，将儒学、佛理、道术汇融于医道的成功案例，其自信来自修身养性的实践，能够"自由地混合了从金丹道法，禅宗、天台宗到密宗的各种东方派系的佛教教义，以及儒家经典的典故"，这是一个恰如其分的总结。

将复杂艰难的医疗回归到保命全形上来，这是中医智慧的显现。《素问·宝命全形论》曰："天覆地载，万物悉备，莫贵于人。人以天地之气生，四时之法成。君王众庶，尽欲全形，形之疾病，莫知其情，留淫日深，著于骨髓，心私虑之。"医学研究的对象是遇到了身、心、灵有障碍的人，医生首先要弄明白病人是在那个环节上遇到了障碍，然后再对症下药，处方和合药（包括物药、心药和法药）是多多益善的，即所谓"圣人杂合而治"。袁了凡所著《祈嗣真诠》之体例完全不同于此前同类的书，而是面面俱到的，以致不断被后世同类医书引用。包筠雅博士所提到的《祈嗣真诠》出版，正是儒、释、道三家合一的鼎盛时期，与此同时内丹医学也十分流行，袁了凡的智慧是将儒家、佛理和道术汇融于医道之中，才会诞生出《祈嗣真诠》这部优生优育的专著。

三、勤政爱民

袁了凡在宝坻任职五年，上对朝廷，中对同僚，下对黎民百姓，律己正身，知止有度，完全按照《到任祭城隍文》的誓言践行。从表象来看祭祀只是一种形式，实质上在场的人都会有感应，使在场的人们对这位新上任的知县心存敬畏。后来的"求雨""查案犯"等，都有真切感应，乃大医之所为。

《宝坻政书》载："先生性甚朴，心甚真，举动坦夷，不设城府。幽格鬼神，明动民物，神感神应，有出于寻常耳目之外者。其事甚多，不能尽述，姑即其章章较明，为遐迩所传颂者，辑《感应书》。"

《宝坻政书》载："己丑三月至五月不雨。时大潦初晴，遍野生虫，食禾几尽。公祷雨于神，数其事以自责。读文才毕，阴云一朵起自西南，俄而四合，雨随车而下。明日又雨，四郊沾足，虫螟尽死。凡虫啮之处，一茎辄变数茎，其获大倍。"（《宝坻政书》卷十二《感应篇》）

万历己丑年（1589年）三至五月，宝坻周边地区大旱，三个月未下雨。当时为大涝之后逢大旱，遍地蝗虫咬食春季种下的禾苗，不久就会被吃尽了。万历皇帝下旨京城周边各地官员"自责求雨"。袁了凡亲自撰写《祷雨自责文》，说："余小子智术浅短，待罪甸邑。当春小旱，至廑圣虑，发明诏督令祈祷。窃谓阴阳不和，咎在县吏。余小子罪若猬毛，姑略陈之，以待上帝百神之察。吾尝治心幽独，昼之所行，夜必焚香告天矣；然欲洁而故污，既悔而旋犯，德之不醇如故也……"袁了凡《祷雨自责文》多达二十八条，条条切入实际。了凡沐浴焚香摆供，引领同僚诚恳祈祷，"时不雨三月矣。祷毕，白日方烈，阴云忽生，公未旋车，大雨如注。明日又雨。四郊沾足，遂成丰年"（《宝坻政书·祷雨自责文》）。袁了凡祷告完毕，即阴云密布，还未回转衙门，便下起雨来，可能是了凡的诚意感动了上苍，雨愈下愈大，把蝗虫都淹死了，第二天又继续下雨，雨水充沛，当年果然如其大愿，易灾年为丰年。

当时御用监太监戴仰斋作《异政传》赠送了凡，其略曰："本监马坊之地，大都皆在宝坻。名征芦税，其实皆谷租也。历年大潦，民多逃匿，所征之税十不得一。征收者往往负罪，莫可控告。岁戊子，了凡袁公来令宝坻，轻刑缓征，与民休息。其时，逃者渐归，又恐乏食，忽生异草，甘美可飧，民藉以充饥而力耕，一异也。至秋成，又产野稗，长不满数寸，而结实特繁，由是四方之民辐辏来归，而荒地尽辟，二异也。越明春，苦旱，以大雨初晴，野多生虫，遍啮禾根。公作文祷于神，一雨，虫尽死，其禾黍被啮处，一茎辄变数十茎，岁则大稔，三异也。匪直如此，海滨之民多顽梗不奉法，呼之不来，征之不应，非严刑，卒多逋负。公信义足以服人，慈恕足以孕众。今岁予至，奉前辈王公之约，事皆取决于公。公出片纸，而民立应，不俟督责而税事大集，顽钝者输诚，强梗者革故。此政之尤异者哉！"这是朝廷御用监戴仰斋作的《异政传》，记载了袁了凡初到宝坻时的"异政"，文中大略叙说了宝坻县前后的变化，文字不多却记载了天地人的变易，尤其是人的变化。袁了凡对上下都有定约，以礼相待，凡事都按定约执行，轻刑缓征，与民休息。

戴太监及其前任王太监等本多骄贵偃蹇，征税不循法纪。自袁了凡前来治县，他们都受到了感化："宝坻之地，半为中贵所辖。每征税至县，多不循法纪，肆虐吾民，或闭而绝之食，或裸而悬之树，前后死者无算，县官莫敢谁何。公至，太监王公铭恃司礼张公之宠，又权掌东厂，骄贵偃蹇，言动多不逊。公不与竞，平气待之。其人闻言内愧，不觉折服。语数日，执礼渐恭，卒具贽称门下士。既以师礼事公，公因与定约：本监官至，县代为追呼，不许自行拘扰。由是，连年来者如许公、戴公之属，相继遵守，不敢私准一状，不敢擅戮一人，海滨之民得免横征暴虐之苦。公不言而饮人以和，与人并立而使人化，其感格如此。"（《宝坻政书·感应篇》）

袁了凡初到宝坻县就任，当地已经"大潦五年矣。（了凡）躬行阡陌，教民浚导，增筑三岔口堤，分凿林亭口渚河，积水尽泄，遂获有年"（《宝坻政书·感应篇》）。这时候逃荒在外的人渐渐回归，但是百姓回家缺少吃的。袁了凡发现遍地生出异草，试食之，根茎皆甘，烘晒干了磨成面，百姓藉以充饥，吃饱后尽力开荒耕种，这是第一件奇异的事。积水退了，田野里生长出野稗，虽然其苗不过三四寸，但所结果实却很多，因此四方的游民纷纷来此落户，而使荒地全部得到开垦，这是第二件奇异的事。

有好事者，劝袁了凡将此事作为瑞象上报朝廷，他们说："此非常之瑞也，宜以上闻。"其意在邀功而粉饰太平。袁了凡不听，作《野谷解》开示之，说："不然。颂太平者急天符，核治行者先人事。予治宝坻，盗贼未息，争斗时起，虽有嘉谷，讵足为瑞？吾闻王者修德缓刑，则天应以嘉谷。今朝廷诏狱不行刑者数年矣，使此为瑞征，是宜在圣君贤相，不在一令也。瑞在吾君吾相，而吾布闻之，道小者能，余弗能也。人心闻灾则惧，惧则有益；闻祥则喜，喜则怠事。《春秋》记灾不记祥，岂无谓哉？"

第二年（1589年）春天，又遇大旱（指了凡作《祷雨自责文》求雨的那次大旱），因大涝后又旱，遍地生蝗虫，咬食禾苗至根。袁了凡作《祷雨自责文》，至诚自责，祷告天地，祷毕即下了一场大雨，雨后蝗虫全被淹死，禾苗被蝗虫咬啮处又发出了芽，一茎变成数茎，至秋大获丰收，这是第三件奇异的事。不仅如此，宝坻地在海滨，多顽劣不守法之人，原来衙门传呼不来，征调税赋不交，不用严厉的刑罚，大多会拖欠赋税、逃避劳役。了凡守信好义，爱民如子，使百姓心悦诚服，只要有一纸相召，民众即云集响应。

袁了凡初到任时，县里粮仓是空的，监狱里的犯人是住满的，宝坻县最难侍奉的是京城来的太监们，有的太监有很硬的背景，态度"骄贵偃蹇，言动多不逊"。了凡以礼相待，态度不卑不亢，与之约定，凡太监来宝坻公干，凡事由县衙代为办理，不得擅自滋扰刑拘百姓。太监们和了凡交谈后都很敬佩他，有的还待之以老师之礼。

袁了凡经常提醒人们要有敬畏之心，持戒甚严，故每祷辄应，合乎天人相应之理。"时有流民王右为人所杀，弃尸于河。地方举首，莫知主名。公遂告神：杀人，大事也；城隅，近地也。予不职，罹兹大变，遍访弗获，计穷矣。斋戒请命于神，神其告我！公是夜梦弟两人同行，傍人指其弟曰：此杀人者也！明晨，目而得之，一讯而服。"袁了凡晚上焚香静立，祷告神明。当夜了凡做了个梦，梦见有兄弟两人同行，路旁有人指着其中的弟弟说：这个就是杀人凶手！第二天早晨，了凡在去县衙的路上看见有两人行色匆匆，仔细辨认，果然是昨晚梦中的两人，带回衙门，一经审讯，其中一人当即认罪伏法。此事被记载在《宝坻政书·感应篇》中。像这样的事情还有很多，在袁了凡的著作中都有记载，尤其是在《了凡四训》里特别多。

2016年5月，天津市宝坻区委还联合中国社会科学院召开了一次

"首届袁了凡思想文化国际论坛",余也有幸参会并发表了《袁了凡与静坐要诀》一文。这篇文章当天被刊登在人民网首页和中国共产党党建网首页。现今的宝坻属于天津市,"袁黄的传说"是天津市(省级)非物质文化遗产,收集了很多有关袁了凡在宝坻的民间传说。

四、博极医源

儒家讲仁义礼智之性,全受全归之道;道教讲究清静无为、导引行气、修炼内丹、炼制外丹、长生不老和羽化成仙等,都与医药学有密切关系。医药学的基础理论、预防医学、养生学与药物学等,无不从太极、阴阳、三宝、五行、八卦、九窍、十二节等而来,在中医学的发展史上,儒家和道教起到了积极的促动作用。袁了凡说:"仁义礼智之性,亘古不灭,则人之神,亘古不散,庄生所谓火传也。物各具一太极,使一物死而神遽灭,是一物之太极朽坏矣。太极可朽乎?或又谓人之死生,悉鬼之轮转,任其自为往来,则造化无主,而不知出鬼入神,贞元往复,正造化之妙也。"(袁黄《两行斋集·形神论》)

当年孔先生推定袁了凡命中有走仕途的运,他除了读书应试外,医学方面也一直没有松懈,熟读医方,跟随兄长们接待病人。为修身了凡先生又开始研究道家性命之学,当时在极少数人中口耳相传的《性命圭旨》,袁了凡也开始研习和印证。他还结合佛家天台止观,返观自照,给自己看病和调理。袁了凡每天用心观察上门求治和问诊的人,这种经验的积累是很重要的,以至于后来看人、审人、用人,只要一经过目就八九不离十,这在常人看来"很神",其实他是具足"六神通"的,还从小练就了"望诊"的基本功。袁了凡认为,大千世界,无奇不有,汝欲治人,必须要阅人无数。俗云:吃五谷,生百病。医生看病诊断有四诊(望、闻、问、切),四诊之首为望诊,古时也有专门从事望诊即"看相"者。后世的医生不重望诊，而重四诊之末技脉诊，即俗称"把脉"，更有甚者自行把脉，难道自己有什么不适却不知，还须自己把一下脉吗？袁了凡祖上有"袁氏脉法"的传承，到了其父亲袁仁则已经是博极医源，技进乎道了。

孙思邈说："世有愚者，读方三年，便谓天下无病可治；及治病三年，乃知天下无方可用。故学人必须博极医源，精勤不倦，不得道听途说，而言医道已了，深自误哉"（孙思邈《备急于金要方·大医精诚第二》）。学医并不仅仅是读几年医书，背些"汤头歌"或抄几年处方。以医药为业要从小学起，把自身的人生经历和医药学结合在一起，及时发现问题，又能及时解决问题，这是学医的起点。医学研究的对象是世间最为复杂的人，而且是身心灵有毛病的人。古人云：打铁还须自身硬。因此，学医也可以理解为修身，先修自身，再修他身。后世医者多攻读医书，寻觅良方，而忘其道，那就舍本逐末了。

尤其是医和药分家后，制药的人不懂医理和病理，只知道中药的成分，却不懂药之气性味和药理。如果把生产出来的药品比作武器，把医生比作战士的话，战士使用武器时心中是没有数的，就只有靠运气了。这样的医生在自己或亲人生病时，往往都束手无策。因此，学医还是要有童子功，要跟着明师耳濡目染，有解决自身问题的能力，行医要平心静气，不为名利所困，才能成就明医。下面讲一位与袁了凡同时代的明代良医万全的故事。

> 万全（1499—1582年），字事，号密斋。生于罗田（今湖北黄冈市罗田县），祖籍豫章（今江西南昌）。明代良医，擅长幼科、妇科和养生，著有《广嗣纪要》《养生四要》《幼科发挥》《万氏女科》等，后世称之为"医圣"。

万全医术高明，秉承医乃仁术的观念，不念旧恶，以德报怨，曾经千方百计地救治怨家小儿。万全将这则医案记录在《幼科发挥》中：怨家胡元溪有个四岁的儿子，患咳嗽吐血，遍延名医，久治不愈。无可奈何，只好屈身来求万全。万全"以活人为心，不记宿怨"，立即起身前往其家诊察。经过仔细诊断后，便对胡元溪说，此病可治，吾能愈之，大约需要一个月的时间。当即处方，并告知服药五剂以后，"咳减十分之七，口鼻之血止矣"。

不料胡元溪嫌其子之病痊愈"太迟"，而且"终有疑心"，"终不释疑"。他总认为万全家与自家有宿怨，不一定会用心治疗，便决计换请别的医生，于是"又请万绍治之"。按常理说事已至此，万全完全可以撒手不管了，身旁也有人劝说万全休要再管此事。万全却说："彼只一子，非吾不能治也。吾去，彼再不复请也。误了此儿，非吾杀之，亦吾过也。且看万绍用何方，用之有理，吾去之。如有误，必力阻之；阻之不得，去未迟也。"

万全看了万绍新开的处方后，认为药不对症，服了会有生命危险，于是诚恳地劝阻万绍说："此儿肺升不降，肺散不收，防风、百部，岂可用耶？"万绍却拒不采纳，反而强辩说："防风、百部，治咳嗽之神药也。"胡元溪亦在一旁附和说："他是秘方。"万全十分严肃地说："吾为此子忧，非相妒。"万全不忍见死不救，临行之际，还再次看望患儿，用手"抚其子之头曰：'且少吃些，可怜疾之复作奈何？'嘱毕不辞而退"。果然不出所料，患儿服用了万绍的药，才一小杯，咳复作，气复促，血复来如初。其子泣曰："吾吃万全药好些，爷请这人来，要毒杀我！"至此，病情急转直下，眼看就要有生命危险。

胡元溪的妻子"且怒且骂"，胡元溪也开始后悔。在这千钧一发之际，只好再次来请万全。万全不计前嫌，只是恳切地劝告说："早听吾言，不有此悔。要我调治，必去嫌疑之心，专付托之任，以一月为期。"结果万全只花了十七天的时间，就把患儿治好了。

万全是与袁了凡差不多同时代的一位仁医，一位很低调的医生。他在《养生四要》中关于"打坐"的描述太真切了，是一位有实修的悟道者。万全之医德不仅在明代是难能可贵的，即使在今天，也是不可多得的。万全心怀宽广，情操高尚，将个人恩怨置之度外，一心以拯救病人为务，这种高尚的品德，堪称医生之楷模。

五、谦德自养

袁氏医学经历了曾祖父袁颢"寓意于医"，祖父袁祥"隐迹于医"，父亲袁仁"寓情于医"，至袁了凡则"尤邃于医"。袁仁心胸开阔，没有门户之见，且广结善缘，助人为乐，成为一代明医。袁了凡从小立志高远，尤其是得传云谷禅师"立命之法"后，视家传医方针药为被动诊治，其融会医学、儒学、禅学、理学、道教，强调治心为上，从最易见效的"改过、行善"入手，且脚踏实地一步一个脚印地践行大医之路，积极倡导人人主动改过立命，让更多的人可以改变命运，将"我命在我不在天"的倡导落到实处。

袁了凡有一句口头禅"举头三尺有神明"。他告诫身边的人，做人千万不要自作聪明，更不要自以为是，做人要"谦德"。袁了凡说了三种改命方法：一是从事上改，二是从理上改，三是从心上改。改者易也，易者医也。世上最为究竟的治疗方法是自诊、自修、自治、自养，只有自己把病根铲除了，才得究竟。袁了凡说："如前日杀生，今戒不杀；前日怒骂，今戒不怒；此就其事而改之者也。强制于外，其难百倍，且病根终在，东灭西生，非究竟廓然之道也。"（《了凡四训·改过之法》）

明代中后期是儒、释、道三家思想合一的鼎盛时代，有的寺庙将孔子、老子和释迦牟尼一起供奉，寺庙内还有药王殿，供奉药王孙思邈。医学的发展，是将各家学说和方法汇融于医道。这对医者的要求极高，做这件事非明医、哲医、大医不能胜任，要有医药学传承，并须精通儒、释、道三教的理论和方法，要有大学问，但应尤邃于医。袁氏家学的传承，让徐有贞和蔡国炳惊叹这么高深的千古绝学，居然就在袁家蓬门斗室之中，在父子间传承，实为天下奇事。徐有贞对袁颢说："使天下后世知我明之盛，草莽岩穴之下，有隐君子怀珍蕴玉如先生云。"只有博古通今，心量大者，才能使各家学说合于一。当时还有王阳明传播的"心学"，尹真人等传承的"内丹医学"等，给袁了凡的大医目标一个极佳的文化背景，他将文化传承和医学传承及其家学融合，他善于学习，善于文字总结，以大智慧将儒、释、道三家的思想和方法融合于医，用以治身、治家、治国、治天下。

六、传承正法

袁了凡除了接受家传经学、医学、术数、道法外，还皈依了佛教，了凡在南京栖霞古寺皈依了真节法师。他亲近云谷禅师，记"功过格"，持《准提咒》，学习天台止观。依照禅宗的修行方法随云谷禅师习禅定十个月，袁了凡自言"进入四禅"。止观法门首先解决的问题是"四大不调"。"四大"为佛教名相，即地大、水大、火大和风大。人体呈坚硬相的为地大，呈流动相的为水大，呈温热相的为火大，成动相的为风大。这是佛教医方明对人体生理的表述。又将人之四大比喻为四条毒蛇关在一个笼子里，如果不去主动调理，毒蛇就会相互伤害。故曰：一大不调，百一病生；四大不调，会导致四百四病生。

万历元年（1573年），袁了凡母亲李氏往生，袁氏家族在嘉善大胜寺为李氏做佛事。事毕，袁了凡"偕幻余禅师习静于武塘塔院"，了凡"因与幻余私议，谓释迦虽往，法藏犹存，特以梵荚重大，流传未广，诚得易以书版，梓而行之，是处处流通，人人诵习，孰邪孰正，人自能辨之，而正法将大振矣。"袁了凡和幻余禅师私下议论将梵荚本佛教经论改为书版（方册本），便于流通，有利于正法的弘扬。后来在众多高僧大德的支持下成为现实，即将佛教（梵荚本）《大藏经》翻刻为书版《大藏经》，故又名《方册藏》，又因缘起于嘉兴府嘉善县，又称《嘉兴藏》。这部由民间刊刻的《大藏经》起于明中后期，至清中期历经一百余年始刊刻完成。今逢盛世，又有高僧大德在续《嘉兴藏》。

袁了凡将儒家、道教、释教之义理和方法融入医道，以防病为先，诊病为始，治心为上，杂合而治，他结合自身炼养方法"收心、炼心和养心"，为当时流行的"内丹医学"开辟了一条捷径。袁了凡著有《摄生三要》，明确告诉病人"聚精、养气、存神"和治病康复的关系，教导病人在生病期间怎样有效地为自己做点有益健康的事，将原先消极被动的针药治疗，向前推到"治未病"和"保安宁"的前沿医学上，这是一件非常了不起的事。袁了凡的祖辈由于历史的原因，不能走仕途，只能投身医门，"寓意于医"。寓意是思想意识上的定位，医药是职业，之所以选择这个行业是因其近"仁"。若要想成就一件大事，最初的起心动念很重要。了凡之子袁俨说："闻诸吾父，谓吾祖之学无所不窥，而特寓意于医，借以警世觉人。"

袁氏列位祖先对医药学的认知，高于一般以医药为生计者。他们都是深信因果的修行人，定力和专注力超出常人，且个个精通阴阳术数、天文历算，"天人合一"对于他们来说不仅仅是一个理念，他们的感应能力与占卜能力都在文献中被印证。袁了凡像父亲袁仁一样虚心好学，除了静坐外，终日手不释卷，游学四方行万里路，一路考察当地的风土人情，广结善缘，阅人无数，于诸子百家无所不窥，而尤邃于医。袁了凡还将丰富的经验用于养兵治军，实练精气神来提高将士的战斗力；用于治犯人，轻刑罚，重治心；用于治理水土流失，重疏导，固堤岸等，可谓无所不用其极。

第十五讲
杂合而治

《素问》曰:"圣人杂合以治。"很多看似简单的病却久治不愈,究其根本就是治法单一而无力"扶正",医学分工分科越细力量就越弱,从表面看很精专,其实效不佳。人是一个极为复杂而庞大的巨系统,故圣人不拘泥于一方一法,因人而异,有针对性地整合多种方法对治身心之疾患,用以"扶正祛邪"。中医学的智慧是"杂合以治",其中还必须包含病人的自治和自养,以及病人亲属的督促和帮助,以起到里应外合的功效。

袁了凡无论是自身的修身养德,还是从医的治己治人,乃至出仕后疏通文脉、治水劝农、养兵练军等各方面都信手拈来,无往不利,这其中就体现了杂合而治的大智慧。

一、改名自省

袁了凡从遇云谷禅师"易号明志"到"下第"改名易字,都是为了表明要痛改前非重新做人。见贤思齐学做人,是人世间最大的一门学问,有学者称之为"人学"。人学之中,人的名字不仅仅是一个符号。中国人的名字很有意思,通过名字大致可以知晓这个人的家庭,以及五行、出生年代等信息,还有通过名字笔画来看命运的,这可能是中国人特有的一种文化现象。古人认为一个人的名字很重要，俗云：不怕生坏命，就怕起坏名。被父母随意起名字的人，长大了遇到贵人、高人，会为之易名，或赠个字，新名字叫的人多了，后来命运似乎也慢慢改变了。

对于那些有身份地位的人，旧时是不可以直呼其名的，通常称呼其"字"，或者称呼其"号"，对有名望的人，则可用籍贯尊称之，如宋代王安石为江西临川人，人称"王临川"，明代张居正为湖北江陵人，人称"张江陵"，清代李鸿章为安徽合肥人，人称"李合肥"，也有以任官所在地称呼的，如汉末孔融曾任北海相，人称"孔北海"，晋末陶渊明曾任彭泽令，人称"陶彭泽"。普通百姓都有小名，小名大多取用生命力很强的动物或坚固的、低贱的物件，如狗蛋、石头等，父母认为叫贱名孩子好养活。

袁了凡出生前家里显示祥瑞之象。父亲袁仁寄希望于新生儿，为其取名"表"，字"庆远"，名乃为人表率之意，取字是根据朱永和"庆色方新"之语，起号乃时时提醒"学海无涯"。后来了凡自己改名"黄"，"天地玄黄"（《易经·坤·文言》），"黄，地之色也"（《说文解字》），地有谦顺之德，安忍之义；字"坤仪"，坤卦象征地，"地势坤，君子以厚德载物"（《易经·坤·象》），古人名与字相表里；号"了凡"，前面"易号明志"已经讲了，大家应该是都清楚了，这次促使袁了凡改名易字是由于在京会试"下第"。

万历五年（1577年），四十五岁的袁了凡告别亲友，满怀信心去北京赴考，与嘉兴秀水人冯梦祯结伴同行，在京也同住于一处。冯梦祯性格爽朗，为人十分爽快，他非常喜欢读书，为人谦和，经常提携后辈。袁了凡因为和他住在一起，观察了一段时间，判断出他能考中。那么袁了凡做出这样判断的依据是什么呢？他说："丁丑在京，与冯开之（梦祯）同处，见其虚己敛容，大变其幼年之习。""予告之曰：福有福始，祸有祸先，此心果谦，天必相之，兄今年决第矣"（《了凡四训·谦德之效》）。了凡觉察到冯梦祯"谦光可掬"，即对冯梦祯说"兄今年决第矣"。开榜果然冯梦祯榜上有名。

那么袁了凡呢？袁了凡这一次考试，会试房师拟荐本房第一，但因其策文过于激烈，不合于主试官之意，结果下第。这件事对袁了凡打击实在是太大了，事后袁了凡写了一封短函呈谢主试官，在短函中特别说明自己是："慕洛阳慷慨之风，遂放言于五策，文诚过激，心实无他，忧社稷而危言。"袁了凡想以此表明心迹，只是"慕洛阳（可能指汉代贾宜，洛阳人，曾向汉文帝献《治安策》）慷慨之风"，"忧社稷而危言"，并非有意冲撞朝臣，但是落第已是事实，无法改变了。这封短函后来被袁俨收入《两行斋集》卷四《骈语》。

袁了凡认识为人谦和乐于助人的重要性，于是发狠心改掉自己的傲慢心，虚心向丁宾、冯梦祯等人学习，他晚年还将"谦德之效"写进《了凡四训》。万历三十年（1602年），袁了凡七十大寿，冯梦祯撰写了《寿了凡先生七十寿序》，曰："今先生春秋满七十矣。"他俩这种亦师亦友的关系一直延续到晚年。

袁了凡这次会试考进士之事就此"黄"了，遂发心痛改前非，于是改名易字，以图东山再起。为时时警策自己，将原名"表"，字"庆远"，改为名"黄"，字"坤仪"，从此以后，了凡所有的著作都署名"袁黄"。关于袁表易名，还有另一种说法，是说袁了凡"做了一个梦，梦中自己是以'袁黄'之名参加会试，得了会元，醒来之后便改名'袁黄'。"（姚旅《露书·卷一四·异篇下》）

袁了凡名黄，字坤仪，号"了凡"。了凡这个号除了袁黄本人喜欢外，后人也很喜欢，这个名号一听就明了，故后人都习惯尊称其号"了凡先生"而忘却了名"黄",甚至很多人不知"袁黄"是谁,还有引用袁黄的著作称"明代黄先生"者。后人为表示尊敬,称之为"了凡公"。易名改字以明志,表示刻骨铭心。袁了凡"易号明志"也是一种警策自己的修身方法,并获得成功。

《孟子·尽心上》:"古之人,得志,泽加于民;不得志,修身见于世。穷则独善其身,达则兼善天下。"立志是修身的初始工夫,绝不可以自欺欺人。立志是自立,只有自立,才能立人;只有自达,才能达人。譬如一位医生,除了懂得医理、病理和药理外,还要知人事,自己的身心要健康。如果只懂医事而不通人事,自己的身体和情绪又不好,是不可能获得病人信任的,其治病的效果也是可想而知的。故曰:"壹是皆以修身为本,其本乱而末治者,否矣。"(《礼记·大学》)

袁了凡科举之途走得非常艰辛,从三十八岁考中举人,到五十四岁中进士,如果从通过县试开始算起,到中进士,一共用了三十八年的时间。当然在这三十八年里袁了凡也做了很多事情,也不断地在学习。袁了凡以惊人的毅力走完了艰难曲折的举业之路,他在《寄夏官明书》中说:"弟凡六应秋试,始获与丈齐升,又六上春官,仅叨末第,秦裘履敝,齐瑟知非,落魄春风,孤舟夜雨,此时此味,此恨此心,惟亲尝者脉脉识之,未易为旁人道也。"

清人潘柽章也记录了袁黄的下第:"(袁)黄少负逸才,于三乘四部,星洛之书,无不研究,声誉籍甚。万历五年,会试拟第一人,以策讥权幸,不果。"(潘柽章《松陵文献·人物志·袁黄》)

二、了凡论学

袁仁教导诸子做学问之心法,曰:"学问须从治心养性中来,济以玩古之功。三月聚粮,可至千里,但勿欲速成耳。此等处,皆汝辈所当服膺也"(《庭帏杂录》卷下)。袁仁所谓治心养性之法、玩古之功在于静坐和读史书,袁了凡治学方法离不开静坐法。

隆庆四年(1570年),袁了凡三十八岁,和友人登长江边燕子矶游玩。燕子矶位于南京栖霞区幕府山的东北角,北临长江,为长江三大名矶之首,有"万里长江第一矶"之称,其南连江岸,另三面均被江水围绕,地势十分险要,是观赏江景的好去处。袁了凡所描述的境界妙不可言,是入禅定状态,"仆庚午春,读书于南京燕子矶……胸中无一毫杂累,终日作文,沉思默想……颓然如醉,兀然如痴,蠢蠢然又如不晓事者。数月之后,一日,偶从诸友登矶,远望江云,恍然如囚人脱枷,不胜鼓舞……自后题目到手便能成章,从前许多苦心极力处,皆用不着矣!"(袁黄《游艺塾续文规》)

其实袁了凡最为擅长的是做学问和教书,关于"读书之法"与"作文之法"有专门论述,仔细品读可以看出此乃读书人必须掌握的诀要,如果掌握了读书要诀,还有利于身心健康。袁了凡说:"读书之法,必先正襟危坐,收敛元神,开卷伏读,优游寻玩。其未得也,绵绵密密如鸡之抱卵,意气专一而百虑俱空;其既得也,一言会心,是非双遣,如龙之腾空而翔然于尘埃之表"(袁黄《两行斋集》)。了凡所说的"正襟危坐"是明代读书人的坐姿,有"收敛元神"之功效,作文时要"凝定心神,屏除杂念,眼耳鼻舌身意都要在题目上凝之,久久则文机自活,文窍自通"。读书作文是有方法的,对于会读书的人来说,读书很愉悦,不善于读书的人会感到很辛苦,甚至于会读出毛病来。

袁了凡《答友人书》曰:"足下今之古人也,行将独对大廷,有把握乾坤之责,而弱躯孱然,何以堪之?自古豪杰,未有精神不凝聚,而能读天下之书,成天下之事者。适接三槐兄,道足下以读书攻文致疾,则惑矣。夫书也、文也,皆六艺之一也。古人游艺以蓄德,今人溺艺而丧志，非艺之罪也。是故均一书与文也，善学者借之以凝神，不善学者则劳神矣；善学者因之以养气，不善学者则耗气矣……天下事无精无粗，无巨无细，皆当以精神运之，才入手便须思其发脱。足下毋谓国事为大，田事为细也；毋谓文事为精，俗事为粗也。"（袁黄《两行斋集》）

袁了凡《与于生论文书》曰："文者，枝叶也，其根本在心，心无秽念则文清，心无杂想则文纯，心不暴戾则文和，心不崎岖则文平，心能空廓则文高，心能入微则文精……故欲工文先当治心。鄙人尝论作文之法大概有五：一曰存心，二曰养气，三曰穷理，四曰稽古，五曰透晤。夫文出于心，心丽则文丽，心细则文细；其心郁者其文塞，其心浅者其文浮，其心诡者其文虚，其心荡者其文不检。"（袁黄《游艺塾续文规》）

袁了凡在《答钱明吾论文书》中说："留心性命，屏除俗虑，诵中存习，作中存养，使腔子内精神常聚，生机常活，此举业本领工夫也！禅家谓尽大地俱是悟门，故洒扫应对可以精义入神，岂有终日理会圣经贤传而反做障碍者乎？"

朱鹤龄甚为推重前辈乡贤袁了凡，作《赠尚宝少卿袁公传》曰："先生又以其余力，发挥古先圣人之书。读《易》，则有《袁氏易传》三十卷。读《诗》，则有《毛诗袁笺》二十卷。读《书》，则有《尚书大旨》十二卷。读《春秋》，则有《义例全书》十八卷。读《礼》，则有《礼记略说》《周礼正经解义》共二十卷。读《四书》，则有《疏意》二十四卷。外，古史有《袁氏通史》一千卷，今史有《皇明正史》四百卷。皆未梓行。"（朱鹤龄《愚庵小集》卷十五）

> 朱鹤龄（1606—1683年），字长孺，号愚庵，吴江人。明清易代，弃举业，屏居著述，晨夕不辍，行不识途路，坐不知寒暑，尝

自谓："疾恶如仇，嗜古若渴。不妄受人一钱，不虚诳人一语。"著有《愚菴诗文集》《松陵文集》《春秋集说》等。

三、疏通文脉

袁了凡到宝坻，首先了解当地的教育和人才培养。古代教育机构硬件是文庙或文昌阁，有学宫或明伦堂供学子们学习。宝坻县原来有文庙，亦称孔庙，又称学宫。文庙位于学街北侧，元代由邑绅刘深、朱斌、普彦等改"榷盐院"而建，当地民谚云："先有榷盐院，后有宝坻县。"榷盐院是古代主持盐业生产和贸易的官方机构。

文庙为三进院，正中为五间大成殿，中悬"万世师表""生民未有""与天地参"等匾额。大成殿前东西两庑各五间，戟门三间，戟门外左为名宦祠，右为乡贤祠。前有泮池，池前为灵星门，门外为大影壁，壁左为忠义祠，右为节孝祠，壁外为数亩大水池。殿后为三间"明伦堂"，再后为三间"成美堂"。"明伦堂"左右为"进德"和"修业"二斋。还有土地祠、魁星楼、教谕宅、训导宅、尊经阁、敬一亭、射圃亭等建筑。学宫建筑雄伟，布局有致。

但是宝坻县连年灾荒，学宫无人管理，年久失修，往来孔庙道路上原有砖桥也被大水冲垮，成了断头路。袁了凡经实地勘察发现通往孔庙的一座砖桥早年被大水冲毁了，断了宝坻的"文脉"，了凡得知宝坻县已经有多年无人中举，心急如焚，亟须修复这座桥，于是决定组织力量疏通文脉。当时有一位僧人云游至此，见状遂发大愿修复此桥。袁了凡看到有僧人发愿修桥，心里很高兴与之交谈，僧人声称善"羲皇祝由术"，治病不用药饵针砭。正巧袁了凡偶患病足，请僧人治疗试其术，果然疗效很好。中医学科原有"祝由科"，《素问》："古之治病，惟其移精变气，可祝由而已"。相传此法由上古时轩辕（了凡作"羲皇"）氏所传，故名"轩辕祝由术"，施术者必须要有传承，并具足特殊的感应功能。祝由科主要是用以对治心灵上的疾病（类似现代所谓的各种心理障碍和精神类的疾病，古称奇病、鬼病、禅病、业障病等），这一类的疾病是有其生理基础的，中医学认为肝藏魂、肺藏魄、心藏神、肾藏志、脾藏意，一个失魂落魄的人，在医者看来就是有病。但是后世对这方面生命现象和状态，以及病人的行为和语言描述都不甚理解，认为是迷信。明代沿袭了元代医学分科，仍为十三科，祝由为第十三科，但是明代中后期祝由科和导引按跷已经流入民间，在太医院已经不设祝由和导引按跷，掌握祝由术并得传承的大多是僧人和道士，导引则进入民间盛行的内丹医学。

袁了凡带头捐出俸禄建桥，这座桥从风水学来看是架通"文脉"的桥梁，至关重要。了凡亲自书写《募集建桥》文告，张贴于河边树干上。发愿建桥的僧人戒律精严，声称专治疑难杂症，如经治愈者，为建桥有钱出钱，有力出力。一时病家坐等诊疗，病人一经诊疗很快康复，来河边求治的人很多，很多病人听说僧人治病为了建桥，就多带一些银两来，桥很快就建好了，袁了凡为石桥题名"文曲桥"。了凡说："遵化之东五十里，曰王家庄，实往来孔道也。旧有石桥，后为水冲圮，有野衲某愿募而新之。予喜甚，为捐俸倡之，未几落成，长若干尺，规制宏壮，视旧有加焉。旧用砖者，皆易以石，似可永赖矣。僧也茹荁食淡，戒律甚严，又得羲皇祝由之术，治病不用药饵针砭，而能起难愈之疾。予偶病足，延治之，良已，是故远近趋之若赴，而大工以成。夫不费公私斗粟而能完王政之急事，又穷民赖之得衣食焉，其利亦普矣。余谓游僧偶至，非有肩责，而能急人之急如此，且约己奉公，深戒侈肆，以期集事，有地方之责者，乃或旷王政而不举，或丰衣美食而不知蚕桑稼穑之艰难，岂不有愧于此僧哉"（袁黄《两行斋集》）。袁了凡知道这是得道高僧相助，于是派人维持秩序，很快文曲桥修建完毕。他还修复了"明伦堂"，鼓励当地乡绅修建"文昌阁"。文昌阁在宝坻古城东城墙城堞之上，阁高三丈，登阁仰首，如临天际，"高阁嵯峨，负城临水，西望京都，如在咫尺，自了凡袁先生建后，人文由此日盛……邑之才隽，恒联社于文昌阁，数科以来，郁郁彬彬，称望邑焉"（清代乾隆年间《宝坻县志》）。通往文昌阁之路必经文曲桥，文昌阁是了凡为兴盛宝坻文脉所建。袁了凡还撰写了《重修儒学记》，每月初一、十五，亲自到"明伦堂"讲授经学，激励年轻士子读书明理，求上进。了凡除了为学子们讲解经书义理外，还亲自检查功课，批改作业，并且制定《会约》，倡导"知行合一"的学风，激励他们立志进取，见贤思齐，勤奋治学。

袁了凡恢复了"明伦堂"并撰写了《训士书》，还为"明伦堂"立了四条规定。他在《训子弟语》中说："予见今之子弟不学者，常为之叹息。其丧心失志者有四：自少即鲜衣美食，私欲任意，游手好闲，骄情安逸，不听人规，一也。不知诵读经史，惟事嬉游度日。时逢稠人广坐，论古今懵然无知，间或有所难，则抓头搔颈，无容身地，及论世间无稽之谈，则胁肩谄笑，快乐迎合，既不知耻，习以为常，二也。自既无学，而且忌人之学，故于胜己者远之，佞己者则悦而相亲，所言莫非庸下，所思莫非颇僻，三也。甚之放荡无状，甘为驽下。见无知小人则夸自己之能，言词哓哓手之舞之；对大人君子则逡巡蚯缩，如哑如痴，四也"（袁黄《宝坻政书》）。袁了凡的治学方法完全和医学诊疗法融合，他到宝坻，打通文脉，培养人才，毫无保留地传授读书之法、作文之法、作诗之法、作策之法等，在了凡和教谕韩初命的用心教导下，当科即有两人中举，印证了宝坻文脉在袁了凡的督导下畅通了，从此宝坻学风文风日盛，被后人称为有"吴人"气象。

袁了凡说：读书人要有精、气、神，读书要凝神静气，千万不要把自己弄得精疲神散。作诗和写文章除了有方法外，还要有悟性，否则就会很辛苦，还出不了成绩。袁了凡著《摄生三要》和《静坐要诀》，这些都是读书人必修的工夫。在宝坻期间，袁了凡还撰著了《诗外别传》。"《诗外别传》，袁黄撰。《诗》有悟门，孔门独许商（子夏）、赐（子贡）可与言《诗》者，取其悟也。不然即读尽天下书，只可称博学，不可称诗人，虽下笔成章，出语高妙，只是文境，非诗境也。（上卷）谈'作诗之法'，（下卷）取禅家悟后语以实之。观者若以见闻觉知之心，作语言文字之想，则与此编无干涉矣。以上四书（《摄生三要》《静坐要诀》《祈嗣真诠》《诗外别传》），板在顺天（明、清两朝在北京及周边地区设顺天府）。"（袁黄 & 盛唐《明万历嘉善县志》）

四、治水劝农

袁了凡治河和治土都有专门论著，从《宝坻政书》中我们可以看出袁了凡治理宝坻之水土，犹如大医临床，镇静自如，急则治表，缓则治本，始终遵循天人合一、以人为本和因人、因时、因地而异的原则，将宝坻县治理得井然有序，外出逃荒的灾民回乡安居乐业。袁了凡甫上任，即带领当地善于堪舆人员到各地察看实情，宝坻县南临渤海，西近白河，地方水系年久失修，时常泛滥，酿成洪灾。了凡组织人员疏浚河道，大兴水利，为了稳固堤岸，带领大家在堤上广植柳树，柳树喜水，根系发达，可以固定泥沙，后人将所植之柳称之为"袁柳"。治水之法，贵顺而导之，行所当行，止所当止，若用力愈多，为费愈侈，则拙矣。《周礼·考工记》称："善沟者，水漱之；善防者，水淫之。"此正传也。但乘势疏导，皆有成法，须得人传授，不可以私智测度。袁了凡深知治水之奥义，著有《皇都水利考》。"《皇都水利考》，袁黄著。设险守国，水利为先，悉考畿甸诸水，并开屯种之法，以告有位。卷首不刻作者姓名，但欲其事有利于社稷民生，不欲功之自我出也。"（袁黄 & 盛唐《明万历嘉善县志》）

袁了凡行事都讲究如法，当时年轻力壮的人都外出讨生活了，不能出门的是老弱病残。为让老弱者上堤看护堤岸，他查阅了经典，典籍中认为合理的才实行，并给予报酬。根治境内水患，是袁了凡到宝坻要做的一件大事。天津一带水灾较多，大多是由于水道年久失修，每当发大水决堤时，水往低处流，结果就在地势较高的地方"开沽"。当地人把地势高的地方称为"沽"，把地势低洼容易积水的地方称为"窊"。人们将村落建在地势高的地方，多有名为"沽"的，如天津市以前有塘沽区、汉沽区，天津的别称也叫"沽"。袁了凡发布了《议置木闸文》《开河申文》等文告，经过二年的努力，治水成功。

关于治土和劝农，在农耕社会是大学问。袁了凡想让宝坻县民众安居乐业，他在实地勘察地形后说："濒海之地，潮水往来，淤泥常积，有咸草丛生。其地初种水稗，斥卤既尽，渐可种稻。"这是一个非常大胆的想法，治水和治理盐碱地，本来就是一件很难的事，而且引种水稻是很辛苦的农作，难度最大的还不是种水稻，而是劝农民、教农民种水稻，劝外出逃荒的人回家乡务农是一件很艰难的事，改良盐碱地，实在是一件非常困难的工程。一边是对治农民，一边是对治农民赖以生存的土地，其难度是可想而知的。了凡带领大家治水，改良土地，并将家乡的水稻在宝坻试种，农民们被他的精神所感动。"民尊信其说，踊跃相劝"。袁了凡手把手教农民育秧、播种和田间管理的方法，总结并撰写了《劝农书》，凡青壮劳力"人给一册，有能遵行者，免其杂差"。南稻北栽终获成功，解决了宝坻县的民生大计。古云：民以食为天。在袁了凡带领下，大家齐心合力，经过 3 年的努力，终于成功引种了南方的水稻。袁了凡到宝坻，随地询访，博考群书，任期第 3 年著《劝农书》。"《劝农书》，袁黄著。旧有《王氏农书》，谈种植甚备。但事有宜于古而不宜于今，宜于北而不宜于南者。（袁）黄博考群书，随地询访，辑以示宝坻之民，故曰劝农。"（袁黄 & 盛唐《明万历嘉善县志》）

五、哲医论刑

袁了凡对于审案量刑，也是以医者大悲之心来衡量，既要让罪犯肉体上受到惩罚，更重要的是要罪犯长记性，改恶从善，又不要造成或留下残疾和致命伤。袁了凡在《示谕提牢监仓吏卒》中有两条是和医学有直接关系的，"狱中瘟疫，皆由秽气。知县募二十壮丁，夜则直更看守，每日轮二人打扫，须令洁净。冬月五日一通粪道，夏月日日除之。其枷杻卧具，亦令时常拂饰，知县不时亲看。朔望，四衙特进察之，有不洁者责狱卒。又，罪囚有微病，狱卒即禀官，拨医调治。若踵旧习，至病重方报者，重责十板。"（《宝坻政书·刑书》）

《大明律》："致命伤一节，今类不能明，如喉咙、心坎、背脊、肾囊等，皆致命处也……如伤喉咙则绝食而死，伤心坎则舌黑呕血而死，伤背者，各验所中之俞，中肺俞者皮毛先槁，中肝俞者筋青而胁痛，中脾俞者腹痛或便黑血，中心俞者善惊，中肾俞者腰痛如折，皆须细辨。"袁了凡用刑很谨慎，对于必须用刑的罪犯，也是以医者的悲心和专业来指导用刑，以免没有死罪的犯人被打残、打死。袁了凡经常审了一整天也不责打一下罪犯，有时整整一个月也不定一桩罪，他认为"人命关天"，判错了会影响一个人一生，一个家庭乃至整个宗族。袁了凡初到宝坻县时，发现这里的刑具都超重，于是要求全部按照国家律条修正。若遇百姓犯法，就反复劝导，告之以理，令其悔悟。空闲时就亲自到监狱里，告诉犯罪的人只要行善积德就会得到福报，如果知罪不改，继续作恶，必定会灾祸不断的道理。罪犯们听了都很感动，有的还流下了眼泪。万历十七年（1589年）秋天，宝坻下大雨，监狱的围墙被冲倒，而围墙内犯有重罪的囚犯相约守法，无一人逃逸，后来这件事被当作奇闻广为流传。

孔子曰："不教而杀，谓之虐"（《论语·尧曰》）。袁了凡不仅是自己做到了，还将慎刑恤囚、明刑弼教的方法和经验介绍给别的刑法官员。在袁了凡六十九岁那年，他在《与王四来书》中说："辛丑（1601年）闻老弟登庸之报，甚喜……足下刑官也。《周易》论刑之卦，率皆有'离'，唯《中孚》无离，说者谓上下四爻皆实，中二爻独虚，其象肖离，故亦论刑。然则用刑，盖贵明哉。明不在耳目推测，惟在心耳。如一狱其罪同，不可同用刑也，须审其情。固有罪同一律，而其情天地悬隔者，岂可草草。即情同矣，亦不可同用一刑，须审其人，人之强壮者与老弱者异，惯受刑者与不曾受刑者异，倘不察而概刑之，刑之而强壮者无恙，老弱者不能胜，是一得笞罪，一得死罪矣。即人同矣，亦不可用一刑，又须审时，大寒大暑之时与温和之时刑不可同，清晨虚腹、夜间百脉俱寂与日中之刑不可同。即时同矣，又须审体，同一体也，先刑上体而后刑下体，则气血奔于腰脊之间，易散而无恙；先刑下体而后刑上体，则气血奔注于心胸，多致不救。故刑罚至粗也，而有精华焉，不可不尽心也。夫子曰：'不教而杀，谓之虐。'今之民失教久矣，即使情真罪当，皆虐政也。"（袁黄《两行斋集》）

袁了凡说："用刑如用《易》，随时变易，难为要典。有同犯一事而其情不同者，则当原情以断，不可一例刑之也。情同又须审人。强者、弱者、壮者、瘠者，与夫惯受刑及不曾受刑者，皆当因其人而轻重之。此外又当审时，如大寒、大暑之时，与温和之时不同。清晨虚腹，晚间百脉俱寂，与昼不同，行刑者皆当有辨"（《宝坻政书·刑书》）。袁了凡

《谕僚属用刑文》中说：用刑贵明，明不在耳目推测，惟在于心。罪名相同，犯罪情由却不一定相同，不宜处以同样的刑罚。情由相同，还须看犯人的强弱、壮瘦程度如何，有惯于受刑的，还有不耐受刑的，全要根据犯人的具体情况而区分用刑轻重，不然，判除笞刑的，或者由于瘦弱不堪受刑而死，则是笞刑成了死刑，变成轻罪重判了。此外，用刑还当考虑时节，如大寒、大暑之时与温和之时不同，清晨空着肚子、晚间血脉安宁与白天的情况不同，行刑全应有所分别。差役接受了贿赂施刑会轻，相熟的人会轻，被人惧怕者受刑会轻，任职为官和奸诈不法的人受刑常轻，而边远愚昧无知的百姓挨打常常会重。公堂上官员若想行杖责打人犯，全不要预先定下数目，但看打得轻重来定数，使差役的奸狡无所施行。行刑轻重的权力全自官员所出，这也是根据事情变化做出判断的关键之处。

袁了凡作为医者还说："人之十二经脉，皆在手足指上。夹足者尤在踝，而拶手则全在指，痛连五脏，最为难忍，切勿轻用。又，人之上、下二体，受刑先后销殊，生死立判。如先拶而后打，则血奔注于下，易愈；先打而后拶，则气血逆冲于上，往往致死，切宜慎之"（《宝坻政书·刑书》）。了凡说：用刑不光要审时，还须顾及人体。人的十二经脉全在手指、脚趾上。夹脚的在脚踝，而夹手则全在手指上，十指连心，最为难忍，一定不要轻易使用。人的上下肢体受刑，前后有所不同，生死便可立刻判别。如先击打上身而后击打下身，则气血奔集于腰膂之间，容易消散而不致有生命危险；如先击打下身而后击打上身，则气血逆流奔注于心胸，往往会致人死亡，所以一定要谨慎。了凡讲到人体十二经脉与气血运行的规律，极为注重防止气血逆行。医云：气顺则生，气逆则死。了凡审因充分考虑到人犯的身体状况、气候温差对人体的影响，控制用刑对人身的伤害程度，运用医理于刑狱，其慈悲之心昭昭可见。

袁了凡又说："民吾同胞，岂忍加刑？所以忍心而责之者，盖小惩而大戒。吾今日用刑，使知警惧，他日反可省刑耳。所谓刑期于无刑也。凡将用刑，必度此刑有益于人，方可用之；不然，宁失不经耳。刑一人而使千万人惧，如此用刑，则刑即是德，鞭朴即是教化，所谓刑罚之精华也。此亦有何难事，实心行之耳。"(《宝坻政书·刑书》)

袁了凡在宝坻任上，以释家慈悲之怀和儒家仁义之心，"崇俭以厚风俗"，并"宽刑弛罚，以活无知犯法之民"。若不得已"用刑则不但锄强遏恶，必思所以养其良心，而使廉耻日生"；对"赋役则不但宽其额外浮根，必思所以曲为调剂，而使额内之数渐减"；"徭役则不但一时恤民之力，必思所以立法调停，而使享永世之利"。袁了凡的种种举措在《宝坻政书》中均有记载。

六、养兵练军

古人云：养兵千日，用兵一时。近年，袁了凡的家乡嘉善县，为他塑了一尊半身像，着戎装，头带盔甲，一身正气。袁了凡为官最后的职位是兵部职方主事，他也确实精通用兵之道，兵家须知"天文历谱，五行医经"（袁黄《群书备考·诸子》）。袁了凡说："孙子为兵法之宗，而六韬三略，反出其后（太公《三略六韬》皆后人伪造）。"（袁黄《群书备考·诸子》）

袁了凡的养兵与治军之道与医学思维有关，他养兵不是"给养"之养，而是练养之养，养士兵之精、气、神，练士兵之手足耳目，这些练养方法就是用在当下军队也不会过时，因为其遵循了医学"以人为本"的原则。据史料记载，袁了凡十八岁跟随唐荆川学文习武，当时学武不是为了好玩，而是因为东南沿海倭患严重。嘉靖三十三年（1554年），倭寇大肆流劫东海沿海，扰嘉善县境一十九次。嘉兴府通判邓迁受命筑嘉善县城城墙，邀请时年二十二岁的袁了凡一同坐船巡视，确定城池位置。当时设计的城门、城墙，已经考虑到进攻和防御二大功能。万历六年（1578年），袁了凡还作为浙江巡抚李渐庵的幕僚参与城防事宜。万历七年，经李渐庵引见结识了隐居在终南山的世外高人刘隐士。《分湖志·人物》载："（袁）黄尝受兵法于终南隐士刘，又尝服黄冠，独行塞外，九边形胜、山川营堡，历历能道之。"

袁了凡博学技艺，俗云：艺不压身。袁了凡在做学问和树立经世观念方面，遇到的第二位明师是唐荆川。

> 唐荆川即唐顺之（1507—1560年），字应德，一字义修，武进（今江苏常州）人，学者称其为"荆川先生"，明代儒学家、军事家、散文家、数学家。嘉靖八年（1529年）唐荆川会试第一，官至右佥都御史，凤阳巡抚兼提督军务。崇祯时追谥"襄文"。

袁了凡后来回忆唐荆川之因缘时说："予十八岁，见荆川唐先生于嘉兴天宁寺之禅堂，即礼之为师，相随至杭，往返几两月。先生之学，大率以理为宗，每作一文，必要一段千古不可磨灭之意，见其阐发题意，往往皆逼真入微。我朝夕执书问业，《学》《庸》《论》《孟》，大约皆完。除平常易晓者不录，录其深奥者，题曰《荆川疑难题意》。先生又躬阅而手订之，始付剞劂"（袁黄《两行斋集》）。唐荆川对袁了凡的影响可以说是终生的，以致解甲归田后他仍然笔耕不辍，惠及无数的读书人。

袁了凡知道唐荆川是一位文武双全的学者，不但是文学家，满腹经纶，而且通晓军事，曾著述过几部兵书，自身功夫也十分了得，刀枪骑射，无不娴熟，尤其擅长各种短兵和枪法（冷兵器时代的长柄刺击兵器），其所著《游嵩山少林寺》《杨教师枪歌》《峨嵋道人拳歌》被广为传诵。袁了凡曾经跟唐荆川学过"阳湖拳""锁倭枪"等。"阳湖拳"原为常州的地方拳种，经过唐荆川改进，更适合于贴身搏斗；"锁倭枪"则是唐荆川发明的短柄枪法，当时倭寇都从水路来犯，大多是近距离短兵相接，尤其多是水上船战，此枪法适合近战、水战，实用性极强，能一枪击中对方咽喉。唐荆川克敌制胜的法宝，一是勇，二是准，三是狠。

唐荆川的威名使倭寇闻风丧胆，一直想派杀手暗害他，但是都没有得逞。唐荆川在嘉靖年间的抗倭战争中屡建奇功，在《明史》有传。妇孺皆知的抗倭名将戚继光也跟唐荆川学过枪法，其《纪效新书》中有一则记载："巡抚荆川唐公于西兴江楼自持枪教继光，光请曰：'每见他人用枪，圆串大可五尺。兵主独圈一尺者，何也？'荆翁曰：'人身侧形只有七八寸，枪圈但拿开他枪一尺，即不及我身膊，可矣。圈拿既大，彼枪开远，亦与我无益，而我之力尽。'此说极得其精。余又问曰：'如此一圈，其工夫如何？'荆曰：'工夫十年矣。'一艺之精，其难如此！"

袁了凡十八岁时即跟随唐荆川习武，后来到朝鲜抗倭，在冰天雪地里，晚上难以入眠，就在外练拳御寒。唐荆川在给袁了凡的信中说："适见王龙溪（王畿），道吾弟（了凡）负一方盛名，浙中士子俱视为准的。"可见王畿和唐荆川都很器重袁了凡这个弟子。

袁了凡胆识过人，乃文武全才，曾给浙江巡抚李渐庵当过幕僚。他亲历过倭寇来犯的场景，后来回忆道："常随阵观战，多是气衰胆怯，即教师、拳师皆慌忙失措，十分技能，不曾用得一分，望风而败。"李渐庵因病回泾阳老家休养，袁了凡随之入关，游终南山，拜访刘隐士，并拜其为师学习兵法。他在《宝坻政书》中自述："某少尝传兵法，于山中刘隐士，颇尽其术。如屠龙之技，无所用之，雄韬徒记，壮志全消矣。今也汉过不先，夷情转肆，练兵马，实今日之急务也。"

袁了凡在唐荆川、刘隐士处学到的学问，后来都派上了用场，他的撰述，文的有《荆川疑难题意》，武的有《防倭初议》等。后来出兵援朝抗倭，其战略亦得益于唐荆川早年的教诲，他在《抗倭二议》中说："御倭于陆，不如御倭于海。"了凡年轻青时曾面对来犯的倭寇，因此具有很强的安民保境意识。在宝坻任上，他将治边安邦的问题提到重要的议事日程上，《宝坻政书·边防书》和《练兵马》中都有这方面的记载，并有具体的破解来袭的方法。

袁了凡平时留意边防，经常与往来辽东边关的将校交流，了解边防军政事务。他训练士卒的方法直接有效，强调以人为本，重视人的作用，武器只是被善战者使用的工具而已。他说："常闻兵法有三，曰天战、地战、人战；兵器有五，曰金、木、水、火、土。五器之中，各藏三战之用。要之，皆不过兵之形耳。善战者，形人而我无形。明乎此，则兵不血刃而百战百胜；不明乎此，则弃杖而走，戈戟反资敌矣。是故兵器也者，谓其为战具则可，恃之以胜敌则不可。"（《宝坻政书·防倭二议》）

袁了凡用《摄生三要》来提升将士的精、气、神，一曰聚精，二曰养气，三曰存神，使将士们人人精力充沛。关于练兵，他说："夫练兵之法，实有正传，有内练、有外练。内练有六，一曰练心，二曰练气，三曰练手，四曰练足，五曰练目，六曰练耳。"上述"内练六法"对将士而言最为重要。袁了凡接着说："何谓练心？万事皆末，惟心为本。欲练其心，必渐之以仁，齐之以礼，孚之以信，严之以节制。《司马兵法》以仁为本。孙子曰：'爱卒如婴儿，可与同赴深溪；爱之如子，可以俱死。'为将者，真能视卒如婴儿、孺子，饮食为之周，疾病为之恤，患难为之救，甘苦为之同；彼有情焉不能自通，吾诚求而曲体之，然后可以坚万人之心而并其力。法曰：'军中可使必斗者，军礼也'（此法出《练兵实纪》）。军礼不兴则名分不正，而众心携矣。又曰：'军灶未炊，将不言饥；军井未汲，将不言渴；军幕未办，将不言倦；寒不拥裘，热不操扇，雨不张盖，涉险泥途，将必先下，是谓军礼。'"袁了凡用仁、礼、信、节制练兵之"心"，而以仁为本，视士兵为婴儿、孺子，此乃其治军之道。

关于如何练气，袁了凡说："何谓练气？李卫公曰：'含生禀血，鼓作争斗，虽死不省者，气使然也。'其起四机，以气机为上。此无他，能激吾胜气，使人人自斗，则其锋不可当矣。此须练之于平日。兵有节制，立于不败之地，以待敌人之败，则军有所恃而气自倍。又，人人练习，使技艺精，勃勃乎欲试，则气壮……乃知气雄胆壮，是临阵第一义。"古云：两军对垒，勇者胜。故须培养士兵们的勇气。

关于如何练手，袁了凡说："何谓练手？一身之力，全在于手，常用则力涌而出，不用则力隐而微，故须练之。其法有二：先用增重法，次用减轻法。假如两手能举百斤，则以百斤之石为准，时时举之，斤斤而增之，至三百斤而止。是谓增重法也。岳飞练兵，每人用二铁椎，各重二十斤，两手各持一椎，而转运不停。稍久，则两手皆红肿矣。见肿而不运，即两手皆废而无用；从此运之不已，则肿消而手健，使铁椎如一叶之轻焉。是谓减轻法也。"袁了凡注重士兵的力量训练，两军相遇，短兵相接，有勇有力者胜。

关于如何练足，袁了凡说："何谓练足？亦有二法：一是走法，一是跃法。阳明先生少年传走法于异人，令就一室中纵横界作数十道，约有二三里之远；以布二块，各盛沙一升，缚两足上，就所界之路周围习走，终而复始，刻香为候，从慢而紧。此走法也。岳飞练足，乃是古人超距之法。先垒石为距，高二尺而止。此跃法也。"袁了凡训练士兵足力有"走法"和"跃法",足力是步兵的基本功,临阵接敌须站得稳,迂回奔袭须跑得动。

关于如何练目,袁了凡说:"何谓练目?有明暗二法:先用暗练,坐密室中,稍有隙缝,以纸封之,使暗如漆。瞪目睇观,七日之后,渐觉明亮,半月之后,则游气往来皆能别识,所谓虚室生白也。次用明练,习观之法,以一物为的,悬而观之,终日不移,即泪下如注,亦不敢转侧。二练既毕,习射习铳,百发百中矣。其以旗帜练目者,至粗者也。然军士中多有不能习前明暗二法者,即教之熟识旗帜,亦足谓之练目矣。"袁了凡训练士兵眼神有"暗练"和"明练"二法,如果有各种原因不能练明暗二法的,就教之以"熟识旗帜"法,这样也可以确定目标。

关于如何练耳,袁了凡说:"何谓练耳?有返听法,谓不外听而内听,则耳日聪也。有瓮听法,掘地置瓮,静心而听之,初时若无所闻,习久则十余里之内兵马之声皆先得之矣。此须细心之士方可练习,寻常士卒只教演习金鼓,亦足谓之练耳矣。"袁了凡训练将士听觉,有"返听法"和"瓮听法",士兵只教演习击鼓鸣金之法就可以了。上述训练方法都有医学背景,用以提升将士的身体素质和心理素质。

第十六讲
摄生三要

　　《摄生三要》是袁了凡早年的一部重要中医导引养生学专著，对后世养生医学产生了很大影响。袁了凡五十八岁在宝坻编著《祈嗣真诠》时，将"聚精""养气""存神"三篇排在"改过第一""积善第二"的后面，足见其重要。医学养生主要是"聚精""养气""存神"三个要素。袁了凡引用儒释道医经典进行比较，对实修方法的利弊用医理进行阐释，最后提炼出要诀。古人凡言养生都不离精、气、神"三宝"，而对"三宝"的专论则要数《摄生三要》讲得最为简明透彻。袁了凡除了精研儒、释、道、医经典外，一直注重实修实证。他指出聚精之法有五：一寡欲，二节劳，三息怒，四戒酒，五慎味。而养气之法在于调息，并对先天气和后天气作了详尽的说明，另外列举了十余种体内的气。调息一法界乎身心之间，因此善调息养气者，亦有安神之功效。气定神闲，气和、气定是存神之法，关键在于安神，神安则心静。"摄生三要"亦是习静坐之基础工夫。关于内丹守窍之法，袁了凡将十余种道家守窍法之利弊都清楚阐明，还和禅门止观等存神之法作了比较。中医养生学重点是"聚精""养气""存神"，古人云："精满不思淫，气满不思食，神足不思睡。"袁了凡之《摄生三要》，小可以治病，大可以入道。

一、聚津成精

中医养生学重视口中津液,认为津液乃源头活水,有云:舌边生水,"活"也。张介宾在《类经》中按曰:"金丹之术百数,其要在神水华池。"《道枢》:"丑之时,神水下降,以舌搅于上腭,鼓咽玉液,下于重楼,历肝胆而朝于心,行此养水炼液之功者。"伤津过度,口干舌燥者不宜导引,欲导引先宜舌舐上腭,搅舌使津液生。内丹医学给口中"津液"取了很多美妙的名称,如神水、清水、灵液、金津、金醴、玉浆、玉津、玉液、玉泉、玉英、醴泉、玄泉等。漱醴泉,是漱口腔撩津液而咽之,一名咽唾。醴泉甘美润泽,能除口苦干燥,恒香洁,食甘味和正。久行不已,味如甘露,无有饥渴。这是"引肾水,发醴泉,来至咽喉,能润养上部,下溉五脏"。

孙一奎说:"何谓津?岐伯曰:'腠理发泄,汗出溱溱,是谓津。'何谓液?岐伯曰:'谷入气满,淖泽注于骨,骨属屈伸,泄泽补益脑髓,皮肤润泽,是谓液。'"(孙一奎《医旨绪余》)

《孙真人铭》曰:"晨兴漱玉津"(注曰:早时开眼即以舌搅上下腭,待津生满口,汩汩咽下,直至丹田)。袁了凡说:"嗽舌下泉咽之,名曰胎食。春食朝霞者,日始出赤气也。秋食沦汉者,日没后赤黄气也。冬食沆瀣者,北方夜半气也。夏食正阳者,南方日中气也。勤而行之,可以辟谷,余试之良验。"(《摄生三要·聚精》)

袁了凡善于辟谷,上面讲解的"胎食法"和"服气法",都是经过他自身验证,安全有效的。如果平时不聚津液或房事过度而练吐纳导引,犹如锅中无水而升火煮炼,初习吐纳导引者不可不知。咽津,又名胎食,举舌、搅舌、鼓嗽使舌边生水,是聚津成精,是内丹法的源头,不可忽视。咽津、服气、服饵等法都有助于辟谷,辟谷为道家养生的旁门，通常可以在每年春分、秋分二个节气前后做服气辟谷，或服饵辟谷，使人体在二分之时清气上升，浊气下降。辟谷并不能包治有病，也不是辟谷时间愈长愈好，要因人、因时、因病做出选择。所谓辟谷只是辟开五谷，不会服气或胎食者，采用服饵辟谷比较安全有效，所服饵料也要因人、因时、因病而备，通常春分辟谷宜用"白茯苓酥"，有补气安神祛湿利下之功效；秋分辟谷宜用"黄精芝麻丸"，有安神补脾润燥之功能。袁了凡将辟谷作为修行的助行，他在给同道的信函中说："早已不食五谷。"因为他精通咽津、服气、服饵之道，曾言：服饵采用食松餐柏。炮制松柏饵料，另有配方。

袁了凡引用"医经"和"道经"阐述"精"与藏精之处，《摄生三要》："经云：'肾为藏精之府。'又云：'五脏各有藏精，并无停泊于其所。盖人未交感，精涵于血中，未有形状；交感之后，欲火动极，而周身流行之血，至命门而变为精以泄焉。'"这里提到的"命门"，顾名思义即生命之门，只要一动念头，欲望生起，血液就会流"至命门化为精，而输将以去"。《摄生三要》云："'左为肾，属水。右为命门，属火。'一水一火，一龟一蛇，互为橐籥。"《易》曰"水火既济"，既济则功成，在人则为健康益寿。将普遍的生命现象比喻为"橐籥"，出自《老子》。《老子》曰："天地之间其犹橐籥乎？虚而不屈，动而愈出。多言数穷，不如守中。"《摄生三要》开篇"聚精"，先运用黄老学说阐明，接下来讲肾与膀胱的表里关系，以及三焦的生理变化和心脑的关系等，通俗易懂。

袁了凡告诫成年人，千万不要走入养身误区："今之谈养身者，多言采阴补阳，久战不泄，此为大谬。肾为精之府，凡男女交接，必扰其肾，肾动则精血随之而流外，虽不泄，精已离宫，即能坚忍者，亦必有真精数点随阳之痿而溢出，此其验也。如火之有烟焰，岂有复反于薪者哉"(《摄生三要·聚精》)。至于精,袁了凡说:"所生有限,所耗无穷,未至中年,五衰尽现,百脉俱枯矣。是以养生者,务实其精。实精之要,莫如经年独宿,不得已为嗣续计,房帷之事,隔月一行,庶乎其可也。"了凡传授:"聚精之道,一曰寡欲,二曰节劳,三曰息怒,四曰戒酒,五曰慎味"(《摄生三要·聚精》)。下面几段文字是了凡讲节劳、息怒、戒酒,凡事都要有所节制。

袁了凡说:"精成于血,不独房室之交,损吾之精,凡日用损血之事,皆当深戒。如目劳于视,则血以视耗;耳劳于听,则血以听耗;心劳于思,则血以思耗。吾随事而节之,则血得其养,而与日俱积矣,是故贵节劳。"(《摄生三要·聚精》)

袁了凡又说:"主闭藏者,肾也。司疏泄者,肝也。二脏皆有相火,而其系上属于心。心,君火也。怒则伤肝,而相火动,动则疏泄者用事,而闭藏不得其职,虽不交合,亦暗流而潜耗矣。是故当息怒。"(《摄生三要·聚精》)

袁了凡又进一步强调:"人身之血,各归其舍则常凝。酒能动血,人饮酒则面赤,手足俱红,是扰其血而奔驰之也。血气既衰之人,数月无房事,精始厚而可用;然使一夜大醉,精随薄矣。是故宜戒酒。"(《摄生三要·聚精》)

袁了凡强调"息怒""戒酒",这都是佛教之大戒,发怒曰嗔,为贪、嗔、痴三病之一,戒酒是居士五戒之一,欲"聚精"必须戒除。对于那些先天不足,或后天精气亏损者,袁了凡介绍了一种食疗的方法,曰:"《内经》云:'精不足者,补之以味。'然醲郁之味,不能生精,惟恬淡之味,乃能补精耳。盖万物皆有其味,调和胜而真味衰矣。不论腥素,淡煮之得法,自有一段冲和恬淡之气,益人肠胃"(《摄生三要·聚精》)。袁了凡首先强调,食补之味,一定要淡。关于这一点,与了凡相熟相知的养生学家陈继儒（松江人），在《养生肤语》中也有同样的表述，而且还列举了几位长寿老人的饮食习惯就是味谈，生活在交通不便的大山里的贫穷长寿老人，也是因为吃不起盐而长寿。了凡介绍食疗方说："《洪范》论味而曰'稼穑作甘'。世间之物，惟五谷得味之正。但能淡食谷味，最能养精。又凡煮粥饭，而中有厚汁滚作一团者，此米之精液所聚也，食之最能生精，试之有效。"（《摄生三要·聚精》）

二、炼精化气

明代盛行内丹养生，视体内三宝"精、气、神"为三味大药。丹道讲究炼精化气，袁了凡在此专门传授了炼精要诀，曰："炼精有诀，全在肾家下手。内肾一窍名玄关，外肾一窍名牝户。真精未泄，乾体未破，则外肾阳气至子时而兴。人身之气，与天地之气，两相吻合。精泄体破，而吾身阳生之候渐晚，有丑而生者，次则寅而生者，又次则卯而生者，有终不生者，始与天地不相应矣"（《摄生三要·聚精》）。上面讲到的"外肾"，是指生殖器，子时，是指活子时，活子时因人而异，有在丑时、寅时、卯时，活子时的生理反应是阳气行至生殖器，当生殖器勃起时，是人身之阳气与天地之气两相吻合的时机，抓住这个时机"炼精化气"。

袁了凡"炼精化气"要诀是"炼之之诀，须半夜子时，即披衣起坐，两手搓极热，以一手将外肾兜住，以一手掩脐，而凝神于内肾，久久习之，而精旺矣"（《摄生三要·聚精》）。此乃道家导引养生之秘法，即当活子时来临，披衣起坐，两手对搓至极热，左手掌心掩肚脐，意念肾脏，右手兜住外肾，精气即回归内肾。道家还有一法，名曰"运精补脑法"，即活子时到来时，仰卧，全身放松，咬牙，舌舐上腭，用鼻吸气，同时收缩外肾，意念精气由脊椎上行至大脑，做时要全神贯注，重复三度，活子时现象就会消失。起床后两手掌对搓至发热，再用两掌同时按摩腰两侧肾俞，有固肾的功效，起床后神清气爽。这些方法都属于炼精化气。下面讲"养气之法"，养气很重要，如果只炼气而不养气，很快就会将气耗损掉，古德云：无损为养。

养气之先，必须对气有充分的认知。佛家云：人命在呼吸间，一气不来即为命终。人的气分为先天气和后天气。先天气又称"元气"，道家称之为"祖气"，大病之后即伤了元气。呼吸之气是后天之气，水谷之气亦是后天气，炼精化气之气，属后天气。关于气以养人：《素问》曰："夫人生于地，悬命于天，天地合气，命之曰人。"袁了凡云："举扇便有风，为满天地间皆是气也。《孟子》曰'塞乎天地之间'，诚然，诚然。故人在气中，如鱼在水中。气以养人之形而人不知，水以养鱼之形而鱼不觉"（《摄生三要·养气》）。袁了凡认为："养气之学，不可不讲。孟子蹶趋动心之说，所宜细玩。养气者，行欲徐而稳，立欲定而恭，坐欲端而直，声欲低而和，种种施为，须端详闲泰。当于动中习存，应中习定，使此身常在太和元气中。行之久久，自有圣贤前辈气象"（《摄生三要·养气》）。这一段文字非常重要，养气之法从日常行、立、坐、言等行为中实行，动中习存，应中习定，可保先天元气、后天正气，此乃真要诀也。下面这段《道德经》经文是养气保命之"心印"。《老子》曰："天地之间，其犹橐籥乎，虚而不屈，动而愈出，多言数穷，不如守中。"这一段文字实乃导引吐纳保命全形之"心印"。老子将天地之间所有生命活动比作"橐籥"，橐籥即一开一合的风箱，会产生后天气，其形态很生动，"虚而不屈，动而愈出"。最后给出了一个永恒不变的中道，所谓"多言数穷，不如守中"。炼气之法须守中道，守之之法，有云："守此中道，守中者专于积气，积气者专于眼、耳、鼻、舌、身、意也。"又云："守之之法，在乎含其眼光，凝其耳韵，均其鼻息，缄其口气，逸其身劳，锁其意驰，四肢不动，一念冥心，先存想其中道，后绝其诸妄念，渐至如一不动，是名曰'守'，斯为合式。"(《达摩易筋经·内壮论》)

三、调息之法

《庄子·刻意》曰："吹呴呼吸，吐故纳新……此道（导）引之士，养形之人，彭祖寿考者之所好也。"调息之初，先行吐故纳新，排出体内浊气纳入清气，如后面提到的吐字诀，即为吐纳术；调息主要的功能是使心息相依，而胎息使人心如止水。"黄帝曰：夫自古通天者，生之本，本于阴阳。天地之间，六合之内，其气九州、九窍、五藏、十二节，皆通乎天气。其生五，其气三，数犯此者，则邪气伤人，此寿命之本也。"(《素问·生气通天论》)

袁了凡说："养气者，须从调息起手。禅家谓：息有四种。凡鼻息往来有声者，此风也，非息也，守风则散。虽无声而鼻中涩滞，此喘也，非息也，守喘则结。不声不滞而往来有迹者，此气也，非息也，守气则劳。所谓息者，乃不出不入之义。朱子《调息铭》云：'静极而嘘，如春沼鱼；动极而吸，如百虫蛰。'春鱼得气而动，其动极微。寒虫含气而蛰，其蛰无朕。"(《摄生三要·养气》)

关于调息要诀，袁了凡说："调息者须似之（指上文"春鱼""寒虫"）。绵绵密密，幽幽微微，呼则百骸万窍气随以出，吸则百骸万窍气随以入，调之不废，真气从生，诚要诀也"(《摄生三要·养气》)。导引医学将气细分，便于诊疗。袁了凡说："人身之气，各有部分。身中有行气、横起气、诸节气、百脉气、筋气、力气、骨间气、腰气、脊气、上气、下气，如此诸气，位各有定，不可相乱；乱则贼，大则颠狂废绝，小则虚实相陵，虚则痒，实则痛，疾病之生，皆由于昔此。"(《摄

生三要·养气》）

关于诊疗，袁了凡在此讲了一个故事，故事的主人公是明代中期的名医韩懋，号飞霞子。他游走四方，悬壶济世，人们熟知的"三子养亲汤"（莱菔子、苏子、白芥子）就是他发明的。著有《韩氏医通》等。袁了凡说韩飞霞遇异人于黄鹤楼，异人授飞霞一方，可以通治万病，投之立效，只有二味药，以香附子为君，佐以黄连而已。凡是人生病都是由于气失平衡，故用香附理气，其时当戊年或癸年（火主戊癸），值火运，故以黄连佐之。真可谓大道至精至简。

关于胎息之法，袁了凡说："养身者，毋令身中之气有所违忤。如行久欲坐，此从动入止也。将就坐时，先徐行数步，稍申其气，渐放身体，止气稍来，动气稍去，从此而坐，则粗不忤细矣。如坐久欲行，此从止出动也。必稍动其身，或伸手足，如按摩状，然后徐行。不然细气在身，与粗气相忤矣。其余种种，依此推之。习闭气而吞之，名曰胎息……春食朝霞者，日始出赤气也。秋食沦汉者，日没后赤黄气也。冬食沆瀣者，北方夜半气也。夏食正阳者，南方日中气也。"（《摄生三要·养气》）

袁了凡详细讲解了导引方法如行法和坐法，伸缩手足配合闭气，进入胎息以及字诀吐纳等。闭气是调息的一种基本方法，只有把闭气学好，才可以用其他的息法。闭气法：先以鼻吸入，渐渐腹满，及闭之久，不可忍，忍时会憋气，憋气会使人缺氧；再从口细细吐出，不可一呼即尽，待气定，再如前闭之，始而十息，或二十息，一吐一吸为一息。渐熟渐多，直至纯熟，能闭至七八十息以上，则脏腑胸膈之间皆清气布濩（音护，流散也）。此法以多为贵，以久为功，如果能于日夜间各行一次，则耳聪目明，精力充沛，体健身轻。凡调气之初，务必要体安气和，无与意气争，久而弗倦，则善矣。闭气如降龙伏虎，须要达其神理。胸膈常宜虚空，不宜饱满。若气有结滞，不得宣流，觉之，便当用字诀吐纳法以除之，袁了凡善用"吹"字和"呵"字，谓吹冷（寒）气，呵温（热）气，气和即止。

胎息的学习和掌握需要比较长的时间，更需要老师指导，具体的操作方法可以参照上述步骤。关于胎息，袁了凡又说："人在胎中，不以口鼻呼吸，惟脐带系于母之任脉，任脉通于肺，肺通于鼻，故母呼亦呼，母吸亦吸，其气皆于脐上往来。天台（止观）谓：识神托生之始，与精血合，根在于脐。是以人生时惟脐相连。"

四、吐纳养气

吐字要诀，属于吐纳法之泻法，适应证是实证，最初是《庄子》有"吹、呴、呼"三字诀，南北朝时，"六字诀"已经很完善了，道教医药养生学大家陶弘景之《养性延命录·服气疗病》篇曰："纳气有一，吐气有六者，谓吹、呼、唏、呵、嘘、呬，皆出气也……时寒可吹，时温可呼，委曲治病；吹以去风，呼以去热，唏以去烦，呵以下气，嘘以散滞，呬以解极。"这是用以治疗的吐纳导引法，适应证是实证，吐字法属于泻法，不可长期练，症状消失即止，因此不是人人可以练习的养生功法。到了明朝，有人还为"六字诀"配上了肢体导引。《脉望》曰："六字诀，其法：鼻取口吐，切忌有声。肝若嘘时目睁睛，肺知呬气手双擎，心呵顶上连叉手，肾吹抱取膝头平，脾病呼时须撮口，三焦客热卧嘻嘻。春不呼，夏不呬，冬不呵，秋不嘘。四时常有嘻，三焦无不足。八节（立春、春分、立夏、夏至、立秋、秋分、立冬、冬至）不得吹，肾气难得盛。凡有余则引其子，不足则杀其鬼。"袁了凡传授吹、呵"二字诀"，即吹冷、呵热。练习吐纳当循序渐进，不能急于求成。上面的字诀吐纳法是很实用的，可以预防瘟疫（《脉望》六字诀）。总之调息之法要靠平时修习，不间断才能得法。

袁了凡说："初学调息，须想其气，出从脐出，入从脐灭，调得极细，然后不用口鼻，但以脐呼吸，如在胞胎中，故曰胎息。初闭气一口，以脐呼吸，数之至八十一，或一百二十，乃以口吐气出之，当令极细，以鸿毛着于口鼻之上，吐气而鸿毛不动为度。渐习渐增，数之久可至千，则老者更少，日还一日矣。葛仙翁每盛暑辄入深渊之底，一日许乃出，以其能闭气胎息耳。但知闭气，不知胎息，无益也。"（《摄生三要·养气》）

袁了凡又说："人之气，吹之则凉，呵之则温，温凉变于吹呵之间，是故夏可使冷也，冬可使热也。行气者，可以入瘟疫，可以禁蛇虎，可以居水中，可以行水上，可以嘘水使之逆流千里。气之变化无穷，总由养之得其道耳"（《摄生三要·养气》）。袁了凡将字诀吐纳法浓缩成二字，即吹和呵，吹冷气、呵温气最为常用，通常早晨起床用吹字，除非早晨醒来感到已经上火，可用呵字，先出气后纳气，谓吐故纳新。全套字诀有六字，即"六字气诀"，此法为泻法，吐浊气吐干净即止，不宜太过，更不能天天做，否则伤气伤神，切忌。葛洪说："病愈即止。"

袁了凡又说调息禁忌："气欲柔，不欲强；欲顺，不欲逆；欲定，不欲乱；欲聚，不欲散。故道家最忌嗔，嗔心一发，则气强而不柔，逆而不顺，乱而不定，散而不聚矣。若强闭之，则令人发咳。故道者须如光风霁月，景星庆云，无一毫乖戾之气，而后可行功。又，食生菜肥鲜之物，亦令人气强难闭；食非时动气之物，亦令人气逆。又，多思气乱，多言气散，皆当深戒。"（《摄生三要·养气》）

五、养气存神

佛云：人命在呼吸间。一气不来，即为命终。谚云：生死事大，无常迅速。保命全形是医学目的。袁了凡医学思想是"我命在我不在天"。

要牢牢把握自己的命运。《庄子》曰："人之生，气之聚也。聚则为生，散则为死。"传统医学认为，"形与神俱"才是健康的人。人要具足精、气、神，精亏、气虚都易治，而最难治者"神"也，有很多疾病是先伤神，后形体衰老。精可以补，亦可以固，可以养；气也可以补，可以养；唯有神没法补。人们常说某人很"精神"，或说某人很"神气"，只有在某人有很特别的举动和言语时，才会说此人很"神"。神在人体各关节之间，医云：眼为神舍。当人气绝了医生会观察一下瞳孔，神散了即宣告死亡。如果把神独立来论，则很难说明白。关于人神散去，袁了凡在《形神论》中说："人之神，如刀之有利，未有刀去而利存，岂有形灭而神在？噫！是狗形而不知神者也。天下无刀外之利，而有形外之神。"（袁黄《形神论》）

袁了凡又说："聚精在于养气，养气在于存神。神之于气，犹母之于子也。故神凝则气聚，神散则气消。若宝惜精气而不知存神，是茹其华而忘其根矣。然神岂有形象之可求哉？《孟子》曰：'圣而不可知之之谓神。'乃不可致思、无所言说者也。如作文不可废思，而文之奇妙者，往往得于不思之境，神所启也。符箓家每举笔，第一点要在念头未起之先，谓之混沌开基，神所运也。感人以有心者常浅，而无心所感者常深，神所中也。是故老人之心不灵，而赤子之心常灵；惺时之谋不灵，而寐时之梦常灵，皆神之所为也。《易》曰'天下何思何虑'，此神之真境也。圣人不思不勉，此神之实事也。不到此际，总不能移易天命，识者慎之。"（《摄生三要·存神》）

中国的道教和佛教有画符念咒等祛邪治病的方法，符箓为"符"和"箓"的合称，亦称丹书，是道教秘文。据说有召神劾鬼、辟邪疗疾之功效。云谷禅师在给袁了凡讲授"立命之法"的时候传了三种方法，一是记"功过格"，把意念、语言和行为集中到行善除恶上来；二是把意念集中在生死大事上；三是将身、口、意集中在念《准提咒》上，将咒念至"无记无数，不令间断，持得纯熟，于持中不持，于不持中持，到得念头不动，则灵验矣"。其中最有意思的是第二种方法，云谷禅师为袁了凡举了"符箓家"书符的事来说明："符箓家有云：'不会书符，被鬼神笑。'此有秘传，只是不动念也。执笔书符，先把万缘放下，一尘不起，从此念头不动处下一点，谓之混沌开基；由此而一笔挥成，更无思虑，此符便灵。"古代符箓家落笔之前，心只有符而没有任何杂念，即"混沌开基，神所运也"。持《准提咒》时其神是专注在咒语上，如果神不守舍，画符和持咒都是没有作用的。收神、练神、养神是治神存神的全部方法，除此之外没有任何灵丹妙药。

云谷禅师有大智慧，对有儒学和医学背景的袁了凡讲儒家孟子的"立命"之理，还讲了上乘的移精变气之祝由符箓，其所传的法都是"实学"，不识字的人也能听明白，一是生死大事，二是让心灵净化。袁了凡夫人不识字，但每天用一支鹅毛管在《功过格》上盖红印记，日用而行，其方法简便，即"善记恶退"，每天晚上清算一天身、口、意所造的善业、恶业。

现在的人神大多是散乱的，难以专注在一件事上，小则走神，整天失魂落魄者也为数不少，因为花花世界诱惑太多，尤其是当下一部手机就可以把人弄得神魂颠倒，六神无主，还有电子游戏等，都是耗神的。养神存神最直接、最有效的方法即"闭目养神"，闭目养神法是及时消除视神经疲劳最有效的方法，而且可以碎片化地将闭目时间一点一点积累，当然是多多益善。

六、守窍止观

内丹医学，亦名丹道。道家守窍法是内丹医学的一种方法。袁了凡说：" 然攀缘既熟，念虑难忘，只得从此用功，渐入佳境……有存眉间一窍者，谓无位真人在面门出入，存之可以收摄圆光，失则使人火浮而面赤。有存上腭者，谓齿缝玄珠，三关齐透，存之可以通贯鹊桥，任督飞渡，而失则使人精不归源。有存心中正穴者，谓百骸万窍总通于心，存之可以养神摄念，须发常玄，而失则使人局而不畅。有存心下寸许皮肉际者，谓卫气起于上焦，行于脉外，生身所奉，莫贵于此，存之可以倏忽圆运，祛痰去垢，而失则使人卫胜荣弱，或生疮疖。有存心下脐上者，谓脾宫正位，四象相从，存之可以实中通理，而失则使人善食而易饥。有存脐内者，谓命蒂所系，呼吸所通，存之可以养育元神，厚肠开窍，而失则使人气沉滞。有存下丹田，谓气归元海，药在坤乡，存之可以鼓动元阳，回精入目，而失则使人阳易兴而妄泄。有存外肾一窍，以目观阳事者，谓心肾相交，其机在目，存之取坎填离，而失则使人精液妄行。大都随守一窍，皆可收心。苟失其宜，必有祸患。惟守而无守，不取不离，斯无弊耳。《老子》曰'绵绵若存'，谓之曰存，则常在矣。谓之曰若，则非存也。故道家宗旨，以空洞无涯为元窍，以知而不守为法则，以一念不起为功夫，检尽万卷丹经，有能出此者乎？"（《摄生三要·存神》）

内丹医学之"守窍法"在当时比较流行，没有明师指点会出现不良生理反应，袁了凡有个亲戚沈淮槎生病，沈淮槎带信想叫袁了凡诊疗。了凡叫儿子袁俨上门代为探视，袁俨探视后回复父亲，沈淮槎是"观窍"所致。袁了凡即写《答沈淮槎书》，书信中说："小儿回，道尊恙因'观窍'而成，果尔，则足下今日之病，非真病也，乃误认为病，而误受其苦也。大凡玄门观窍与禅门作观，中间皆有景象，元气升腾，万般作怪，或焆然而热，或郁焉而晕，或奔腾有声，或刺痛难忍，得明师指点，坚意顺受，一过此关，则夙疾潜消，而元阳尽复矣。倘不知其为工夫节奏之当然而疑焉，惧而止焉，则佳境变成恶境，即工夫为疾病，不可名状，不可救药矣。有暇乞暂过草庐，相对静坐，二十余日可以全愈，未审信得及否？余不尽罄"（袁黄《两行斋集》）。沈淮槎不是生病，而是观窍后人体出现的气化反应，但沈淮槎以为是生病了，就写信告诉袁了凡。了凡便叫儿子袁俨前去探望，袁俨回家后告诉父亲，沈淮槎是因为"观窍"而得病。袁了凡在回信中明确告诉沈淮槎此"非真病"，而是"观窍"使人体内元气升腾所致。这是练功过程中的反应，过了此关，则症状自然消失，而元阳尽复。了凡邀请沈淮槎来家里，说我和你相对静坐二十多天，你就可以痊愈了。"相对静坐"当是袁了凡的谦语，静坐期间应该会有适当的心理疏导和观察陪护。从这封袁了凡的回信，我们可以知道当时内丹医学确实很流行。后来了凡著《静坐要诀》时专门对内丹医学中的"守窍"之利弊作了解说，显然袁了凡并不是有门户之见，而是亲自经历过实修实证的。

对于信中提到的"禅门止观"，袁了凡说："禅门止观，乃存神要诀。一曰系缘守境止，如上系心一处是也。二曰制心止，不复系心一处，但觉念动，随而止之，所谓不怕念起，惟怕觉迟者也。三曰体真止，俗缘万殊，真心不动，一切顺逆等境，心不妄缘，盖体真而住也"（《摄生三要·存神》）。此段文字乃存神要诀，宜用心体悟。袁了凡师从云谷禅师修习止观法门，对于"系心一处"有深刻体会，止门法要如佛所云：系心一处，无事不办。至于观门，乃入道之门。袁了凡说："观法多门。《华严经》事法界观，谓常观一切染净诸法皆如梦幻，此能观智亦如梦幻。一切众生，从无始来，执诸法为实有，致使起惑造业，循环六道。若常想一切名利怨亲，三界六道，全体不实，皆如梦幻，则欲恶自然淡泊，悲智自然增明。亦名诸法如梦幻观。"（袁黄《摄生三要·存神》）

第十七讲
静坐要诀

袁了凡五十九岁时在宝坻完成《坐禅要诀》,其目的是给读书人学习静坐的,读书人修习静坐是为了收心。袁了凡在《与李渐庵书》中说:"朱生彦吉,吴中名医也。蒙老师礼遇过优,不胜感激。新刻《坐禅要诀》先奉十册呈览。"当时的官员和读书人大多"重玄薄禅",书名《坐禅要诀》很多人犯忌,为了便于流通,袁了凡又将"坐禅"改为大家都能接受的"静坐"。于是在《坐禅要诀》即将行梓前,改名为《静坐要诀》。《嘉善县志》曰:"《静坐要诀》,袁黄著。昔程子见人静坐,便叹其善学。然静坐之诀,原出禅门,其工夫皆有节度,世人不得其旨,瞽修聋坐,不惟无益,且相害焉。(袁)黄因述其节奏,辑成是编。"(袁黄 & 盛唐《明万历嘉善县志》)

宋代大儒程子、朱子倡导静坐之法,程子是指宋代理学家程颢、程颐兄弟二人,程子是对二人的尊称。程子和朱子都赞成读书人静坐,静坐是收放心的工夫,有助于学习,还可以增强记忆力。

朱子(1130—1200年),朱熹,字元晦,又字仲晦,号晦庵,晚称晦翁。婺源(今江西婺源)人。南宋著名的理学家、思想家、哲学家,后世尊称为朱子。其《四书章句集注》成为元明清三代官

223

方钦定的教科书和科举考试标准。赐谥号"文",故世称"朱文公"。

明代大儒多推崇静坐。高攀龙著《静坐吟》《静坐说》《静坐说后》。高攀龙(1562—1626年),字存之,无锡人。万历十七年(1589年)中进士。他以"平常"为静坐要诀,认为"平常"即清静自然,"以其清静不容一物,故谓'平常'"。又说:"静中妄念即净,昏气自清,只体认本性原来本色,还他湛然而已"(《静坐说后》)。高攀龙年轻时自觉"读书虽多,心得却少",于是学宋儒"半日读书,半日静坐",以此涵养德性,静坐之法他从未间断。高攀龙告诫子孙曰:"吾在此,全靠平日静功,少年不学,老无受用,汝辈念之。静功非三四十年静不来,何者,精神一向外驰,不为汝收拾矣。事多苦,拂意苦,有疾病苦,到老死苦,苦益不可言。静而见道,此等苦皆无之。汝辈急做工夫,受些口诀。不然,此事无传矣。天下惟此事父不能传之子,以身不经历者,言不相入,即终日言之,如不闻也"(高攀龙《高忠宪公家训》)。还有刘宗周、胡文忠、曾文正等,他们对静坐都有专论,这显然是儒家的静坐法。

隆庆四年,袁了凡读书于南京燕子矶,沉思默想,胸中无一毫杂累,似乎进入到入定的境界。一日登矶,恍然如囚人脱枷,不胜鼓舞,从此以后作文或考试,只要拿到题目文章随手就写出来了。袁了凡所习静坐得法于云谷禅师是毫无疑问的,他在《静坐要诀》中说:"静坐之诀,原出于禅门,吾儒无有也。自程子见人静坐,即叹其善学。朱子又欲以静坐补小学收放心一段工夫,而儒者始知所从事矣"(袁黄《静坐要诀序》)。在此袁了凡阐明了禅门静坐和宋明时期儒生们静坐的关系。

一、禅净双修

袁了凡很小的时候就开始习静坐,那时习静是为了学习。袁了凡静坐功夫，最让人记忆深刻的是在《了凡四训》中的自述："贡入燕都，留京一年，终日静坐，不阅文字。己巳归，游南雍，未入监，先访云谷会禅师于栖霞山中，对坐一室，凡三昼夜不瞑目。云谷问曰：'凡人所以不得作圣者，只为妄念相缠耳。汝坐三日，不见起一妄念，何也？'"袁了凡初学静坐只是为了"收心"，利于学习。了凡与云谷禅师对坐一室，三昼夜（七十二个小时）不瞑目，居然不动一个念头。此时不动念是由于了凡深信一切是命中注定，遭到云谷禅师棒喝后，才跟随禅师学习坐禅。后来袁了凡著作出版，其门生在序言中写到"先生幼习禅观"，可见了凡静坐法出自禅门。袁了凡后又得交妙峰法师，深信天台教义，谓"禅为净土要门"，禅净双修是比较适合读书人的法门。袁了凡说："吾师云谷大师，静坐二十余载，妙得天台遗旨，为余谈之甚备。余又交妙峰法师，深信天台之教，谓禅门为净土要门，大法久废，思一振之。二师皆往矣，余因述其遗旨，并考天台遗教，缉为此篇，与有志者共之"（《静坐要诀序》）。这是袁了凡著《静坐要诀》之缘起，禅净双修是袁了凡倡导的静坐特点。

　　袁了凡所讲的静坐之法虽源自禅门止观，却非佛学。静坐法是医学也是世间法，是为了接迎更多世人入门，以"静"为主，可以治病亦可入道，人人皆可修习。而禅门之禅定则是出世间法，是以明心见性为目的，求得究竟的安乐。禅门之"坐禅"，也叫做"禅定"。如何理解"坐禅"和"禅定"？唐代禅宗六祖慧能大师说："善知识，何名坐禅？此法门中，无障无碍，外于一切善恶境界。心念不起，名为坐；内见自性不动，名为禅。善知识，何名禅定？外离相为禅，内不乱为定。外若着相，内心即乱；外若离相，心即不乱。本性自净自定，只为见境，思境即乱。若见诸境心不乱者，是真定也。善知识，外离相即禅，内不乱即定。外禅内定，是为禅定。"（《六祖坛经》）

袁了凡说："就释氏而言，其上者即心即佛，不论禅定解脱；下者数息修禅，而六妙门及十六增胜法，天台谈之最详。其《禅门口诀》所示者，只是调息观脐而已。脐为命蒂，息为气机，心息相依，由粗入细，外尘渐屏，内境虚融，四智可圆，六通（佛教名相，谓六种神通力：神足通、天眼通、天耳通、他心通、宿命通、漏尽通）可证。宿疾普消，特其余事耳"（袁黄《两行斋集》）。《禅门口诀》，全称《天台智者大师禅门口诀》，内容以问答方式指导门人修习止观法门和治病之心要。《禅门口诀》曰："夫坐禅者，由观阴惑，激发四大。倘用心失所，则动四百四病，故须善识病源，善知坐中内心治病方法。若不知治病方法，一旦动病，非唯行道有障，且于生命有虑。"

袁了凡在"修证篇"总结说："大抵初禅离欲界入色界，二、三、四禅，皆色界摄四定，离色界入无色界。灭受想定，则出三界，证阿罗汉果，生西方。此为最径之门"（《静坐要诀·修证篇》）。汉传佛教净土宗以念佛为主，当念到一念不起，即入禅境。袁了凡认为这是修习的最佳路径，发愿要重振此大法，恢复禅净双修法门。

二、静坐次第

静坐除了有要诀外，还有修习次第，《静坐要诀》"辨志篇""豫行篇""修证篇""调息篇""遣欲篇""广爱篇"六篇互为次第，其中"修证篇"篇幅最长，而修证方法"调息篇"又独立一篇，说明"调息"在实修中的重要性。

袁了凡对读书人说："昔陈烈苦无记性，静坐百余日，遂一览无遗。此特浮尘初敛，清气少澄耳，而世儒认为极则，不复求进，误也"（《静坐要诀序》）。袁了凡为了度读书人，将佛教大乘菩提心与儒家的"仁"相比较，其认为没有差别，只是名相不同而已。袁了凡说："若真正修行，只是'仁'之一字。以天地万物为一体，而明明德于天下是也。释迦牟尼以夏音释之，即是'能仁'二字。菩者觉也，度也。萨者有情也，众生也。菩萨二字，为觉有情，又为度众生。佛氏惟菩萨为中道……古之学者为己，儒者何尝不为我？仁者爱人，儒者何尝不兼爱？孔门以求仁为学脉，而未尝废义。仁义并行而不悖，此所以为中道也……问曰：'菩萨之法专以度众生为事，何故独处深山，弃舍众生，静坐求禅乎？'答曰：'此菩萨所以为中道也。'度一切众生，须德高行备，觉妙智神；一切德行，非禅不深；一切觉知，非禅不发；故暂舍众生，静坐求道，如人有病，将身服药，暂息事业，疾愈则修业如常。菩萨亦然，身虽暂舍众生，而心常怜悯，于闲静处，服禅定药，得实智慧，除烦恼病，起六神通，广度众生。即如儒者隐居，岂洁己而忘世哉？正为求万物一体之志耳。其隐也，万物一体之志，念念不离；其出也，万物一体之道，时时不错。"

三、静坐辨志

"辨志"是《静坐要诀》的开篇，辨志即辨志向，在此是辨明静坐的目标。袁了凡说："凡静坐，先辨志，志一差，即堕邪径矣。如射者先认的，的东而矢西，其能中乎"（《静坐要诀·辨志篇》）。了凡认为，无论做什么事情，首先把方向搞准，目标搞定，如果一开始就没有明确的方向，那么后面再努力也是白费工夫。静坐也是如此，必须先明确目标，当目标方向明确后，再开始学习静坐法。修习静坐首先要辨明志向，志向错了，即入邪道。袁了凡列举了四种邪修：一为名闻利养，发心静坐，则志属邪伪，因种地狱。二为志气昏愚，欲聪明胜人而静坐，则属好胜之志，种修罗因。三如畏尘劳苦报，慕为善安乐而静坐，则属欣厌之志，种人天之因。四为了生死，惟求正道，疾得涅槃而静坐，则发自了之志，种二乘因（声闻、缘觉合称二乘）。学静坐并不难，而难就难在"坚持"两字，静坐工夫需要长时间的积累，而不是"三昼夜"疲劳战，了凡在寻找自己无子嗣六条因缘中就有一条"好彻夜长坐，而不知葆元毓神，宜无子者六"，显然太过了也是无益的。

袁了凡认为静坐的目标不仅是自利而是广爱，故《静坐要诀》最后是"广爱篇"，只有明确了静坐方向，努力精进，不要间断，才会慢慢接近目标。袁了凡说："世人与众不同，初生为嗔；嗔渐增长，思量执着，住在心中，名为恨。此恨既积，欲损于他，名为恼。败德损德，皆原于此。惟一慈心，能除嗔、恨、恼三事，以是知慈心功德无量也。"（《静坐要诀·广爱篇》）

另外，学习静坐如果没有明师指导，又无经典可依从，那就属于盲修瞎练，轻者会产生偏差，重者就会走火入魔。学习静坐前的起心动念非常重要，心里要平静，心中只存仁，不要有功利心，要无所欲，亦无所求。内心存仁是种因，只有心里存着仁，才能导致中和，和就是心之所发皆适中而有节度，达到心平气和是结果。

四、静坐豫行

《静坐要诀》主要讲静坐实修的次第与要诀，环环相扣没有捷径可走。静坐归根结底是为了修身养性，实修前的豫行非常重要。袁了凡说："然人日用不得常坐，或职业相羁，或众缘相绊，必欲静坐，遂致蹉跎。学者须随时调息此心，勿令放逸，亦有三法：一系缘收心；二借事炼心；三随处养心"（袁黄《静坐要诀·豫行篇》）。袁了凡在"豫行篇"中传授了修禅收心的三种方法：一系缘收心，二借事炼心，三随处养心。一系缘收心，经云："系心一处，无事不办。"二借事炼心，古云："静处养气，闹处炼神。"三随处养心，下面这段话是"豫行"的核心，最为实用："何谓随处养心？坐禅者（初禅）调和气息，收敛元气，只要心定、心细、心闲耳。今不得坐，须于动中习存，应中习止。立则如斋，手足端严，切勿摇动。行则徐徐举足，步动心应。言则安和简默，勿使躁妄。一切运用，皆务端详闲泰，勿使有疾言遽色。虽不坐，而时时细密，时时安定矣。如此收心则定力易成，此坐前方便也"（《静坐要诀·豫行篇》）。这是静坐前的方便法门，是在动中求"静"，天长日久养成习惯将静融入日常生活中，行住坐卧、语言行为都要刻意有所改变。静坐的核心是"静"，要牢牢抓住"静"。静坐不是一朝一夕的事，是长久的行为，长期在静坐时保持静的身心状态。

袁了凡说："修禅之法，行住坐卧，总当调心。但卧多则昏沉，定多则疲极，行多则纷动，其心难调。坐无此过，所以多用耳"（《静坐要诀·豫行篇》）。至于静坐的姿势，袁了凡又说："凡静坐，不拘全跏、半跏，随便而坐，平直其身，纵任其体，散诞四肢，布置骨解，当令关节相应，不倚不曲。解衣缓带，辄有不安，微动取便，务使调适"（《静坐要诀·修证篇》）。学习静坐法是体悟"静"，而习静并非只有坐着不动一法，更不是一定要双盘，关键是要把握住一个"静"字。若能在日常生活中，将行、住、坐、卧都融入静的元素，那么生活中的"快"和工作中的"忙"也会因为"静"而有所变化，工作、学习效率也会有事半功倍的效果。

上面这一段话，余曾在初版《袁了凡静坐要诀》导读中讲过。出版发行二年后，有一天，余突然接到一个来自延边朝鲜族自治州的电话，来电人是个三十多岁的男性，他自述患有严重的抑郁症，中西医都看过，药也吃了不少，但是病情不见好转，于是就想在传统养生法中找方法，无意中找到了《袁了凡静坐要诀》，看到了上述这段文字，于是刻意在日常行为举止中加入了"静"，一个多月过去了，身心基本上康复了，于是找到上海古籍出版社，要到了余的电话，特意致电来感谢。

从这个案例可以看出，静坐法对于心理障碍是有效的，与此相反生活在紧张和压力里，人的心理是会产生障碍的。但凡"行、住、坐、卧，总当调心"，都要有个度，不足和多余都会带来障碍。静坐要诀是"收心""炼心""养心"，其目的是降伏心魔。关于这个问题，马瑞河向袁了凡请教："入道必先炼魔，夜不成寐，然后可以进功。未知有此说否？"袁了凡回答："炼魔非一人可行，必须上有明师监板，下有良朋做伴。古人亦有从此悟入者。今不须尔，但修禅得力，睡魔即遣矣"（袁黄《答马瑞河问静坐书》）。在此了凡提了二个条件，一是明师监护，二是同修良友做伴。这是告诉人们修习静坐切不可躲在没人的地方盲修瞎练，而是要多亲近明师，和同修多交流。炼除睡魔是内练精神，使精足神圆，谓精足不思淫，神足不思睡。

静坐是收放心的工夫，静坐也是磨炼心志的工夫，静坐又是修性养心的工夫。静坐工夫是为了降伏自身的心魔，只有降伏了心魔，智慧才会显现。学佛首要是学智慧，智慧显现是什么样的状态呢？关于这个问题，马瑞河又请教道："禅内有智慧之说，尚不知如何景象。请譬而喻之，如何？"袁了凡回答："真慧发照，如明镜当台，妍来妍现，媸来媸现。镜无邀像之心，像无投镜之意。即今目前行事，便可受用。扫除机智，一切顺逆好丑，总不关情。得一念相应，便是一念圣人；得一日相应，便是一日圣人"（袁黄《答马瑞河问静坐书》）。

五、静坐境界

静坐的境界可与坐禅相应，马瑞河曾请教袁了凡说："四禅四定，功果浩大，亦不易成。倘如法修之，万一其中所见境界少，不尽如其言，宁毋移易其心，为他境所夺，将何慴服？请备教之。"袁了凡回答：

"禅之境界，万种不同。有从报因而发者，谓今世坐禅，乃发前世修证之事，其发必不依次第，误认即错矣。有从习因而发者，谓日前散乱心中，行些小善，到此定中，亦必发现，或恶亦然。皆不可执，执则永不发深禅定矣。但有境界，只遣除之，不去认著，自然无病。盖执着则正亦成魔，不执则魔亦无害。千万记取。"（袁黄《答马瑞河问静坐书》）

四禅与四定是坐禅境界，袁了凡说："禅定分明，智慧照了，故云念清净。定心寂静，虽对众缘，心无动念，故名定心。此后亦有默然心，如前所说也。又此四禅，心常清净，亦名不动定，亦名不动智慧。于此禅中，学一切事，皆得成就，学神通则得，学变化则得，故经说，佛于四禅为根本也……从此以后，又有四定：一空处定，二识处定，三无有处定，四非有想、非无想处定。"（《静坐要诀·修证篇》）

袁了凡自言用了十个月的时间，证得三禅次第定。袁了凡在《与陈颖亭论命书》中叙述了修习禅定的境界变化，曰："弟幼受云谷禅师之教，即知静坐摄心，或经夕不寐，或经旬不出，而人事多魔，不能打成一片。后因出游有暇，得整坐十个月，朝暮未尚交睫。于禅门工夫，先息粗细二尘，次过欲慧二定，然后备证十六触而入初禅，大觉大悟，如梦之方醒。然有觉有悟，犹为幻为病，离此觉悟，方入第二禅。始知向来为聪明所迷，觉照所误，如鸟之出笼，廓然见天地之远大，而悦不自胜。然悦在犹为患为病，离悦而后入第三禅。凡人为学，惟内无所悦，故外面可喜可慕之事，得以动之，到得内有真悦，则充然自足矣。若三禅则不徒悦，而且乐焉。盖喜从心生曰悦，喜从外畅曰乐，故二禅之悦以心受，三禅之乐以身受，不但手足舞蹈，熏然顺适，觉得一呼而与六合上下同其通，一吸而与六合上下同其复，真与天地万物同其和畅者。当时正欲究竟其功，而弟偶因事归家，遂中道而废，至今悔之。"（《游艺塾续文规》卷三）

三禅与四禅境界之差别,《三藏法数》曰:"三禅次第定,谓人修禅定,从二禅入三禅时离喜行舍而受身乐,唯圣人能说,而复舍念行乐,其心次第而入,无有杂念间隔也(离喜行舍者,谓厌离二禅大喜动散,摄心不受也。受身乐者,既离二禅之喜,而身受三禅之乐也。圣人能说者,此乐极胜,超过一切之乐,非凡夫所能知也。舍念行乐者,谓能舍二禅之喜念,而行三禅之乐也)。四禅次第定,谓人修禅定,从三禅入四禅时,断喜乐故,不喜不乐,其心次第而入,无有杂念间隔也(断喜乐者,谓断二禅之喜及三禅之乐也。不喜不乐者,谓心无善恶,寂然平等,即是四禅之定相也)。"

袁了凡后来证得了四禅次第定,说:"学者至四禅时,有视为微妙,得少为足,画而不进者,有觉心识生灭,虚诳不实,便欲求涅槃,寂静常乐者……学者于四禅中,一心谛观己身一切毛道及九孔。"(《静坐要诀·修证篇》)

六、静坐密义

袁了凡《静坐要诀》刊行之初,时任保定知府的马瑞河读了《静坐要诀》非常激动,由于自己公务缠身,不能亲自前来问道,即派人带了礼物和书柬、拜师帖等,送往宝坻袁了凡府上。马瑞河在保定遥尊袁了凡为师,自认为门生,并求问修养自身品德的方法,提出读了《静坐要诀》之后产生的有关疑问共十三个,从这十三个疑问来看,马瑞河的静坐工夫也是不错的,否则难以提出这些问题来,只是平时没有遇到明师。马瑞河来信说:"熟读《要诀》,首尾呼应,即如此法修之,恐其间尚有妙用难以言语形容者。一或少差,宁不误事,不知何以教我?"袁了凡回信答:"但肯依法修持,必不相赚。"

马瑞河来信中提的十三个问题,袁了凡一一回复。由于静坐原出于禅门，必定会涉及"持戒"。持戒是佛教戒、定、慧三学之首，只有持戒修行，才能入定，得定才能生慧。袁了凡说："凡坐禅，须先持戒，使身心清净，业障消除。不然，决不能生诸禅定。若从幼不犯重罪，或犯已能戒，皆系上知利根，易于持戒"（《静坐要诀·豫行篇》）。马瑞河担心犯戒会使前功尽弃，于是问："尝闻入道必先受戒，恐一犯之，前功尽弃。烦将秘要紧切应戒者批示之。"持戒与犯戒的矛盾，对于修行的人来说是随时会遇到的。关于这个问题，袁了凡回答："持戒是第一紧要之事。倘能专戒，精严不犯，则千劫之罪可以坐消，一犯之讹，安得反废？释门五大戒：不杀生、不偷盗、不邪淫、不妄语、不饮酒食肉。生每日持之，至晚辄回向。谨录奉览"（袁黄《答马瑞河问静坐书》）。守持戒律和每晚做功德回向是袁了凡的日常功课，这些已经融入他的日常生活中。

静坐之法除了遣欲还要持戒，让身心保持清净。关于持戒的问题，马瑞河又问："食斋之说，初学既不能长斋，亦召切要之日斋之，定有期限。何如？"袁了凡答："仆已不谷食者数年矣。一切荤牲，人前尚未敢断，不独虑人疑谤，亦欲示人易从也。每月十斋日，则不可犯。初一、初八、十四、十五、十八、廿三、廿四、廿八、廿九、三十也。"上面讲道"我不以谷物为食，已有几年了"，这是袁了凡在"辟谷"，所谓辟谷，即辟食五谷，用服饵、服气等法补元气。在袁了凡的信函中多次提及辟谷，说明当时内丹医学方法很流行。

马瑞河又问："心事匆匆，聊询数款。倘有紧要口诀，幸固封密示。不敢妄泄天机，自取罪戾也。"这是马瑞河信中最后一个问题，其实这个问题是求道的人都想问的。袁了凡回答："紧要口诀，俱已道书。若欲求密义，须向自己心中默默理会，向人求觅即非密也。"袁了凡用短短的几句话，就告诉弟子"密义"向自己心中求。求道者普遍认为"假传万卷书，真传一句话"，想通过拜师入门获得"密诀"。袁了凡的回答是：若想寻求深密的义理，须自己心中默默领会，只能意会不能言说，凡是说出口的就不是"密义"了，所谓悟道亦不能言说。

后来《静坐要诀》再版，严天池、陈颖亭、石星等都向袁了凡请教有关静坐与调息方面的问题。

> 石星（1537—1599年），字拱辰，号东泉。大名府东明县人。嘉靖三十八年中进士，隆庆年间因劝谏穆宗而被施杖刑，贬斥为民，万历年复职，官至兵部尚书，后因与日本和谈失败，被下狱论死，万历二十七年死于狱中。

第十八讲
静心遣欲

　　纵观袁氏医学的核心是"静心遣欲",看似简单的四个字,要想真正做到却很难。人所犯的一切过错都是由于心不在焉和心不清静造成的,静心是为了收心、专心,所谓专气致柔。佛家有"数息法",使心息相依,还有止观法等用于收心。遣欲更难,遣欲不是强忍,尤其是食欲。袁颢专门在《袁氏家训》中用了很大的篇幅来讲述,他甚至认为食欲比性欲还难调。袁了凡调食欲用辟五谷、服药饵的方法,他在与好友交流中多次提到。遣欲,就是遣除欲望,慢慢趋向清心寡欲。人有生理和心理的三大欲。生理上一是食欲,二是淫欲,三是睡欲;心理上有贪、嗔、痴,佛教称为"三病"。怎样才能遣除生理上的三大欲望呢?经过静坐法的实践,有聚精、养气、存神之功效。古德云:"精足不思淫,气足不思食,神足不思睡。"即是实修的印证。袁了凡在《庭帏杂录》中记载了父亲的教诲;"毋以饮食伤脾胃,毋以床笫耗元阳,毋以言语损现在之福,毋以天地造子孙之殃,毋以学术误天下后世。"这段文字是明医袁仁的家教,简直是太精辟了。医云脾胃乃后天之本,食饮有节制,是养护后天之根本;肾是先天之本,不贪床笫之欢,清心寡欲,惜精保元,是保护先天之根本。古德云:"病从口入,患从口出。"病从口入伤及脾胃,多言语犯口业损眼前之福报,故《庭帏杂录》又说:

"古人慎言，不但非礼勿言也。《中庸》所谓'庸言'，乃孝弟忠信之言，而亦谨之，是故万言万中，不如一默。"对于天地鬼神和人文学术要有敬畏之心，不要妄测天地之奥，不要制造不经之论，否则也会损子孙福报，误后世学人。

一、静坐功用

静坐的功用很多，对于疑难复杂的事，尤为有效。静坐之法小可以治病和养生，中可以除烦恼和益智，大可以入道和悟道。读书人静坐是为了长记性，而近代蒋维乔和性怀和尚等习静坐都是为了治病，静坐可以解决一些医药不能治愈的慢性病，尤其是神经系统疾病。

静坐，还可以增强人的专注力和记忆力。袁了凡说："昔陈烈苦无记性，静坐百余日，遂一览无遗。此特浮尘初敛，清气少澄耳。而世儒认为极则，不复求进，误矣"（《静坐要诀序》）。袁了凡认为，如果只是为了长记性而静坐，这是"不复求进，误矣"。袁了凡又说："自程子见人静坐，即叹其善学，朱子又欲以静坐补小学收放心一段工夫，而儒者始知所从事矣"（《静坐要诀序》）。静坐用以读书、治病没有问题，但这些功用只是皮毛，不是静坐之根本，读书人如果不复进取只为读书或治病，那是对静坐认识上的误区。

袁了凡在《两行斋集》里有很多信札，都提到静坐治病和静坐治学的事，他通常在做重要文章之前要静坐。袁了凡说："要包罗天地古今之态，又要赤洒洒不染一尘……须先扫除鄙秽，涵泳性灵，有暇先静坐三四月或半年，否则亦须随事遣情，于念中息念，将奔驰纷扰之妄心，艳慕纷华之妄见，减得一分，便有一分干净，久久自然尘芬渐退，澹泊虚融。然后取五经及《周礼》《老》《庄》《列》《荀》《韩非》《吕览》《左》《国》《史》《汉》次第读之"（《两行斋集》）。这是告诉弟子们基本的学习方法，其中有静坐、收心等。袁了凡有一目十行、过目不忘的阅读工夫，皆得益于静坐。他强调习静坐要有"明师"指授，如果不得法则反而会成疾患。注意指的是有实修实证的明师指授，而不是徒有虚名的名师教授。二者之间的区别在于，明师是指有修有证，且明白静坐法之原理的老师；名师则是名声在外，但不一定能做到"知行合一"的老师。

静坐入道，是静坐的目标；静坐悟道，是静坐的目的。马瑞河初读《静坐要诀》，认为静坐极为简单容易，只是找不到重点，于是向袁了凡请教："《静坐要诀》极为简单容易，详细全面，然而其中必定有先后修行的顺序，烦请您再赐给我一本，用红笔加上批语，或许可有助于修行的循序渐进。"袁了凡答："书中篇目的顺序，就是修行的先后次序。但修行证悟，或用调呼吸的方法，使气息和顺舒畅，心境平静安稳；或闭起眼睛，默想一种形象状态。只用一种方法，不必兼用。"（袁黄《答马瑞河问静坐书》）

总之，大道至精至简，该写的都已经全部写在《静坐要诀》中了。静坐法是为了调节身心，属于养生健身、益寿延年的方法，而坐禅则是修行的途径和方法，无疑属于身、心、灵整体修证的范畴了。

二、善根发相

袁了凡在《静坐要诀·修证篇》中强调："初时从动入静，身中气或未平，举舌四五过，口微微吐气，鼻微微纳之。多则三四五遍，少则一遍，但取气平为度。舌抵上腭，唇齿相着。次渐平视，徐徐闭目，勿令眼敛太急，常使眼中胧胧然。次则调息，不粗不喘，令和细，绵绵若存。"举舌是内丹术术语，舌头上举，舌尖抵上腭，慢慢搅动，又名赤龙搅柱、搭鹊桥等，有生津养阴之功效，《养生十六宜》云：舌宜常柱。

这是口腔内的正常生理状态，通常婴儿都是如此，容易生津。用舌"搭鹊桥"除了生津外，最重要的使任脉与督脉贯通。

"修证篇"专讲实修实证，修证就是有修炼、有证悟，有获得感。静坐不是枯坐，通过静坐的实践，先把身体调舒适，再将散乱的心收回来，然后在具体的事上磨炼心志，再平心静气地养心气，人的生理上就会有良性反应，这种反应叫做"触动"，这种静止状态下的"触动"，叫做"外静内动"。触动俗称"气感"，佛家称之为"善根发相"，触相发时，功德无量。如果气冲病灶，则能治病。但若是没有明师指点，当气冲病灶时，初次感受的人会以为自己生病了，其实不是病，是体内正气发动，冲击了夙疾，待养足了元气，身体就自在了，故曰功德无量。

静坐初始的触动有八种，后期的触动亦有八种，统称十六触。十六触是在静坐过程中发生的，人可以觉知到的。静坐之初所产生的八触分别是：一动、二痒、三凉、四暖、五轻、六重、七涩、八滑。这是粗八触，每人的气感都不同，触动也不相同，触动也不是按上面顺序依次出现。这八触之中的涩和滑、轻和重、凉和暖、动和痒，都是相对应的触动，可以用来辨阴阳。当气感比较明显时，不要紧张，顺其自然即可。其中"痒"触，又叫蚁行感，大多发生在脸部，静坐时脸上好像有蚂蚁在爬的感觉即是。当痒触出现时不要用手去摸，过一段时间会自然消失的。

待静坐再深入一层，生理上就会产生新的八触，这新八触分别是：一掉、二猗、三冷、四热、五浮、六沉、七坚、八软。掉和猗、冷和热、浮和沉、坚和软，也都是相对应的触动。新八触，又名细八触，与先前出现的粗八触虽然相似，但是仔细辨别，有所不同。如果能辨别，说明静坐者心更静了，觉知能力更强了。这些触动都是由四大而发，地大发生重、沉、坚、涩；水大发生凉、冷、软、滑；火大发生暖、热、猗、痒；风大发生动、掉、轻、浮。对于上述十六触，初学静坐者千万不要追求，明师告诫说："得之不喜，失之不忧。"这八个字非常重要，静坐若能步步深入，也应始终保持这个心态。除此以外，还会出现一些莫名其妙的境象，如梦幻泡影，不要大惊小怪，更不能未证言证、夸大事实到处宣讲，这些都应该记住，切记！

最近几年国内外有关静坐的书籍不少，但是很少提及上述这些问题，而前面提到的《小止观》就是解决这些问题的。袁了凡所著的《静坐要诀》就是源自禅门，安全有效，若有不明一定要请教明师，千万不要把善根发相当作疾病来看待。

上座之初，先调身再调息，初上座身体是可以动的，即所谓调身，先平直其身，将脊柱调直调正；再用《坐姿八段锦导引法》前四势提升正气，再加上舌抵上腭，唇齿相着。然后才徐徐闭目；最终调息，导气令和，令细令匀，绵绵若存。下座也要认真对待，可以用《坐姿八段锦导引法》后四势理筋气，轻松下座，并养成习惯。总而言之，袁了凡《静坐要诀·修证篇》之行法偏重道家和医家，理法还是偏重释家。

三、吐纳调息

古德云：吐纳调息之法，小可以治病，大可以入道。练习吐纳法是为了口吐浊气和鼻纳清气。每日清晨，开窗吐纳五至七次，一吐一吸为一次，即吐故纳新。吐纳完毕，嗅觉即刻灵敏，可以闻到草木泥土的香味。吐纳法有《六字诀》，其适宜人群是实证，吐纳法属于泻法。医云：肺开窍于鼻，鼻通乎天气，肺主呼吸，肺朝百脉。调息法即调整呼吸之方法，一呼一吸为息。针对疾病的调息方法主要集中在《童蒙止观》。

古人云："呼吸一法，贯串三教。"无论是儒家、释家还是道家都牢牢抓住调息法，作为入门之法和收心之法，因为呼吸介乎于身心之间，调息得法可以使心息相依。其实重视调息法的又何止三家，呼吸一法凡人皆应习之。袁了凡比喻为人生活在空气中，如鱼生活在水中一样，鱼一刻也不能离开水，同理人一刻也不能离开空气。

调息这一环节非常重要，每个人都需要认真刻意地学习调息方法，有意识地调息。为什么用"刻意"二字呢？因为平时人们都没有刻意关注过自己的呼吸，而呼吸又实在是太重要了，佛云："人命在呼吸间。"生命依于呼吸，一息不来即为命终。《庄子·刻意》篇中讲了一位"寿考者"彭祖，彭祖健康长寿的方法之一是"吹呴呼吸，吐故纳新"，然后才是"熊经鸟申（伸），为寿而已矣"。彭祖作为庄子口中的"道（导）引之士，养形之人"，被后世奉为吐纳导引之祖师。

医家有"六字诀吐纳法""闭气法"和"胎息法"等；武术技击家有"闭气法""服气法"和"喷气法"等；书画家有文人的胎息法，工巧技艺之人无不应用调息法。前面讲到"收放心"，呼吸是联结身心的桥梁，用"数息法""随息法"就能很轻松地把心收回来。因此，用心刻意坚持练习调息，以致养成习惯，才能受用终身。

袁了凡说："学者从初安心，即观息、色、心三事，俱无分别。观三事必须先观息道。云何观息？谓摄心静坐，调和气息，一心细观此息，想其遍身出入。若慧心明利，即觉息入无积聚，出无分散，来无所经由，去无所涉履。虽复明觉此息出入遍身，如空中风性无所有，此观息如也。"（袁黄《静坐要诀·调息篇》）

袁了凡回答严天池问调息书说："然入定法门，事多委曲，恐非笔墨可尽。早岁从云谷和尚指示，曾趺坐十余月，觉已证初禅境界，而中为事夺，不得究竟。"（袁黄《答严天池问调息书》）

严天池（1547—1625年），名澂，字道澈，号天池，常熟人。虞山琴派创始人，操琴以"清、微、淡、远"为风格，旨在提升音声本身的艺术感染力。编撰《松弦馆琴谱》，是被收入《四库全书》里唯一的一部明代琴谱。

严天池曾任邵武知府，他向袁了凡请教调息与入定事宜。袁了凡在回信中表示，调息是可以用文字表述清楚的，而坐禅入定就比较复杂，用文字表达不尽，这是需要实修实证才能得之究竟。严天池也是一位淡泊明志的雅士，袁了凡曾在《与严天池书》中提醒他："问道必穷其源，观物必洞其里。"严天池向袁了凡请教"调息之法"和"入定法门"时，正值《静坐要诀》再版之际，了凡回信从儒、释、道三家调息之异同，来阐述调息之究竟，至于"入定法门，事多委曲，恐非笔墨可尽"。显然入定法门只有一条路即实修实证。

袁了凡说："养气之说，发于孟氏（孟子）。非但蹶与趋能动志也，行要安徐，语须低缓，日用动静，皆当存养。使太和元气常周流于四体间，舒为事业，发为文章，皆自吾盎然者出之而已矣。即此可以塞天地，即此可以贯古今。我儒实学，原是如此。自二氏（老子、释迦）有调息之论，而养气功夫始细而密。就老氏而言，则必取先天一窍，然后调息以守之，而其最上最真之道，则非有作有执也。以空洞无涯为元窍，以知而不守为法则，以绵绵若存为节度，以一念不起为工夫。药物之老嫩浮沉，火候之文武进退，皆于真息中辨验。足下试检尽万卷丹经，有能出此者乎？"（袁黄《两行斋集》）

四、清静自然

"遣欲篇"讲怎样遣除自身的欲望，逐步趋向清心寡欲，达到清静自然的状态。人有生理和心理的三大欲，生理上一是食欲，二是性欲，三是睡欲。心理上主要是贪、嗔、痴。怎样才能遣除身心欲望？还是要靠修证，古德云：气足不思食，精足不思淫，神足不思睡。心理上的贪、嗔、痴三病，主要是贪欲。袁了凡将禅门的不净观、九想、十想和白骨观等法，作为对治方法。袁了凡在《静坐要诀·遣欲篇》中提到了一种实修的观法，名曰白骨观，佛家称之为不净观。这是一种很实用的修法。马瑞河知府看了《静坐要诀》中"观想白骨法"后心生悲心，他问道："九想十想，令人读之不觉流涕。其感人遣欲是矣，但白骨想中，宁毋令人惊怖？此想既成，恐不能遣去，反成病患。且终不知想过作何究竟，或初学时想软，抑凡用功即想也？"袁了凡回答："此问最佳。凡人欲多者，当修九想十想等。愚多者，当修调息等。倘修九想十想生恐惧心，便当舍此，修数息。倘修数息而欲心未断，更当修九想等。在人斟酌用之"（袁黄《答马瑞河问静坐书》）。修"白骨观"属于洗髓法，是为了去除心理欲望的实修法门。修习白骨观可使妄想和欲望逐步减少，消除人生道路上的迷茫，能令人身心清净，思虑专注，身、心、灵逐步趋于安宁和平静。心平则气和，气和则神形安宁。南怀瑾先生称佛家"白骨观"是"洗髓法"，即洗涤心髓、骨髓、脑髓之法。

袁了凡说："周濂溪论圣学，以无欲为要。欲生于爱，寡欲之法，自断爱始。爱与憎对，常见其可憎，则爱绝矣，故释氏有不净观焉。夫有生必有死，死者乃永离恩爱之处，有生之所共憎，虽知可憎，无能免者。我今现生，不久必死，过一日则近一日，盖望死而趋也，岂可贪恋声色名利之欲哉？真如扑灯之蛾，慕虚名而甘实祸，何其愚也。"（《静坐要诀·遣欲篇》）

关于静坐的环境，马瑞河问："修行必择名山或静地独居，可访而行之否？或谓不论在市居朝，亦可信否？"袁了凡回答："名山静地，原是坐禅之所；在市居朝，则调心法也。足下自审力量如何，若直下担当全无剩欠，则案牍喧哗皆成妙境。一切交际治生，皆与理不相违悖。无清净可慕，无纷扰可憎，连禅亦不必坐也。倘未能然，须向高高山顶坐，寂寂房里修。切勿托大，致令耽搁也。"（袁黄《答马瑞河问静坐书》）

袁了凡是以积极入世的心态，以大隐之心来回答弟子的疑问的。现代静坐亦然，在家中辟一静室，有闲即去静室，有烦恼即去静室，身体不适即去静室。注意：静室中不要养宠物，若家中有宠物，静坐时一定不要放宠物到静室，如果静坐时身边有宠物会受惊。切记！

五、仁心广爱

《静坐要诀》中"遣欲篇"与"广爱篇"互为次第，袁了凡引用孔子所说"老者安之，朋友信之，少者怀之"的广爱之心，从身边的人做起。如果自己的欲望尚不能遣除，不可能做到广爱。慈悲心也是可以修出来的，用心去关爱身边的亲朋、老小。袁了凡说："禅家谓之慈悲观，又谓之四无量心，功德最大。四无量者，慈、悲、喜、舍也"（《静坐要诀·广爱篇》）。修习静坐与人情世故的矛盾如何协调？关于这个问题，马瑞河问："进功每日，用若干时候存想，此外尚可交接人事否？或如吾夫子，未感则廓然大公，有感则物来顺应。相近否？"袁了凡答："日间稍暇即静坐，不拘时节。大公、应顺，原是养心之法。物来不能顺应，只是静时不能廓然。且须勉强习去，难忍处须忍，难舍处须舍，忍得一分便有一分安乐，舍得一分便有一分洁净。从此行持不废，自是得力时也。"（袁黄《答马瑞河问静坐书》）

马瑞河又道："既入道矣，则诸人事俱当谢绝。恐人道有未完处，尚可兼而行之，以俟久久摆脱。何如？"袁了凡回答："若论调心，正要在人事上磨炼；若论坐禅，须当谢绝人事，一意进修。倘人道尚有未完，只得兼而行之，此是方便法行。"（袁黄《答马瑞河问静坐书》）

大医的同体大悲之心，袁了凡做得最为出色，如果连自身的欲望都不能遣散，根本谈不上广爱。袁了凡以医者之仁心告诫身边的人，可以先从身边的事做起，用心去关爱身边的亲朋，尤其是长者、孩童。若在关爱时遭遇烦恼，则可视其为修行。待烦恼消退则智慧自然增长，所得的果报即是人们常说的"福慧双至"。静坐法是世间法，可以修福报的，深入下去会使自身的良知和潜能得以显现。广爱是培育自己的慈悲心，慈悲心不断增长，自己的心量也会放大。俗话说：量大福大。求福报心量要大，心量大烦恼就少了。当下很多心理障碍，究其根源都是心量小、烦恼多所造成的，放开心量是对治当下急功近利的一味良药。要想使自己的心量放大，最直接的方法是先要学会"舍"。古人云：有所失，必有所得。这句话非常有道理。广爱、博爱就是教人们心量要大，能忍辱负重，能以德报怨，生欢喜心，天长日久，心自清净。袁了凡以《广爱篇》结尾，足证仁爱、慈悲心是静坐法乃至一切养生、修行的根本。

马瑞河又问："内凡言'如法修之'，何法何修，当有实据，始可遵行。请不厌烦琐，一详示之。"了凡答："调息等即是法，行此法即是修。"（袁黄《答马瑞河问静坐书》）

阅读《静坐要诀》千万不能当作文学作品来读，它是指导静坐的工具书，涉及医学、儒学、佛学和道教之学，要结合静坐反复看，有疑问要及时问，才能得法，只有得法之人，才能"如法静坐"。在这一讲里穿插了马瑞河、严天池两位知府有关静坐的提问，也是给读者提供一些学习静坐入门的经验。

六、静则洗髓

静坐之法的传承只有极少数人在口传心授，静坐是陪伴终生的修身方法。儒家云：静则增慧。医家云：静则洗髓。所洗者，心也。中医认为心为君主之官，习静之法可除散乱与沉疴。道家云：静则见道。释家云：静则悟道。修行人则用以入道、悟道。明朝末年战乱，清代静坐也仅局限于寺院、道观中有人修习，袁了凡《静坐要诀》几乎失传。到了民国时期，市面流通的静坐法居然是由日本传入的《冈田式静坐法》。时有教育家蒋维乔，号因是子，因病习冈田式静坐法，他一边静坐一边译述《冈田式静坐法》，1919 年 11 月，由商务印书馆出版发行。蒋维乔又在中医古籍和道家、佛教经典中挖掘出各种静坐法，先后著有《因是子静坐法》"正篇"和"续篇"，"正篇"多道家之行法，"续篇"多佛家的理法。

> 蒋维乔（1873—1958 年），字竹庄，别号因是子。江苏武进人。近代著名教育家、养生学家，提倡科学养生，曾任上海市文史研究馆副馆长。

同时期有藏书家、目录学家丁福保，在四十六岁时著《静坐法精义》，为其遍考群籍，择取静坐诀中之最精要者而成，以使静坐达事半功倍之效。采用问答形式，求取简明。全书分五章，以天台止观法等佛学论点及明代袁了凡《静坐要诀》、高攀龙《高子遗书》中有关静坐的论述为重点，以禅门理法为主。丁福保强调静坐时掌握要诀的重要性，说："据此则知，静坐确有口诀。若获其诀，即有事半功倍之益也"（《静坐法精义·序》）。丁福保著的《静坐法精义》出版比蒋维乔的译著《冈田式静坐法》晚一年，这是中国近代第一部有关静坐法的专著。

丁福保（1874—1952年），字仲祜，号畴隐。江苏无锡人。精通佛学，擅长医学、数学、词章考据学，通日文。曾任京师大学堂及译学馆教习，后在上海行医，并创办医学书局，编印医书，编著《佛学大辞典》《不费钱最正确之长寿法》和《静坐法精义》，影响甚广。《静坐法精义》共有五章，第一章总论、第二章静坐法之基础、第三章静坐之方法、第四章静坐法最上乘之境界、第五章杂论。

与此同时袁了凡的《静坐要诀》又重新回到人们视野，由北平佛经流通处刊印流通。时有性怀和尚发心重新校刊，他在《静坐要诀·缘起》中强调："读此书者宜先读《因是子静坐法》。"可见《因是子静坐法》与袁了凡《静坐要诀》有次第关系。性怀和尚说："仆幼而多病，长仍孱弱，故于医药卫生诸书，每喜浏览；而古今之方法不同，中外之学说互异，愈慎重，愈易致疾，愈研求，愈无所适从；最后得《天然生活法》（秦同培译述，商务印书馆出版）及《粗食猛健法》（刘仁航译，上海阳明书店出版）二书读之，治强人意，但以其终非根本治疗。迨今夏，病痢数月，体力不支，药物之效甚微。加以一家老幼，无不病者，心绪环境之恶，尤使人日夜不宁。无已，乃取数年来读而未能实行之《因是子静坐法》习之，实较药物之功为大。更进而取《小止观》读之，则苦不易了解。忽于北平佛经流通处，得袁了凡先生所著《静坐要诀》一书，读之，觉其议论透辟，层次井然，非深通内典、精研性理者不能道也。……爰为校印，以饷同好。惟有一言，不能不为读者告，即不可仅为却病而习静坐也。"（《静坐要诀·缘起》）

上面提到的《小止观》，又名《童蒙止观》《修习止观坐禅法要》，是佛教天台宗的入门工夫，因其法要以小摄广，故名《小止观》，又因其为启迪童蒙，乃开导枢机之宝钥，故又名《童蒙止观》。性怀和尚最后的一句话，和袁了凡《静坐要诀》开篇《辨志篇》之精神契合。

至20世纪80年代起，蒋维乔著的《因是子静坐法》，丁福保著的《静坐法精义》，袁了凡《静坐要诀》又开始在国内出版社出版发行。余在2013年整理了袁了凡《静坐要诀》，由上海古籍出版社出版，2018年又出了增订本。

第十九讲
祈嗣优生

　　一部《祈嗣真诠》涵盖了袁了凡整个医学思想和方法,从我命在我不在天,到祈天立命,无所不含。袁了凡说:"凡祈天立命,都要从无思无虑处感格。《孟子》论立命之学,而曰'夭寿不贰'。夫夭寿,至贰者也。当其不动念时,孰为夭,孰为寿?细分之,丰歉不贰,然后可立贫富之命;穷通不贰,然后可立贵贱之命;夭寿不贰,然后可立生死之命。人生世间,惟死生为重,曰夭寿,则一切顺逆皆该之矣。至'修身以俟之',乃积德祈天之事。曰修,则身有过恶,皆当治而去之;曰俟,则一毫觊觎,一毫将迎,皆当斩绝之矣。到此地位,直造先天之境,即此便是实学。"(《了凡四训·立命之学》)

　　生育乃人生头等大事,祈嗣优生乃医学之源头,婚后生产健康聪慧的宝宝是父母最大的愿望。当年孔先生为袁了凡推算命格,其结果让年少的袁了凡一喜一忧,喜的是可以继续读书应试,忧的是这一生没有子嗣,且寿命不长。无后在古代是一种大不孝,作为家传四代医业的袁了凡,命中无子嗣是其心腹大患。读书可以靠勤奋,消灾延寿靠行善养德,尤其是成年后袁了凡不断地在检讨自己的过错,寻找医学上的方便,以至于当云谷禅师问到为什么没有子嗣时,袁了凡一口气讲出了六条让自己不该有子嗣的过错,很显然这六条就是无子之病因。当袁了凡接受了云谷禅师的"立命之学",并勇于践行,果然命运发生了转变。袁了凡三十七岁时发愿做三千善事,求仕途。当三千功德圆满,已是四十七岁,次年做功德回向,其中"求子嗣"是袁了凡最大愿望。

袁了凡发心改过,发大愿,启建"祈嗣法会",祈祷上苍护佑,再是养精蓄锐,一鼓作气,从预防医学的层面来讲,做到了优生优育,是把工夫下在了生命之源。袁了凡作为一个医生,阅读了大量有关"广嗣"的医书,求嗣成功后,想到世间更多无子嗣者,于是著《祈嗣真诠》广为传播,其内容完全不同于同类广嗣医书,可操作性极强。袁了凡用其对新生命的认知,将优生推前到了"备孕期",这是一件非常了不起的事。对于这些先进的理念,现代人是不具备的,因此有必要仔细认真地诠释《祈嗣真诠》。袁了凡告诫人们,养生的源头在"婚孕之前"和婚后"备孕期",至于备孕期的长短因人而异,少则百日,多则三年。《祈嗣真诠》是一部非常重要的"造人学"专著,乃优生之宝典,为人父母者均应认真阅读,并真切行之(书末附一为《祈嗣真诠》原文)。

一、发愿求子

万历八年(1580年),时年四十八岁的袁了凡与夫人共同发愿求子嗣,礼请嘉善县城景德寺常住性空法师、慧空法师等,在东塔禅堂建"求子道场",发求子愿。法会庄严,袁氏夫妇忏悔过恶,发心广大。在祈嗣法会上,袁了凡和夫人共同发愿做三千件善事。祈嗣法会之后,袁了凡除了痛改六条过恶外,夫妇俩一心行善,不出三个月,发愿所行三千善事尚未圆满,袁夫人即有妊,次年生一儿,初名天启,后改名俨。

万历十年八月,求嗣时发愿所行三千善事功德圆满,袁了凡又到景德寺请法师做了功德回向。东塔禅堂在景德寺内,《嘉善县志》载:"原地基一十三亩五分两厘六毫,量难办,举人袁黄代输其半。"

袁了凡夫妇发愿祈求子嗣成功,作为出身医学世家的了凡希望更多的人和家庭有子嗣,在五十八岁时撰写了一部与众不同的优生医书《祈嗣真诠》,于万历十八年夏付梓。书中融入了儒、释、道、医一切善法。袁了凡著《祈嗣真诠》的独到之处,全书一共十篇,其内容完全跳出了单纯治病的理念而是先治命,即先改变命运,从发大愿开始,再付之行动,先"改过"同时要"积善",这两篇似乎和求嗣没有关联,了凡却认为关系重大,列于《祈嗣真诠》之首:"改过第一""积善第二"。接下来在备孕期内要"聚精第三""养气第四""存神第五",还有传统医学之房中术之"和室第六""知时第七",第八是如何"成胎"和"保胎",男女有病则"治病第九",放在最后面的是"祈祷第十",祈祷时可持诵佛家的《白衣观音经咒》和《准提咒》。

袁了凡深信"天地有好生之德",当自己祈嗣成功后,马上想到天下还有很多没有子嗣的家庭,于是在宝坻任上时,抽空完成了这部优生专著。古云:医者,意也。用心加意发愿在先,以表达祈求子嗣的心愿。袁了凡认为无子嗣是命运不济,先要立命改命,他将"立命之法"之"改过""行善"放在第一、第二。备孕是备男女双方之精、气、神,故将"聚精""养气""存神"纳入备孕期中,重新将心身调到平衡。袁了凡强调生子之道关键在于男女平衡,"摄生三要"是强身健体的抓手。至于"和室""知时""成胎"和"治病"都有对应的医术和方法支持。祈祷时礼佛、持咒,"此心既诚,则感无不应"(《祈祷第十》)。《祈嗣真诠》毕竟是部医书,其中引用了历代名医名方和相关论述,如葛洪、巢元方、陈自明、朱丹溪、李东垣、俞子木、寇宗奭等医家,以及医书《妇人良方》《博济方》《广嗣要语》等,袁了凡博采众善,一部别具一格优生优育的医学专著产生了,最重要的是袁了凡将治未病的源头推到了婚孕以前，先立命，再备孕。《祈嗣真诠》问世后被医家不断引证，可以说没有其他医学文献能比其更清楚地表明作者的发心。

美国学者包筠雅是这样评论《祈嗣真诠》这本书的，她说："这本小册子出版于 1591 年，专为生子提供建议。这部著作的前两部分以经书中大量的典故为来源，力促道德改良——改过和积善。但是文本的更大部分，从第三到十部分概述了源于讲内丹的金丹道的，被认可的医药应用方法，以及普遍流行的佛教祈祷。它力劝渴望生子的父亲练习吐纳以聚精、养气和存神。这些方法最初是为引导练习者"成仙"而设计的，袁黄在这里却赋予了它们更平凡的物质目的：怀上孩子。袁黄也为孕期各阶段以及治疗与怀孕有关的疾病提出建议，这些建议可能是从他家庭的行医见闻中收集的。袁黄引用了佛教的原理支持一些道家的方术。"（包筠雅《功过格：明清社会的道德秩序》）

袁了凡发愿求嗣成功后著《广生篇》，后来准备正式刊刻，定名《祈嗣真诠》。从这部医学专著可以看出袁了凡的医学功底极深，他将儒、释、道三家学说汇融于医学，《祈嗣真诠》刊刻后不断地被医家引用，在明代中后期医学界有一定的影响。袁了凡以大孝心和大慈悲心撰写《祈嗣真诠》，这并非是一般医者所能及，他是一位真正的大医。他告诉人们，天地有好生之德，不要认命，福自己求，要有强烈坚定的愿望，要发大愿。祈，即祈求、祈祷、祈盼、祈福，一定要明了福自己求；嗣，即子嗣，传宗接代是责任；真，是真实；诠，是道理。

《祈嗣真诠》中"聚精""养气""存神"三篇，适合男性，袁了凡将此三篇单列一册，名曰《摄生三要》，属于中医导引养生的范畴，从聚精、养气、存神三个方面来固本培元，可用于养生、治未病、治已病、康复和保命各个阶段。《摄生三要》流传很广，也被明清时期的养生家广泛引用。第九篇"治病"，引用了南宋医学家陈自明编撰的《妇人大全良方》。

陈自明（1190—1270年），字良甫，抚州临川人，自幼好学，尤喜读家藏医书，十四岁即已通晓《内经》《神农本草经》《伤寒杂病论》等医学经典，曾治愈了一位群医束手的妇科急难病人。嘉熙年间曾任建康府明道书院医谕（医学教授）。

尝谓："医之术难，医妇人尤难，医产中数证，则又险而难。"故潜心妇产科，强调男女同治，调营理卫。第十篇"祈祷"，祈祷一法要贯穿《祈嗣真诠》始终。《祈祷》篇中除"像法""坛法""印法"等仪规外，袁了凡还将云谷禅师所传授的《准提咒》等密法纳入其中，感应会更灵验。书中《改过第一》和《积善第二》两篇，后来被袁了凡编入《了凡四训》"改过之法""积善之方"。《祈嗣真诠》是袁了凡医学专著中最为重要的一部，专治不孕不育。

二、好生养德

古德云：上苍有好生之德。《祈嗣真诠》的第一篇"改过"，是立命之学的核心，无论是先天遗传或后天恶习，一经改正即是转运的开端，如果自身有过错不改，那么上苍也帮不了你。云南孔先生为了凡批命时就直言："今生没有子嗣。"这一条在古代称之为"无后为大"。袁了凡在《了凡四训》中现身说法，当云谷禅师问道，为什么会没有子嗣？袁了凡一口气列举了六条自己命中没有子嗣的根源，说："地之秽者多生物，水之清者常无鱼。余好洁，宜无子者一；和气能育万物，余善怒，宜无子者二；爱为生生之本，忍为不育之根，余矜惜名节，常不能舍己救人，宜无子者三；多言耗气，宜无子者四；喜饮铄精，宜无子者五；好彻夜长坐，而不知葆元毓神，宜无子者六。其余过恶尚多，不能悉数。"（《了凡四训·立命之学》）

以上六条有先天的因素，但绝大多数是后天的因素，这些问题，袁了凡在平时，尤其是在静坐时，一定是常常在检讨的。当遇到云谷禅师发问，一口气说了出来，这是需要有勇气的，也是难能可贵的。改过要有明确的目标，不是有口无心随口讲几句就可以敷衍过去的。知过改过事关自身的命运，一定要认真对待。可以说，当下没有一个人会像袁了凡那样发露自己的缺点和过恶。改过是要先从心上改，然后再在具体的事上改，这才是真的改过，而不是口上说说而已。袁了凡做到了，才求嗣成功，并将此经验整理成文。《改过第一》的文字在其他类似医书中是没有的，《祈嗣真诠》里有很多独到之处，而且都是可以做到的，但是真正信的人不多，做的人更少，最近几十年来，余也为为数不少的人讲过《祈嗣真诠》中的一些方法，当然不是照本宣科，而是用年轻人容易接受的"备孕法"开导，肯用心去实践的人却不多，却热衷于寻找灵丹妙药，《祈嗣真诠》是值得用心研究和体悟的。

三、和室择时

《祈嗣真诠》第六篇"和室"孕育子嗣前要营造温馨安定的内室环境和调摄父精母血的身体内环境，以利同房。此事在医学属于"房中"范畴，《医心方》中有"治无子部"，卷第廿八有"房内部"，共有三十篇，袁了凡认为这是人类生命源头之医学。"和室"至关重要，夫妻二人要和，"生子之其，全在室人"。要在培育先天上下功夫，天地有好生之德，以生生为心，夫妻和室相互利乐，意念孕育宝宝，祈求降临的宝宝健康聪慧。袁了凡说："生子之基，全在室人。世之求嗣者，但知广

室，而不知和室也。广而不和，则相妒相嫉，育必艰矣。古云：妇人利乐，而后有子。"（《祈嗣真诠·和室第六》）

袁了凡又说："《诗》云'窈窕淑女'，窈窕者，幽闲贞静之意。《诗序》以《螽斯》《麟趾》为《关雎》之应，惟其不妒耳。故择妇者不必求美色，但当求其有贤淑之性。幽闲贞静，自是妇人之德，有贤妇而和室易矣。然入宫而妒，妇人之常。为夫者，平时先宜晓论以宗祀之大、无后之罪，倘有妾婢，亦宜使之知尊卑之分、上下之宜，一家委顺，彼此相安，而生子之道，思过半矣。"（《祈嗣真诠·和室第六》）

《祈嗣真诠》第七篇"知时"即知晓和室的时机，所谓"天地和"，即和室的环境气候要和，忌在极端天气和室，如大热、大寒、大风、雷电、暴雨等，不可以在不适宜的环境和室，如寺院、道观、山野茅棚等地。袁了凡说："天地和，而后万物育；夫妇和，而后子嗣昌。世之求嗣者，当使闺门之内，蔼如琴瑟，而后可广育也。"（《祈嗣真诠·和室第六》）

袁了凡又说："天地生物，必有纲缊之时；万物化生，必有乐育之时……世人种子，有云：'三十时辰两日半，二十八九君须算。'此特言其大概耳，非的论也"（《祈嗣真诠·知时第七》）。"和室"和"知时"两篇，属于房中交接之道，主要是男女平衡和谐。《医心方》曰："夫一阴一阳谓之道，媾精化生之为用，其理远乎？故帝轩之问素女，彭铿之酬殷王，良有旨哉！黄帝问素女曰：'吾气衰而不和，心内不乐，身常恐危，将如之何？'素女曰：'凡人之所以衰微者，皆伤于阴阳交接之道尔。夫女之胜男，犹水之灭火。知行之，如釜鼎能和五味，以成羹臛。能知阴阳之道，悉成五乐；不知之者，身命将夭，何得欢乐？可不慎哉！'素女云：'有采女者，妙得道术。'王使采女问彭祖延年益寿之法。彭祖曰：'爱精养神，服食众药，可得长生。然不知交接之道，虽服药无益也。男女相成，犹天地相生也。天地得交会之道，故无终竟之限。人失交接之道，故有夭折之渐。能避渐伤之事而得阴阳之术，则不死之道也。'"（《医心方·至理第一》卷第廿八）

四、优生优育

人类的医学之源在于优生优育，只有确保优生优育才是回到了医学的源头。关于如何做到优生优育，袁了凡深信天地有好生之德，诚心祈祷，发心改过，努力积善，养精蓄锐终于获得成功。他将人世间一切善法整理成篇，著有《祈嗣真诠》。医者易也，医理的源头为《易》学，"《易》自伏羲画八卦而易之道著。夏有连山，其卦首艮。商有归藏，其卦首坤。周易首乾，文王为象辞，周公为爻辞，孔子为十翼，而易之道始备。"（袁黄《增订二三场群书备考·易》）

《易经·系辞上传》："一阴一阳之谓道，继之者善也，成之者性也。"袁了凡一生研究阴阳之道，认为阴阳之道的源头是伏羲时代的《河图》《洛书》。河图与洛书源自古代儒家关于《周易》和《洪范》两书来源的传说。《易经·系辞上传》："河出图，洛出书，圣人则之。"相传伏羲氏时代，有龙马出于黄河，马背有旋毛如星点：后一、六；前二、七；左三、八；右四、九；中五、十。伏羲据此作八卦。在夏禹治水时，有神龟出于洛水，背有裂纹：前九，后一，左三，右七，中五，前右二，前左四，后右六，后左八。禹据此作《洪范九畴》。传至宋代，道教陈抟老祖根据汉代"九宫"并参考《周易参同契》中"子午合数三，戊己号称五。三五既和谐，八石正纲纪"等论述，作《河图》《洛书》。

汉代易学家曾将"九宫"和"后天八卦"相联系，故《洛书》（一说《河图》）亦和后天八卦对应。《河图》（一说《洛书》）之中宫，一和四相加得五,二和三相加得五,中为五,恰为三个五,亦和后世内丹学理论相通,故古代丹家常用《河图》《洛书》来表述内丹学之理论。袁了凡说:"古德云:火之克金,水之生木,出入循环,生克嗣续。老彭(祖)得之以养生,君子得之以治民,圣人得之而天下和平,其旨深矣。图书之奥最深,其所能言者如此:通之律吕,推之历数,揆之井田、兵法,达之太乙、六壬、奇门遁甲,极之万物之数,无不吻合。邵子曰:'图虽无文,吾终日言而未尝离乎是。'谅哉"(袁黄《河图洛书解》)。由此看来,修身、齐家、治国、平天下都离不开《河图》《洛书》,只是人们不知道而已。袁了凡早年作《河图洛书考》,后来又作《河图洛书解》。袁了凡说:"《易经·系辞上传》曰:'河出图,洛出书,圣人则之。'此二者,道之大原也。余受师传颇明其理,东征(1593年)之暇,经略宋(应昌)先生指示其奥于予,心若发蒙焉,因疏其概。天地之道,一阴一阳而已矣。"(袁黄《河图洛书解》)

"成胎"与养胎,成胎的过程即是养胎的过程。袁了凡在《祈嗣真诠》"成胎第八"中讲述生克嗣续之时,引用了隋代巢元方《诸病源候论》:"巢氏论妇人妊娠,一月名胎胚,足厥阴脉养之;二月名始膏,足少阳脉养之;三月名始胎,手心脉(手少阴脉)养之;四月始受水精以行血脉,手少阳脉养之;五月始受火精以成其气,足太阴(脉)养之;六月始受金精以成其节(筋),足阳明脉养之;七月始受木精以成其膏(骨),手太阴脉养之;八月始受土精以成肤革,手阳明脉养之;九月始受石精以成毛发,足少阴脉养之;十月脏腑关节,人神俱备。此其大略也。若求其细,则受胎在腹,七日一变,辗转相成,各有生相,《大集经》备矣。"(袁黄《祈嗣真诠·成胎第八》)

巢氏,即巢元方(约550—630年),隋代著名医学家,曾任太医博士，太医令，大业六年（610年），奉诏主编《诸病源候论》五十卷。《诸病源候论》是我国现存第一部由国家组织编纂的病因学和导引医学专著，被尊为中医七经之一。

袁了凡在《祈嗣真诠》"治病第九"中强调要男女同治，他说："世之艰嗣者，专谓病在妇人，是舍本而求末。间有兼治男子者，亦未得其肯綮也。男子或年老阳衰，或有疾，或精不射，或精少、精寒、精清，皆不能成孕"（《祈嗣真诠·治病第九》）。只有男女二气相感，才能成胎，然后七日一变，辗转相成。所谓不孕不育即二气不相感，男子要养精蓄锐，女子要养阴柔之气，夫妻间要导气令和，不可互相埋怨。不孕有先天后天之分，女性有宫寒、月经不调等，封建社会将不孕的责任都推给女性，袁了凡认为，是舍本求末，应该要男女同治同调，男子有肾亏阳衰，或精少、精寒、精清等，也会造成不育。

五、改过积善

《祈嗣真诠》"祈祷第十"，在其他同类书中是没有的。古云：医者意也。夫妻用心加意祈祷尤为重要。夫妻俩静心祈祷、持咒是一显一密，祈祷、持咒时心要诚，古德云：心诚则灵。袁了凡列举了古时叔梁纥、颜徵在祷尼丘山而生孔子，明代倪谦夫妇祷泰山而生倪岳，还有江南供张仙而得子等，其实并非张仙之神力，"此心既诚，则感无不应耳"。袁了凡学佛是有师承的，除了云谷禅师外还有妙峰法师等。《立命篇》缘起于云谷禅师座下，当时除了受授"立命之法"外，还有"功过格"和"准提法门"。记"功过格"是显法，用以"改过"和"积善"。

"准提法门"是密法，有"像法""坛法""印法"和"咒法"，"咒法"名曰《准提陀罗尼》，全称《七俱胝佛母所说准提陀罗尼》，即《准提咒》。关于《准提咒》，袁了凡在《立命之学》中说：云谷禅师向余传授"功过格"的同时，又说："汝未能无心，但能持《准提咒》，无记无数，不令间断，持得纯熟，于持中不持，于不持中持，到得念头不动，则灵验矣。"袁了凡将世间善法融入《祈嗣真诠》，除了有医学和民间的显法外，他强调要"息心"，"息心"为修密法打基础。云谷禅师传"功过格"是一种外在工夫，持《准提咒》，直至"念头不动"，则是一种极深的内修工夫，这也是"立命之学"的必修功课。袁了凡的定力和感应特别明显，经常会在梦中感应，而在现实中验证。作为一个居士，袁了凡将《准提咒》和《白衣观音经咒》（此咒原出《大藏经》，名《随心陀罗尼》）以及"像法""坛法""印法""受持法"等，都写入《祈嗣真诠》这部医学专著中，意在祈求菩萨加持。《准提咒》是一种将近在汉地失传的佛教密法，有供养仪规和坛城等。袁了凡在《阴骘录》中也曾提到"准提法门"，用持咒摄心有助于学子们专注于学习，持咒久了心也会清静下来。

人们对汉传佛教的认识是吃斋念经，放生、超度，其实佛教有五明，即五门学问，其中有"医方明"即医药学。多几年余曾和一位英国的佛教研究者交流，余告之曰："曾研究过佛教医方明。"他听后一脸茫然地问："佛教有医学吗？"至此便无法交流下去。佛教不但有医药学，而且还早就融入了中医药学和藏医药学。

众所周知，静心对学子而言有多么的重要。袁了凡又说："改过积善，祈祷之本也。既尽其本，兼修其文，无不应矣。古有祷尼丘山而生孔子，近有祷泰山而生倪岳（1444—1501年。字舜咨，应天府上元人，明代名臣）者，其事至悉，班班可考，若之何废之？江南多供张仙（民间供奉的送子神）而得子者，非张仙之力也，此心既诚，则感无不应

耳。"(《祈嗣真诠·祈祷第十》)

这是准父母或二胎以后备孕期间很重要的环节，此法可以提升备孕期准父母的根器、气质和免疫力。现今几乎人身上所有指标都可以被量化，唯独人的"根器""气质"和"免疫力"这三项没法被量化，而这三项又实实在在地存在，可以被觉知到、看到，中医学称之为"形与神俱"，而且于人的生命之中是举足轻重的。

六、影响深远

袁了凡在撰写《祈嗣真诠》时并没有按照医书的体例，而是将儒、释、道和医家的相关文献融合于其作品之中，在《祈嗣真诠》中引用儒家之经典有《易》《诗》《书》《周礼》《礼记》《论语》《孔子家语》《孟子》，还有朱子的《调息铭》等；释家之经论有《大集经》《华严经》《大乘起信论》《准提咒》《随心陀罗尼》等；道家之经典有《老子》《吕氏春秋》《淮南子》《真诠》等；医家之经典有《黄帝内经》《巢氏病源论》《妇人良方》《博济方》《广嗣要语》等，最重要的是结合自身求嗣经验，书名定为《广生篇》，在刊刻前定名《祈嗣真诠》。

> 明代儒医王肯堂（1552—1638年），字宇泰，一字损仲，号损庵，自号念西居士。金坛（今江苏常州市金坛区）人。祖父王皋，父王樵，均进士。王肯堂于万历十七年（1589年）中进士，官至福建参政，与传教士利玛窦有往来。因母病习医，博览医书，精研医理，能操刀切除眼窝边肿瘤，又能治愈疯疾。历时十一年编著《证治准绳》四十四卷，另著《药性赋》《医镜》等，还参订了《胤产全书》。今人辑有《王肯堂医学全书》。

王肯堂与袁了凡都是佛教大居士，注重实修实证，后来两人都被收入《居士传》。王肯堂在《胤产全书·求子类》中论及男子"聚精"养阴，引用袁了凡《摄生三要》之内容："聚精之道，一曰寡欲，二曰节劳，三曰息怒，四曰戒酒，五曰慎味。今之谈养生者，多言采阴补阳，久战不泄，此为大谬。故曰：慎味久而精聚神全，阳气自胜。"父母在备孕期须养足气血，聚足精神，并注意调适饮食营养，寡欲确实是有利于聚精和生育的良方。

王肯堂在《胤产全书·发育论》中还引用袁了凡《祈嗣真诠·知时第七》："天地生物，必有絪缊之气；万物化生，必有乐育之时。氤氲乐育之气，在人与物触之而不能自止耳。此天然之节候，生化之真机也。"袁了凡说："故择妇者不必求美色，但当求其有贤淑之性。幽闲贞静，自是妇人之德，有贤妇而和室易矣。"又说："万物化生，必有乐育之时"，倘能抓住时机进行交合，"顺而施之，则成胎矣"。而《祈嗣真诠·知时第七》所引"丹经"："一月止有一日，一日止有一时。凡妇人一月经行一度，心有一日絪缊之候……"

袁了凡与王肯堂关系密切，甚至涉及个人私事，如袁了凡《复王宇泰（肯堂）书》曰："足下年逾知命，惜精生子是今日急务，而其要莫先于养气；欲养气，先要息心随缘，练习从粗入细，盖志为气之帅，未有帅不宁而气能顺者也。又要知蹶趋之类能扰吾心，行须缓步，语要低声，百尔动作安详徐整，使冲和之气充于四体而塞于两间，我与天地万物同在一点太和元气之内，即此便是致中和之实学。盖以委和之身观无生之窍，顺吐纳之自然，返先天之元化，举吹万之众皆可由我而育，况生一子哉！

柔庵上人貌不扬而志甚普，先在塘栖斋僧十万八千，今欲建水陆道场，广济幽冥之苦，募造佛像一百二十轴，领具区手柬来谒，愿推引而成就之，凡有信心者俱望推毂，此亦修福求嗣之一节也"（袁黄《两行斋集》)。王肯堂还是一位八股文大家，袁了凡编著《游艺塾续文规》引用王肯堂的八股文。

松江名医李中梓的父亲李尚衮致仕后，曾经与袁了凡一起提出减赋税之议，没有成功。李中梓著《医宗必读》请松江陈继儒写《序言》，陈继儒在《序言》中曰："袁了凡先生轸念桑梓，定减省赋役之议，虽赍志以没，未及见诸行事，然是皆经济之事，得志于时者之所为也。梓不肖，承先君之后，发奋不遂，而托于医以自见，工醯鸡之小术，忘先世之大猷，取嘲当世，贻羞地下，其若之何？余曰：嘻，子固习于禅者，如之何其歧视之也？"从陈继儒的《序》言中可见，托迹岐黄是当时不第儒生和退居官员的主要选择。李中梓（1558—1655年），字士材，号念莪，又号荩凡居士，华亭惠南（今属上海浦东新区）人。出生书香门第，父亲李尚衮是万历己丑（1589年）进士。李中梓幼年擅长文学、兵法，因屡试不第，加之体弱多病，乃弃仕学医。李中梓"以《易》起家，洞乾坤辟直之理，出入于《参同》《悟真》，而要归于拈花之旨"（吴肇广《序》），著有《内经知要》《医宗必读》《诊家正眼》《颐生微论》等，成为明代著名医家。从李中梓的人生经历来看，他也是一位将儒、释、道三家汇融于医的修行人。李中梓著《颐生微论》，也引用了袁了凡《祈嗣真诠》。陈继儒（1558—1639年）很有意思，自称"高隐"，隐在闹市。当时锡山顾宪成讲学东林，招之，谢弗往。亲亡，葬神山麓，遂筑室东畬山，杜门著述。工诗善文，兼善绘画。又博闻强识，经史、诸子、方技、稗官，无不涉猎。御史吴甡、给事中吴永顺、侍郎沈演等先后荐之于朝，屡奉诏征用，皆以疾辞。当时出版业很发达，陈继儒召了一些穷书生养在家中，编撰一些流行的善书和养生书出版盈利。他曾拜儒医殷仲春为师，善于导引养生，著《养生肤语》，翻山越岭寻访长寿老人和世外高人，研究长寿的方法，导引医学之补法、泻法就是他提出来的。

经过长期实践，陈继儒认为长寿与饮食有关，他所拜访的百岁老人都有一个共同点，即饮食都很"淡"，甚至很多老人生活在山区，贫穷买不起盐，只能吃淡食而长寿，因此长寿与富贵无关。当时朝野文人雅士都来松江找他咨询，名医李中梓和陈继儒是同年生人，他俩是好友。

李中梓在"论摄生"中引用袁了凡有关优生的论述："经所谓人有三宝，精、气、神也。圣人治未病，则修炼尚矣。用冠篇，首仿启玄，首叙天真之意也。玄玄秘密，固不形于纸上，而大意则不妨敷布，恐为旁门所乱耳。附'修摄法'二十五条，久习自有奇验，勿以易而忽之。故袁黄（了凡）称：'随守一处，皆可收心。苟失其宜，祸害立起。'"（李中梓《颐生微论·奇论》）

李中梓还引用了袁了凡之语："了凡先生曰：'爱者生之本，忍则自绝其本。'只此二句，充义之尽，便是圣贤。从来无绝嗣之圣贤，人亦奈何不强为善也？强为善，则生机充益，麟趾钟祥，天岂能限，数岂能拘，星相岂能阻，风水岂能囿。"（李中梓《颐生微论·广嗣论》）

王肯堂和李中梓都是明朝中后期著名的儒医，同时信仰佛教，修习止观和内丹，他俩对袁了凡的《祈嗣真诠》都是认可的。尽管袁了凡的医学思想被业内认可和引用，但后人并没有把袁了凡作为医生来看待，普遍认为他是思想家或是大居士。

现今之人不孕不育都是外求，自己却没有任何改变，更不会用自备的三味大药精、气、神，清代刘沅在《保身立命要言》中说："何为保养？人之生者精气神。元精、元气、元神，得于天之理也；凡精、凡气、凡神，具于身之干也。男女夫妇，阴阳之大义，而最易重情灭理。凡男女十五六七，父母善教防闲。第一勿犯淫欲，非夫妇者皆为邪淫，夫妇无节亦为纵欲。戒淫寡欲，在家则夫妇分房，在外则非礼勿视。凡妇女视如吾母、吾姐妹、吾子女，而一念之起，即为禽兽，则悚然省悟矣。更有存养之功，久久习为固然，自然见如不见，闻如不闻。此一关看不破，守不定，则终身福泽皆为空花，短命绝嗣尤其易者。"又说："精气神者，人所以生。能善养，则神气强固；多为善，则天性来复。圣人尽其性而尽人物之性，参赞化育，皆由乎此，区区却病延年，其小效耳。父母以此自修，即以此教学，虽愚必明，虽柔必强，明者明理，强者寿康。"（刘沅《保身立命要言》）

第二十讲
锐意进取

　　袁了凡善于文字总结，其著作涉及面之广，今人很难想象，真可谓著作等身。袁了凡熟读"五经"，博极群书，知晓儒家仁义之道；熟读历史，知道古今延革，并著《了凡纲鉴》；通读"诸子百家"，续撰当时流行的《七十二朝人物演义》，睹事则能默而识之；诵读佛教经论，知有慈悲喜舍之德；通览黄老之学，明任真体运，吉凶拘忌；至于"本草""五行术""七曜天文"，亦有探赜，于医道无所滞碍。袁氏这个文献世家也不是由于家里的人读书多自封的，而是王畿与袁家两代人的深入交往后，出自内心地赞叹为"文献世家"。

　　早在万历三十三年（1605年），袁了凡的弟子们就开始收集整理先生留存的文稿，由建阳余氏（余象斗）刻了一部《了凡杂著》。袁了凡的门生杨士范跟随先生三十多年，为《了凡杂著》作序。从杨士范的序言中可知袁了凡学问之大、之深，涉及范围之广，简直不可思议。杨士范《刻了凡杂著序》曰："了凡先生幼习禅观，已得定慧通明之学。欲弃人间事，从游方外，入终南山，遇异人，令其入尘修炼，谓一切世法，皆与实理不相违背，遂复归家应举。四方从游者甚众，随缘接引，人人各有所得，如群饮于河，各充其量，熙如也。"

一、整体医学

袁氏医学从诊断到治疗，从养生到立命无所不包，对于各种生命现象也都有对应的方法，可以称之为整体医学。道家对医学最大的影响是"天人合一"的生命整体观，是顾及方方面面的整体医学理念，一定要从小灌输。袁了凡的"童子功"扎实，是后来成功的基础，这一点非常重要，无论学什么技艺都要从小学起。袁了凡明了"世间法"和"出世间法"是没有矛盾的。其门生说："先生又以其余力发挥古先圣人之书，读《易》，则有《袁氏易传》三十卷；读《诗》，则有《毛诗袁笺》二十卷；读《书》，则有《尚书大旨》十二卷；读《春秋》，则有《义例全书》十八卷；读《礼》，则有《礼记略说》《周礼正经解义》共二十卷；读《四书》，则有《疏意》二十四卷。外古史有《袁氏通史》一千卷，今史有《皇明正史》四百卷，皆未梓行。"（杨士范《刻了凡杂著序》）

《刻了凡杂著序》曰："先梓《四书书经删正》，已被指摘，然禁之愈严，而四方学者趋之愈众。意者，楚璞果良，愈琢磨而其光愈显；南金果精，遇猛火百炼而益粹然足色乎！先生识高今古，学贯天人，上自天文、地理、历律、兵刑之属，下至奇门、六壬、遁甲、翻禽、阴阳、选择之类，靡不涉其津而咀其真。"其中"下至奇门、六壬、遁甲、翻禽、阴阳、选择之类"今人不熟，作一解释：奇门，源于黄帝战蚩尤的《奇门遁甲》，古代术数之一种。奇为三奇，用天干之乙、丙、丁代表，门为开、休、生、伤、杜、景、死、惊八门。奇门涵盖天时、地利、人和、神助四大要素，与太乙、六壬并称三式。六壬，古代宫廷占术之一。壬通根于亥，亥属于乾卦，乾卦为八卦之首，其次亥为水，水为万物之源，用亥是突出"源"字。奇门、太乙均参考六壬而来，故六壬被称为三式之首。遁甲，古代预测学术语，起于《易纬·乾凿度》太乙行九宫法。其法以十干的乙、丙、丁为三奇，以戊、己、庚、辛、壬、癸为六仪。三奇六仪，分置九宫，而以甲统之，视其加临吉凶，以为趋避，故称遁甲。

翻禽，古代堪舆学术语。翻禽是一种择日之法，用以趋吉避凶。择日法必须配合天时（天运）、地利（地运）、人命（人运），才能求得真正的吉日良辰。阴阳，古代预测学术语。阴阳师善堪舆、星相、占卜、五行命理，为人推算祸福、生死等。选择，即选日，古时凡婚嫁、安葬、出行等都要选定吉利日子。袁氏医学拓展到了人的所有生命现象，如在《了凡四训》中讲述了很多有关"鬼神"和"梦境"的感应，像这样的事情在他的著作中还有很多。

余深信袁了凡绝对不会对儿子袁俨和众生打妄语，凡是和人的生命现象有关的一切信息，并能找到解决方法的都应属于医学的范畴，故称袁氏医学为整体医学。真可谓"大千世界无奇不有"，通常所见所闻只是平常事和常见病而已。

二、治心为上

袁了凡的医学原则是"救治以始"和"治心为上"。了凡年三十七在云谷禅师处得传"立命之法"，经过反复践行印证后，悟到欲立命，先立心，以治心为上。袁了凡发现此法易于普及，用"改过之法"治心立命，并讲解孔夫子好友蘧伯玉善于改过之福德因缘。蘧伯玉与孔子一生为至交益友，品德高尚，做人光明磊落。孔夫子周游列国，当走投无路之际，就会想起卫国贤人蘧伯玉，数次投奔于他，孔子称赞蘧伯玉是真正的君子，说："君王哉蘧伯玉，邦有道则仕，邦无道则可卷而怀之。"（《论语·卫灵公》）

当下之人急功近利，而改过之法有立竿见影之功效。袁了凡说：

"善改过者，未禁其事，先明其理。"改过之法其理易明，就如病因不去，服药无效是同理。袁了凡说了三种改过之法，一是从具体的事上来改；二是从理上来改；三是从心上来改，最为彻底。袁了凡改过之法次第清晰，他说："过由心造，亦由心改。如斩毒树，直断其根，奚必枝枝而伐，叶叶而摘哉？大抵最上治心，当下清净；才动即觉，觉之即无。苟未能然，须明理以遣之。又未能然，须随事以禁之。以上事而兼行下功，未为失策。执下而昧上，则拙矣。顾发愿改过，明须良朋提醒，幽须鬼神证明；一心忏悔，昼夜不懈，经一七，二七，以至一月，二月，三月，必有效验。或觉心神恬旷，或觉智慧顿开，或处冗沓而触念皆通，或遇怨仇而回嗔作喜，或梦吐黑物，或梦往圣先贤提携接引，或梦飞步太虚，或梦幢幡宝盖，种种胜事，皆过消罪灭之象也。然不得执此自高，画而不进。"（袁黄《了凡四训·改过之法》）

治心为上是指自治。袁了凡在宝坻任知县时，"置空格一册，名曰'治心篇'，晨起坐堂，家人携付门役，置案上，所行善恶，纤悉必记"（《了凡四训·立命之学》）。袁了凡严于律己，从治自心开始，最终成为苍生大医。袁氏医学是在博极群经和勤奋钻研的基础上建立起来的，其特点是起点高。袁氏历代祖先都具有上医治国之心，始终保持文献世家的本色，了凡父亲袁仁有寿国寿民的大志，坚持行医和学问并重。袁了凡著作等身，后世却将"立命、改过、积善、谦德"误认为只是倡导和推行"善学"，并没有将其学术思想和方法归为医学。诚然袁了凡留下来的医书和医案不多，但是从袁氏医学发展来看，从治命上升到立命。孙思邈说："夫大医之体，欲得澄神内视，望之俨然，宽裕汪汪，不皎不昧。省病诊疾，至意深心，详察形候，纤毫勿失，处判针药，无得参差。虽曰病宜速救，要须临事不惑，唯当审谛覃思，不得于性命之上，率尔自逞俊快，邀射名誉，甚不仁矣"（孙思邈《备急千金要方·大医精诚第二》)。袁了凡终其一身,践行治身、治家的理念和方法,均源自"大医精诚",称其为"苍生大医"并不为过。

三、融会贯通

袁了凡说:"老子乃无为之宗。"老子是春秋时期著名哲学家、思想家,创立了道家学说,其哲学思想主要反映在《老子》一书中。道教创立后,奉老子为教主,将《老子》尊称为《道德经》,成为道教的重要经典文献。袁了凡生活的年代,是儒、释、道信仰的交融期,袁了凡在《刻三教合一·序》中批评了儒、释、道三家的传播者,云:"各遵其教而相非者,若戈盾冰炭然,皆《孟子》所谓执一者也。执释、执老,其弛远矣哉;执儒者,宁独无蔽乎?"又云:"雅志于道,欲去其障而会于大同。"(袁黄《两行斋集》)

尽管袁了凡之儒学功底深厚,但他提倡的三家合一思想,在当时遭到了很多儒生诟病,他们认为袁了凡不是所谓"纯儒"。对于社会上的种种议论,袁了凡不以为然,他说:"心一耳,敎曷三也?至人迭兴,乘时诱世,不别而别也。是故释迦之慈悲,老聃之清静,与吾仲尼之仁义,皆尽乎此心之量而已矣。"(袁黄《刻三教合一·序》)

袁了凡在立志修身时找到了一个切入点,三教一理的思想对他影响极深,他将儒、释、道三家的法门汇融于医道。医道,即人道。人世间最难治的是人,人中最难治者则是自身,自古有"医不自治"之说。袁了凡从治自身开始,始终坚持,毫不松懈,最终找到了立命之法,开启了崭新的大医之路。袁了凡成功地将儒、释、道三家之说融合于"立命之学",救人命运于始。从现存的明代医书来看,几乎所有的作者都有信仰且修行,以大医精神要求自己。大医与小医之区别,大医"以人为本",而小医则"以病为本"。儒、释、道三家的践行者都是人,接迎的信众和弟子也都是有所"求"的人，心有所求，而求之不得，就会生病。只有像袁了凡那样具有大医之心量，且博古通今者，才能使三家学说汇融于医家。

袁了凡像父亲袁仁一样没有门户之见，修行方法采用"仙佛合宗"，袁仁则偏重内丹（这可能与其学医有关）。王阳明重视静坐，当时静坐之风盛行。受父辈们的影响，袁了凡的静坐工夫达到了炉火纯青的境界，他将医学养生拓展至婚孕之前，对生命养护有突出的贡献，那就是在生活和学习中都有防患于未然的意识，最终回归医道，使医道还原至防灾防病。

袁了凡经历了漫长的举业生涯，"六应秋试"后，终于传来喜报了凡中举了，当时母亲脸上并没有笑容，而对小弟袁袠说："汝祖汝父，读尽天下书。汝兄今始成名，汝辈更须努力"（《庭帏杂录》）。世代的积累为了成就功名，尽管袁氏家风轻名利，立足于善道行医。明代四大高僧之一的藕益（1599—1655年）大师说："人为善，福虽未至，祸已远离；人为恶，祸虽未至，福已远离。"求福报安身立命是人类普遍要求，袁了凡皆用医学的方法来诊断处方。他说："春秋诸大夫，见人言动，进而谈其祸福，靡不验者，《左》《国》诸记可观也。大都吉凶之兆，萌乎心而动乎四体，其过于厚者常获福，过于薄者常近祸，俗眼多翳，谓有未定而不可测者。至诚合天，福之将至，观其善而必先知之矣；祸之将至，观其不善而必先知之矣。今欲获福而远祸，未论行善，先须改过。"（袁黄《了凡四训·改过之法》）

袁了凡认为，儒、释、道、医之教都是对人而言，以人为本，故其道相通。古之圣人贤者、正人君子、大医高道，皆著盟诫，内则洗髓炼神，外则训诲于人，以备功业。袁了凡已经修到"至诚合天"的境界。从其曾祖父袁颢对学术和修身都偏重于儒道两家，至其父亲袁仁开始接受阳明心学、禅学和内丹医学，遂使医道逐步还原。古人云："物有本末，事有终始，知所先后，则近道矣。"最终袁了凡将儒、释、道和阳明心学、内丹学皆汇融于医，成就大医。

四、朝鲜抗倭

万历十八年（1590年），土蛮之族卜言台周、黄台吉攻扰辽、沈，青海部长火落赤攻扰洮州、河州，河套卜失兔攻永昌，欲往青海，播州宣慰司杨应龙叛乱。万历十九年，延绥明军攻杀河套部长明安，挑起事端；努尔哈赤收服长白山三部中之鸭绿江路，朝命升为都督。袁了凡有了用武之地，"条上方略，廷臣交荐"。万历二十年，袁了凡六十岁时，应召赴北京觐见万历皇帝，并晋升为兵部职方司主事。适逢此年日本关白（官名）丰臣秀吉入侵朝鲜，朝鲜当时是大明朝的属国，朝鲜李氏王朝向大明朝廷求救。明军赴援，大败，朝廷乃任命兵部右侍郎宋应昌"经略备倭事宜"，"主事袁黄随行赞画"，李如松为提督军务总兵官，弟如柏、如梅为副总兵官，大发兵援朝鲜。

宋应昌（1536—1606年），字思文，号桐冈，浙江仁和县（今杭州）人，嘉靖四十四年进士，历任绛州知州、济南知府、福建布政使，进右副都御史，巡抚山东，官至兵部右侍郎，加右都御史。明朝抗倭名将，曾以兵部右侍郎经略朝鲜、蓟辽等处军务，与总兵李如松率大军踏冰过鸭绿江援朝。

李如松（1549—1598年），字子茂，号仰城，辽东铁岭卫人。明朝名将李成梁长子，师从学者徐渭（文长）。承父荫授指挥同知，屡立战功，历任山西、宣府总兵官。万历二十年出任提督，陕西讨逆军务总兵官，平定宁夏哱拜之乱。同年授中军都督府佥事，提督蓟、辽、保定、山东诸军援助朝鲜。万历二十一年回朝，升任中军都督府左都督，加太子太保。万历二十五年，出任辽东总兵。万历二十六年，在与蒙古部落的战役中阵亡，时年五十岁。追赠少保、宁远伯，谥号"忠烈"。

万历二十一年（1593年）正月初八，时年六十一岁的袁了凡去天寒地冻的朝鲜抗击日军，入朝前是有计划有考虑的，他说："倭性畏寒，今岁厥阴风木司天，阳明燥金为初之气，立春后，尚有二三十日寒气未消，天时可乘。"他准备在抗倭胜利后功成引退，其《与伍容庵书》曰："弟已餐松服柏，不食五谷，万一功成，即当解被游矣。"

入朝后，提督李如松以封贡给倭，倭信之，不设备，遂偷袭，破倭于平壤。正直的袁了凡认为不应该行诡道，有损国体，触怒了李提督。袁了凡曾率兵在咸镜道打败倭将加藤清正，立了战功。李如松领兵向东进军，败于碧蹄馆。而日军偷袭袁了凡所守的城池，了凡带领部下及为数不多的朝鲜士兵奋勇反击，取得胜利。袁了凡在朝鲜也是个闲不住的人，据《嘉善县志》中之《重修儒学记》记载，袁了凡在朝鲜抗倭之暇，还在诸郡县设专席为官员和儒生讲解儒家经典《大学》。

三月初，李如松以"十罪"参劾袁了凡。袁了凡治军、治学的能力是有目共睹的，其不足之处就是没有处理好与同僚和主将的关系，加之朝廷派系之争，当了替罪羊，于是被革职，解甲归田。袁了凡于万历二十一年三月二十六日离任，因为要去朝鲜抗倭，了凡提前将家眷送回嘉善家中，等他从朝鲜回国再返回家中，已是两袖清风。

袁了凡《与吴海舟侍御书》说："五月十八日抵家，回到魏塘镇。今登第凡八年而归，四壁萧然。幸弟妇及儿辈上年八月先归，收本年之租，稍可支持。不然，口食且不给矣。"袁了凡为官，廉洁自持，一毫不妄取，回到家里几乎连饭都吃不上。身心俱疲的袁了凡回家后也检讨了自己的不足之处，他在给丁衡岳的信中说："仆昔从征海，未谙时态，动辄忤人，实欲委身报国，而当事者习成欺套，仆不忍见，亦不敢从，竟致苍蝇肆点、黄金遘烁，默默南归。抵家之日，妻孥泣迎，友朋交慰，从死中得生，惟觉其乐，不觉其苦也。"（袁黄《两行斋集》）

袁了凡回到家时正值大暑，他在给友人吴海舟信中说："五月十八日抵家，稚子欢迎，室人交慰，宾朋故旧，络绎垂顾。采蔬烹鱼，斗酒相劳。虽当大暑，而散发裸体，无所拘束。薰风徐来，洒然自适，窃谓轩冕之耀，不若丘壑为安也。"（袁黄《两行斋集》）

身心俱疲的袁了凡决定隐居吴江赵田。初到赵田，了凡借助于静坐和道家导引吐纳养生工夫，辅以丹药调理，隐居后感到无官一身轻，身心很快得以康复。袁了凡在给好友袁峻阳的信中说："弟赋性迂疏，不能谐俗，通籍最迟而归田最早。如山鸡野鹿去城市而适山林，因饮然适也。结庐水乡，蒹葭在目，闭门习静，尽足自娱，而问字之朋不远千里，文家之役冗于公移，遂使老年短景与日俱驰，深可痛恨。今拟谢绝交游，屏除笔砚，专意修摄以完元神，未知竟何如也。"（袁黄《两行斋集》）

袁了凡隐居吴江赵田开始了新的生活，作《赵田新居》诗八首。他虽然在赵田过隐居生活，但是上门拜访求学者不断。在此期间袁了凡对道教仙学产生兴趣，并试图炼制长生不老的丹药。内丹术是袁了凡的主修，他将中医保健养生的方法融入日常生活之中。

五、自破执着

古云：一命，二运，三风水，四积阴德，五读书。可见风水之重要。袁了凡一生对风水很有研究。风水古称"堪舆学"，堪舆学不同于现今坊间所说的"风水"。关于堪舆之学,《淮南子》曰:"堪,天道也;舆,地道也。"本为相地之术,也叫地相,古称堪舆术。堪舆学认为,大地之脉络犹如人身之经脉,有一定的走向。《说文·土部》:"堪,地突也。"袁了凡初到宝坻上任时,要求当地的风水先生带路察看地势地貌和水流状况。他很尊重本地的风水先生,因为当地风水先生熟悉全县地理、风水等自然环境。其实治水和治人同理,水域只能顺流疏导,千万不能堵。

袁了凡从坚毅执着到看破放下,还是要归结到"人"上。人世间一切技艺最终还是要回归到人,堪舆亦然,同样也是为人服务的,如果没有人的参与,一切都没有意义。袁了凡对于自己一生应用的堪舆之学,到了晚年却在自己身上给破除了。风水的核心思想是人与大自然的和谐,早期的风水主要关乎宫殿、住宅、村落、墓地的选址、座向、建设等的方法及原则,古人认为,风水的好坏,直接关系到一家人的吉凶祸福。"风水"是袁了凡研究了一生的学问。

袁了凡雇船"至一村,见一老人,须鬓皆白,问之曰:'此间有好风水否?'答曰:'农民生长此地,七十余年矣,但见官人来作坟,不见官人来上坟。'"这是清代嘉庆年间《嘉善县志》的一则有关袁了凡的记载:袁了凡一生笃信风水,晚年欲为自己选一寿藏(寿坟),曾多次外出探寻风水宝地。有一天,袁了凡雇了一条小船,拟在吴江汾湖边觅一块风水宝地。途经一村落,看见岸上站着一位须鬓皆白的长者,就请船家靠岸,登岸立定,向长者施礼询问:"此间有好风水否?"长者回答:"老农生长此地七十多年矣,只见官人来做坟,不见官人来此上坟。"袁了凡听了这几句话恍然大悟,遂向长者深深鞠躬致谢。原来想为自己寻觅一块风水宝地建坟(阴宅),是为子孙后代兴旺发达。风水再好,如果子孙后代不来上坟祭祀,好风水又有何用?袁了凡转身上船，请船老大调转船头回家，从此以后破除了对风水的执着。

袁了凡在晚年时说："心地与阴地相感召，阴地须阴德以滋培，风水亦甚渺茫，堪舆亦难尽信"（袁了凡《劝葬文》）。可怜天下父母心，父母亲在世时为子女操心，去世入土也为子女求平安、求富贵。这段文字是乾隆乙巳年（1785年）《袁了凡先生四训》重刊版，附录在《袁了凡先生劝葬文》里，发人深省，尤其是那些笃信风水可以改变后代命运的人，更应该晓得其中道理。袁了凡感悟到人世间种种学问，最最重要的还是关乎人的，葬进了风水宝地而没有子孙祭祀，那么一切都是没有意义的，任何事情最终还是归结在人的身上。袁了凡破除执着，回归人的本真。

六、善始善终

袁了凡出生时袁家庆色方新，袁了凡幼承庭训，由父亲袁仁亲自教养，自幼掌握了学习方法，袁了凡胸怀大志，基本功底扎实，从诸明师求业，学有所成，严于律己，以修身、齐家、治国、平天下作为人生目标，勇于践行，最终成为一代大医。袁了凡成为一代大医是经历了几代人的不懈努力而成就的，其大医精诚的思想方法惠及了无数的人和家庭。袁了凡生于书香门第和医学世家，从小得到了良好的家教，读万卷书，立志成为大医，成年跟随明师走万里路，阅人无数。纵览袁了凡坚毅执着的一生，其善于学习，知行合一，不断进取，谦恭自律，凡事都能做到善始善终。

华夏医学"始于生而终于死"，术数常用七来计，如一个疗程七天，统计也是以七天（一周）来计算，尤其是和人有关的时间计数，《易经》："反复其道，七日来复。"女性怀孕了是问第几周了，人去世了是问几七了。传统医学重视胎教和优生，同样重视临终关怀和善终，现在国内有些高档养老院也有做临终关怀的，说明临终和善终同样是至关重要的。藏传佛教医方明中专门有"中阴生救度"的方法，因此中医学的教育是生命教育、健康教育和防灾病教育，而现实往往重治疗轻教育，教育的核心是人人都要尊重生命。

善终是人类五福之一，和其他福报一样是可以求得的。袁了凡及其祖上数代都做到了，这绝不是一件偶然的事。怎样做？自己求、自己种福田。

袁了凡晚年经常与同科进士、亲家陈于王探讨并施行修德积善的义举。

> 陈于王，号颖亭，嘉善人，万历十四年进士，曾任福建按察使，是当时的"循卓名臣"。

袁了凡与陈于王情同手足，共同指导嘉善一带的民间慈善事业。了凡在给陈于王的信中写道："内思破己之悭，外思纳人于善，凡有利益，无不兴崇。我辈平日刻苦，为子孙创业，死后皆用不着，所可恃以瞑目而释然无憾者，惟此修德行义之事而已。大抵人受命于天，生来之福有限，积来之福无穷。"

谚云：生死事大，无常迅速。袁了凡看得很透彻，他曾说："世人不信死生之说，遂以往来屈伸为鬼神而祭祀。以生者之思，无禅死者事，圣人何以致养致悫，若斯慎也。周公之告三王，肫肫如家人对语，盘庚言先王，及民之祖父，作福作灾，英爽咫尺，使死者果冥若槁木，是何古圣贤之愚，而后人之智也"（袁黄《两行斋集·形神论》）。袁了凡晚年自破了执着，不再用心思于建寿坟，每日静坐，治学不辍，完成了《立命文》，即传于后世的《了凡四训》。

万历三十四年（1606年）七月，在吴江县芦墟镇赵田村的袁了凡无疾寿终，享年七十四岁。袁了凡的寿命比原先孔先生推算的五十三岁，延长了二十一年。袁了凡善终，这是一种大福报，究其因缘都是医者仁心，才能尽享人间福报。袁了凡往生后，落叶归根，还葬故土嘉善县，灵柩由子侄孙辈们运回嘉善县，安葬于胥五区大西收字圩（今嘉善县惠民镇王家村独社浜，墓在袁公桥左侧修竹林中）。

第二十一讲
历久弥新

袁氏医学从袁颢"医有十事须知"到袁仁"医有八事须知",经过近百年的临床实践,走出了一条与众不同的医学之路,对病人极尽善巧方便,急则治表,缓则治本,从根本上量人施治。其特点是袁氏人人都精通《周易》之奥义,掌握医学心法又能和于术数,这是难能可贵的。因此,袁家医者人人具有慧眼,能识人之根器又能提升人的气质。袁氏脉法更是一绝,不但能诊断疾病,还能调养身体。袁氏还著有《袁氏脉经》《袁氏针经》和《本草正讹》等。袁颢显然擅长儿科,著有《袁氏痘疹全书》和《惠幼良方》等,可惜很多医书都没有梓行;袁祥虽不屑于医,用药却很精准,其熟谙"用药玄机";袁仁的《参坡医案》《内经辨疑》和袁裳的《三命要诀》既有传承又有创新,袁了凡则注重治未病,从"治病于始"发展到了"立命之学",著有《静坐要诀》《祈嗣真诠》《训儿俗说》等。袁了凡的"立命之法",让觉悟的人自治,辅以记"功过格"和持《准提咒》来自主"改过立命",实为自查、自修、自治的养生方法,袁了凡在晚年把这些都写进了《训子文》。袁了凡看到世风日下,其所传的"诊察脉法"只是寓意于医,借以警世觉人。

一、法脉兴盛

明代儒、释、道三教兴盛,三教一理的思想被愈来愈多的有识之士接受,同时给医学发展带来了机遇。儒家思想始终被朝廷认为是正宗、是主流派,儒家崇尚"仁义""礼乐""孝道",倡导"中庸"之道,注重伦理道德教育,儒家有《周易》《尚书》《诗经》《左传》《论语》《周礼》《礼记》《仪礼》《尔雅》《公羊传》《谷梁传》《孝经》《孟子》十三部经典著作,简称"十三经"。袁了凡在《群书备考》中对"十三经"的内容提要做了说明,如"《尔雅》倡于周公,而成于子夏,诚九流之奥旨也。中道寝微,世罕闻之,自终军豹鼠之辩,其书始行。郭景纯究心一十八载,而草木鱼虫,训诂名物,昭然兴举,考古之学,其彬彬焉。此则皆有可据者,而《乐经》之亡,今不可见矣。"又"《孝经》倡于河间颜芝,而注之者凡百家。""《孟子》注于赵岐,而陆善经宗之。其音释则张氏丁公著两家而已,若删孟者冯林,尊孟者虞允文也"(袁黄《增订二三场群书备考》)。自明代至清代,科举取士均以朱熹《四书章句集注》(《大学章句》《中庸章句》《论语集注》《孟子集注》)作为题库和标准答案,所有答案的观点都不可以违背其中的说法。

明朝正统十年(1445年),官方重新集辑道经,万历年间续加编修,名曰《正统道藏》,这是道教的一件大事。《正统道藏》后又有《续道藏》。《道藏》按照"三洞、四辅、十二类"来分类,其医药、方技、道术,主要保留在"方法类""众术类"里,为道医留下了宝贵的命脉。原中国道教学会会长陈撄宁道长在20世纪30年代通读过《道藏》。

明代中期,佛教禅宗开始中兴。袁了凡倡议将梵夹本藏经翻刻为"方册本"(即线装筒子页),以便于读者翻阅。在幻余禅师等高僧大德的支持下,在五台山紫霞谷妙德庵开始刊刻方册本《大藏经》。当时袁了凡还在宝坻任上,看到幻余禅师带来新印的"方册本"佛经样本后赞叹不已,亲笔写了"发愿文",并拿出俸禄,请幻余禅师回五台山"打万僧斋"(供养一万僧人用斋)。这部完全由民间编纂刊印的佛教方册本《大藏经》名曰《嘉兴藏》,又名《径山藏》《方册藏》,从明万历十七年(1589年)正式开刻,至清康熙十五年(1676年)方成,历时长达八十七年。鲜为人知的是《嘉兴藏》里保存了大量佛教医方明的内容,如《童蒙止观》《佛说疗痔病经》《观世音菩萨治病合药经》《药师琉璃光如来本愿功德经》等,正如《大智度论》载:"佛如医王,法如良药,僧如瞻病人,戒如服药禁忌。"

冯梦祯在《寿了凡先生七十序》中指出"先生于九流诸家无所不窥,尤邃于医"。了凡其子袁俨说:"先父学不名一家,业不擅一方,凡历数、河渠、阴阳、姑布之术,莫不洞原悉委,当别刻专书,不附入集中。先父综贯百氏,自姚江、考亭,迄周汉诸大儒绪论,靡不融贯,旁及子史禅玄,皆借印旁参。"(袁俨《两行斋集·初集凡例》)

二、医道传承

袁氏医学的发展得益于明代中后期,儒学、佛学和道教学术有很大发展,出现了很多大师级的人物,医药学同样有大发展,主要是"内丹医学"的成熟,从寻找灵丹妙药转向内求、内炼、内养,炼内丹从得道飞升转向治病强身。那是一个出良医、明医和大医的时代,袁了凡以儒、释、道三家汇融于医,用大智慧将医道融合并成功落地。袁了凡著《静坐要诀》《祈嗣真诠》,把神秘的"炼内丹"和深奥的"坐禅"引入寻常百姓家,还著有劝人行善的《功过格》《了凡四训》和教子的《四书训儿俗说》,将中医药学拓展到"祈嗣优生""修身立命"和"教子齐家"，此乃天下医学第一科，只有从源头用心加意，才是真正的医学。

袁了凡生活的年代是医药学发展的鼎盛时期，尤其是读书人学医行孝道，已经是天经地义的正事，"惟儒者能明其理，而事亲者当知医也"。医道传承的脉络主要有二条。

一是血脉传承，《礼记·曲礼》载："医不三世，不服其药。"即有三代以上的传承，服其药才安全有效。

二是师徒传承，由师父找徒弟或徒弟上门拜师学艺。旧时师道尊严，有云：一日为师，终身为父。师父选择徒弟要遵照《素问·金匮真言论》所载："非其人勿教，非其真勿授，是谓得道。"又《灵枢·官能》载："得其人乃传，非其人勿言。"

这二条是古代造就明医、哲医和大医的主要途径。明代全国各地名医辈出，大量的医药学著作刊刻，仔细查阅明医习医之背景，没超出上述二条传习途径的，尤其是师带徒，徒弟入门时往往还是个孩子，即从小教起，俗云：先入为主。

三、性命双修

明代信奉道教者众，明成祖大兴土木，北修故宫，南建武当。20世纪曾在武当山发现一些宫观将孔子、释迦和老子一起供奉，这证明"三教合一"确实在明代中后期盛行过。袁了凡解甲归田，隐居吴江赵田村时，还炼制丹药备用。当时上流社会都热衷于道家性命双修的技法，如儒道医合一的陈冲素（字虚白）著《规中指南》，"剖《参同》之秘密，烛《悟真》之隐微"，直指内丹奥秘，要言不烦，"言言显道，字字露机"。曾任太医的龚居中则由儒医入丹道之门，道号如虚子，著有《痰火点雪》《福寿丹书》《外科百效全书》《幼科百效全书》《小儿痘疹医镜》等，其中《痰火点雪》和《福寿丹书》阐述内丹医学思想。

《福寿丹书》是一部医家兼丹家的养生著述，共有七卷：《安养篇》（一福），主要阐述衣、食、行、住、宜忌与长寿之关系；《延龄篇》（二福），载诸仙修炼图势及秘诀；《服食篇》（三福），录有关抗老防衰、益寿延龄之食疗、食养方；《采补篇》（四福），介绍吕祖采补延年秘箓与房中养生至要；《玄修篇》（五福），授导引炼丹之术，乾坤交媾之法；《清乐篇》（六寿），宣传清乐之乐；还有《脏腑篇》，论述脏腑对人体之重要性与保护之方。

龚氏融通内丹医学思想，主要体现在以下三个方面：一是以心肾相交为核心的医疗特色；二是重视阴质之体病理变化，以肾为本，详求痨病之病因及证治之法；三是建立人体内景图。

袁氏医学由儒入医，重视道家性命双修，从袁颢身上可以看到，至袁仁又接受了阳明心学，袁了凡则倾向于道家实修，后又皈依了佛门，将禅宗坐禅与天台止观全部融入医学。美国学者包筠雅博士在《功过格：明清社会的道德秩序》里说："他（了凡）致仕以后，涉猎成仙之道，寻找长生不老之药，或施行金丹道的方术。"这里所说的"金丹道"，即当时流行的内丹医学。明代中后期，医家注重"性命双修"，于是内丹医学盛行。古云："合天地人，性命为重。"追求性命双修的道家，其修身方法也由"外丹"转向"内丹"，民间保命之法有用灼艾、服饵来配合内丹。内丹医学的核心是导引学内练法，丹药是人体内三宝精、气、神，又名三药、三宝，为人自备的三味大药，用自备的药炼丹，故名"内丹"。内丹能自救、自养，即所谓三分治，七分养。不是那种劳命伤财的用毒药大治，而是微调，内丹学称之为调火候。微调需要时间，需要耐心，只要内求即可。关于药治，医云：大毒治病去其七，中毒治病去其八，小毒治病去其九，无毒治病去其十。什么是无毒治病？内丹医学也。

明中后期问世的内丹医学专著《性命圭旨》载："夫学之大，莫大于性命。"《性命圭旨》，尹真人高弟子撰，万历乙卯（1615年）余永宁作《序》，共分《元集》《亨集》《利集》和《贞集》，是一部儒、释、道三家合一的修身集要。《性命圭旨》载："儒家之教，教人顺性命以还造化，其道公。禅宗之教，教人幻性命以超大觉，其义高。老氏之教，教人修性命而得长生，其旨切。教虽分三，其道一也。"为了保全性命，这本书将儒、释、道三家有关性命双修的方法融合于医。当时王阳明由于体弱多病，难以成就大志，亦随金陵尹真人学习"真空导引法"，这在《王阳明年谱》里有记载。通常医者救人性命，大多依赖于针、灸、砭、药，而内丹医学则以自诊、自疗、自救的形式。

儒、释、道、医四家历代不乏导引之士，养形之人。汉代张良善导引，《史记》载"留侯（张良）性多病，即道（导）引不食谷"。20世纪七八十年代在湖南长沙和湖北荆州分别在汉墓中出土了"马王堆导引图""导引飞升图"（入土年代为公元前168年）和《引书》（入土年代为公元前186年）等，是现存最早的导引图谱和导引专著（竹简112枚，共3235字），都呈现了汉代导引医学的成就。另外，还有不依赖针药治病的"移精变气"的"黄帝祝由法"等。

四、寿国寿民

袁仁"有志于斟酌元气，寿国寿民。因不屑雕虫细业，遂托迹于岐黄，期救民疾苦，登一世于春台"。袁仁在行医的同时，广泛结交有识之士，对于当下各行各业，包括士人做学问之弊端，袁仁都用医理来分析，用仁心来对治。关于当时士子们的学风，袁仁认为皆信奉宋儒之学，而轻视对儒学源头"孔孟之道"的深入探究，这种风气已病入膏肓，亟须大力救治，要回到本源。如三国时期诸葛亮《诫子书》："静以修身，俭以养德。非淡泊无以明志，非宁静无以致远。"后二句现在经常可以在书法条幅里看到，怎么做到？"静以修身"与"俭以养德"是可以做到的，但是在现实生活中很少有人去践行，似乎无从下手，改变命运似乎还只是空想，只能听天由命。《易经·系辞下传》有言："善不积，不足以成名；恶不积，不足以灭身。"

明朝中后期，"儒家佛化"（王畿、袁黄、罗汝芳等都精通佛典），"佛家儒化"（四大高僧都精通"四书""五经"）；"儒家道化"，"道家儒化"（古时医、道不分，尤其是明代的医书几乎都是儒生和道士写的）。他们的共识是"圣人同理"，只有凡夫去计较高下，但是没有一个切入点，来指导自己修身，无异于盲人摸象。儒、释、道三家所研究的核心是人心、人性，而人心、人性又寄宿于人体之内，身体不适、四大不调、六根不清静，都是需要调理和治疗的。因此，儒、释、道三家的交汇点集中在"医"上，历朝历代不乏大儒、高僧、高道是明医。

医道也是儒、释、道三家接引大众的方便法门，在儒、释、道三家合一的时期出现了《性命圭旨》《静坐要诀》和《伍柳仙宗》等性命双修的著作，一些有影响力的人都身体力行，如王阳明、罗洪先、王畿、袁了凡等，还有释家的云谷禅师、憨山大师等，道家的张三丰、尹真人（从龙）、伍守阳等。儒家讲存心养性，释家讲明心见性，道家讲性命双修，而医家强调保命全形，这些方法若能推广确实可以寿国寿民。《中庸》云："天命之谓性，率性之谓道，修道之谓教。"上天付与万物者谓之命，物受之以生谓之性。人性乃天赋予，完满圆足，纯粹至善。遵循性之自然，即是人所当行之路，亦谓之道。若以私欲遮蔽人之善根，那么就沉沦败坏了。与个人命运密切相关的，一方面是天命，另一方面是自身因缘果报所呈现的世命。世命随因缘而生灭变化，可以通过拔因改缘来改造和转变，这也是"立命之学"的核心。如果能顺应天命，修证自己，心上觉悟，事上起修，世命自然改变。

五、世代相传

袁了凡治学严谨，著述等身，除上述《祈嗣真诠》《静坐要诀》《训儿俗说》等医学、养生、教子、改命之作外，还著有《袁氏易传》《尚书纂注》《春秋义例》《石经大学解》《中庸疏意》《论语笺疏》，以及《历法新书》《皇都水利考》《史记定本》《袁氏政书》《两行斋集》《袁了凡纲鉴》《增订二三场群书备考》《举业心鹄》《宝坻劝农书》等，这些著作在《嘉善县志》等书中都有著录。袁了凡的著作绝大多数没有梓行。由于他坚持自己的学术见解，结果遭到了很多儒生的指责。父亲袁仁教子时曾强调学术应当严谨，否则会贻害子孙后代。其实袁仁也曾遇到过类似的事，遭到儒生们的指责，袁仁采取的应对措施是"自焚其稿"。袁了凡的应对方法是"藏于家"，或刊印时不在书上署名，由于书没有作者名，反而被广泛接受。

"《袁氏易传》，袁黄著。《易》学久失传，为训诂胜而象义微也。（袁）黄阐发前人所未发，作传十卷（一说三十卷），藏于家。《石经大学解》，袁黄撰。耿楚侗表章之，以为全书词明意贯，无错乱之失。（袁）黄节分而句解之，凡一卷。又有《中庸疏意》凡二卷，疏者辨证朱氏之说，意则自发，其所独得也。今梓之留都。《论语笺疏》凡十卷，已印行上论五卷。又有《举业心鹄》，原名《彀率》，邓巡抚刻之大同，故今名。"（袁黄 & 盛唐《明万历嘉善县志》）

用于科举类的书，袁了凡投入的精力最多，他带领弟子们编撰《增订二三场群书备考》《八代文腴类选》《闽中士子诗》《评注八代文宗》《义例全书》《四书疏意》《史汉泛本》，古史有《袁氏通史》一千卷，今史有《皇明正史》四百卷。

万历二十五年（1597年），袁了凡六十二岁时，想采用"古冠之礼"，隆重地为儿子举行一场成人礼。古冠之礼没有专书记载，只有一些片段散见于各种文献里，至明代古冠礼也早已不传。为了给儿子袁俨举行一场古冠礼，了凡查阅了大量的文献，用心收集散落在各种文献中有关"冠礼"的内容，重新整理定制了相关仪规，还专门著述了《礼记略说》《周礼百解》《周礼正经解义》。袁了凡说："礼之为经有三，《周礼》一书，为《礼》之纲领，至其仪法度数，则《仪礼》乃其本经，而《礼记》其义疏也……然隋之名儒，慕其为王道之极。唐之英主（唐太宗观《周礼》），叹其为真圣人作者，至张、程、朱皆有说焉，则吾又不敢轻弃之也。"（袁黄《增订二三场群书备考·礼》）

袁俨十七岁，将进入弱冠之年，是年十月，袁了凡为儿子袁俨举行了"古冠之礼"。仪式由了凡"家兄"嘉善麟溪（今杨庙）沈大奎主持，沈大奎是袁俨的舅舅。在南方有个习俗，凡是家里有重大的事情都要请舅舅出面主持公道。舅舅沈大奎是位老学究，纂有《广玉壶冰》。"《广玉壶冰》，沈大奎纂。尘世多魔，燕闲实鲜。昔都穆取古今清闲可喜之事，集而梓之，名'玉壶冰'。大奎茹冰啮蘖，莹洁自将，遂辑其逸事，为《广玉壶冰》"（袁黄 & 盛唐《明万历嘉善县志》）。

袁了凡花了三年工夫，查阅了大量的经典，又广泛收集民间教子的方法，撰写了《训儿俗说》。教子是家教的核心，了凡将《训儿俗说》呈家兄沈大奎审阅，家兄看后说"事无不言，言无不彻"，并为之作序。袁了凡邀请沈大奎主持袁俨的冠礼。一个没有庄严仪式感的成人礼是没有意义的，了凡严格按照传统礼仪举行冠礼。沈大奎在序言中说："余染指一官，归而泉石，仅为老学究而已。公（了凡）志大酬而还，以其学教于家，淑诸其子天启（袁俨）。子复俊嶷，足传家学。岁丁酉，子入绊，即应试浙闱，时方十七，将理婚事。十月之吉，为其子行古冠礼,速余为宾。余老惯杜门,素不闲礼节,念此礼世俗不行也久,追昔先君子为儿行冠礼之日,从祖平斋先生尚在,思之心冲冲焉,阅今五十年矣。今睹旷典之复,曷敢以不闲辞,勉与行事。既冠,峨然一丈夫子也,余不胜喜,字曰若思,公意也,盖取思启之意而实寓主敬之义云。

厥明,公出《训儿俗说》相示,缔阅之,其目有八首,曰立志,植其根也;曰敦伦,曰崇礼,善其则也;曰报本,厚其所始也;曰尊师,曰处众,慎其所与也;曰修业,曰治家,习其所有事也。外而起居食息、言语动静之常,内而性情志念、好恶喜怒之则;上自祭祀、宴享之仪,下自洒扫、应对、进退之节;大而贤士大夫之交际,小而仆从管库之使令,至于行立坐卧之繁,涕唾便溺之细,事无不言,言无不彻。自古家庭之训,见于记籍者,未有若是之详且晰也。是岂公一家之训,将为天下后世教家之模范。"(沈大奎《训儿俗说序》)

袁了凡为教子,依据《礼记》《四书》和民俗,专门著述了《四书训儿俗说》,简称《训儿俗说》。袁了凡为儿子袁天启(俨)所作的《训儿俗说》是真正的家教,不是那种家长居高临下的训诫,而是和风细雨的说教。古云:养不教,父之过。未成年人有很多不良习惯,在成年融入社会之前,父母要晓之以理,使之努力改正。否则成年后难以融入社会,现在凡是与社会格格不入的人,究其根源都是缺乏家教。家教以"教子为先",教子的具体内容和现代的"行为医学"相关。袁了凡晚年在吴江赵田家中重梓《袁氏家训》,并为之作序。从《袁氏家训》到《庭帏杂录》《训儿俗说》《诫子文》等,可见了凡对家教家风的重视。从了凡几位弟子的记载来看,他的学养综贯百家,探其津要而寻其真谛,乃基于"一切世法,皆与实理不相违背"的原则,《训儿俗说》其理基于"四书",故又名《四书训儿俗说》。《训儿俗说》中所讲的一切,看起来没有大事,但都是当今家庭教育中所缺失的。《训儿俗说》才是人生真正的起跑线，才是衣服的第一粒纽扣。《训儿俗说》是袁了凡用于子孙预防灾病的良方。

袁了凡往生后留下了丰富的文化遗产，其子袁俨时年二十六岁，为了确保"文献世家"在家族中传承不间断，收集整理父亲遗稿，为《增订二三场群书备考》《庭帏杂录》等书作注。袁俨全面继承了"文献世家"和"医学世家"的文化遗产传承。万历二十五年（1597年），袁俨为《庭帏杂录》作序，曰："闻诸吾父谓吾祖之学无所不窥，而特寓意于医，借以警世觉人。察脉而知其心之多欲也，则告以淡泊清虚；察脉而知其心之多忿也，则告以涌容宽裕；察脉而知其心之荡且浮也，则告以凝静收敛。引经据传，切理当情，闻者莫不有省"（袁俨《庭帏杂录·序》）。从这段《序》言可以知晓，袁俨希望自己的子孙能秉承父亲袁了凡治身、治家的理念和方法。

天启四年（1624年），袁俨将自己从少年起就开始收录的父亲书稿以及从父亲友人处收集来的"遗稿几三千纸"合并整理，简而成册，不敢作一字删替，将父亲诗稿刊行，名曰《两行斋集》，共十四卷。袁了凡善诗文，但是"不自珍惜，散失过半"。袁俨说："先父未筮仕前，著述甚富，友生受业者，每言《楚骚》有注，《韩》文有述，《经世》有略，《通史》有草，俨生未获寓目。闻《通史》止经始，未尝卒业，《经世略》为关中李渐庵先生借阅，遂至散佚，余书则宦游后无人收藏，亲友转相取携，不复归赵。又，先父于笔墨罕自珍惜，亦不追索，故存者无一二。俨成童后，始取家所藏者谨录成帙，然挥翰途次，飞墨别馆者，皆遗逸无可考矣……先父学不名一家，业不擅一方，凡历数、河渠、阴阳、姑布之术，莫不洞原悉委，当别刻专书，不附入集中。先父综贯百氏，自姚江、考亭，讫周汉诸大儒绪论，靡不融贯，旁及子史禅玄，皆借印旁参，别刊语录，亦不附入集中。俨所搜辑遗稿几三千纸，今先检

其四之一授梓。"（袁俨《两行斋集·初集凡例》）

天启五年（1625年），袁了凡之子袁俨和养子叶绍袁同时中进士。叶绍袁从小跟随兄长袁俨，他是这样讲述袁俨的："若思（袁俨字）身长七尺，伟然丰隆，土木之形，不事边幅，与人无贵贱，皆和颜悦色以接之。读书数行俱下，一览终身不忘。凡诗赋古文，握管数千言立就。高谈雄辩，闳博罕敌也。与余数十年，异姓骨肉兄弟之好，始终如一，晦明风雨，欢悲欣戚，无不同之。暮年一第，殒命遐荒，天乎，伤哉！在高要期年，清风映拂，沁入陬澨，卒时，士民如丧考妣。盖棺之日，即祠名宦。"（叶绍袁《湖隐外史·名哲》）

袁俨（1581—1627年），字若思，号素水。幼承家学，博极群经，尤留心经济。袁俨授高要县（今广东肇庆市）知县。天启七年（1627年）夏，高要县发大水，秋季多雨，"西潦聚涨，县城中水深三尺……入秋淫雨不止，袁俨走暑雨中，竭力救援。治苫盖，作糜粥，倩人捞溺敛瘗浮骸。入秋，淫霖不止，米价腾涌，袁俨细勘而亲赈之，车不遑停，目不暇睫，竟以劳瘁呕血，卒于官。归榇时，囊箧萧然"。"士民市喑，巷哭如丧所生"（江峰青《清光绪嘉善县志·宦业》）。袁俨的生命短暂，在四十七年的生命历程里，著有《抱膝斋漫笔》三卷、《紫薇轩集》二卷。

袁了凡去世十五年后，即天启元年（1621年），工部右侍郎、左都御史赵南星追敍袁了凡东征功勋；明熹宗朱由校念及袁了凡在朝鲜征战之功，下诏追赠尚宝司少卿。

袁了凡生前和去世后，曾被宝坻、嘉善、吴江和朝鲜列入祠堂。祠堂原本是祭祀去世的祖先或先贤的宗庙，而为还活着的人建造的祠堂，称为"生祠"，以供人们祭祀、瞻仰，宝坻和朝鲜为袁了凡建造了生祠。袁了凡之子袁俨任广东高要县知县，在洪涝与暴雨成灾时，奔走在排涝救灾时累死的，死得其所。崇祯十五年（1642年），袁了凡与袁俨父子俩同入吴江贤祠。

清乾隆二年（1737年），袁了凡入祀嘉善县魏塘书院"六贤祠"。知县张圣训建魏塘书院，因绅士沈遇黄等之请，建六贤祠，祭祀嘉善的六位贤者尚书丁宾、职方袁黄、都给事魏大中、大学士钱士升、少宗伯曹勋、祠部陈龙正。浙江巡抚纳兰常安撰写《祠堂记》有"袁公了凡，挥击奋竖，九死不悔"之赞誉。另外，在嘉善北城外的鹤湖书院，也合祀尚书丁宾、职方袁黄、名臣魏大中、状元国相钱士升和少宗伯曹勋等五公。

清光绪年间《宁河县志》有关袁了凡的记载："孜孜焉日以化民为急，开导引掖，务使同归于善而后已。其《劝农书》《水利说》凡数千言，周详委曲，因地制宜，尤有关于民生大计。监是邑凡六年，民安其业，士佩其训，当时令邑感戴，建生祠于城北，四时咸致祭焉。迄今宁邑虽分，仰溯恩施，实与宝坻并受其赐，以故乡间中谈公遗事，每津津乐道之，谓大有造于吾土者也。"（清代光绪年间《宁河县志·人物传记》卷八）

六、传承有序

袁颢在八十岁时为子孙们讲述了《袁氏家训》后三篇，《民职篇》《为学篇》和《治家篇》，他告诫子孙们："欲治家，先教子。"袁了凡在六十八岁时作《诫子文》（即《了凡四训》），参照《袁氏家训》的体例，对儿子袁俨讲述了四条训诫，其核心是"立命、改过、积善、谦德"八个字，是改变命运，好好做人的要诀。《孟子·公孙丑上》载："祸福无不自己求之者。"立志向上，立命向善，方能自新新民，历久弥新。

《了凡四训》全文共一万一千六百多字，其中提到八十多人的事迹，袁了凡用讲故事的形式来诠释立命要诀，其方法可操作性极强，且具有普世意义，四百多年来代代相传，惠及了无数人和家庭。余也是受惠者之一，回首过往岁月，余不甚精进，但已收益无穷，不敢独享，公诸同好。

袁了凡的《了凡四训》历经千年，仍然历久弥新，信奉的人愈来愈多。清代士庶乡绅，如昆山周梦颜，苏州彭绍升、潘曾沂，无锡余莲村等，继袁了凡、陈龙正等之志，致力于著善书，行善事，江南等地劝善行善蔚然成风。

> 彭绍升（1740—1796年），字允初，号尺木，别号二林，自称知归子，法名际清。江苏长洲人。乾隆二十六年进士。选知县，不就。初学道，后学佛。著《居士传》《善女人传》《一行居集》《二林居集》《净土圣贤传》等。彭绍升撰《居士传》，收袁了凡入传，称："了凡既殁百有余年，而'功过格'盛传于世。世之欲善者，虑无不知效法了凡。然求如了凡之真诚恳至，由浅既深，未数数也。"

> 曾国藩（1811—1872年）初名子城，字伯涵，号涤生，清代政治家、战略家、文学家、理学家，晚清中兴四大名臣之首，封一等毅勇侯，谥号"文正"。被后世尊为半个圣人。

曾国藩认为："事功之成否，人力居其三，天命居其七。"他先是笃信天命，后来受袁了凡"劝善功过格"的影响，试图改命立命。在曾国藩二十一岁时，做错了一件事并受到责罚，于是自号"涤生"，让人呼叫，时时提醒自己。曾国藩有每日记日记的习惯，在道光二十年（1840年）正月至六月条中是这样解释其号的："涤者，取涤其旧染之污也；生者，取明袁了凡之言：'从前种种，譬如昨日死；今后种种，譬如今日生。'故号涤生"(《曾国藩全集·日记一》)。诚然，洗涤人生非一日之功，曾国藩年至三十岁时，觉知自己还没有改变，于是在《忏悔日记》中写道："(涤生)徒有虚名，自欺欺人也。"从此以后，曾国藩发愿痛改前非，借用袁了凡的两件修身法宝，一曰忏悔自新，二曰静坐养气。新的人生、新的命运开启了，曾国藩终于在修身、齐家、治国这三件大事上获得成功，在曾国藩的后半生人生轨迹里，可以隐隐约约看到袁了凡的影子，这也许就是一种优秀文化的传承。

近代高僧印光大师和弘一法师都十分推崇《了凡四训》。新中国第一任最高人民法院院长沈钧儒说："十六岁时，开始力行袁了凡的'功过格'。每晚入睡前，自省一天的言行，'检讨身心，改过从善'，注重个人修养。"(《沈钧儒传》)

> 沈钧儒（1875—1963年）字秉甫，号衡山，嘉兴人，清光绪甲辰（1904年）进士，经历清代、民国、新中国，著名的法学家和政治活动家，曾任中国民主同盟中央主席，第一、二、三届全国政协副主席，全国人民代表大会第一、二届常务委员会副委员长，善导引养生。

近年来，袁了凡的多种著作多次被整理出版发行，还有相关的电视剧上演，"袁黄的传说"也成为省级（天津市）非物质文化遗产得以传承。《大学》载："自天子以至于庶人，壹是皆以修身为本。其本乱而未治者，否矣。"无论是什么人，有两件事是绕不过去的，一是身心健康，二是家庭和谐。修身、齐家是每个家庭必修的基本功夫，而且要贯穿始终，立志、立心要靠父母、师长时时提醒，但是主要靠自立，起心动念要向上向善，看到人家长处要虚心学习，改正自己的过错，才能成为君子。今天学习四百多年前的大医袁了凡的人生智慧，是为了给自己生命找一个正确的方向，见贤思齐，为自己和家庭种个善因，培植福报。修身齐家是摆在我们每个人面前必修的两门功课，任何人、任何家庭都无法绕开，历代先贤传承下来了很多修身立命的家训，我们要在这快节奏的社会里静下心来做些思考。现今的学校和家庭都是不教这两门重要功课的，而开设这两门功课则是当务之急。在《关于注重家庭家教家风建设论述摘编》（中共中央党史和文献研究院编，由中央文献出版社出版）中有大量"要注重家庭，要注重家教，要注重家风"的经典论述，讲得非常接地气，希望大家能买一本回来好好研读。

附录部分

附一 《祈嗣真诠》

刻祈嗣真诠引

子嗣于生人，系至重矣，曷论王公韦布，贫贱富贵之殊。今嘉禾了凡袁先生，思广其生物之心，患天下之艰于嗣者，或惑于数命而不知求，即求而或憒于生生之本也，乃编十篇。首"改过"，终"祈祷"，令得日用而信行焉。名曰《祈嗣真诠》，业付梓人矣。然是编也，本建康之异人，而明其感应之说云尔。

先生登进士，名重于天下。天下士传诵举子业如《心鹄备考疏意》等书，令都市纸增价。又作《经世略》三百卷，《通史》一千卷，皆未梓，世莫睹焉。先生衍贯古今，究极玄奥，即诸家杂流，靡不精诣。然而爱物之心，实其天性，故举子业则心术阴骘其所重。而祈嗣必本之改过、积善，大旨可睹矣。

天地之大德曰生，爱者生之本。恣情长恶，残忍其心，而刻薄其行，则此身于天地生理，亏灭殆尽，安望其生育而繁昌？其祈嗣者，往往不少概见矣，故先生出其行之有验者而发明之。其于是编也，颇信理而遗数命，令世之有志者力行之不息。当知无嗣者可赖之以护螽斯之庆，有嗣者亦赖之以衍麟趾之祥。斯先生之愿哉，而生人之道毕矣。

万历庚寅夏门人东莱韩初命谨撰

自　序

予气清而禀弱，苦乏嗣，夙讲于星占、术数之学，知命艰于育，且安之矣。

后游建康之栖霞，遇异人授以祈嗣之诀，谓天不能限，数不能拘，阴阳不能阻，风水不能囿。信而行之，果生子。

予虑天下之乏嗣者众，而不获闻是诀也，因衍为十篇，以夙告之，俾嗣续有赖，生齿日繁，而家家获螽斯之庆，吾愿慰矣。嗟嗟，岂独生子一节乎哉？命可永也，穷可达也，功名可建也。触而通之，是在智者。

改过第一

春秋诸大夫，见人言动，臆而谈其祸福，靡不验者，《左》《国》诸纪可睹也。大都吉凶之兆，萌乎心而动乎四体，其过于厚者常获福，过于薄者常近祸，俗眼多翳，谓有未定而不可测者。至诚合天，福之将至，观其善而必先知之矣；祸之将至，观其不善而必先知之矣。

春秋时，去圣人未远，其言多中，宜也。就生子一节言之，忍者多不育，好戕物命者多不育，洁己而清甚者多不育，舞机御物者育而不肖，或遇祸，机深者必绝嗣，多怒多欲者必难受妊，或妊而半产，或产而多夭。

凡发愿祈嗣，宜深省己躬，方改前辙。爱者生之本，忍则自绝其本矣。君子宁过于爱，毋过于忍。人物不同，其生一也。多杀物命，生理有亏，祈嗣须戒杀生。同功不难，同过为难。君子宁身受恶名，不可使人有逸行。好洁己者，常不顾人，此天下之大恶，鬼神所不佑也。地之秽者多生物，水之清者常无鱼，宜细思之。机有浅深，亦有美恶。借之以济世，则为仁术；因之以陷人，则为恶机。然而不可常用也。媾精者以气为主，怒多则伤气，欲多则耗精，皆当深戒。此类更多，不能殚述，宜据此推广，一一改之。

改过者，第一要发耻心。思古之圣贤，与我同为丈夫，彼何以百世可师，我何以一身瓦裂？耽染情尘，私行不义，谓人不知，傲然无愧，将日沦于禽兽而不自知矣。世之可羞可愧者，莫大乎此。《孟子》曰："耻之于人大矣。"以其得之则圣贤，失之则禽兽耳，此改过之要机也。

第二要发畏心。天地在上，鬼神难欺，吾虽过在隐微，而天地鬼神实鉴临之，重则降之百殃，轻则损其现福，吾何可以不惧？不惟是也，闲居之地，指示昭然，吾虽掩之甚密，文之甚巧，而肺肝毕露，终难自欺，被人觑破，不值一文矣！乌得不懔懔？不惟是也，一息尚存，弥天之恶，犹可悔改。古人有一生作恶而临死悔悟，发一善念遂得善终者，谓一念猛利，足以涤百年之恶也。譬如千年幽谷，一灯才照，则千年之暗俱除。故过不论久近，惟以改为贵。但尘世无常，肉身易殒，一息不属，欲改无由矣。明则千百年负此恶名，虽有孝子慈孙不能涤；幽则沉沦狱报，不胜其苦，乌得不畏？

第三发一勇心。人不改过，多是因循退缩。吾须奋然振作，从前种种，譬如昨日死；从后种种，譬如今日生。如毒蛇啮指，速与斩除，无丝毫疑滞。此风雷之所以为益也。具是三心，则有过斯改，如春冰遇日，何患不消乎？

人之过，有从事上改者，有从理上改者，有从心上改者，工夫不同，效验亦异。如前日杀生，今戒不杀；前日怒詈，今戒不怒，此就其事改之者也。强制于外，其难百倍，且病根终在，东灭西生，非究竟廓然之道也。

善改过者，未禁其事，先明其理。如过杀生，即思曰：上帝好生，物皆恋命，杀彼养己，岂能自安？且彼之杀也，既受屠割，复入鼎镬，种种痛苦，彻入骨髓；己之养也，珍膏罗列，食过即空，蔬食菜羹，尽可充腹，何必戕彼之生，损己之福哉？又思血气之属，皆含灵知，既有灵知，皆我一体，纵不能躬修至德，声名洋溢，以使之尊我亲我，岂可日戕物命，以使之仇我憾我于无穷也？一思及此，将有对食伤心，不能下咽者矣。

如前日好怒，必思曰：人有不及，情所宜矜；悖理相干，于我何干？本无可怒者。又思天下无自是之豪杰，亦无尤人之学问，行有不得，皆己之德未修，感未至也。吾悉以自反，则谤毁之来，皆磨炼玉成之地，我将欢然受赐，何怒之有？又闻谤而不怒，虽谗焰薰天，如举火焚空，终将自息；闻谤而怒，虽巧心力辨，如春蚕作茧，自取缠绵。怒不惟无益，且有害也。其余种种过恶，皆当据理思之。此理既明，过将自止。

何谓从心而改？过有千端，惟心所造，吾心不动，过安从生？学者于好色、好名、好货、好怒，种种诸过，不必逐类寻求，但当一心为善，正念时时现前，邪念自然污染不上。如太阳当空，魍魉潜消，此精一之真传也。过由心造，亦由心改。如斩毒树，直断其根，奚必枝枝而伐，叶叶而摘哉？大抵最上者治心，当下清净，才动即觉，觉之即无。苟未能然，须明理以遣之。又未能然，须随事以禁之。以上士而兼行下功，未为失策；执下而昧上，则拙矣。

发愿改过，明须良朋提醒，幽须神鬼证明。一心忏悔，昼夜不懈，经一七、二七，以至一月、二月、三月，必有效验。或觉心神恬旷，或觉智慧顿开，或处冗沓而触念皆通，或遇冤仇而回嗔作喜，或梦吐黑物，或梦往圣先贤提携接引，或梦飞步太虚，或梦幢幡宝盖，种种胜事，皆过消罪灭之象也。然不得执此自高，画而不进。理无穷尽，改过岂有尽时。昔蘧伯玉当二十岁时，已觉前日之非，而尽改之矣。至二十一岁，乃知前之所改未尽也。及二十二岁，则回视二十一岁犹在梦中。岁复一岁，递递改之，行年五十而犹知四十九年之非。古人改过之学如此，吾辈身为凡流，过恶猬积，而回思往事，常若不见其有过者，心粗而眼翳也。然人之过恶深重者，亦有效验。或心神昏塞，转头即忘，或无事而常烦恼，或见君子而赧然消阻，或闻正论而不乐，或施惠而人反怨，或夜梦颠倒，甚则妄有失志，皆作业之相也。苟一类此，即须奋发，舍旧图新，幸勿自误。

积善第二

昔颜氏将以女妻叔梁纥，而历叙其祖宗积德之长，逆知其子孙必有兴者，岂漫说哉！孔子称舜之大孝，而曰宗庙享之，子孙保之，论至精矣。愚常谓，善足以披乎百世，则必有百世之子孙；善足以披乎十世，则必有十世之子孙；善足以披乎三世、四世，则必有三世、四世之子孙；其身没而斩焉无嗣者，德薄而宗庙不享，子孙不保也。

试以近事征之。镇江靳翁，逾五十无子，训蒙于金坛。其夫人鬻钗梳，买邻女为侍妾。翁以冬至归家，夫人置酒于房，以邻女侍，告翁曰："吾老不能生育，此女颇良，买为妾，或可延靳门之嗣。"翁颊赤俯首，夫人谓己在而翁赧也，遂出而反扃其户。翁继起，户已闭，遂逾窗而出，告夫人曰："汝用意良厚，不特我感汝，我祖考亦感汝矣。但此女幼时，吾常提抱之，恒愿其嫁而得所。吾老又多病，不可以辱。"遂谒邻而还其女。逾年，夫人自受妊，生子贵，十七岁发解，明年登第，为贤宰相。

江右舒翁，假馆于湖广二年，偕诸乡里同舟而归。途中泊舟，登岸散步，闻一妇人哭甚哀，就问其故。曰："吾夫负官银，将鬻吾以偿。吾去则幼儿失哺必死，是以不胜悲耳。"翁询所负几何。曰："十三两有奇。"翁曰："舟中同载者，皆江西塾师也。每人一两，则足完君之事矣。"返而告诸同行，皆不应。翁遂捐两年束修尽与之。未至家三舍，粮竭，众复拉银买米。翁囊罄无所出，众争非之。亦有怜而招之食者，翁不敢饱。及抵家，语妇云："吾忍饥二日矣，速炊饭。"妇云："顾安所得米乎？"翁云："邻家借之。"妇云："借已频，专候汝归偿之。偿其旧，可借新也。"翁告以捐金之故。妇云："如此，则吾有寻常家饭，可觅同饱也。"遂携篮往山中采苦菜，和根煮烂，同食一饱。既就枕，翁已寝，妇辗转不能寐，忽闻窗外人呼云："今宵食苦菜，明岁产状元。"遂促翁觉而告之。翁曰："此神明告我也。"即同起披衣向天拜谢。明年，生子芬，果状元也。

吾乡屠康僖公为比部郎，建恤刑之议。命既下，梦神告之云："汝命无子，恤刑之议，阴德甚重。上帝赐汝三子，皆衣紫腰金。"是夕，即怀妊生应埙，次应坤，三应埈，皆通显，子孙科第，至今未绝。

邯郸张翁，家甚贫，未有子，置一空坛，积钱十年而坛满。有邻人生三子，犯徒，拟卖其妻。翁惧妻去而子不能全活也，遂谋诸夫人，举所积钱代完赎。银不足，夫人复拔一钗辏之。是夕，梦上帝抱一佳儿送之，遂生弘轩先生，今子孙且相继登科第矣。一念之善，遂成世家。祈嗣者宜深省也。

善有真有假，有端有曲，有阴有阳，有是有非，有偏有正，有半有满，有大有小，有难有易，皆当深辨。为善而不穷理，则自谓行持，岂知造业，枉费苦心，招殃愈烈，可惧也。何谓真假？昔有儒生数辈，谒中峰和尚，问云："佛氏论善恶报应，如影随形。今某人善，而子孙不兴；某人恶，而家门隆盛。佛说无稽矣。"中峰云："凡情未涤，正眼未开，认善为恶，指恶为善，往往有之。不憾己之是非颠倒，而反怨天之报应有差乎？"众云："善恶何至相反？"中峰令试言其状。一生谓詈人殴人是恶，敬人礼人是善。中峰云："未必然也。"一生谓贪财妄取是恶，廉洁有守是善。中峰云："未必然也。"众人历言其状，中峰皆不谓然。因请问。中峰告之曰："有益于人是善，有益于己是恶。有益于人，则殴人詈人皆善也；有益于己，则礼人敬人皆恶也。是故人之行善，利人者公，公则为真；利己者私，私则为假。又根心者真，袭迹者假；又无为而为者真，有为而为者假，皆当自考。"

何谓端曲？今人见谨愿之士，类称为善而取之，其次则取有守廉洁者。至于言高而行不逮者，则以为恶而弃之。人情大抵然也。然自圣人观之，则狂者行不掩言，最所深取；其次则狷者有所不为。至于谨愿之士，虽一乡皆称之，而必以为德之贼矣。是世人之善恶，分明与圣人相反。一私缠胸，黑白倒置，推此一端，则种种取舍，无有不谬。天地鬼神之福善祸淫，皆与圣人同是非，而不与世俗同取舍。凡欲积善，决不可徇世人之耳目。惟从心源隐微处默默洗涤，默默检点，纯是济世之心则为端，苟有一毫媚世之心即为曲；纯是爱人之心则为端，有一毫愤世之心则为曲；纯是敬人之心则为端，有一毫玩世之心则为曲，皆当细辨。

何谓阴阳？凡为善而人知之，则为阳善；为善而人不知，则为阴德。阴德天报之，阳善享世名。名亦福也。名者造物所忌，世之享盛名而实不副者，多有奇祸；人之无他肠而横被恶名者，子孙往往骤发。阴阳之际，微矣哉！

何谓是非？鲁国之法，鲁人有赎人臣妾于诸侯者，皆受金于府。子贡赎人而不受金。孔子闻而恶之，曰："赐失之矣。夫圣人之举事可以移风易俗，而教导可施于百姓，非独适己之行也。今鲁国富者寡而贫者众，受金则为不廉，何以相赎乎？自今以后，不复赎人于诸侯矣。"子路拯人于溺，其人拜之以牛，子路受之。孔子喜曰："今鲁国多拯人于溺矣。"自俗眼观之，子贡之不受金为优，子路之受牛为劣，孔子则取由而黜赐焉。乃知人之为善，不论现行，而论流弊；不论一时，而论永久；不论一身，而论天下。现行虽善而其流足以害人，则似善而实非也；现行虽不善而其流足以济人，则非善而实是也。然此就一节言之耳，他如非义之义，非礼之礼，非信之信，非慈之慈，皆当抉择。

何谓偏正？昔吕文懿公初辞相位，归故里，海内仰之如泰山北斗。有一乡人醉而詈之，吕公不动，语其仆曰："醉者勿与较也。"闭门谢之。逾年，其人犯死刑，入狱。吕始悔之曰："使当时稍与计较，送公家责治，可以小惩而大戒。吾当时只欲存心于厚，不谓养成其恶，陷入于有过之地。"此以善心而行恶事者也。又有以恶心而行善事者。如某家大富，值岁荒，穷民白昼攫粟于市，告之县，县不理，穷民愈肆，遂私执而困辱之，众始定。不然，几乱矣。然此公之心，本卫家财，非以行善也，而一方之民获安，其惠溥矣。故善者为正，恶者为偏，人皆知之矣。其以善心而行恶事者，此正中偏也；以恶心而行善事者，此偏中正也。不可不知也。

何谓半满？《易》曰："善不积，不足以成名；恶不积，不足以灭身。"《书》曰："商罪贯盈。"譬如贮物于器，勤而积之则满，懈而不积则不满。此一说也。昔有某氏女入寺，欲施而无财，止有钱二文，捐而与之，主席者亲为忏悔；及后入宫富贵，携数千金复入寺施之，主僧惟令其徒回向而已。因问曰："吾前施二文钱，汝亲为忏悔；今施数千金，而汝不回向。何也？"曰："前者物虽薄，而施心甚真，非老僧亲忏，不足以报德。今物虽厚，而施心不若前日之切，令人代忏足矣。"此千金为半，而二文为满也。

钟离授丹于吕岩，点铁为金，可以济世。岩问曰："终变否？"曰："五百年后，当复本质。"岩曰："如此则害五百年后人矣，吾不愿为也。"曰："修仙要积三千功行，汝此一言，三千功行俱满矣。"此又一说也。

又为善而心不着善，则随所成就，皆得圆满；心着于善，则终身勤励，止于半善而已。譬如以财济人，内不见己，外不见人，中不见所施之物，是谓三轮体空，是谓一心清净，则斗粟可以种无涯之德，一文可以消千劫之罪。倘此心未忘，虽施黄金万镒，福不满也。此又一说也。

何谓大小？明明德于天下为大，明明德于一身为小。昔卫仲达为馆职，被摄至冥司，吏呈善恶二录。比至，则恶录盈庭，善录仅如箸而已。索秤称之，则盈庭者反轻，而如箸者反重。仲达因问小轴中所书何事？曰："朝廷尝大兴工役，修三山石桥，君上疏谏之，此疏稿也。"仲达曰："某虽言之，朝廷不从，于事何益，而能有如是之力？"官曰："朝廷虽不从，君之一念，已在万民。向使听从，善力更大矣。"故志在天下国家，则善虽少而大；苟在一身，虽多亦小。

何谓难易？先儒谓克己须从难处克将去。夫子告樊迟为仁，亦曰先难。如前所纪，舒翁舍二年之束修，与张翁舍十年所积之钱，皆所谓难舍处能舍也；如靳翁不以邻女为妾，此所谓难忍处能忍也。故天之降福亦厚。凡有财有势者，其作福皆易，易而不为，是为自暴；贫贱作福皆难，难而能为，斯可贵耳。随缘济众，其类至繁，约言其纲，大略有十。窃谓种德之事，第一与人为善，第二爱敬存心，第三成人之美，第四教人为善，第五救人危急，第六兴建大利，第七舍财作福，第八护持正法，第九敬重尊长，第十爱惜物命。

何谓与人为善？昔舜在河滨，见渔者皆争取深潭厚泽，而老弱则渔于急流浅滩之中，恻然哀之。往而渔焉，见争者皆匿其过而不谈，见有让者则揄扬而取法之，期年，皆以深潭厚泽相让矣。其耕稼与陶皆然。夫以舜之浚明，岂不能出一言教众人哉？乃不以言教而以身传之，此良工苦心也。吾辈处末世，勿以己之长而盖人，勿以己之善而形人，勿以己之多能而困人。收敛才智，若无若虚，见人过失，且涵容而掩覆之，一则令其可改，二则令其有所顾忌而不敢纵。见人有微长可取，小善可录，翻然舍己而从之，且为艳称而广述之。凡日用间，发一言，行一事，全不为自身起念，全是为物立则，此大人天下为公之度也。

何谓爱敬存心？君子与小人就形迹上观，节义廉洁、文章政事之类，君子能之，小人亦或能之，常易相混。惟一点存心处，则善恶悬绝，判然如黑白之相反。故《孟子》曰："君子所以异于人者，以其存心也。"君子所存之心，曰仁，曰礼。仁礼又是何物？仁者爱人，有礼者敬人，谓常存爱人、敬人之心耳。人有亲疏，有贵贱，有智愚、贤不肖，万品不齐，皆吾同胞，皆吾一体，孰非当爱当敬者？盖爱敬众人，即是爱敬圣贤；徇物无违，而能通众人之志，即是能通圣贤之志。何者？圣贤之志，本欲斯世斯人各得其所，吾合爱合敬，而安一世之人，是即为圣贤而安之也。况古之圣贤，因人物而起慈悲，因慈悲而成正觉。《大学》云"明明德于天下"，舍天下则吾亦无明明德处矣。

何谓成人之美？玉之在石，抵掷则瓦砾，追琢则圭璋。故凡见人行一善事，或其人志可取而资可进，皆须诱掖而成就之，或为之奖借，或为之维持，或为之白其诬而分其谤，务使之成立而后已。大抵人各恶非其类。乡人之善者少，不善者多，故见一善事，争非而共毁之。善人在俗，亦难自立。且豪杰铮铮，不甚修形迹，多易指摘。故善事常易败，而善人常得谤，常不能自完。惟仁人长者能匡直而辅翼之，在一乡可以回一乡之元气，在一国可以培一国之命脉，其功德最大。

何谓劝人为善？生为人类，孰无良心，世路役役，最易没溺。凡与人相处，当方便提撕，开其迷惑。譬犹长夜大梦，而令之一觉；譬犹久陷烦恼，而披之清凉，为惠最普。韩愈云："一时劝人以口，百世劝人以书。"较之与人为善，虽有形迹，然对症发药，时有奇效，不可废也。失言失人，当反吾智。

何谓拯人危急？患难颠沛，人所时有。偶一遇之，当如痌瘝之在躬，速为解救，或以一言伸其屈抑，或以多方济其颠连。崔子曰："惠不在大，赴人之急可也。"盖仁人之言哉！

何谓兴建大利？小而一乡之内，大而一邑之中，凡有利益，最宜兴建。或开渠导水，或筑堤防患，或修桥路以便行旅，或施茶饭以济饥渴。随缘劝导，协力兴修。勿避嫌疑，勿辞劳怨。

何谓舍财作福？释门万行，以布施为先。所谓布施者，只是舍之一字耳。达者内舍六根，外舍六尘，一切缘会，一切功德，无不舍者。苟未能然，先从财上布施。世人以衣食为命，故财为最重。吾从而舍之，内以破吾之悭，外以济人之急，始而勉强，终则泰然，最可以荡涤私情，除祛执吝。

何谓护持正法？法者，万世生灵之眼目也。不有正法，何以参赞天地？何以裁成万物？何以脱尘解缚？何以经世出世？故凡见圣贤庙貌、经书典籍，皆当敬重而修饰之。至于举扬正法，上报佛恩，尤宜勉励。

何谓敬重尊上？家之父兄，国之君长，与凡年高、德高、位高、识高者，皆当加意奉侍。在家而奉侍父母，使深爱婉容，柔声下气，习以成性，便是和气格天之本。出而事君，行一事，毋谓君不知而自恣也；刑一人，毋谓君不见而作威也。事君如天，古人格论，此等处最关阴德。试看忠孝之家，子孙未有不绵远而昌盛者，切须慎之。

何谓爱惜物命？凡人之所以为人者，惟此恻隐之心而已。求仁者求此，积德者积此。《周礼》孟春之月，牺牲毋用牝；《孟子》谓君子远庖厨，所以全吾恻隐之心也。故前辈有四不食之戒，谓闻杀不食，见杀不食，自养者不食，专为我而杀者不食。夫见其生，不忍见其死；闻其声，不忍食其肉。闻杀见杀，与自养而杀者，苟有仁心，必不忍食。学者未能断肉，且当从此戒之。渐渐增进，慈心愈长，防范愈周。不特杀生当戒，蠢动含灵，皆为物命，求丝煮茧，锄地杀虫，念衣食之由来，皆杀彼以自活。至于手所误伤，足所误践者，不知其几，皆当妥曲防之。古诗云："爱鼠常留饭，怜蛾不点灯。"何其仁厚也。善行无穷，不能殚述，由此十事而推广之，则万德可备矣。前辈有十大方便之说，与此不同，更宜参考而行之。

聚精第三

经云："肾为藏精之府。"又云："五脏各有藏精，并无停泊于其所。盖人未交感，精涵于血中，未有形状；交感之后，欲火动极，而周身流行之血，至命门而变为精以泄焉。故以人所泄之精，贮于器，拌少盐酒，露一宿，则复为血矣。"左为肾，属水；右为命门，属火。一水一火，一龟一蛇，互相橐籥。膀胱为左肾之腑。三焦有脂膜，如掌大，正与膀胱相对；有二白脉自中而出，夹脊而上贯于脑。上焦在膻中，内应心；中焦在中脘，内应脾；下焦在脐下，即肾间动气。

人身之血，散于三焦，昼夜流行，各有常度。百骸之内，一毛之尖，无弗贯彻。及欲事既作，命门火动，翕撮三焦一身之血，至命门化为精，而输将以去。人之血盛，则周身流溢，生子毕肖其父；血微，则形骸有不贯之处，生子不能相肖；血枯，则不能育矣。

元精在体，犹木之有脂；神倚之，如鱼得水；气依之，如雾覆渊。方为婴孩也，未知牝牡之合而朘作，精之至也。纯纯全全，合于大方；

溟溟清清，合于无沦。十六而真精满，五脏充实，始能生子。然自此精既泄之后，则真体已亏，元形已凿，惟藉饮食滋生精血。不知持满，不能保啬，所生有限，所耗无穷，未至中年，五衰尽现，百脉俱枯，虽施泄而不能成胎，虽结胎而不能寿考矣。是以祈嗣者，务实其精，远则经年独宿，近则数月一行，庶几乎其可也。

聚精之道，一曰寡欲，二曰节劳，三曰息怒，四曰戒酒，五曰慎味。今之谈养身者，多言采阴补阳，久战不泄，此为大谬。肾为精之府，凡男女交接，必扰其肾。肾动，则精血随之而流外，虽不泄，精已离宫；纵能坚忍者，亦必有真精数点，随阳之痿而溢出，此其验也。如火之有烟焰，岂有复反于薪者哉？是故贵寡欲。

精成于血，不独房室之交，损吾之精，凡日用损血之事，皆当深戒。如目劳于视，则血以视耗；耳劳于听，则血以听耗；心劳于思，则血以思耗。吾随事而节之，则血得其养，而与日俱积矣。是故贵节劳。

主闭藏者，肾也；司疏泄者，肝也。二脏皆有相火，而其系上属于心。心，君火也。怒则伤肝，而相火动，动则疏泄者用事，而闭藏不得其职，虽不交合，亦暗流而潜耗矣。是故当息怒。

人身之血，各归其舍则常凝。酒能动血，人饮酒则面赤，手足俱红，是扰其血而奔驰之也。血气既衰之人，数月无房事，精始厚而可用。然使一夜大醉，精随薄矣。是故宜戒酒。

《内经》云："精不足者，补之以味。"然醲郁之味，不能生精；惟恬淡之味，乃能补精耳。盖万物皆有真味，调和胜而真味衰矣。不论腥素，淡煮之得法，自有一段冲和恬淡之气，益人肠胃。《洪范》论味，而曰稼穑作甘。世间之物，惟五谷得味之正，但能淡食谷味，最养能精。又凡煮粥饭，而中有厚汁滚作一团者，此米之精液所聚也，食之最能生精，试之有效。

炼精有诀，全在肾家下手。内肾一窍，名玄关；外肾一窍，名牝户。真精未泄，乾体未破，则外肾阳气至子时而兴。人身之气，与天地之气两相吻合。精泄体破，而吾身阳生之候渐晚，有丑而生者，次则寅而生者，又次则卯而生者，有终不生者，始与天地不相应矣。炼之之诀，须半夜子时，即披衣起坐，两手搓极热，以一手将外肾兜住，以一手掩脐，而凝神于内肾。久久习之，而精旺矣。

养气第四

徒精不能育也，必有一段元气亭毒于精物之先，而后成胎。人不得是气不生，物不得是气不育，道家所谓先天祖气是也。又有后天之气，乃呼吸往来运行充满于身者。此气不厚，则精不浓；此气不充，则精不射；此气不聚，则精不暖，皆不能成胎。后天之气，与先天之气，同出而异名。先天绸绸缊缊，生于无形，而后天则有形而可见；先天恍恍惚惚，藏于无象，而后天则有象而可求。其实一物而已。故养气之学，不可不讲。《孟子》蹶趋动心之说，所宜细玩。

养气者，行欲徐而稳，立欲定而恭，坐欲端而直，声欲低而和，种种施为，需端详闲泰。当于动中习存，应中习定，使此身常在太和元气中。行之久久，自有圣贤前辈气象。

举扇便有风，为满天地间皆是气也。《孟子》曰"塞乎天地之间"，诚然，诚然。故人在气中，如鱼在水中。气以养人之形，而人不知；水以养鱼之形，而鱼不觉。

养气者，须从调息起手。禅家谓：息有四种。凡鼻息往来有声者，此风也，非息也，守风则散。虽无声而鼻中涩滞，此喘也，非息也，守喘则结。不声不滞而往来有迹者，此气也，非息也，守气则劳。所谓息者，乃不出不入之义。朱子《调息铭》云："静极而嘘，如春沼鱼。动极而吸，如百虫蛰。"春鱼得气而动，其动极微；寒虫含气而蛰，其蛰无朕。调息者须似之。绵绵密密，幽幽微微，呼则百骸万窍气随以出，吸则百骸万窍气随以入，调之不废，真气从生。药物之老嫩浮沉，火候之文武进退，皆于真气中求之。呜呼尽矣！

人身之气，各有部分。身中有行气、横起气、诸节气、百脉气、筋气、力气、骨间气、腰气、脊气、上气、下气，如此诸气，位各有定，不可相乱；乱则贼，大则颠狂废绝，小则虚实相陵。虚则痒，实则痛，疾病之生，皆由于此。昔韩飞霞遇异人于黄鹤楼，授以一药，通治万病，投之立效，以香附子为君，佐以黄连而已。盖人气失其平则为疾，故用香附理气，其时火运，故以黄连佐之，此非深达造化者哉？

养身者，毋令身中之气有所违诤。如行久欲坐，此从动入止也，将就坐时，先徐行数步，稍申其气，渐放身体，止气稍来，动气渐去，从此而坐，则粗不忤细矣。如坐久欲行，此从止出动也，必稍动其身，或伸手足，如按摩状，然后徐行。不然细气在身，与粗气相忤矣。其余种种，依此推之。习闭气而吞之，名曰胎息。漱舌下泉咽之，名曰胎食。春食朝霞者，日始出赤气也。秋食沦汉者，日没后赤黄气也。冬食沆瀣者，北方夜半气也。夏食正阳者，南方日中气也。勤而行之，可以辟谷。余试之良验。

人在胎中，不以口鼻呼吸，惟脐带系于母之任脉。任脉通于肺，肺通于鼻，故母呼亦呼，母吸亦吸，其气皆于脐上往来。天台谓识神托生之始，与精血合，根在于脐。是以人生时，惟脐相连。

初学调息，须想其气，出从脐出，入从脐灭，调得极细，然后不用口鼻，但以脐呼吸，如在胞胎中，故曰胎息。

初闭气一口，以脐呼吸，数之至八十一，或一百二十，乃以口吐气出之。当令极细，以鸿毛着于口鼻之上，吐气而鸿毛不动为度。渐习渐增，数之久至千，则老者更少，日还一日矣。葛仙翁每盛暑辄入深渊之底，一日许乃出，以其能闭气胎息耳。但知闭气，不知胎息，无益也。

人之气，吹之则凉，呵之则温，温凉变于吹呵之间，是故夏可使冷也，冬可使热也。行气者可以入瘟疫，可以禁蛇虎，可以居水中，可以行水上，可以嘘水使之逆流千里。气之变化无穷，若生子之术，特其细细者耳。但爱啬握固，闭气吞液，令气化为血，血化为精，足矣。

气欲柔，不欲强；欲顺，不欲逆；欲定，不欲乱；欲聚，不欲散。故道家最忌嗔，嗔心一发，则气强而不柔，逆而不顺，乱而不定，散而不聚矣。若强闭之，则令人发咳。故道者须如光风霁月，景星庆云，无一毫乖戾之气，而后可行功。

又，食生菜肥鲜之物，亦令人气强难闭。食非时、动气之物，亦令人气逆。

又，多思气乱，多言气散，皆当深戒。

存神第五

聚精在于养气，养气在于存神。神之于气，犹母之于子也。故神凝则气聚，神散则气消。若宝惜精气，而不知存神，是茹其花而忘其根矣。然神岂有形象可求哉？《孟子》曰"圣而不可知之之谓神"，乃不可致思、无所言说者也。如作文不可废思，而文之奇妙者，往往得于不思之境，神所启也。符箓家每举笔，第一点要在念头未起之先，谓之混沌开基，神所运也。感人以有心者常浅，而无心所感者常深，神所中也。是故老人之心不灵，而赤子之心常灵；惺时之谋不灵，而寐时之梦常灵，皆神所为也。《易》曰："天下何思何虑！"此神之真境也。圣人不思不勉，此神之实事也。不到此际，总不能移易天命，识者慎之。

道宗观妙观窍，总是聚念之方，非存神之道。然攀缘既熟，念虑难忘，只得从此用功，渐入佳境。

有存泥丸一窍者，谓神居最上，顶贯百脉，存之可以出有入无，神游八极，而失则使人善眩晕。

有存眉间一窍者，谓无位真人在面门出入，存之可以收摄圆光，失则使人火浮而面赤。

有存上腭者，谓齿缝玄珠，三关齐透，存之可以通贯鹊桥，任督飞渡，而失则使人精不归源。

有存心中正穴者，谓百骸万窍总通于心，存之可以养神摄念，须发常玄，而失则使人局而不畅。

有存心下寸许皮肉际者，谓卫气起于上焦，行于脉外，生身所奉，莫贵于此，存之可以倏忽圆运，祛痰去垢，而失则使人卫胜荣弱，或生疮疖。

有存心下脐上者，谓脾宫正位，四象相从，存之可以实中通理，而失则使人善食而易饥。

有存脐内者，谓命蒂所系，呼吸所通，存之可以养育元神，厚肠开窍，而失则使人气沉滞。

有存下丹田者，谓气归元海，药在坤乡，存之可以鼓动元阳，回精入目，而失则使人阳易兴而妄泄。

有存外肾一窍，以目观阳事者，谓心肾相交，其机在目，存之取坎填离，而失则使人精液妄行。大都随守一窍，皆可收心。苟失其宜，必有祸患。惟守而无守，不取不离，斯无弊耳。《老子》曰"绵绵若存"，谓之曰存，则常在矣；谓之曰若，则非存矣。故道家宗旨，以空洞无涯为元窍，以知而不守为法则，以一念不起为功夫。检尽万卷丹经，有能出此者乎？

禅门止观，乃存神要诀。一曰系缘守境止，如上系心一处是也。二曰制心止，不复系心一处，但觉念动，随而止之，所谓不怕念起，惟怕觉迟者也。三曰体真止，俗缘万殊，真心不动，一切顺逆等境，心不妄缘，盖体真而住也。

观法多门。《华严经》事法界观，谓常观一切染净诸法皆如梦幻，此能观智亦如梦幻。一切众生，从无始来，执诸法为实有，致使起惑造业，循环六道。若常想一切名利怨亲，三界六道，全体不实，皆如梦幻，则欲恶自然淡泊，悲智自然增明。亦名诸法如梦幻观。

又，理法界观，于中复有三门：一者，常观遍法界，惟是一味清净真如，本无差别事相，此能观智亦是一味清净真如。二者，若念起时，但起觉心，即此觉心，便名为观，此虽觉心，本无起觉之相。三者，拟心即差，动念便乖，但栖心无寄，理自玄会。亦名真如绝相观。

又，事理无碍观，谓常观一切染净事法，缘生无性，全是真理，真理全是染净事法。如观波全是湿，湿全是波。故《起信论》云："虽念诸法自性不生，而复即念因缘和合，善恶之业，苦乐等报，不失不坏。虽念因缘善恶业报，而亦即念性不可得。"天台有假、空、中三观，大率类此。或单修一观，或渐次全修，或一时齐修，皆可入道。

交感之际，有意种子，兢兢业业，必难结胎。偶尔为之，不识不知，则胎成矣。此可想神交之义。

和室第六

生子之基，全在室人。世之求嗣者，但知广室，而不知和室也。广而不和，则相妒相嫉，育必艰矣。古云：妇人利乐，而后有子。又云：天地和，而后万物育；夫妇和，而后子嗣昌。世之求嗣者，当使闺门之内，蔼如琴瑟，而后可广育也。其道全在正己之躬，日常行事，毋论隐显，务使纯出乎正，以服彼之心。然又不可严毅而使畏也，有疑则相问，有疾则相顾，有来到则相体，使情意联属，而无间然。又不可使恩胜而相亵也，必以礼维之。昔匡衡说《关雎》之诗，以为情欲之感，不介乎容仪；燕昵之私，不形于动静，最可为处闺阃之式。然又不可自是而非彼也，必寄以交友之义，己有过，使规之。规而是也，谢而改之；规而非也，亦谢其意而晓告之。朋友属土，土无定位，而寄旺于四时。朋友亦无定人，而寄之四伦之内。故父子而寄以朋友之义，则父诲子诤，欢然一心。兄弟而寄以朋友之义，则兄教弟规，相成必远。夫妇而寄以朋友之义，则衽席之间，可以修省，一唱一和，其乐无涯，岂独可以生子哉？终身之业，万化之源，将基之矣。

《诗》云："窈窕淑女。"窈窕者，幽闲贞静之意。《诗序》以《螽斯》《麟趾》为《关雎》之应，惟其不妒耳。故择妇者不必求美色，但当求其有贤淑之性。幽闲贞静，自是妇人之德，有贤妇而和室易矣。然入宫而妒，妇人之常。为夫者，平时先宜晓论以宗祀之大、无后之罪，倘有妾婢，亦宜使之知尊卑之分、上下之宜，一家委顺，彼此相安，而生子之道，思过半矣。

知时第七

天地生物，必有纲缊之时；万物化生，必有乐育之时。如猫犬至微，将受妊也，其雌必狂呼而奔跳，以纲缊乐育之气触之而不能自止耳。此天然之节候，生化之真机也。世人种子，有云：三十时辰两日半，二十八九君须算。此特言其大概耳，非的论也。丹经云："一月止有一日，一日止有一时。凡妇人一月经行一度，必有一日纲缊之候。"于一时辰间，气蒸而热，昏而闷，有欲交接不可忍之状，此的候也。于此时逆而取之，则成丹；顺而施之，则成胎矣。其曰三日月出庚，又曰温温铅鼎，光透帘帏，皆言其景象也。当其欲情浓动之时，子宫内有如莲花蕊者，不拘经净几日，自然挺出阴中，如莲蕊初开，内人洗下体，以手探之自知也，但含羞不肯言耳。男子预密告之，令其自言，一举即中矣。

成胎第八

巢氏论妇人妊娠，一月名胎胚，足厥阴脉养之；二月名始膏，足少阳脉养之；三月名始胎，手心脉养之；四月始受水精以行血脉，手少阳脉养之；五月始受火精以成其气，足太阴养之；六月始受金精以成其节，足阳明脉养之；七月始受木精以成其膏，手太阳脉养之；八月始受土精以成肤革，手阳明脉养之；九月始受石精以成毛发，足少阴脉养之；十月脏腑关节，人神俱备。此其大略也。若求其细，则受胎在腹，七日一变，辗转相成，各有生相，《大集经》备矣。今妇人堕胎，在三月、五月、七月者多，在二、四、六月者少。脏阴而腑阳，三月属心，五月属脾，七月属肺，皆在五脏之脉，阴常易亏，故多堕耳。如昔曾三月堕胎，则心脉受伤，须先调心，不然至三月复堕。昔曾五月堕胎，则脾脉受伤，后至五月复堕，宜先治脾。惟有一月之内堕胎，则人皆不知有胎，但知不受妊，不知其受而堕也。一月属肝，怒则堕。多洗下体，则窍开亦堕。一次既堕，则肝脉受伤，他次亦堕。今之无子者，大半是一月堕胎，非尽不受妊也。故凡初交之后，最宜将息，勿复交接，以扰其子宫。勿令怒，勿令劳，勿令举重，勿令洗浴，而又多服养肝平气之药，胎可固矣。

程鸣谦云："褚澄氏言男女交合，阴血先至，阳精后冲，而男形成；阳精先入，阴血后参，而女形成。"信斯言也，人有精先泄而生男，精后泄而生女者，独何欤？东垣曰："经水才断一二日，血海始净，感者成男。四五日血脉已生，感者成女。至于六七日后，则虽交感，亦不成胎。"信斯言也，人有经始断交合生女，经久断交合生男者，亦有四五日以前交合无孕，八九日以后交合有孕者，独何欤？俞子木撰《广嗣要语》，著方立图，谓实阳能入虚阴，实阴不能受阳，即东垣之故见也。又谓微阳不能射阴，弱阴不能摄阳。信斯言也，世有尪羸之夫，怯弱之妇，屡屡受胎，虽欲止之而不能止者；亦有血气方刚，精力过人，顾乃艰于育嗣，而莫之救者，独何欤？

朱丹溪论治，专以妇人经水为主。然富贵之家，侍妾已多，其中宁无月水当期者乎？有已经前夫频频生育而娶此以图其易者，顾亦不能得胎，更遭与他人转盼生男矣，岂不能受孕于此，而能受孕于彼乎？愚以为父母之生子，如天地之生物。《易》曰："坤道其顺乎，承天而时行。"夫知地之生物，不过顺承乎天，则知母之生子，亦不过顺承乎父而已。知母之顺承乎父，则种子者果以妇人为主乎？以男子为主乎？然所谓主于男子者，不拘老少，不拘强弱，不拘康宁病患，不拘精易泄难泄，只以交感之时，百脉齐到为善耳。交感而百脉齐到，虽老，虽弱，虽病患，虽易泄，亦可以成胎。交感而百脉参差，虽少，虽强，虽康宁，虽难泄，亦难以成胎矣。妇人所构之血，固由于百脉合聚，较之男子之精，不能无轻重之分也。

孔子赞乾元资始曰大，赞坤元资生曰至，得无意乎？若男女之辨，又不以精血先后为拘，不以经尽几日为拘，不以夜半前后交感为拘，不以父强母弱为拘，只以精血各由百脉之齐到者别胜负耳。是故精之百脉齐到，有以胜乎血，则成男矣；血之百脉齐到，有以胜乎精，则成女矣。至有既孕而小产者，有产而不育，有育而不寿者，有寿而黄耇无疆者，则亦精血之坚脆分为修短耳。世人不察其精血之坚脆已定于禀受之初，乃以小产专责之母，以不育专付之儿，以寿夭专委之数，不亦谬乎！

治病第九

世之艰嗣者，专谓病在妇人，是舍本而求末。间有兼治男子者，亦未得其肯綮也。男子或年老阳衰，或有疾，或精不射，或精少精寒精清，皆不能成孕。世多用温热燥烈之药，一时虽效，真气受伤，非徒无益，而反害之矣。凡病此者，皆不须服药，只照前聚精、养气、存神之诀用功，定有奇效。如少年御女，其未交也，情浓意渴；其交而泄也，通身和畅，所谓百脉齐到而成胎者也。年老阳衰，其始也勉强成欢，其泄也漠然无味，何以成胎？此皆反身而可验者。惟寡欲久，而涵养功深，然后元阳可回，真气可复耳。纵欲服药，亦必择其对症者。宜温宜凉，通变用之。若执一方而治万病，非予之所知也，故不立方。

妇人之病最多，方亦难执。今取经论格言，具列之以俟抉择。岐伯曰："女子七岁，肾气足，齿更发长。二七而天癸至，任脉通，太冲脉盛，月事以时下。"天谓天真之气，癸谓壬癸之水，故云天癸也。然冲为血海，任主胞胎，二脉流通，经血渐盈，应时而下，常以三旬一现，以像月盈则亏也。

《月经论》云："若遇经行，最宜谨慎，否则与产后症相类。若被惊怒劳役，则血气错乱，经脉不行，多致劳瘵等疾。若逆于头面肢体之间，则重痛不宁。若怒气伤肝，则头晕胁痛呕血，而瘰疬痈疡。若经血内渗，则窍穴淋漓无已。凡此六淫外侵，而变症百出。犯时微若秋毫，成患重如山岳，可不畏哉！"（陈自明《妇人良方·月经论》）

褚澄云："饮食五味，养骨髓肌肉毛发。男子为阳，阳中必有阴，阴中之数八，故一八而阳精升，二八而阳精溢。女子为阴，阴中必有阳，阳中之数七，故一七而阴血升，二七而阴血溢。皆饮五味之实秀也。方其升也，智虑开明，齿牙更始，发黄者黑，筋弱者强。暨其溢也，流充身体手足耳目之余，虽针芥之历，无有不下。凡子形肖父母者，以其精血尝行于父母之身，无所不历也。是以父一肢废，则子一肢不肖其父；母一目亏，则子一目不肖其母。然雌鸟牝兽，无天癸而成胎，何也？鸟兽精血，往来尾间也。精未通而御女以通其精，则五体有不满之处，异日有难状之疾。阴已痿而思色以降其精，则精不出而内败，小便涩而为淋精。已耗而复竭之，则大小便牵痛，愈痛则愈便，愈便则愈痛。女人天癸既至，逾十年，无男子合，则不调；未逾十年，思男子合，亦不调。不调则旧血不出，新血误行，或渍而入骨，或变而为肿，后虽合而难子，合多则沥枯。虚人产众，则血枯杀人。观其精血，思过半矣。"（陈自明《妇人良方·论精血》）

《产宝论》云："治病先论其所主，男子调其气，女子调其血。气血者，人之神也。然妇人以血为其本，苟能谨于调护，则血气先行，其神自清，月水如期，血凝成胎。若脾胃虚弱，不惟饮食荣卫不足，月经不行，肌肤黄燥，面无光泽，寒热腹痛，难于子息。或带下崩漏，血不流行，则成瘕症。"（陈自明《妇人良方·论调血》）

《王子亨论》云："经者，常候也。谓候其一身之阴阳愆伏，知其安危。故每月一至，太过不及，皆为不调。阳太过则先期而至，阴不及则后时而来，其有乍多乍少，断绝不行，崩漏不止，皆由阴阳衰盛所致。"（陈自明《妇人良方·论阴阳》）

初虞世云："女子十四天癸至，任脉通，月事以时下，于是有子。天癸者，物之自然。月者，以月至；经者，有常也。其来过与不及，皆谓之病。若荣血亏损，不能滋养百骸，则发落面黄，羸瘦燥热。燥气盛则金受邪，金受邪则为咳为嗽，为肺痈、为肺痿矣。但助胃壮气，则荣血生而经自行。须慎饮食，调七情，保神气，庶可得生。若暴怒气逆，

经闭不行,当用行气破血之剂。"(陈自明《妇人良方·论桑血》)

陈自明云:"妇人月水不调,由风邪乘虚客于胞中,而伤冲任之脉,损手太阳少阴之经。盖冲任之脉,皆起于胞中,为经络之海。手太阳小肠、手少阴心经互为表里,主上为乳汁,下为月水。月水乃经络之余,苟能调摄得宜,则经应以时矣。"(陈自明《妇人良方·论月水不调》)

又云:"妇人月水不通,或因醉饱入房,或因劳役过度,或因吐血失血,伤损肝脾,但滋其化源,其经自通。若小便不利,若头眩痛,腰背作痛,足寒时痛,久而血结于内,变为癥瘕。若血水相并,脾胃虚弱,壅滞不通,变为水肿。若脾气衰弱,不能制水,水渍肌肉,变为肿满。当益其津液,大补脾胃,方可保生。"(陈自明《妇人良方·论月水不通》)

又云:"冲任之脉,起于胞内,为经脉之海。手太阳小肠、手少阴心二经为表里。女子十四而天癸至,肾气全盛,冲任流通,经血既行,应时而下,否则不通也。"(陈自明《妇人良方·论室女月水不通》)

寇宗奭云:"人之生,以气血为本。人之病,未有不先伤其气血者。若室女童男,积想在心,思虑过度,多致劳损。男子则神色消散,女子则月水先闭。盖忧愁思虑,则伤心而血逆,神色先散,月水先闭。且心病则不能养脾,脾虚则金亏,故发嗽;肾水绝则木气不荣,而四肢干痿,故多怒,鬓发焦,筋骨痿,若五脏传遍则死。自能改易心志,用药扶持,庶可保生。切不可用青蒿虻虫等凉血行血,宜用柏子仁丸、泽兰汤,益阴血,制虚火。"(陈自明《妇人良方·论室女经闭》)

《腹中论》云:"有病胸胁支满,妨于食。病至,则先闻腥臊臭,出清液，四肢清，目眩，时时前后血，病名曰血枯。此年少时，因大怒脱血，或醉而入房，亏损肾肝。盖肝脏血，受天一之气以为滋荣。其经上贯膈，布胁肋。若脱血失精，肝气已伤，肝血枯涸不荣，而胸胁满，妨于食，则肝病传脾；而闻腥臊臭，出清液，则以肝病而肺乘之；先唾血，四肢清，目眩，时时前后血出，皆肝病血伤之症也。"（陈自明《妇人良方·论血行》）

《良方》云："妇人月水不利者，由劳伤气血，体虚而风冷，客于胞内，伤于冲任之脉故也。若寸脉弦，关脉沉，是肝病也，兼主腹痛，孔窍生疮。尺脉滑，血气实，经络不利。或尺脉绝不至，兼主小腹引腰痛，气攻胸膈也。"（陈自明《妇人良方·论月水不利》）

又云："妇人经来腹痛，由风冷客于胞络冲任，或伤手太阳少阴经，用温经汤、桂枝桃仁汤。若忧思气郁而血滞，用桂枝桃仁汤、地黄通经丸。若血结而成块，用万病丸。"（陈自明《妇人良方·论腹痛》）

又云："月水不断，淋漓腹痛，或因劳损气血而伤冲任，或因经行而合阴阳，以致外邪客于胞内，滞于血海故也。但调养元气，而病邪自愈。若攻其邪，则元气反伤矣。"（陈自明《妇人良方·论月水不断》）

又云："妇人冲任二脉，为经脉之海，外循经络，内荣脏腑。若阴阳和平，经下依时。若劳伤不能约制，则忽然暴下，甚则昏闷。若寸脉微迟，为寒在上焦，则吐血衄血。尺脉微迟，为寒在下焦，则崩血便血。大抵数小为顺，洪大为逆。大法当调脾胃为主。"（陈自明《妇人良方·论崩血》）

又云："妇人带下，其名有五。因经行产后，风邪入胞门，传于脏腑而致之。若伤足厥阴肝经，色如青泥。伤手少阴心经，色如红津。伤手太阴肺经，形如白涕。伤足太阴脾经，黄如烂瓜。伤足少阴肾经，黑如衃血。人有带脉，横于腰间，如束带之状。病生于此，故名为带。"

（陈自明《妇人良方·论带下》）

《博济方》云："夫人将摄，顺理则气血调和，六淫不能为害。若劳伤血气，则风冷乘之。脾胃一伤，饮食渐少，荣卫日衰，肌肤黄燥，面无光泽。若入大肠则下利，若入关元则绝嗣。故妇人病有三十六种，皆由冲任劳损而至。盖冲任之脉为十二经之会海，其病皆见于少阴、太阳之经，当于此候之。"（陈自明《妇人良方·论风冷入关元》）

按妇人之病虽多，然其无子之症，大略尽于是矣，宜各按其症而治之。倘有明理善用功者，亦当教之存神养气，为效更疾。

祈祷第十

改过、积善，祈祷之本也。既尽其本，兼修其文，无不应矣。古有祷尼丘山而生孔子，近有祷泰山而生倪岳者，其事至悉，班班可考，若之何废之？江南多供张仙而得子者，非张仙之力也，此心既诚，则感无不应耳。

山川之英，鬼神之灵，凡可祈求，皆当致力。姑以祈祷之至灵，与鄙人所奉事而有验者，列之于后。

《白衣观音经咒》：稽首大悲婆卢羯帝，从闻思修，入三摩地，振海潮音，应人间世，随有希求，必获如意。

南无本师释迦牟尼佛

南无本师阿弥陀佛

南无宝月智严光音自在王佛

南无大悲观世音菩萨

南无白衣观世音菩萨

前印后印降魔印，心印身印陀罗尼。我今持诵神咒，惟愿慈悲，降临护念（以上二句三诵）。

即说真言曰：南无喝啰怛那〔二合〕。哆啰〔二合〕。夜耶。南无阿唎耶。婆卢羯帝铄钵〔二合〕。啰耶。菩提萨埵婆〔二合〕耶。摩诃萨埵婆〔二合〕耶。摩诃迦卢尼迦耶。怛你也〔二合〕他。唵。多唎多唎咄哆唎。咄咄多唎咄哆喇娑婆〔二合〕诃。

按：此咒原出《大藏经》，名《随心陀罗尼》，受持者一切祈祷，悉令满足。今祖师提出，专为人求男女，亦方便法门也。自"稽首大悲"至"即说真言曰"一段，皆后人新增。原本有"像法""坛法""印法"，人皆不知。谨述其略，以便祈求。

像法

以白檀香木刻作其像，身高五寸或二寸半，亦得是天女形，面有三眼，头戴天冠，身着色衣，缨络庄严，以两手捧如意珠。造此像已，安木函内，锦囊盛，系于左臂。设坛时即安坛内。

坛法

坛方三尺，中城方二尺，内城方一尺，皆须先掘去秽土，即以净土作之。香汁作泥，令平净扫，以粉米种种杂色，和以莲花，承观音像。最内院坛上四角，安四天王座，须方画坛上。

印法

凡四十八印，各有所用，今只录其要者。

总摄身印

以二手中指、无名指、小指，各向外相叉。合掌右压左，头指抟着掌背，二大指并竖面著。此印能摄诸印，故独列之。

受持法

凡欲受持此陀罗尼者，应当洗浴清净，着新净衣，并受律仪。不能具受，或随意受三戒、四戒。除贪吝，去嗔欲，发大慈大悲之心，利益众生。然后至坛前礼三宝，或随俗礼前佛菩萨五句，亦得手持名香或香炉，烧沉檀好香于菩萨像前。一心坚固，至意信向先观菩萨现前，次想空中幽显诸神及天龙八部，一降临获佑。如用意精专，顿觉心力有异。

《祈嗣真诠》三卷终

附二 《袁氏家训》

汾湖散人　袁颢著

男袁祯　袁祥　袁禧述

刻袁氏家训序

此吾师菊泉先生所著也。先生识高今古，学贯天人，缙绅士大夫从之游，如入武库检法物，无所不有也；又如探渊海而靡入靡深也；又如听《咸》《英》《韶》《濩》于洞庭之野，而怡怡忘倦也。

其父杞山公，遭建文之难，遗命诫其子孙勿为禄仕。故先生得以余力精研学问，天文地理，律历书数，兵刑水利，及三教九流之属，靡不剖其籓而入其奥。

予与先生至戚，游其门最久，闻其教最深。正统间（1436—1449年）河决张秋，予受命往治，以先生之言试之，行事底有成绩。欲疏名于朝，先生遗书固辞，有嵇康绝交之语，遂辍弗荐。及予自金齿归田里，见先生，先生已凝神反约，尽脱文字语言之习，而玩心高明，终日堆堆然，款款然，敛其聪明睿智于无何有之乡，若一无所知识者。门生旧友进谒之，如春风吹拂，受其益于无形无象之中，而不自知其所以然也。

出此篇示予，予读其《家难篇》，忠义在膺，愤激千古；读其《主德篇》，流风善政，俨然在目；读其《民职篇》，辄兴为下，不倍之思，若将驱天下之民而同归礼义之域也；读其《为学篇》，则游道德之场，登仁义之圃，而身心性命可按而修也；读其《治家篇》，则善世有方，端阃有道，而乡闾子弟皆可为贤人君子也。因请其书，归而梓之，使天下后世知我明之盛，草莽岩穴之下，有隐君子怀珍蕴玉如先生云。

门人徐有贞撰

刻袁氏丛书序

《袁氏丛书》者，了凡先生先人遗书也。予闻先生名夙矣，顾驱驰世路，不得一当先生。丙戌，从弟弘甫与先生同南宫捷，为予言先生悟彻三灵，学穷二酉，有所抒发，辄足破乾坤大梦，类得大鉴真印，不从人间者。

迩先生著述日益富，名日益盛，每有梓行，可当十五城。予间取寸脔尝之，已亹亹在神交，而后乃今复得《袁氏丛书》，卒业焉，喟然叹曰："袁于家学，所从来矣。"袁自杞山公以忠谊蒙难，窜吴江，诫子孙毋禄仕。传至参坡公，俱橐身长桑，然以功德航世，以六艺鞭心，以性命度真，学殖之具世无落也。惜其著述埋灭不尽传，传者家誊等十余种已耳。乃忠君爱国之诚，齐家裕后之规，探讨钻研之勤，具见大略，无不可为人人大还者，而曷啻袁氏家乘乎哉！

凡先生所为，发挥经传，寻真孔孟，以沃聪者之槁心，开愚昧之方寸；而度人天者，皆继先志而绍述之，其用意良苦，未易为杓之人测也，而何置喙者之讪讪为？余故因丛书以知袁之家学，而因益以知先生云。然陈予之言，于先生犹一哂也。书以付剞劂氏。

四川副使、前吏部文选司郎中、
晋江年家晚侍教生蔡国炳顿首拜撰
序毕

刻袁氏丛书引

余世居嘉兴之陶庄（今析归嘉善）。先高祖（袁顺）缘黄子澄之厄，全家籍没，流离奔窜，生曾祖菊泉（袁颢）先生于吴江，遂赘入芦墟徐（孟彰）氏，占籍为苏人，戒子孙不干禄仕。菊泉生怡杏（袁祥），怡杏生我父参坡翁（袁仁），皆以医为业，有所托而逃也。然世讲道德性命之学，而游情六艺，著述甚富。菊泉有《春秋别传》三十卷，怡杏有《新旧唐书折衷》二十四卷，参坡有《三礼穴法》十八卷，其余所著尚多，以简帙浩大，未能梓行，而先缉其小者十余种，付之剞劂，名曰《袁氏丛书》，志谦也。

夫先世以忠义之故横罹奇祸，晦其硕德懿行，而姑习一艺以成名，不知者因以医名之，而我先人亦因以医自名，其意亦可悲矣。夫受先人戒，罢举子业，而以其余力发挥经史遗文，绍孔孟之真传，作人天之眼目，岂徒卑卑立言之士而已哉！学者尝其一脔，可以窥其全体矣。

赵田逸农袁黄坤仪甫书

家难篇

予家世居嘉兴之陶庄今析归嘉善，元末家颇饶。吾父杞山（名顺，字巽之）先生豪侠好义，尚气节。人有急投之，不论寒暑蚤（早）暮，辄倾身赴之。尤邃于经学，《易》、《诗》、《书》、三《礼》、《春秋》三传，咸

有论核。与同邑杨任、胡士高、庄毅、庄衍等订礼义之社，各置一籍，日书其所行之事。每月轮会，坐不序齿，各较其行义之多寡难易以为先后，故人皆勇于为善而奔义若赴。

时姚公善知苏州府，闻吾父名，厚币聘焉。往报之，讲《易》甚洽，遂称知己。欲疏名于朝，恳诉不愿仕之故，得寝。姚与王叔英友善，语曰："如先生者，不可不令王公一见也。"遂作柬达王，而躬自劝行。遂游金陵，诸公卿见者无不人人推重。

未几，靖难师渡江，定金陵。人有献叔英著作，并交游往来文字，而吾父始挂名党籍矣。时黄子澄在姑苏密谋匡复，往来于予家甚数。苏州卫许千户知子澄与吾父及杨任等往来，遂驾舟密至吾家，而吾父适先期远出。连夜至新城镇，扣杨任之门，入卧所，械之，并擒其子礼益，俱赴京戮之，赤其族。同时累遣者，吾邑凡七十余家，而吾兄谪戍北平，挈嫂及幼侄同往，财产籍没，而祖宗数百年之业荡然矣。

吾父初出奔时，先寄吾母于舅家，恸哭而诀。吾母曰："倘存追者，我必自尽，不受辱于吏人之手也。"父曰："吾此行，必潜踪灭迹，不以累汝。"行至吴江北门，作《绝命词》云："北风萧萧兮秋水绿，木落松陵兮野老哭。周武岂不仁兮耻食其粟，生无益于时兮死又奚赎？吾将遵彭咸之遗则兮，葬于江鱼之腹。"行吟数回，自投于湖。有居民吴贵三者，援而出之，问其状，告以颠末。吴泫然曰："义士也！盍至吾家少憩乎？"曰："吾万金之产，一朝尽矣。岂敢累公！"固请以归，见其弟贵五，语之故，且曰："人生世间，惟纲常为重。渠殚忠竭义，天地鬼神犹将祐之，吾破家相容，可也。"弟曰："何论破家，虽杀身，其何悔！"吾父感其义，留其家者三月。

吴氏兄弟业银，工师江西分宜郭美。美言黄子澄死，有一子逃难在其乡，今冒田姓。吾父闻之，且惊且喜，即谋之吴（贵三），随郭（美）

而西，果得之民间，泣告之，曰："此岂汝安居之地耶？"遂挟之奔湖广之咸宁（今湖北咸宁），与之相携若一家然。

永乐十一年正月初二日，太宗文皇帝敕谕三法司，齐、黄等远亲未拿者悉宥之，有来告者勿论。由是吾父始与相别而归，携吾母同住吴江，以训蒙为业。逾年，予始生。吾母以哭泣太多，体羸无乳，时芦墟徐孟彰妻育一女而夭，遂鞠予于其家，冒姓徐氏。

洪熙元年（1425年）四月，有复还田土之令，吾父始返陶庄，予始复袁姓。徐（孟彰）无子，不听予归，留予为婿，而予遂入籍吴江，充二十九都二副扇一册里长，今且六十余年矣。

永乐初年，令严而法重。陶庄祖房拆毁无余，独镇房数十楹犹有存者，其田则具在。及有复还之命，监司府县皆怜忠义受祸之酷，严追复业，无敢隐匿者。吾父既归故乡，请乡里知识公同会议，富而有力者听还一半，即以其半偿其佃费；有强不顺者或还十之二三，亦弗校；贫而藉此为业者，皆令勿还。故原田四十余顷，所复止十分之一。吾父临终，尽以畀予，予见族中皆贫难不能自立，随其亲疏而分授之。予家自高祖以来，皆单传。吾父生吾兄弟二人，长兄既远戍，予生理不乏，遂不受遗产，而分惠族人。今陶庄诸侄孙相往来者，于汝辈皆无五服之外亲支。惟汝兄弟三人，单弱如此念之。

主德篇

建文君，讳允炆，太祖之孙，懿文太子之子。洪武十年十一月己卯生，六年而其兄英椎卒，又十年而懿文薨。洪武二十五年九月十三日，册为皇太孙。洪武三十一年闰五月十六日，即皇帝位。建文四年六月乙丑，靖难兵入金川门，宫中火起，传言崩。

洪武二十三年六月，懿文太子痈发于背，痛甚，号呼不绝口。建文君年十四岁，含泪抚摩，昼夜不暂离，闻号呼声，即惶惶如不欲生，亲吮之，周匝舐吸，旬余始愈。太祖闻之，亲呼侍医问状，得其实，泫然流涕，曰："有孙如此，朕复何忧！"

懿文太子疾，建文入侍，曲尽苦心。及薨，哭踊哀慕，事事如礼，水浆不入口者五日。太祖抚之曰："毁不灭性，礼也。而诚纯孝，独不念朕乎！"始一啜糜粥。因为之裁定丧礼，使如期释服。然三年之内，语未尝高声，笑未尝露齿，未尝饮酒食肉，未尝奏乐，未尝御内。人劝之，则曰："服可例除，情难顿改，吾自致焉而已矣。"

三弟皆幼，抚育周至。居丧之初，日则呼与同堂，夜则挟之同寝。时其饮食，适其起居，随事寄诲，谆谆恳恳。太祖闻之甚喜。一日，临其宫，兄弟四人皆侍，出句云："兄弟相怀本一身。"建文应云："祖孙继体宜同德。"后太祖《传位诏》云："太孙允炆，仁明孝友，海内归心。"盖有所试而云，非溢美也。

太祖闲居，太孙侍，举《大明律》授之，曰："朕酌古准今，协于礼制，宜于人情。汝宜熟玩。"太孙捧之而退。数日，问之，则皆熟矣。试抽数条，无不成诵。问曰："汝熟其文矣，能解其义乎？"对曰："颇解。"因问名例之义，对曰："名者，圣人所以励世磨纯也。故生人大伦，名义为重；维持风俗，名教为先。以名义、名教为例，庶几刑罚之中不失德义之意。"曰："然。此书首列一刑图，而次列八礼图者，重礼也。但愚民无知，如于本条下即注宽恤之令，必易于犯法。故以广大好生之旨，总列名例律中。善用法者，会其意可也。"曰："然则名例律中，某条某条尚觉严而不恕，请稍改之，可乎？"曰："试率尔意，改之来看。"因更定五条，明日呈稿。太祖喜曰："甚善。"因跪而请曰："明刑所以弼教。凡与五伦相涉者，皆宜屈法以申恩。今律中所定，期于尽法而不必于原情，窃所未安。"曰："凡所未安者，汝悉改之。"遂遍考礼经，参之历朝刑法志，改定七十三条。太祖览之大喜，曰："朕当乱世，刑不得不重；汝当平世，刑不得不轻。所谓刑罚世轻世重也。如后用刑，皆宜遵此。"

太祖语太孙曰："朕平日用刑虽重，然所诛戮者皆极恶无道之人。去此恶人，正所以保全善人。如去莠所以养苗，非厉苗也。"太孙曰："杀无道以就有道，仲尼不以为然。未若修德以风之。但愧吾之德薄，何忧民之难化！"太祖大笑曰："尔言是也。"

太祖听政，每震怒，辄诛夷狼藉。一日退朝，而怒犹未解。太孙迎问云："何怒之深也？"曰："有累犯法而奸恶异常者，不得不怒。"曰："上失道而后下犯法，如得其情，喜且不可，何况于怒！"太祖不觉气平，笑曰："汝能不怒乎？"明日，有常州陈理以子弑父，送太孙处分。太孙从容详审，其父原抱病经年，误服一药方，入咽而遽毙，有似于弑；其继母素憎其子，又力证成之，无以自解。太孙条其情而谳之。太祖不信，拘其邻里、婢仆及原医讯之，乃知原患火症，医者不察，误认为寒，药中潜投附子，主人不知，故服之而暴卒耳。太祖惊曰："有是哉，刑不可不慎也！太孙不独仁，而且明。朕无忧矣。"

国初，分封诸王。辽、宁、燕、谷、代、晋、秦、庆、肃九王之封，起辽阳，讫嘉峪，延袤万里，皆边虏，而京师去边悬远，令诸藩皆得提兵专制以防虏。太祖语太孙曰："以御虏付诸王，可令边尘不动，贻汝以安也。"对曰："虏不靖，诸王御之；诸王不靖，孰御之？"太祖默然，良久曰："尔意何如？"曰："以德怀之，以礼制之。不可，则削其地；又不可，则变置其人；甚则举兵伐之。"太祖曰："计无以易此矣。"

逻者获强盗七人，命送太孙审。太孙一见，即疑首盗非真，讯之，果系主人之子，偶出庄上，而佃客皆盗也，是夜正谋劫商舟，遂强之同行，归欲首明，而先被获。太祖覆审，尽得其情，释之。问太孙曰："尔何以知其非盗？"对曰："《周礼》听狱，色听为先；《尚书》亦称惟貌有稽。予见其人，双眸炯炯，视听端详，定非盗也。"太祖叹曰："决狱者，不可不读书。"

洪武三十一年夏四月，太祖不豫，多暴怒，以遣戮者甚众。太孙入侍，事必躬承，服药则亲尝以进，去后则亲扶以起，唾壶、溺器之属，靡不手提以献，而愉色婉容，蔼然可掬。太祖气亦渐平，怒亦稍止。凡有所需，无不立办。当深更至静之时，众人熟睡之际，呼无不应，应无不起，盖终夕未尝交睫也。

闰五月初十日，太祖崩于西宫。太孙披发哭踊，哀动左右。敕有司，丧仪悉遵《周礼》，于是仿《金縢》遗制，前朝后殿，左右角门，及西宫内寝，各设座如生存，凡十一所。有久不御者，即以香汤洒扫之。陈祖训于东直殿，设重器于西直殿。京官四品以上，朝服执钺，立于诸陛之上。自初十以至十六之晨，哭临如礼。昼则不饮勺水，夜则不就枕簟。太孙素丰腴，至是哀毁骨立矣。是日，诸大臣逆之于大明门外，群臣百姓望见其毁瘠之容、深墨之色与哭泣之哀，莫不举手加额，曰："天子纯孝。"举喁喁然有至德之思焉。

既即位，诏行三年之丧。有司执例以请，以书谕曰："三年之丧，自天子达于庶人。先太子殂，向欲终之，而不可得。兹当大故，敢不如礼？"有司奏曰："太子之孝，与庶人异。当以宗社生灵为重，岂可徇庶人之节？况有遗诏在，其谁敢违！"复传谕曰："魏文帝，胡人也，犹能守礼。况朕读书知礼义，岂不能遵先王之仪制乎？尔等不欲朕行古礼，是谓吾君不能也。"有司复奏曰："陛下欲行三年之丧，非敢谓不能也。但郊社宗庙之祭不可久虚，朝贡讼狱之繁不可暂废。故汉文诏以日易月，而历代因之。遗诏谆谆，欲一如汉文行事，其虑甚远。愿陛下少抑至情，俯循众请。"复谕曰："朕非敢效古人谅阘不言也。郊社宗庙，朕将执绋而行事；朝贡讼狱，朕夙兴夜寐，罔敢不亲。但朝则麻冕麻裳，退则齐衰杖绖，食则饘粥蔬菜，卧则枕块寝苫，不御内，不听乐，以自靖其心，有何不可？不然，食稻衣锦，尔辈真以为安乎？"群臣奏曰："陛下既不废政事，而自致哀情，敢不惟命！"遂定仪注以进。

群臣请立太子，时皇子文奎尚幼。诏曰："有天下者，当以公天下为心。朕功未报于群臣，泽未加于百姓，而急于立嗣，嗣必以子，是重朕不德也。其勿言！"请曰："立嗣必子，所由来久矣。皇子岐嶷峻伟，海内属心。请蚤正储位，以慰下情。"诏曰："尧、舜、禹皆黄帝之后，更相授受，本出一家，其事可万世通行者。朕诸叔济济多贤，实秉德以陪朕，诸弟亦多英俊。朕纂承大统，夙夜祇惧。数年之后，神人和协，于诸叔、诸弟中择其出类者定为嗣，庶于官天下之中不失家天下之意，著为例，世世守之。"复请曰："太祖登极未久，即立储宫者，非私也，所以一人心而防祸源也。如及今不定，而更须后择，则启宗室觊觎之心，生小人反间之计，其祸有不可胜言者矣。《书》曰：'惟口出好兴戎。'愿陛下财（裁）察。"诏曰："洪武二十五年十月甲寅，文奎生。高皇曰：'十月，数之终，又生晦日，内庭勿贺。'是必不能君天下之兆也。朕不能矫伪饰辞，实知其难于负荷，而诚心让之。卿等固执以为不可，其先封诸弟，而后议行。"由是封皇弟允熥为吴王，允熞为衡王，允熙为徐王，而后立子文奎为皇太子。

诏兴州、营州、开平等卫军士全家在伍者，分房回籍；卫所军士营籍一人者，放为民。

上偶感微寒，视朝稍晏。御史尹昌隆上疏切谏，左右劝以疾谕之。上曰："不可。直谏难闻，昌言易阻。谕之以疾，是阻之也。"悉引以自责，制以昌隆所言，切中朕过，礼部其遍行天下，使咸知之。

承天门灾，乙字库亦灾，有司拟坐罪，当死者百余人。上曰："上天降灾，罪在朕躬。奈何移累群下？"尽赦之，而下诏罪己，并求直言及山林岩穴怀才抱德之士。

朝罢，进刑部官，谕之曰："《大明律》，皇祖所亲定，大意虽准唐律，亦遍考历朝刑法志参酌而成。朕先年受命，细阅今律，校前代之律，往往加重。盖刑乱国用重典，非百世通行之法也。朕当时改定七十三条，皇祖已命施行。然罪可疑、情可矜者，不止此也。律设大法，礼顺人情，齐民以刑，不若以礼。其传谕天下有司，务崇礼数，赦疑狱，嘉与万方，共享和平之福。"

诏曰："孟子以省刑罚、薄税敛为仁政之大端。朕即位以来，大小之狱，虽不能察，务从宽省。独赋税未平，农民受困，其赐明岁天下田租之半。"

监察御史尹昌隆应诏，言大臣专政，执政恶之，斥知福宁县。上曰："求直言而以直弃之，人将不食其余矣。"命复原官。

诏："军民男妇，年八十者，赐米一石、肉十斤、酒三十斤。九十者，加赐帛一匹、绵一斤。其身犯杖罪以上、隶卒倡优不与。"

诏："鳏寡孤独、贫无产业，不能自存者，有司岁给米三石，亲戚收养；无亲戚，邻里养之，毋令失所。田地荒芜，无人耕种者，复其租。"

诏："农桑，衣食之本。有司勿夺民时，使得尽力耕种，足其衣食。学校，风化之源。有司加意教养英俊，禁习浮靡，务得真材，以称任使。"

诏："民之休戚，系于守令贤否。官之清浊，在乎考核公私。在内监察御史，在外布政、按察司，从公考察，果有政绩异常及阘茸不才者，奏闻黜陟。"

诏:"军民嫁娶、丧葬,贫不能举者,着邻里、宗族共相资助,勿使失所。"

诏:"民间义夫、节妇、孝子、顺孙,及同居五世以上、乡党称其孝义者,有司勘闻旌表。"

诏:"各处水旱、灾伤,报勘赈济。"

诏:"五军中孤儿,给粮存恤,已有定例。其笃废、残疾无人养侍,及年老有丁代役者,宜加抚恤,愿还乡者听。"

诏:"前代兵后骸骨暴露田野者,掩骼埋胔之时,官司收瘗。"

诏:"卫所句(勾)补军役,如户无壮丁,不必以羸弱充数,徒废钱粮,量征银另行招募。如果户绝,即与除额。"

定保举法。诏:"内外五品以上文官,及州县正官,各举贤才,不问下僚、乡民,悉听保举。"

诏:"释刺面正军及囚徒还乡里。"

上虚怀纳谏,从善如转圜。礼部左侍郎陈性善上书言事,朝廷悉从之矣,既而下宽恤之诏,群臣酌议事有不便者,更改行之。性善朝见,愠曰:"陛下不以臣愚,猥承顾问。臣僭尘上听,许臣必行。今而诏书云然,所谓为法自戾,无以信天下矣。高皇帝临御三十一年,未尝听人一言,犯颜者必戮无赦。陛下受言而不终,反不如高皇帝不受之为愈矣。"上曰:"皇祖天禀神智,群臣莫及。然与人言,有理则亦从之,非愎谏也。朕愚昧,阁于治理,视天下愚夫愚妇一能胜予,敢不受谏!卿言为法自戾,深中朕过。非卿忠谠,朕何以得闻过失?"赏绢百匹,以旌直臣。

上虚心图治,惟日不给,下诏求直言,令内外群臣各举逸士。于是寿州学训导刘亨上书言:"文武并用,长久之术,而六卿秩卑于五军,当并为一品。国子祭酒,师表天下,位不可在太仆下。诸武臣子弟,他日当授之兵，宜立学教之，使知事上使下之道。"上览之喜，曰："此通达国体之言。"赏衣二袭，加官四级，授武进丞。

崇仁学训导罗恢上书论政，言甚切直。上曰："言无忌讳，其心必忠。"命入史馆同修《太祖实录》。吉安府朱仲智荐萧用道，授靖江府直史；苏州府姚善荐钱芹，授户部司务；辽东高巍被荐，上书论"藩国拥兵，尾大不掉"，亹亹数千言，皆中肯綮。上嘉纳之，赐钞五百锭。时又有仙居郑恕、金华楼琏、浦江郑楷，皆见擢用。公道昭明，言路大辟，忠俊之士，布满朝廷，海内翕然有太平之想。

上祀先师孔子于太学。礼毕，御彝伦堂。堂官讲"颜渊问仁"二章，上问："天下归仁与家邦无怨，是何光景，亦相合否？"祭酒对曰："孔子告颜渊以乾道，告仲弓以坤道，其旨不同。"上曰："乾道、坤道，宋儒影响之言。实体之于身，则由家而国，由国而天下，皆不出吾一心管摄。故一日复礼，则事事仁；六合虽大，无一不就吾规矩中。子思曰：'正己而不求于人，则无怨。'敬恕工夫，都是反身实学，故无怨于家邦，非谓家邦不怨我也。此要在心体微细处查考，才有一毫夹杂处，便不归仁；才有一毫是己非人处，便非实学。"诸生洞然悦服，人人以为闻所未闻，各思明经精义，以自拔于流俗，而诵习之声遍郊畿焉。

建省躬殿于乾清、坤宁二宫间，为退朝燕居之所，置圣训古书其中。以尚父《丹书》之旨，《夏书》宫室声色之戒，命侍讲方孝孺为之铭。铭成而献，命坐，赐茶。上问《中庸》《孟子》之深浅，孝孺对曰："子思作《中庸》，孟子师之，一脉相传，学无深浅。"上曰："孟子言尧舜之道，必用仁政，是谓法终不可废也。《中庸》言无为而成，不动而敬，霜露所坠，莫不尊亲，如必待法行而后服。似与孔子为政以德之旨，尚隔一尘。"孝孺沉思良久，曰："由此言之，则《中庸》深于《孟子》多矣。"上曰："孟子见处直截，得圣学正传，终不脱纵横气习，与人议论，动求胜人。大乘之门无净论，安有此也？皇祖《孟子节文》一书，乃百世所当遵行者。"孝孺曰："诚如圣谕。"

诏曰："国家有惟正之供，田赋不均，民不可得而治也。同此地力，同此民情，而江浙之赋独重，至于苏松，则照私租起税，所以惩一时之顽民，非通例也。悉与减免，照各处一例起科，亩不得过一斗。田赋既均，江浙苏松人仍任户部。"

赦流放官，死者录其子孙。洪武中过误罪废者，皆征其子孙用之。

免官民赁舍月钱。

辛巳，天下报死刑，共十有八人。诏曰："顷以诉讼繁多，易御史台为都察院，与刑部分治庶狱，以行宽政。赖宗庙神灵，刑狱颇简。其更都察院如汉制为御史府，专以纠贪残、举循良、匡政事、宣教化为职。置察院一，设御史二十八员，务为忠厚，以底治平。"

江北旱蝗，有司奏请，遣使督捕。上曰："天灾流行，罪在民牧。以不德致蝗，而又杀蝗，以逆天意，是重朕罪也。官民人等，各直言极谏，指朕之过，俾得闻而改之。有司其赦疑罪、捐逋租、周穷乏以修实政。"是年蝗而不灾，岁更有秋。

北师初起，命众徂征。上戒约将士曰："萧绎举兵入京师，而令其下曰：'一门之内，自极兵威，此不仁之极也。'今与燕王对垒，毋放冷箭，毋纵神器，使朕有杀叔父名。"燕王闻之，战则挺身独出，归则单骑殿后，屡缤（濒）危地而不敢害。王者不死，此之谓矣。

有宦官差至山东，多所需索，地方不宁。上闻之，曰："阉人职在扫除，不许与政事，官不得过五品，凡奉差恣横者，许所在有司械送京师。"于是中人夺气。

黄彦清初游京师时，君明臣良，刑清政简，人有实行，道不拾遗。初至邸，买鸡于市，既成交矣，卖者语之云："吾家鸡瘟，汝杀而食则可，畜则不可。"彦清云："吾初至，欲赛神耳。"走数步，复回嘱云："杀则瘗其毛，勿遗累邻鸡也。"彦清叹曰："仁哉！何风俗之厚也。"闲步于市，见二儿食枣，退让有礼。坐其旁观之，食毕，余一枣，幼者逊其长，长者不受，推逊良久。有丐者，举以授之。彦清曰："有礼哉！何风俗之厚也。"又见有得纱于街者，辄拂其尘土，置高洁处，以石压之而去。彦清曰："廉哉！何风俗之厚也。"明日入朝，备述其事，且曰："陛下之德至矣，虽中牟三异，何以过此！"上曰："何敢当也！"昨日宫中有二人强梗不率教，斗殴喧哗，声彻于内。朕呼而谕之曰："朕宽刑尚德，两年来，上下愉愉，内外肃肃。尔独犯教，意者朕有失德欤？行事无礼欤？外虽行仁义而内实多欲欤？愧憾自责者久之，二人始扣头悔过。夫一宫之人，尚未能齐，何敢谓野人之遍为尔德也。"彦清顿首贺曰："万邦时雍，而有子独傲；四方风动，而有弟未谐。宫人相争，是其常事。陛下引为己过，可以觇至德矣。"

北师自东昌败回，谓其众曰："我兵专尚威武，而江南专行德化，上下协和，人心率俾。倘事有不济，奈何！"袁珙曰："天之所造，何论人心！"既而金川失守，阖宫自焚，人固不能违天之命矣。然忠义之士，赴死如归，九族可捐，一心匪石，天亦不能夺人之心也。吾子孙慎毋忘吾君之深仁厚泽也哉！

民职篇

吾年十八，已能操笔为举业，将赴试于县，禀吾父。父曰："但为良民以没世，何乐如之！"予遂罢试。今生尔兄弟三人，长郎、三郎质皆明敏，二郎负绝世之资，书过目辄成诵，驱之应举，南宫一第，不为难得。吾遵父命，皆不教习举业，今当世世为民矣。欲为良民，须勤职业。

太祖皇帝《教民榜文》云："孝顺父母，恭敬长上，和睦乡里，教训子孙。各安生理，毋作非为。"此所谓民之职也。实体而力践之，可以希贤，可以希圣，亦可以希天。懋哉！勿替训命。

《书》曰："后非民罔使，民非后罔事。"夫君使臣，臣事君，人皆知之。今曰"后非民罔使"，则往役之义，惟民供之，而臣不与焉；曰"民非后罔事"，则闾阎之情，通之殿陛，而亦有效忠之职焉。是故耕田凿井，饱食嬉游，则当思曰：吾所耕凿者，吾皇之水土也。履畎亩而知勤，饮涓滴而图报，岂敢须臾自旷哉？奔走于达官之前，周旋于下吏之侧，则当思曰：吾所祗事者，吾皇之臣子也。闻教必遵，趋事必慎，进退唯诺，如对天颜，勿怀一毫欺慢可也。分田纳税，往投输将，则当思曰：此吾皇惟正之供也。税必依期，役必敬事，使乡党矜式，称为善人。遇鳏寡孤独，疲癃残疾，则当思曰：此吾皇之穷民无告者也。随吾之力，济彼之困，或勤导其亲戚相与收养，为惠尤溥。此类不能殚述，但尽吾之心，供吾之职，而一以忠孝为本，庶无愧于良民矣。

民之上有士，由士而大夫，而卿，而公，其分弥尊，则相悬弥远。故凡持己宜谦，而民则尤宜谦。何也？职本卑也。凡待人宜恕，而民则尤宜恕。何也？人非尊行则侪辈也。尊行固宜礼让，而侪辈亦不可过求。人或以礼相加，则受之若惊，报之恐后。如其遇，我以非礼也，则视为固然，反躬自咎，谤我则付之无辨，詈我则唾面何伤。不但不可轻举一词，亦不可存之胸臆。吾八十年来，未尝与人争竞，省多少闲是非。此子孙所当世守也，毋忽。

《孟子》谓："君子有三乐，而王天下不与存焉。"夫势分之乐，至王天下极矣，而君子不以为乐，则韦布、王侯，分虽相悬，而性分之乐，无加减也。《孟子》以父母俱存、兄弟无故为一乐，此取必于遇者也。取必于遇而不取必于道，则其乐有时而穷。吾父母久逝，兄弟迁谪，然殉义仗节，庶几无愧于纲常。吾子孙能善继此志，事死如生，是为至乐。况尊高年，敬长上，吾不敢一日死其亲也；亲仁爱众，四海同胞，吾不敢谓寡兄弟也。人伦之乐，何以加此！

仰不愧，俯不怍，此取必于德者也。吾不取必于德而取必于学，未能仰不愧，而敬畏上玄，不敢造业；未能俯不怍，而反己量物，事事让人。终日谦慎，梦亦恬愉，何乐如之！

得英才而教育，此取必于人者也。吾不取必于人而取必于己，见人嘉言善行，则纪录而师法之；遇人讲学谈道，则率众而往听之。即野衲挥麈，亦剔冗而探其奇；虽愚夫一言之善，亦警心而领其益。不能教人而能受教于人，取人即与人也，乐莫大焉！此吾所终身受用，而随遇自适者也。

士农工商，所谓四民也。吾家既不应举，子孙又未必能力耕，而工商皆不可为，所藉以养生者，不可无策也。昔邓禹有十三子，教之各执一艺，最可师法。今择术于诸艺中，惟医近仁，习之可以资生而养家，可以施惠而济众。吾舍举业，而执是艺六十余年，虽不能无误，而怜贫救患，所积阴功无算，子孙宜世世守之，但有十事须知。

一、医之志。须发慈悲恻隐之心，誓救大地含灵之苦，视众生之病，不论亲疏、贵贱、贤愚、贫富，皆当恫瘝乃身，尽心殚力，曲为拯理。

二、医之学。须上通天道，使五运六气变化报复之理，无一不精；中察人身，使十四经络，内而五脏六腑之渊涵，外而四肢百骸之贯串，无一不彻；下明物理，使昆虫草木之性情气味无一不畅，然后可以识病而用药。

三、医之识。医之用药，如将之用兵，纵横合变，呼吸异宜，非识见之高，不能神会而独断也。然此识非可袭取，非可商量，全在方寸中虚明活泼。须涤除嗜欲，恬淡无为，则虚室自然生白也。

四、医之慎。为人之司命，生死系之，用药之际，须兢兢业业，不可好奇而妄投一药，不可轻人命而擅试一方，不可骋聪明而遽违古法。倘或稍误，明有人非，幽有鬼责，可惧也。

五、医之养。君子之游艺，与据德、依仁，皆为实学。故古人技艺之工，都从善养中得来，若承蜩、若养鸡，皆是法也。医虽小技，亦有甚深三昧。须收摄心体，涵泳性灵，动中习存，忙中习定，外则四体常和，内则元神常寂，然后望色、闻声、问病、切脉自然得其精，而施治得宜也。

六、医之术。医非徒仁术，亦仙术也。谚云："古来医道通仙道。"此岂无稽之言哉？凡欲学医，须将玄门修养之旨留神，讲究玄牝之门、生身之户。守中养气之诀，观窍观妙之理，务求明师指示，亲造其藩而闯其室。此处看得明白，则病候之生灭、身中之造化已洞悉矣，以之治疾，岂不易易？况人之疾，有草木金石所不能治者，则教之依法用功，无不立愈。天台智者禅师谓："一日一夜调息之功，可以已二十余年之痼疾。"盖天之阳气一回，则万物生色；人之元气一复，则百体皆和。宿疾普消，特其余事耳。

七、医之量。《书》云："必有忍，其乃有济；有容，德乃大。"医者术业既高，则同类不能无忌；识见出众，则庸庶不能无疑。疑与忌合，而诽谤指摘无所不至矣。须容之于不校，付之于无心，而但尽力于所事。间有排挤殴詈形之辞色者，亦须以《孟子》三自反之法应之。彼以逆来，我以顺受，处之超然，待之有礼，勿使病家动念可也。

八、医之言。仲尼大圣，屡以"慎言"为训，而医者之言，尤所当慎者。不可夸己之长，不可谈人之短，不可浮诞而骇惑病人，不可轻躁而诋诽同类。病情之来历，用药之权衡，皆当据实晓告，使之安心调理。不可诬轻为重，不可诳重为轻，即有不讳，亦须委曲明谕。病未剧，则宽以慰之，使安心调理；病既剧，则示以全归之道，使心意泰然。宁默毋哗，宁慎毋躁。

九、医之行。语曰："以身教者从，以言教者讼。"故慎吾之言，不若端吾之行。道高天下，守之以谦；智绝人群，处之以晦。敦孝弟，重伦理，而于"礼义廉耻"四字，则秉之如蓍龟，遵之如柱石，久而勿失，自然起敬起信，而医道易行也。

十、医之守。医虽为养家，尤须以不贪为本。凡有病人在床，即举家不宁。当此时而勒人酬谢，家稍不足，则百计营求，艰难更倍；即充足之家，亦于满堂懊恼之中，而受其咨诅痛苦之惠，亦非心之所安也。故我生平，于病人所馈不敢纤毫轻受，有不给者，或更多方周给之，非以市恩，吾尽吾心而已矣。

子孙习医而能依此十事，古之圣贤，何以加此！操履与升沉，自是两途。不可谓操履之正，自宜荣贵；操履不正，自宜困厄。若如此，则孔、颜应为宰辅，而古今宰辅达官不复有小人矣。人惟不明此理，往往以自己学问之邃，道德之高，而责效于天人。不效，则操履必怠，而甘为小人之归，可悯也。

吾家既不求仕，则已绝意于荣贵，而操履之正，自是吾人当行之事。言必缔审，行必确实，而读书明道，约己济人，绝无分毫望报之意，庶几学问日精，道德日茂，而可以无愧于良民也。荣贵毋论矣，即如富厚一节，乃良民所当得者。然世间尽有愚蠢而多财、智慧而空乏者，皆自有一定之分，不可致诘。若知此理，安而处之，岂不省事？

吾家不谋禄仕，非有所愤而逃也。吾亲受教于吾父，一则圣主之深仁厚泽，不可遽忘；一则杀运未除，所当苟全性命，四五世之后，时移刑省，亦可出而应世。盖祖宗修德济人之志，与自己亲民爱物之学，不可终郁而不彰也。但当爱身明道，修己俟时，不可萌一毫妄觊之心，不可行一毫奔趋之事。盖功名出处，原有定分。愚人不察，妄事奔趋。然奔趋而得者，不过一二，而不得者，殆千万人。世人终以一二者之故，至于劳心费力，老死无成者多矣。不知他人奔趋而得，亦其定分中所有者。若定分中所有，虽不奔趋，迟以岁月，亦终必得。故世有高见远识，超出造化机缄之外，任其自来自去，胸中坦夷自在，略无忧喜，亦无怨尤。前辈谓死生贫富，生来注定，君子赢得为君子，小人枉了做小人。此言甚切，人自不思耳。

唐杜牧之联中巍科，状元及第，名震儒林。偶游城南萧寺，禅僧危坐不顾，傍人以累捷夸之，僧亦不答。牧之茫然自失，因题诗曰："家在城南杜曲傍，两枝仙桂一时芳。禅师都未知名姓，始觉空门意味长。"夫士人应试而得状头，极矣。其声价曾不足以惊山居之野衲，则士之可法可传者，原不在科第之有无也。尝观宋朝状元图，其人皆寂寞无闻，而其知名者不过数人。如吕蒙正、王曾之属，皆由文章政事而显。科名之难恃如此！吾家子孙，不习举业，而能修身成德，安良民之分，尽良民之职，使一言一动皆足以师世而范俗，可以毋忝所生矣。

昔者秦攻齐，令曰："有敢去柳下季垅五十步樵采者，死不赦。"又令曰："有能得齐王头者，封万户侯，赐千金。"故颜斶以为生王之头不如死士之垅也。以此言之，岂惟科第，苟不修德，虽人君之尊，不若有道之士之足贵也。然则人之所以不朽者，顾自励何如耳。

孔子建与崔义为友，义仕新莽为大尹，数以势利劝子建仕。子建曰："吾有布衣之心，子有轩冕之志，各从其好可也。吾幼与子同志，故相友；志已乖矣，请从此辞。"今人见朋友富贵，趋附之恐后，宁复有此高见耶！吾家既不干禄仕，世世长应为民，而当今崔义之徒多负势利而轻贫贱，为吾子孙者慎勿以其新得显荣而起攀附之想，亦勿以其旧有亲故而萌责望之思，固不可遽相谢绝，亦不可数相往来，但平平待之足矣！

古之仕者，当其为学时，其志全在天下家国；今之仕者，当其读书时，其志惟求一身荣显。其用心大异，故其事业亦异。若是真正君子，不论仕与上，才明德便思亲民，遇父母即尽吾忠孝之心，遇长上即励吾靖共之节，遇朋友即思联之以信，遇僮仆即思抚之以恩。孔子曰："是亦为政，奚其为为政？"此真实语也。盖仕而行道济时，人所共知；退而修身泽物，人或难解。我之行医，尝学严君平之卖卜，与人子言依于孝，与人父言依于慈；与贪者言则劝其无求，与富者言则讽其好礼。日间凡有所言，非有益于人，未尝启口。不特此也。倡议以兴大利，敦行以厚风俗，委曲以解人之忿，勇往以赴人之急，此皆良民之所得为者也。

为学篇

子路曰："何必读书，然后为学？"可见孔门分明以读书为学。宋儒论学，亦是洙泗派头，其源不错，但论其用功，则后人之读书，校之孔门，万万不侔矣。昔孔子学琴于师襄，初授一调，即弹之而成声。师襄异之，孔子不自以为足也，凝神定虑，专意而习之。至于五日，师襄曰："可以益矣。"孔子起，对曰："丘得其声矣，未得其数也。"又习五日，师襄曰："可以益矣。"孔子曰："丘得其数矣，未得其理也。"又五日，师襄曰："可以益矣。"孔子曰："丘得其理矣，未知其人也。"又五日，孔子曰："丘知其人矣。颀然而长，黝然而黑，眼如望羊，有四国之志者，其文王乎！"师襄避席而拜，曰："此文王之操也。"夫琴，小物也。孔子因而知其人，则其精神意气，觌面与文王相逢于千载之上。今诵其诗，读其书，不知其人，可乎？故读书者，当凝吾之神，穷彼之趣，不独见其用心，并见其行事；不独见其行事，并其形神面目直与吾相值于一念之中，而若亲为授受者，方是尚友之学。故寻师访友，可以受今人之益；读书穷理，可以识古人之心。脱迷入悟，全在于此。

吾初习举业时，《四书》本经，曾潜心熟玩，亦颇知读书之有益。及奉父（袁顺）命，罢习举业，从而读书便觉不同。既无得失之念横于胸中，而以纯白之心事读明白之古书，自然触处心融，怡然理解，乃知举业之累人不浅。故读书之法，须扫除外好，屏绝纷华，洁洁净净，使胸襟湛然，从容展卷，必起恭敬，如与圣贤相对，俯而读，仰而思，字字要见本源，句句须归自己，不可以识神领会，不可以言语担当，不可以先入之言而疑至理，不可以邪师之见而乱圣经。一句染神，千劫受益。此是真实学问，实非小缘。

人之德性，出于天资者，各有所偏。君子知其有所偏，故以学问而补之，则为全德之人。常人不自知其偏，而任情行事，故多失。《书》言"九德"，所谓宽、柔、厚（愿）、乱、扰、直、简、刚、强者，天资也；所谓栗、立、恭、敬、毅、温、廉、塞、义者，学问也。《孟子》道性善，而有忍性、养性之说。盖人性虽善，而不能无偏。忍者，忍其偏以归于中；养者，养其中以化其偏也。故君子为学，惟务变化气质而已。然须识其偏，然后可以克治。此亦不难识者，凡人宽者必不足于栗，柔者必不能自立，反躬体察，昭然难掩。识之幾微宥密之中，而默默变化者，上也；待其既失而用力挽回者，次也；待人言而后知者，又其次也。

迦谈云："我于一念、二念、三四五念，乃至百千万念，于念念中存其觉慧，即是一佛、二佛、三四五佛，乃至百千万佛，于佛佛所种诸善根。"圆顿之家，贵简而速，其有妄想冰执，当使应时消融，"不历僧祇获法身"，其理如此。按今人为学，不信现前一念便是解脱之门，而欲别寻玄妙以为圣境，所以愈求而愈远也。

恻隐之心，人皆有之，但贵涵养而扩充耳。随时用爱，遇物施仁，使本来良心日逐进长。若不知保守而恣情纵欲，害物伤生，初时心亦不安，久则若见其当然，而本心渐灭尽矣。南齐江泌食菜不食心，以有生意，惟食老叶而已。宋高颐有所乘马老，以糜饲之。曹彬每冬月禁勿修葺墙壁，谓瓦石间百虫所蛰，恐伤其生。此最可以为爱物养心之法，然此皆不忍物，非不忍人也。

《孟子》曰："人皆有不忍人之心。"人是吾同胞，其当爱尤切。而其用爱之方，全在反求诸己，如己欲立则思立人，己欲达则思达人，随时随处，常存爱人之心，慈悲自然增长，忿戾自然消融。孔门以求仁为学脉，此其紧关处也。又云："浮云或聚或散，岂碍太虚之清旷；浮沤或成或破，岂损寒潭之湛寂；浮想或起或灭，岂坏真心之灵照。"大抵天真自性，本无迷悟。纵对境纷然，此性不扰；即一念不起，此性不寂。《法华》云："二十年中，常令除粪。"只是除去心中生灭之见耳。但能无心，便是究竟，此学问极则处也。

颜之推云："人足所履，不过数寸。然而咫尺之途，必颠蹶于崖圻；拱抱之梁，必沉溺于川渊者，何哉？为其傍无余地也。君子之立己，抑亦如之，至诚之言，人未必信；至洁之行，物或致疑，皆由言行声名无余地也。"故君子立身行己，须要面前路径阔，使往来有余地。不然，不但人不能通行，并自家亦站立不住矣。

晁公曰："非理外至，当如防虎，即时而避，勿恃格兽之勇。非理内起，当如探汤，即时而止，勿从染指之欲。"又曰："利欲是外贪爱，若不能鉴戒而知止足，则不免事有变衰之祸患；恩情是内贪爱，若不能觉了而求出离，则不免身有生死之轮环。"按外欲内欲，总是一心。先将人心、道心，从头抉择判断，不使一毫夹杂，所谓惟精也。道心时时现前，欲念自然污染不上，即在声色臭味中而发真归源，纯是天理作用，所谓惟一也。若分内分外，两处防闲，便是支离之学。

人性皆善，而学问工夫须从习起。如"忍"之一字，初时学忍，须刚制其心，坚抑其气，渐渐习熟，终至人以非理相加，不可忍者，亦处之如常；不能忍事，亦易以习熟，终至于睚眦之怨，深不足校者，亦至交詈争讼，期于取胜而后已，不知其所失多矣，故有"习相远"之说。释家有观、炼、薰、修四项工夫，观是省察，如镜之照物，妍媸毕见；炼是克治，如金之在炉，愈炼愈精；薰是涵育，如火之蒸物，气透而自熟；修是检饬，如石之磨玉，相荡而愈精。总来只完得一个"习"字。

善为学者，不在乎抗心希古，而在乎了办只古今；不难乎超节迈伦，而难乎与愚夫愚妇同德。容污化秽，如大海之纳流；混迹敛奇，如神龙之善蛰。我若果有此念，世间岂无同人？

儒者以言行为枢机，谓出其言，善则千里之外应之，不善则千里之外违之，发乎迩，见乎远，若户之有枢，弩之有机也。故君子虽在幽独之中，而一言之发，常如十耳之听；一行之动，常如十目之视。衽席之近，劝戒昭焉；玄默之中，天光灿焉。乌得不慎！就言与行而较之，则慎言尤难。昔黄帝铸金人，三缄其口，铭曰："磨兜坚，慎勿言。"孔子观之而兴慎言之戒，其曰讱，曰讷，曰不出，曰无言。所以示人者，不一而足。老氏犹箴之曰："凡今之世，聪明深察而近于死者，好讥议人者也；博辩闻远而危其身者，好发人之恶者也。"孔子师世立教，不能无言，《诗》《书》之删，《春秋》之修，老子谆谆戒之已慎，而益欲其慎。就慎言之中而辨之，则恶口易禁，绮语难防。释氏所谓绮语，即儒家所谓巧言。以黄鲁直之贤，而一作丽词，秀铁面诃其有泥犁马腹之报，可畏也。

行高，人自重，不必其貌之高；才高，人自服，不必其言之高。

我之言语简寡，不但在我可以少悔，在人可以少怨，亦是养德之要，操心之法也。至于人之谈论，闻之但且虚受悦服，慎勿锋起求胜，详究取舍，在我而已。

老成之人，言有迂阔，而更事为多。后生虽天资聪明，而见识终有不及。后生例以老成为迂阔，凡其身试见效之言，欲以训后生者，后生厌听而毁诋者多矣。及后生年齿渐长，历事渐多，方悟老成之言可以佩服，然已在险阻艰难备尝之后矣。

人有出言至善，而或有议之者；人有举事至当，而或有非之者。岂但众心难一，众口难调哉？至宝多疑，至人多谤，乃是道理合当如此。苟揆之吾心，稽之古训，询之贤者，于理无碍，则纷纷人言，皆不足校，当借之为磨砺玉成之地，自责自修可也。自古圣贤，当代宰辅，一时守令，皆不能免，况居乡曲，同为编氓，尤其所无畏，或轻议己，亦何怪焉！大抵指是为非，指正为邪，非妒忌及素有仇怨者，必浅陋无知识之人。正宜容之于度外，付之于无心，决不当分毫动念者也。

人有詈人而人不答者，人必有所容也，不可以为人之畏我，而更求以辱之，为之不已。人或起而我应，恐口噤而不能出言矣。君子待人，固无詈人之事。凡日用交际，偶有慢人、怒人、傲人而人不答，便是为他所容。夫子曰："察言而观色，虑以下人。"此须密密省察，务求谦下，庶可以容人，而不为人所容。

学问以成就人才为急，然须量己量人。量己，则凡善而吾身所未能为者，必不可以是而勉人；恶而吾身所未能无者，必不可以是而谏人。量人，则孰可浅说，孰可深谈，孰可详示而喻，孰可寂默而通，孰可顺开，孰可逆化，皆须洞识其根器，而随类化导之。然使善有诸己，恶无诸己，可以教人矣。又必养吾真爱之心，有十分诚意，止说二三分言语，而于言语之发，又须因明通蔽，委曲开陈。盖忠告、善道，两不可缺也。

至于量人施教，惟逆化为难。陈国童子魏昭，师事郭泰。泰命作粥，呵曰："为长者作粥，使沙不可食。"掷杯于地。复进之，泰复呵之，如是者三。泰喜曰："吾乃知子之心矣。"鞠咏受知于王化基，及王公知杭州府，咏擢第，知仁和县，属吏也。将之官，先以书及所作诗寄王公，以谢平日奖进，今复为吏，得以文字相乐之意。王公不答。及至任，略不加礼，课其职事甚急。鞠大失望，不复望其相知，而专修吏干矣。后王公入为参知政事，首以咏荐。人问其故，答曰："鞠咏之才，不患不奋；所忧者，气俊而骄。我故抑之，以成其德耳。"

禅家以嗔作佛事，儒者有不屑之教诲，皆是造就曲成之良法。此二事，为人最切，知己最深。而世或有不能受益，反结怨者。梁松见马援，拜于床下，援不为礼。子弟问曰："松，帝婿，贵重，奈何慢之？"援曰："吾为其父执，如是待之，足矣。"后松衔怨，卒谮之帝。援死，不敢归葬。胡纮尝谒朱晦翁于建阳山中，颇有向道之志。晦庵饭以脱粟。门人问曰："御史贵官，或不能堪，奈何？"朱曰："彼既以道而来，我应以道而接。山人之礼，自应如此。"纮竟怒其不近人情，物色经年，条其过失，与沈继祖共论其十罪。夫床下之拜，脱粟之饭，未为甚也，而受者已不能堪。由量人不明，不能知其根器，而失礼于人也。

君子处世言正而见疑者，养未厚也；行贞而招侮者，信未孚也。程正叔在朝，苏子瞻恶其不近人情，每加玩侮，至于分党相争。林栗论朱元晦，其友人止之曰："朱待制，当今正人，何仇而必欲痛诋？"林曰："我一见其面貌，自然可憎。夫乡人之不善者恶之，此理之当然者。"今苏与林皆非极恶之人，而与程、朱相左，君子不可不自反也。

昔赵阅道，初以事疑濂溪，及与之处，见其言和气粹，处事超然，不觉愧服。平江僧甚轻儒者，一见尹和靖，端庄和雅，遂以为周、孔不过如此。黄叔度,一牛医儿耳,海内名流,负气恃才者,见之鄙吝潜消。子贡论夫子之问政,以为得之"温良恭俭让",温是一团和气,良是胸怀洞然,如是而又加之以敬,非徒矜庄也,乃就温、良中流出自然之钦肃也;如是而又能俭,则收敛其英华,退藏其才智,其面貌自然无可憎之态矣。而又继之以让,则卑以自牧,虚以下人。如是,而人有不爱敬者乎?学者虽未能与圣人同德,亦须以"恭(温)良恭俭让"五字,时时提撕,默默涵养,庶可以变化气质。

凡人行己,公平正直,可用此以事神,而不可恃此以慢神;可用此以事人,而不可恃此傲人。虽孔子,亦以敬鬼神、事大夫、畏大人为言,况下此者乎?盖公平正直,乃持己道理当然,即道高天下,德出人群,亦是儒者分内之事,何可一毫自恃!若我公平而人私曲,我正直而人颇僻,亦是世间道理当然,不足怪者。故君子尽其在我,而终无怨尤也。

人之智识,固有高下,又有高下殊绝者。陆象山曰:"人品相去,不啻如九牛毛。"此是真实说话。故凡见老成硕学,而识见未同,不可遽生疑畏,须虚心延访,务尽其长。其下于我者,若高下相去尚近,犹可与语;若相去甚远,不如勿告,枉费口颊耳。

人家子弟,欲近君子而远小人。近君子,则多闻长厚之言,多见端谨之行,自然熏习日深而德性循谨。若近小人,则浮华之言,刻薄之行,接于耳目而染于身心,虽子弟之淳厚者,亦将与之而俱变矣。然小人固当远,而处之有法,亦自有得益处。凡见小人,当发三心。第一当发怜悯心。道本高明而自趋污下,理本正直而自甘私曲,枉自造业,无纤毫之益,此可悯而不可怒者也。第二要发警惧心。一为不善,明则众人共恶,幽则神鬼潜诛,岂得不惧?故彼以私,我以公;彼以邪,我以正;彼必凶狠,我以慈祥,事事与之相反可也。第三要发得师心。家无不善人，则孝友之行不彰；乡无不善人，则诚厚之迹不著。譬如磨石，彼自消损耳，刀斧资之以为利。《老子》云："不善人，乃善人之资。"谓此。尔果能如此，则不烦趋避，而触处得益。上无圣贤可慕，下无不肖可憎，而寖寖乎有大人家法矣。

人有所为不善而其子孙昌盛者，有行善而其家萧索者，非天理有误也。善恶当论生熟，祖宗积善多，积恶少，少不能多，是恶未熟而善先熟也。又有其人过恶昭著，而偶有一二阴德为人所不知者，阳不胜阴，则善亦先熟，故其家尝受福报。为恶者亦如此。故凡人为不善事而不成，政不须怨天尤人，乃是作恶未熟，为天之所爱，终无后患；如见他人为不善事常称意者，此正是恶缘已熟，乃天之所弃，待其积恶深厚，从而殄灭之，所谓"商罪贯盈"，正是如此。

倪恩曰："释氏说天堂地狱，吾始疑其特以是设教，劝人为善，怖人为恶耳，非真有天堂地狱也。及观《许敬宗传》，见其处心积危，诬陷君子，位至宰相，寿八十余。若是人者，苟无地狱以治之，何小人之得计也？故凡阳为恶而不受报，其报以地狱必矣。释氏之说，乃真实事，非为设教言也。"按报应之说，不独释氏言之。"作善降祥，作恶降殃"及"积善余庆，积恶余殃"之类，儒者言之甚详，只是人不信耳。小人诬陷君子，一时或不能尽报，然不在其身，必在其子孙，无有幸免者。

昔有一士夫，恃势凌虐乡里。当其得势之时，官府不敢谁何，鬼神犹或避之。逮其身没之后，其子稍循谨，更以非辜陷狱；其孙淫纵，举其所僭之田产，尽为其祖父破坏之，若与乡人复仇者。大抵作恶而幸免于罪，必于他时无故而受其报。所谓"天网恢恢，疏而不漏"也。

人在世间，惟有顺逆两境。子思论素位之行，富贵其顺境也，贫贱则逆矣，夷狄则又逆矣。患难则死生当前，逆之甚矣，顺境一而逆境三，可见人之处世，如意之事常少，而不如意事常多。岂惟如此，苟无学问，虽处富贵，常不满意。世之位极三公，禄享万种，天下所仰望，以为神仙，而其不如意处，各自有之，与贫贱人无异。可见顺逆之来，不生于境而生于心。苟知学问，素富贵则学处乎富贵，素贫贱则学处乎贫贱，素夷狄、患难则学处乎夷狄、患难，无入而不学，则亦无入而不自得焉。盖学则处逆境而常泰，不学则履顺境而亦忧，是以君子贵知学也。又岂惟如此，顺境、逆境俱为缠缚。顺则生爱，结业细而难解；逆则生憎，结业粗而易解。然则富贵中没溺人多，而贫贱忧戚或更可以感发而磨砺，以此思之，又何拣择也！

人生世间，自有知识以来，即有忧患，如小儿叫号，亦其意有不适也。自幼至少，自壮至老，皆无十分称意时，故谓之缺陷世界。子曰："君子坦荡荡，小人长戚戚。"君子不论富贵贫贱，皆视之为现前当受之缘，故无入不得。小人不但处贫贱而忧戚，即处富贵亦憧憧惶惶，无一息安乐。不知处不如意事而自添烦恼，徒增其病，于事无益。达者看破，但有料理，更不添此一重缠绕。

与人交游，无问高下，须常和易。不可妄自尊大，修饰边幅，使人疑畏，然又不可太亵狎。樽酒会聚之际，固当歌笑尽欢，亦须常存敬畏。杯酒之间，暗触祸机，安可忽也？岂惟杯酒衽席之上密涉畏途，轮回之中，枉入诸趣，皆由不知检点耳。

治家篇

昔王荆公有召命，其子王雱在京，人问："尊公来否？"雱曰："家大人恐不敢不来，只无一居处。"人言："居处亦易（处亦易）得。"雱曰："不然。家大人之意，欲与司马十二丈卜邻，以其治家严整，事事可为子弟法耳。"故司马温公《居家杂仪》（即《涑水家仪》）乃士君子治家之要法。今择其可行者，备录于后。

○凡为家长，必谨守礼法，以御子弟及家众。分之以职，授之以事，而责其成功。财用之节，量入以为出，称家之有无，以给上下之衣食及吉凶之费，皆有品节，莫不均壹。裁省冗费，禁止浮华。常令稍有赢余，以备不虞。

○凡诸卑幼，事无大小，毋得专行，必咨禀于家长。

○凡为子为妇者，毋得蓄私财。俸禄及田宅所入，尽归之父母、舅姑，当用则请而用之，不敢私假，不敢私与。

○凡子妇居间无事，则侍于父母、舅姑之所。容貌必恭，执事必谨，言语应对必下气怡声，出入起居必谨扶卫之。不敢涕唾喧哗于父母、舅姑之侧。父母、舅姑不命之坐，不敢坐；不命之退，不敢退。

○凡子受父母之命，必籍记而佩之，时省而速行之，事毕则返命。或所命有不可行者，则和色柔声，具是非利害而白之。待父母许，然后改之。若不许，苟于事无大害者，亦当曲从。若以父母之命为非，而直行己志，虽所行皆是，犹为不顺之子，况未必是乎？

○凡为人子弟者，不敢以贵富加于父兄宗族。

○凡为人子者，出必告，反必面。有宾客，不敢坐于正厅。升降不敢由东阶，上下马不敢当厅。凡事不敢自拟于其父。

○凡父母、舅姑有疾，子妇无故不离侧，亲调尝药饵而供之。子色不满容，不戏笑，不妄游。舍置余事，专以迎医、检方、合药为务。疾已，复初。

○凡子事父母，父母所爱亦爱之，父母所敬亦敬之，至于犬马尽然，而况于人乎？

○凡子事父母，乐其心，不违其志；乐其耳目，安其寝处，以其饮食忠养之。幼事长，贱事贵，皆仿此。

○凡为宫室，必辨内外，不共井，不共浴堂，不共厕。男治外事，女治内事。男子昼无故不处私室。妇人无故不窥中门，有故而出，必拥蔽其面。男仆非有缮修及大故不入中门；入中门，妇人避之；不可避，亦必以袖遮其面。铃下苍头，但主通内外之言，传致内外之物，毋得辄升堂室，入庖厨。

○凡卑幼于尊长，晨亦省问，夜亦安置。坐而尊长过之，则起；出遇尊长于途，则下马。

○凡受女婿及外甥拜，则立而扶之。外孙，则立而受之可也。

○凡子始生，若为之求乳母，必择良家妇人稍循谨者。子能食，饲之，教以右手。子能言，教之自名及揖拜。稍有知，则教之以恭敬尊长。有不识尊卑长幼者，则严诃禁之。六岁，教之数与方名，男子始习书字，女子始习女工之小者。七岁，男女不同席，不共食。始诵《孝经》《论语》，虽女子，亦宜诵之。自七岁以下，谓之孺子，早寝晏起，食无时。八岁，出入门户及即席饮食，必后长者，始教之以谦让。男子诵《书》，必因其资而进退之。女子不出中门。九岁，男子始为之讲解，使晓义理。女子亦为之讲解《论语》《孝经》，及《烈女传》《女戒》之类，略晓大意。十岁，男子出就外傅，居宿于外。与之谈经解义，使知五常大旨。凡所读书，必择其精要者而读之。始可学文词。女子则教以婉娩顺从，及女工之大者。未冠笄者，质明而起，总角靧面，以见尊长。佐长者供养祭祀，则佐执酒食。若既冠笄，则皆责以成人之礼，不得复言童幼矣。

○凡内外仆妾，俱宜蚤起。男仆洒扫堂室及庭，铃下苍头洒扫中庭，女仆洒扫内室，设椅卓（桌），陈器具。主父主母既起，则拂床襞衾，侍立左右，以备使令。退而具饮食，得闲则洗濯纫缝，先公后私。及夜，则复拂床展衾。当昼，内外仆妾惟主人之命，各从其事，以供百役。

〇凡女仆，同辈谓长者为姊，后辈谓前辈为婶，务相雍睦。其有斗争者，主父主母闻之，即诃禁之。不止，即杖之，理曲者杖多。一止一不止，独杖不止者。

〇凡男仆有忠信可任者，重其禄。能干家事次之。其专务欺诈，背公行私，屡为盗窃，弄权犯上者，逐之。

〇凡女仆，勤慎少过者，礼待，或量赏之。其两舌、恶口，造谗离间者，逐之。屡为盗窃者，逐之。放荡不谨者，逐之。有离叛之志者，逐之。

此系司马温公《居家杂仪》，遵而行之，治家之道，已过半矣。

人家子孙须要殉忠义，尚廉耻，矻然如鹤之立于鸡群，庶不失故家风味。元兵入闽，执建安朱浚，欲降之。曰："岂有朱晦翁孙而失节者？"遂自杀。朝奉郎张唐，南轩诸孙也，起兵复湘潭等县。及败被执，曰："若降，何面见魏公地下？"二公家教能熏习子孙如此，而为二公子孙者，亦能卓然自立，庶无愧于贤者之后矣。

日用饮食，须知惭愧。盖不耕而食，已觉薄福难消，况复拣择求精，过矣。昔有僧持戒者，每饭先淡吃三口。第一以知饭之正味。人食多以五味杂之，未有知正味者。若淡吃食，则本自甘美，不假外味也。第二知衣食之由来。第三知农夫之艰苦。昔黄鲁直作《食时五观》，其言最为深切。《孟子》曰："饥者易为食，渴者易为饮。"人饥渴迫身，粝饭粗羹，绰有余味。惟稍稍温厚，而无学无识者，则食膏粱而犹歉，酌甘旨而多嗔。昔有嘲公子之拣食者云："终身饱食，不知农父之艰；一箸不工，便觅庖人之过。"可以尽轻薄子之情状矣。

禅家谓：食有二种，有智食，有识食。凡遇食而多所嫌择，此皆识神所为，认著则迷误终身矣。自智者观之，兰膏珍髓与粝饭粗羹，过喉皆成秽物，有何高下，而苦苦将心分别乎？慈觉禅师云："饮食于人日月长，精粗随分塞饥疮。才过三寸成何物，不用将心细忖量。"

我年八十矣，生平未尝以饮食之恶而嗔一人，亦未尝以烹饪之粗而动一念，为我子孙者，思之记之。

"俭"字一字，众妙之门。上则以俭养德。无求于人，寡欲于己，德将日进矣。次则以俭养志。志之所以卑污，欲累之也。以刻苦自励，以清虚毓神。范文正之断齑画粥，诸葛武侯之淡泊明志，可法也。次则以俭养廉。节用而少求，齑盐风味，最可长久。又次则以俭养福。忍不足于前，留有余于后，何乐如之！苏子瞻谪齐安，日用不过百五十，每月朔取钱四千五百，断为三十块，挂屋梁上，用尽又挑一块，仍以竹筒贮用不尽者，以待宾客，云此贾耘老法也。然东坡居官有俸钱，故可月取四千五百。林和靖隐居孤山，种梅三百六十株，梅熟，售价一株作一封，供一岁之用，尤觉有法。更有不能及此者，有一禅僧，种茅（芋）团三百六十科，日用足以给食，尤省而易办。乃知人之用度，丰约何常。每加节省，即少，亦可以足用。倘不知足，虽多奚为？只益苦耳！

凡畜婢仆，须恤其饥寒，方可责其效力。近见士大夫家，自己温饱，而婢仆则节其饮食，或分饭不周，使终岁不得一饱。有隆冬盛寒，无寸絮裹体者。至于分役任事，稍不如意，辄遭捶楚，甚或非礼虐使之，何其不恕也。前辈有云："畜婢不厌多，教之纺绩，则足以衣其身；畜仆不厌多，教之耕植，则足以饱其腹。"大抵小民有力，足以办衣食，而力无所施，则不能以自活，故求就役于人。为富家者，能推恻隐之心，畜养婢仆，即以其力还养其身，其德至大矣。古德云："愿我福德盛，广济一切人；愿我寿命长，勤行一切善。"故君子积财，非以自为也，亦以为人也。世之作家者，专务殖己之财，而不肯分人以食，陋矣。

国家以农为重，以衣食之源在此也。周公作《无逸》以告成王，谓君子当知稼穑之艰难。盖王者虽不必与民并耕，而农事之勤劳，则当熟察而深恤之者。在天子之尊，尚不得忽此，况我辈乎？故子弟教之力耕，自是美事。汉制，求贤以孝弟力田同科，真得先王遗意。如不能亲耕，则畜仆代耕，亦可以勤劳稼穑。须恤其饥寒，时其作息。耘耨有时，粪壅有节，宜一一讲解而指示之。非时之风雨，皆宜教之回避。卧宿去处，亦宜点检，勿令隙风秽湿，侵其肌肤。疾病则抚摩之，死亡则厚赒之。至于各庄佃户，亦系务农之人，当一体周恤。耕作之际，有所假贷，少收其息。水旱之年，察其所亏，量为除减。不可有非理之需，不可有非时之役，不可令子弟及干人私有所扰，不可强其称贷，使厚供息而耗其家。如果负重难清，亦须代为区处，或量减其息，或更周以无利之米，使之轻省而易清。亲之爱之，不啻如骨肉，则我衣食之源，悉籍（藉）其力，俯仰可以无愧怍矣。

俭诚美德，然流而为吝、为鄙，则非所以为俭矣。五代时张允，家资万计而性吝，不委妻子，自系众钥于衣下，如环珮声，后竟为郭威所执，冻饿而死。陈朝沈众，性吝啬，畜财帛以亿计，而自奉甚薄，每于朝会中衣裳破损，又携干鱼蔬菜饭独噉之，后以罪赐死，所积荡然。《孟子》曰："恭者不侮人，俭者不夺人。"夫不以壮己之容为恭，而以不侮人为恭；不以节己之财为俭，而以不夺人为俭。有道之言，意味最永，宜熟玩之。

居家须令垣墙高厚，藩篱周密，窗壁、门关坚牢，随损随修，勿令脱落。而于屋之周围，须令有路可以往来，以便巡警。仍预置便门，遇有警急，老幼妇女且从便门走避。此是御盗之常法，而古人处盗更有进于此者。昔有盗牛者见获，告人曰："刑戮是甘，勿使王彦方知也。"彦方以其有廉耻之心，遗绢以劝勉之。后有得遗剑于道，而守之以还人者，彦方异之，而使推求，乃先盗牛者也。曹州于令仪，为人长厚，晚年家颇丰。一夕盗入，诸子擒之，乃邻舍子也。令仪曰："尔素寡过，何为至此？"因诘所欲，遂与十千，以资衣食，又恐为逻者所获，留至明遣去。盗感愧，卒为良民。孔寺丞牧在汝州，仆有执盗竹木者，牧释之，问所欲之数，俾如其意，盗愧谢，誓不复为非。所居园圃近水，有夜涉水盗蔬果者，牧曰："晦夜涉水，或有陷溺。"即为制桥。盗惭，不复渡。

昔有聚五百人，将行劫于江淮间，偶遇陆象山。象山目而知其非良也，留与盘桓，引入卧内，开诚晓告。其人初闻教，面发赤，汗流浃背，而悔心大萌。明日闻教益深，益悔悟，而痛哭流涕，若无所容其身者。又明日，告归，散其党与，改行从善。夫擒盗易，化盗难。今或以厚德，或以法言，而能使不轨之徒革心向化，其炉鞴之大、鼓铸之神，至矣。御盗者不可不知此意。

劫盗虽小人之雄，亦自有识见。如富家平时不刻剥，又能乐施，又能种种方便，当兵火扰攘之际，犹得保全，至不忍焚毁其屋。凡盗所快意于焚掠污辱者，多是积恶之人，富家各宜自省。

多蓄之家，盗所觊觎，而其人又多置什物，喜于矜耀，此尤盗所垂涎也。故识者以为富厚之家，宜多储米谷，少置什物。至于金银之蓄，全为用度。所谓用度者，一身衣食，所费有限，惟行义以济人之乏，好礼以成吾之享，此则非财不办者。苟用度不缺，而徒积金银于箱笼中，至于老死而不用，此所谓长物也。有罗汉颂云："不结良因与善缘，苦贪名利日忧煎。岂知住世金银宝，借汝闲看七十年。"能三复斯言，而洞烛斯理，嗜欲自然淡泊，财利自然寡营。况君子为家人惜福泽，为朝廷厚风俗，为造化减浮靡，纵富厚有余，而饮食衣服，须淡泊朴素，有清苦家风，岂惟可以弭盗，乃治家之正理也。

人家行善，难得父子一心。昔范仲淹使其子纯仁至东吴收麦，回至丹阳，见石曼卿三丧不举，遂以舟麦五百石尽与之。及至洛阳，见其父，侍立次，父问："东吴曾见故旧否？"曰："有石曼卿，三丧不举，淹滞丹阳。时无郭元振，莫可告者。"父曰："何不以舟麦助之？"曰："已与之矣。"《易》曰："积善之家，必有余庆。"夫一身行善，只可谓之积善之人，不可谓积善之家也。今子不禀命而先捐其麦，父不知其事而亦劝与麦，何其同心也。故范氏至今子孙犹科第不绝，不亦宜乎？诗云："房杜平生立门户，令人回首泪沾巾。"夫房玄龄、杜如晦亦系贤者，其子不能守其业。又唐之勋名富贵无如郭汾阳，不三四传而门祚衰微矣。宋朝如李沆、李昉、李迪，皆一时名相，其子孙亦相继达宦，乃数传后渐益萧条，而南渡时，求其子孙，寂寞无闻矣。竟无有如范文正公之绵远者，以此知积善之家之足贵也。然父子有不能同心而能相成者，亦自可贵。顾觊之子绰私财甚丰，乡里士庶各负其责（债），觊之禁不能止。及为本部，诱绰出诸券书一厨，觊之悉焚烧，宣语远近，负三郎责（债），皆不须还。王珣好积聚，及死，其子弘悉燔烧券书，一不收责（债）。夫子多欲而父散其财，父专利而子改其过，此非相厉，乃所以相成也。虽不得父子同心，尚可救得一半。

作家以教子为先，子贤，则虽贫可以自立；不贤，则多积益增其过。教子之法：第一，当训之以孝第。有父兄在，便是家之尊长，有所使令，不敢逆；有所诃斥，不敢辨（辩）。深爱婉容，愈积愈厚，存得些许和顺之气积于胸中，他日受用不尽。

第二，当示之以诚朴。辨（辩）不如讷，巧不如拙，动不如静，华不如质。子弟虽十分聪明，亦须带五七分古拙，不凿其赤子之心，方有受用。今人见子弟聪俊，辄诧以为奇而爱之。不知愚而浑厚，或可保家；智而轻浮，多至取祸，上泄祖宗之元气，下悉势利之机关，即登科第而一败涂地者，种种也。

第三，当教之以谦恭。《书》曰："满招损，谦受益。"丹朱之不孝，象之不弟，岂不聪明，岂无才辨（辩），只是坐一个"傲"字耳。若是真正豪杰，决能若无若虚，决能舍己从人，决能善恶皆师，而举一世之人尽领其教益。今人家子弟，略略能通文墨，便自负深玄，眼空四海，即接通儒长者，亦傲然自是，全无领教之心，此皆不肖之尤者也。

第四，当教之亲近贤人君子。黄鲁直云："人生须辍生事之半，养一佳士，教子弟，为十年之计，乃有可望。"求得佳士，既资其饮食温饱，又当尊敬之，久而不倦，乃可以尽君子之心，而享其功。每见士大夫家养客，略与仆从同耳，何缘得佳士，艺麻必不能为粟也。朱乔年初在新安，无子，后再娶，寓福建之尤溪，始生元晦。夫人以其年老而子幼，请置产以赡，乔年不听。及病且死，嘱其子曰："我贫无产业，汝母子无以自赡。中山刘原（彦）仲、白水刘致中、延平李愿中，三人学有渊源，吾所敬畏。吾死，汝即以父事之。"后三人惟屏山之居最近，元晦奉父命而奔告焉。屏山收其子母，廪而教之，遂成大儒。识者谓乔年虽不置产，有益友三人，是朱氏美庄三所也。今之作家者，惟知买田数亩，造屋数间，为子孙计耳。岂复有敷求哲人，俾辅后嗣者哉？

第五，当教之通习文艺。盖文艺之习，上者发明心地，次则涵泳性情，又次则淘汰俗气，又次则决遣疑情，故欲习而通之。若务多识，夸浮靡，搜隐僻，校同异，初无益于身心，勿习可也。

人家有仆，当取其朴直谨愿，勤于任事，不必责其应对进退之快人意。尝观三代盛时，所任者皆噩噩之人，所行者皆闷闷之政。人家亦然，子弟童仆，皆当养其良心，培其朴质，而与之相忘于噩噩闷闷之中。即如司马温公之蠢仆，出言不雅，礼度未闲（娴），有何不可？人家子弟，不知温饱所自来，不求自己德业之出众，而独欲仆者黠慧之出众，费财以养无用之人；生事为非，皆此辈导之也。

谚云："千钱买邻，八百买舍。"此言邻之当重也。陶渊明诗云："尚有素心人，乐与数晨夕。"夫邻居而得素心之人，相与往来，可与陶泳性情，可与渐磨学问，此至乐之事也。李琼娶妻有子，而移居母之室，夜尝十余起。母每谕之，曰："汝年来筋力颇惫，盍求婢以给侍我，免汝之劳苦？"琼曰："凡母之所欲，不亲经手，如有失。"其母遂不之强。以是家人无敢怠惰。张用闻其至孝，因与之卜邻而居。此皆知里仁之义者。今素心与至孝之人，世不多得，而吾辈处邻，须要联之以恩，接之以礼，孚之以信，年节则相与往来，守望则相与效力，疾病则相与候问，患难则相与救援，不足则相与补助，自然彼此辑穆，而风俗可厚。

昔有士大夫，不欲书其名，平时多以官势残虐乡里。一日为仇人刃其家，火其宅。邻里更相戒曰："若救火，火熄之后，非惟无功，彼必讼我，以为盗取他家财物，则讼狱未知了期。若不救火，不过杖一百而已。"邻里甘受杖，而坐视其大厦为煨烬，生生之具无遗，此平时暴虐之效也。

清晨早起，昏晚早睡，可以杜绝婢仆奸盗等事。

居家，凡有作为，及安顿什物，以至田园、仓库、厨厕等事，皆自为之区处，然后三令五申，以责付奴仆，犹惧其遗忘，不如吾志。今有人，一切不为之区处，事无大小，听奴仆自为，谋不合己意，则怒骂、鞭挞继之。彼愚人，止能出力，以奉吾令而已，岂能善谋，一一暗合吾意？若不知此，自见多事。且如工匠执役，必使一不执役者为之区处，谓之都料匠。盖人凡有执为则不暇他见，须令一不执为者，傍观而为之区处，则不烦扰而功倍增矣。

人之一身，日食不过一升，终年所衣不过一两匹，若礼仪杂费，岁计亦有数，此诚切身不可阙（缺）者，其余尽为他人。白乐天诗云："故旧欢娱童仆饱，始知官爵为他人。"岂惟官爵，凡一应多积，而此身无用者，尽为他人造业，而自己招报也。尝观富贵之人，到紧要处，亦与贫贱无二。盖富贵之胜于贫贱，皆无要紧事耳。如食以止饥，衣以御寒，此诚不可阙（缺）者。若衣而华，食而精，此于身心有何紧要？至于大利害处，老也、病也、死也，此则自己独当之，而他人替不得者。不以富贵而轻，不以贫贱而重，故曰无二。

瞽瞍以后妻而欲杀舜，晋公以骊姬而杀伯牙，在愚士昏君无足怪者。高宗，贤王也，以后妻杀孝己；尹吉甫，贤臣也，以后妻杀伯奇。他如闵家以芦絮示薄，许氏以铁杵表毒，种种暴虐，言之可畏。故曾子、管宁，皆终身不再娶。吾壮年丧室，思夫妇是人伦之大者，往往有节妇而无义夫，亦是人间欠事，遂立意不娶。四十余年，觉有至趣。一则自抚遗孩，得以尽心教育；一则阒如萧寺，可以寡欲清心，枕边无剥啄之言，父子有同心之乐。今佳儿佳媳，各竭孝思，和气满门，内外无间，此不再娶之验也。吾子孙如不能不娶，亦须访良家淑女，闲之以礼义，而于前妻之子更须加意保护，然终不若不娶之为愈也。

昔诸葛孔明遗子孙薄田十五顷，桑八百株。夫膏腴之产，人所觊觎，易为有力者所夺，惟薄田则可久。此叔孙敖教子之意也。至于种植一节，尤作家者所宜尽心。前辈有种橘以遗子孙者，谓有木奴千头，可以毕老。吾家原无厚产，只种药圃中三十余种药，培溉得时，仅自足用，子孙其世守之。

重梓袁氏家训跋

四代孙袁黄书

黄子澄之变，吾邑受祸者七十余家，不惮殒身灭族，以殉忠义，其名皆湮没而不传，则革除忠臣仅存而不泯者，不过十之一二耳。

至于建文旧主，施仁行义，自三代而下最称淳厚。缘《太祖实录》

多所删改，而诸臣著述又拘于时讳，不敢称扬，遂使嘉谟善政渐灭几尽。我祖杞山先生得于目击，口授家传，《主德篇》所载，皆其大纲也，不可不传者也。

是篇刻于成化中，岁久靡烂。今据其可读者梓之，残缺者不敢增补。为吾子孙者，能绎其义而世守之，庶无愧于故家风范矣。

吾家旧住陶庄，族颇繁衍。经家难，迁徙流离，逐渐衰弱，二百年来，所生育者不过四十余人。除杞山以上别有谱，断自菊泉而下，为迁国之小宗，而录其支派于后。

附三 《庭帏杂录》

袁衷等录　嘉善钱晓订

序

余小子生也晚，不获事吾祖参坡先生暨吾祖母李孺人，阅吾父及吾诸伯叔所述《庭帏杂录》，未尝不哑然惊，惕然惧，而悚然思奋也。开辟生人至夥矣，独称朱、均为不肖，何哉？以尧、舜至德，不能相肖耳。故为众人之子孙易，为贤人之子孙难。《记》称"文王无忧"，岂前有所承，后有所托，而可以无忧哉？殆谓文王宜忧而不忧耳。盖前有贤父，毫发不类便堕家声；后有圣子，身范稍亏便难作则。况曰父作之，在文王必有所绍之者；曰子述之，在文王必有所开之者。惟文王能尽道，所以无忧也。不然，蔡叔以文王为父、蔡仲为子，而宁能免于忧哉？

今吾祖何如人？吾伯叔何如人？吾父又何如人？而为子孙者，可泄泄已乎？闻诸吾父，谓吾祖之学，无所不窥而特寓意于医，借以警世觉人。察脉而知其心之多欲也，则告以淡泊清虚；察脉而知其心之多忿也，则告以涌容宽裕；察脉而知其心之荡且浮也，则告以凝静收敛。引经据传，切理当情，闻者莫不有省。虽家庭指示，片语微词，皆可书而诵也。

伯氏春谷先生先录其言，以备观省，已而诸伯叔竞效而录之，共二十余卷，经倭乱存者无几。吾父虑其尽逸也，遂辑其存者，厘为上下二卷，付之梓人。

吾王父母心术之微，不尽在是也；行谊之大，亦不尽在是也。然善观人者，尝其一脔可以知全鼎之味矣。勉承父命，谨题其端，以自勖云。

万历丁酉季秋吉旦
孙男袁天启拜手谨书

《庭帏杂录》（卷上）

问："尧让天下于许由，经传不载，岂后人附会欤？"父参坡曰："按《左传》，许，太岳之后。古者，申、吕、许、甫，皆四岳之后。《书》云：'咨，四岳。朕在位七十载，汝能庸命巽朕位？'让由之举，或即此乎！"

宋韩琦，为谏官三年，所存谏稿，欲敛而焚之，以效古人谨密之义。然恐无以见人主从谏之美，乃集主上所信从及足以表主上之德者七十余章，曰《谏垣存稿》，自序于其首，大略曰："谏主于理，而以至诚将之。"前辈之忠厚如此。今乃有以进言要名者，良可悼也。

有王某者，善风鉴，江湖奇士也。来访父，坐定，闻门外履声橐橐。王倾耳，曰："有三品官来。"及至，则表兄沈科也。王谛观之，曰："肉胜骨，须肉稍去则发矣。"科不怿，即起入内见吾母。是冬，科患病，大肉尽脱，吾与三弟调理之，将愈。父谓曰："此病但平其胃火，火去则脾胃自调，必愈。若滋其肾水，水旺则邪火自退，亦愈。然胃火去则善食，必肥。不若肾水旺则骨坚，而可应王生之言也。"因书一方授予，使付科，如法修服，后果精神日旺，而浮肉不生。明年举乡荐，甲辰登第，终苑马卿。

传称"孔子家儿不知骂，曾子家儿不知怒"，生而善教也。

汝祖生平不喜责人，每僮仆有过当刑，辄与汝祖母私约："我执杖往，汝来劝止。"我体其意，终身未尝以怒责仆，亦未尝骂仆。汝曹识之。

汝曾祖菊泉先生尝语我云："吾家世不干禄仕，所以历代无显名，然忠信孝友则世守之。第令子孙不失家法，足矣！即读书，亦但欲明理义，识古人趣向；若富贵，则天也。"

问："吾祖凿半亩池水，冬夏不涸，邻池常涸，何也？"曰："池中置牛骨则不涸。出《西都志》。"

沈科问："六艺，御为卑。今凡上用之物皆称御，官称御史，何也？"曰："吴临川云：君之在车，与御者最相亲近，故君所亲近之人谓之御，君所亲用之物亦谓之御。"

钱南士问："何以谓之市井？"曰："古者，一井之地，以二十亩为庐舍，因为市以交易，故云。"

袁裳问："俗以每月初五、十四、二十三日为月忌，凡事皆避之，何所取义？"曰："阴阳书以是三日为九良星直日，故不用，其义亦不明。河图九数，趋三避五，初一日起，一居坎；至初五日，五居中；十四日、二十三日，五皆居中。五为君象，故民庶不可用。"

凡言语、文字，与夫作事、应酬，皆须有涵蓄，方有味。说话到五七分便止，留有余不尽之意，令人默会。作事亦须得五七分势便止，若到十分，如张弓然，过满则折矣。

钱晒问："寒食禁火，相传为介子推而设。果尔，止该行于晋地，何四方皆然也？"曰："予尝读《丹阳集》，云：龙是木之位，春属东方，心为大火，惧火盛，故禁火。是以有龙禁之忌，未必为子推设也。"

袁襄问："《月令》言'孟冬腊先祖'，郑玄注云：'腊，即《周礼》所谓蜡祭也。'然则腊、蜡同乎？"曰："尝观《玉烛宝典》，云'腊祭先祖、蜡祭百神'，则腊与蜡异。蜡祭因飨农，以终岁勤动而息之。腊，猎也，猎取禽兽祭先祖，重本始也。二祭寓意不同，所以腊于庙，蜡于郊。"

《子华子》曰："人之性，其犹水然。水之源至洁而无秽，其所以湛之者久，则不能无易也。是故，方圆曲折湛于所遇，而形易矣；青黄赤白湛于所受，而色易矣；砰訇淙射湛于所阁，而响易矣；泂伏悠容湛于所容，而态易矣；咸淡芳臭湛于所染，而味易易矣。此五易者，非水性也，而水之流则然。易者非水性也，而水之流则然。"孔子曰："性相近也，习相远也。"尔辈慎习。

沈科初授南京行人司副，归别吾父。吾父谓之曰："前辈谓仕路乃毒蛇聚会之场，余谓其言稍过，然君子缘是可以自修。其毒未形也，吾谨避之，质直好义，以服其心；察言观色，虑以下之，以平其忿。其毒既形，吾顺受之，彼以毒来，吾以慈受可也。"

《记》称："吊丧不能赙，不问其所费；问疾不能馈，不问其所欲；见人不能馆，不问其所舍。"此言最尽物情。故张横渠谓"物我两尽，自《曲礼》入"，非虚言也。汝辈处世，宜一一据此推广。如见讼不能解，不问其所由；见灾不能恤，不问其所苦；见穷不能赈，不问其所乏。

问："天下事，皆重根本而轻枝叶。《记》称：'天下有道则行有枝叶，无道则词有枝叶。'岂行贵枝叶乎？"父曰："枝叶从根本而出。邦有道，则人务实，故精神畅于践履；无道，则人尚虚，故精神畅于词说。"

予与二弟□□□侍吾母，□□□□予辈不自知其非己出也。新衣初试，旋或污毁，吾母夜缝而密浣之，不使吾父知也。

正食既饱，复索杂食，吾母量授而搏节之，不拂，亦不恣也。坐立言笑，必教以正。吾辈幼而知礼。先母没，期年，吾父继娶。吾母来时，先母灵座尚在，吾母朝夕上膳，必亲必敬。当岁时佳节，父或他出，吾母即率吾二人躬行奠礼。尝洒泪告曰："汝母不幸蚤世，汝辈不及养，所可尽人子之心者，惟此祭耳。"为吾子孙者，幸勿忘此语。

以上男袁衷录

宋儒教人，专以读书为学，其失也俗。近世王伯安尽扫宋儒之陋，而教人专求之言语文字之外，其失也虚。观子路曰："何必读书，然后为学？"则孔门亦尝以读书为学，但须识得本领工夫，始不错耳。孟子曰："学问之道无他，求其放心而已矣。"求放心是本领，学问是枝叶。

作文，句法、字法要当皆有源流，诚不可不熟玩古书。然不可蹈袭，亦不可刻意摹拟，须要说理精到，有千古不可磨灭之见；亦须有关风化，不为徒作，乃可言文。若规规摹拟，则自家生意索然矣。

近世操觚习艺者，往往务为艰词晦语，或二字三字为句，以自矜高古，甚或使人不可句读，而味其理趣，则漠然如嚼蜡耳。此文章之一大厄也，尔辈切不可效之！

文字最可观人。如正人君子，其文必平正通达。如奸邪小人，其文必艰涩崎岖。

士之品有三：志于道德者为上，志于功名者次之，志于富贵者为下。近世人家生子，禀赋稍异，父母师友即以富贵期之。其子幸而有成，富贵之外，不复知功名为何物，况道德乎？吾祖生吾父，岐嶷秀颖，吾父生吾亦不愚，然皆不习举业而授以五经古义。生汝兄弟，始教汝习举业，亦非徒以富贵望汝也。伊、周勋业，孔、孟文章，皆男子当事。位之得不得在天，德之修不修在我；毋弃其在我者，毋强其在天者。

欲洁身者必去垢，欲愈疾者必求医。昔曹子建文字好人讥弹，应时改定，岂独文艺当尔哉？进德、修业，皆当如此。

晏元献公尝言："韩退之扶持圣教，铲除异端，则诚有功。若其祖述《坟》《典》，宪章《骚》《雅》，上传三古，下笼百世，横行阔视于缀述之场者，子厚一人而已。"盖深取柳而抑韩也。尔辈试虚心观之，二公之学识相去颇远，当知晏公之言不虚耳。

唐人余知古与欧阳生书，讥韩愈之陋曰："其作《原道》，则崔豹《答牛生书》；作《讳辩》，则张诏《论旧名》也；作《毛颖传》，则袁淑《大兰王九锡》也；作《送穷文》，则杨子云《逐贫赋》也。"当时盖甚轻之，惜今人读书不多，不知韩之蹈袭耳。

当理之言，人未必信；修洁之行，物或相猜。是以至宝多疑，荆山有泪。

读书贵博，亦贵精。苏文《管仲论》，近世刊本皆作"彼管仲者何以死哉"，及得宋刻，则"何"字乃"可"字，与上文"可以死"正相应。

许浑诗"湘潭云尽暮山出"，此世本也。及观刘巨济收浑手书，则"山"字乃"烟"字也。

潘荣《史断》引"少仕伪朝"，责李密《陈情》之谬。尝见释氏书引此文，"伪朝"作"荒朝"，盖密之初文也，"伪朝"字乃晋人改之入史耳。

孔明《出师表》，今世所传，皆本《三国志》。查《文选》所载，则"先帝之灵"下，尚有"若无兴德之言"六字，必如是，而其义始完也。

自杜牧有"西子下姑苏，一舫逐鸱夷"之句，世皆传范蠡载西施以逃。及观《修文御览》引《吴越春秋》逸篇，云："吴亡后，浮西施于江，令随鸱夷以终"。盖当时子胥死，盛以鸱夷浮之江。今沈（沉）西施于江，所以谢子胥也。范蠡去越，亦号鸱夷子，杜牧遂误以胥为蠡耳。墨子曰："吴起之裂，其功也；西施之沈，其美也。"岂非明证哉？

作诗，以真情说真境，方为作者。周濂溪《和费令游山》诗云："是处尘劳皆可息，清时终不忍辞官。"此由衷之语，何其温柔敦厚也！若婴情魏阙，托与青山，徒令人可厌耳。

杨升庵尝评韩退之《赠张曙》诗云："'久钦江总文才妙，自叹虞翻骨相屯。'以忠直自比，而以奸邪待人，岂圣贤谦己恕人之意？此乃韩公生平病处，而宋人多学之，谓之占地步，心术先坏矣，何地步之有？"此论最当。今之人抑又甚焉，阴含讥讽，如讪如詈，此小人之尤者，不可效也。

问："《史记》'庚死狱中'，何以谓之'庚'？"曰："按《说文》'束缚捽抴（曳）为曳'，'曳''庚'古通用也。"

郁九章来访，坐谈伍员之"员"宜作"运"。父曰："岂惟如此！澹台灭明之'澹'，《管子》《淮南子》皆音'潭'。"郁曰："'澹'与'淡'同乎？""'淡'去声，'澹'音'潭'。《文选》'澹''淡'连用，本二字，非一字也。锺繇，字元常，取'咎繇陈谟，彰厥有常'之义。今多呼'繇'为'由'，亦误也。"郁曰："此更有何证？"曰："晋《世说》载，庾公谓锺会曰'何以久望卿遥遥不至'，谓举其父讳以嘲之。此明证矣。又，五代王朴，朴，平豆反，而今人皆呼为'朴'。似此之类，不可枚举。"

宋儒谓《易经》彖象卦爻皆取义于物。彖者，茅犀之名，状如犀而小角，善知吉凶。交广有之，土人名曰猪神，犀形独角，知幾知微。是则彖者，取于幾也。象，大荒之兽，人希见生象，按其图以想其形，名之曰像者，取于像也。

孔颖达曰："卦者，挂也。"挂之于壁也，盖悬物之杙也。近世杨慎非之，谓卦者圭也，古者造律制量，六十四黍为一圭，则六十四象总名为卦。亦自有理。应劭曰："圭者，自然之形，阴阳之始。"则卦者，亦自然之形，阴阳之始。其为字从卜，为义从圭，为声亦为义，古文"圭"亦音"卦"。本经云："爻者，交疏之窗也。其字象窗形，今之象眼窗也。"一窗之孔六十四，六窗之孔凡三百八十四也。是则爻者，义所旁通也。

坤顺乾而育物，阳资阴也。月远日而生明，阴避阳也。

鱼生流水者，皆鳞白。鱼生止水者，皆鳞黑。

子夜读《君陈篇》，父问曰："君陈是何人？"对曰："不知。"曰："是周公之子，伯禽之弟，王伯厚言之甚详，且《坊记注》有明文可证也。"

比邻沈氏，世仇予家。吾母初来，吾弟兄尚幼。吾家有桃一株，生出墙外，沈辄锯之。予兄弟见之，奔告吾母。母曰："是宜然。吾家之桃，岂可僭彼家之地？"沈亦有枣，生过予墙。枣初生，母呼吾弟兄，戒曰："邻家之枣，慎勿扑取一枚！"并诫诸仆为守护。及枣熟，请沈女使至家而摘之，以盒送还。

吾家有羊，走入彼园，彼即扑死。明日，彼有羊窜过墙来，群仆大喜，亦欲扑之，以偿昨憾。母曰："不可！"命送还之。

沈某病，吾父往诊之，贻之药。父出，母复遣人告群邻曰："疾病相恤，邻里之义。沈负病，家贫，各出银五分以助之。"得银一两三钱五分，独助米一石。由是沈遂忘仇感义，至今两家姻戚往还。古语云：

天下无不可化之人。谅哉！

有富室娶亲，乘巨舫自南来。经吾门，风雨大作，舟触吾家船坊，倒焉。邻里共捽其舟人，欲偿所费。吾母闻之，问曰："媳妇在舟否？"曰："在舟中。"因遣人谢诸邻曰："人家娶妇，期于吉庆，在路若赔钱，舅姑以为不吉矣。况吾坊年久，积朽将颓，彼舟大风急，非力所及，幸宽之。"众从命。

吾母爱吾兄弟，逾于己出。未寒思衣，未饥思食，亲友有馈果馔，必留以相饲。既娶妇，依然呴育，无异韶龀也。吾妇感其殷勤，泣语予曰："即亲生之母，何以逾此！"妻家或有馈，虽甚微尠（鲜），不敢私尝，必以奉母。一日偶得鳜，妇亲烹，命小僮胡松持奉。松私食之。少顷，妇见姑，问曰："鳜堪食否？"姑愕然，良久曰："亦堪食。"妇疑，退而鞫松，则知其窃食状。复走谒姑，曰："鳜不送至，而曰堪食，何也？"吾母笑曰："汝问鳜，则必献。吾不食，则松必窃。吾不欲以口腹之故，见人过也。"其厚德如此。

以上男袁襄录

《庭帏杂录》（卷下）

嘉善钱晓订

王虚中《解书法》："词之内不可减，减之则为凿，凿则失本意；词之外不可增，增之则为赘，赘则坏本意。"此至要之言。然得其词者浅，得其意者深。汝辈读书，勿专守着词语，须逆其志于词之内，会其神于词之外，庶有益耳。

仲尼题吴季子墓，止曰："有吴延陵季子之墓"，议者谓胜碑碣千言。张子韶祭洪忠宣，止曰："维某年月日，具官某，谨以清酌之奠，昭告于某官之灵。呜呼哀哉，伏惟尚飨。"景庐深美其情悲怆乃过于词。可见文不如质，实能胜华，此可为作文之法。

象纬术数，君子通之，而不欲以是成名。诗词赋命，君子学之，而不欲以是哗世。何也？有本焉故也。

六朝颜之推，家法最正，相传最远。作《颜氏家训》，谆谆欲子孙崇正教，尊学问。宋吕蒙正，晨起辄拜天，祝曰："愿敬信三宝者生于吾家。"不特其子公著为贤宰相，历代诸孙如居仁、祖谦辈，皆闻人贤士，此所当法也。

吾目中见毁佛、辟教，及拆僧房、僭寺基者，其子孙皆不振，或有奇祸。碌碌者姑不论，昆山魏祭酒，崇儒辟释，其居官毁六祖遗钵，居乡又拆寺兴书院，毕竟绝嗣，继之者亦绝。聂双江为苏州太守，以兴儒教、辟异端为己任，劝僧蓄发归农。一时诸名公如陆粲、顾存仁辈，皆佃寺基。闻聂公无嗣，即有嗣，当亦不振也。吾友沈一之，孝弟忠信，古貌古心，醇然儒者也。然亦辟佛，近又拆庵为家庙。闻陆秀卿在岳州，亦专毁淫祠而间及寺宇。论沈、陆之醇肠硕行，虽百世子孙保之可也。论其毁法轻教，宁能无报乎？尔曹识之，吾不及见也。

问作诗之法，曰："以性情为境，以无邪为法，以人伦物理为用，以温柔敦厚为教，以凝神为入门，以超悟为究竟。"

诗起于《三百篇》。学诗者皆沿其下梢，忘其本始。

起非分之思，开无谓之口，行无益之事，不如其已！

自小学久废，《尔雅》《说文》无留心者。士人行文多所谬误，虽正史不免焉。按《说文》："率鸟者，系生鸟以来之，名䌥。"䌥音"由"，故䌥猎人有鹿，唐吕温乃作《由鹿赋》，以"䌥"为"由"，误也。蜀人谓老为旛，取"旛旛黄发"义。有贼王小旛作乱，《宋史》乃作"王小波"，当改正。

可爱之物，勿以求人；易犯之怒，勿以禁人；难行之事，勿以令人。

终日戴天，不知其高；终日履地，不知其厚。故草不谢荣于雨露，子不谢生于父母。有识者，须反本而图报，勿贸贸焉已也。

语云：斛满，人概之；人满，神概之。此良言也。智周万物，守之以愚；学高天下，持之以朴；德服人群，莅之以虚。不待其满而常自概之，虽鬼神无如吾何矣。

"呢喃燕子语梁间，底事来惊梦里闲。说与旁人浑不解，杖藜携酒看芝山。"此刘季孙诗也。季孙时以殿直监饶州酒，王荆公以提刑至饶，见是诗，大称赏之。适郡学生持状，请差官摄州学事。公判监酒殿直，一郡大惊，由是知名。

"青衫白发旧参军，旋粜黄粱置酒樽。但得有钱留客醉，也胜骑马傍人门。"此庐秉诗也，荆公见而称之。立荐于朝，不数年，登卿贰。《石林珊瑚诗话》佚载其事。今之上官，有惜才如荆公者乎？即著书满车，谁肯顾者？此英雄所以长摈，世道所以日衰也。

见精，始能为造道之言；养盛，始能为有德之言。其见卑而言高，与养薄而徒事造语者，皆典谟风雅之罪人也。

黄、苏皆好禅，谈者谓子瞻是士夫禅，鲁直是祖师禅，盖优黄而劣苏也。人皆知二公终身以诗文为事，然二公岂浅浅者哉？子瞻无论其立朝大节，即阳羡买房焚券一细事，亦足砭污起懦。鲁直与人书，论学、论文，一切引归根本，未尝以区区文章为足恃者。《余冬序录》尝类其语，如云："学问文章，当求配古人，不可以贤于流俗自足。孝弟忠信是此物根本，养得醇厚，使根深蒂固，然后枝叶茂耳。"

又云："读书须一言一句，自求己身，方见古人用心处。如欲进道，须谢外慕，乃得全功。"又云："置心一处，无事不办。读书先令心不驰走，庶言下有理会。"又云："学问以自见其性为难。诚见其性，坐则伏于几，立则垂于绅，饮则形于尊彝，食则形于笾豆，升车则鸾和与之言，奏乐则钟鼓为之说，故无适而不当。至于世俗之学，君子有所不暇。"又云："学问须从治心养性中来，济以玩古之功。三月聚粮，可至千里，但勿欲速成耳。"此等处，皆汝辈所当服膺也。

顾子声、王天宥、刘光浦在坐，设酒相款。刘称吾父大节凛然，细行不苟，世之完德君子也！父曰："岂敢当！尝自默默检点，有十过未除，正赖诸君之力，共刷除之。"王问："何者为十？"父曰："外缘役役，内志悠悠，常使此日闲过，一也。闻人之过，口不敢言，而心常尤之，或遇其人而不能救正，二也。见人之贤，岂不爱慕？思之而不能与齐，辄复放过，三也。偶有横逆，自反不切，不能感动人，四也。爱惜名节，不能包荒，五也。（原文缺六）。终日闲邪，而心不能无妄思，七也。有过辄悔如不欲生，自谓永不复作矣！而日复一日，不觉不知，旋复忽犯，八也。布施而不能空其所有，忍辱而不能遣之于心，九也。极慕清净而不能断酒肉，十也。"顾曰："谨受教！"且顾余兄弟曰："汝曹识之，此尊翁实心寡过也！"

夏雨初霁，槐阴送凉，父命吾兄弟赋诗。余诗先成，父击节称赏。时有惠葛者，父命范裁缝制服赐余，而吾母不知也。及衣成，服以入谢。母询知其故，谓余曰："二兄未服，汝何得先？且以语言文字而遽享上服，将置二兄于何地？"褫衣藏之，各制一衣赐二兄，然后服。

吾父不问家人生业，凡薪菜交易，皆吾母司之。秤银既平，必稍加毫厘。余问其故，母曰："细人生理至微，不可亏之。每次多银一厘，一年不过分外多使银五六钱，吾旋节他费补之，内不损己，外不亏人。吾行此数十年矣，儿曹世守之，勿变也！"

余幼颇聪慧，母欲教习举子业。父不听，曰："此儿福薄，不能享世禄，寿且不永，不如教习六德六艺，做个好人。医可济人，最能种德，俟稍长，当遣习医。"余十四岁，五经诵遍，即遣游文衡山先生之门，学字学诗。既毕姻，授以古医经，令如经史，潜心玩之。且嘱余曰："医有八事须知。"余请问，父曰："志欲大而心欲小，学欲博而业欲专，识欲高而气欲下，量欲宏而守欲洁。发慈悲恻隐之心，拯救大地含灵之苦，立此大志矣；而于用药之际，兢兢以人命为重，不敢妄投一剂，不敢轻试一方，此所谓小心也。上察气运于天，下察草木于地，中察情性于人，学极其博矣；而业在是则习在是，如承蜩，如贯虱，毫无外慕，所谓专也。穷理养心，如空中朗月无所不照，见其微而知其著，察其迹而知其因，识诚高矣；而又虚怀降气，不弃贫贱，不嫌臭秽，若恫瘝乃身而耐心救之，所谓气之下也。遇同侪相处，己有能则告之，人有善则学之，勿存形迹，勿分尔我，量极宏矣；而病家方苦，须深心体恤，相酬之物，富者资为药本，贫者断不可受，于阁室皱眉之日，岂忍受以自肥？戒之！戒之！"

表弟沈称病，心神恍惚，多惊悸不宁，求药于余。既授之，父偶见，命取半天河水煎之。半天河水者，乃竹篱头空树中水也。称问："水不同乎？"父曰："不同。《衍义》曾辨之，未悉也。半天河水，在上，天泽水也，故治心病。腊雪水，大寒水也，故解一切热毒。井华水，清冷澄澈水也，故通九窍，明目，去酒后热痢。东流水者，顺下之水也，故下药用之。倒流水者，回旋流止之水也，故吐药用之。地浆水者，掘地作坎，以水搅浑，得土气之水也，故能解诸毒。甘烂水者，以木盆盛水，杓扬千遍，泡起作珠数千颗，此乃搅揉气发之水也，故治霍乱，入膀胱，止奔豚也。"

以上男袁裳录

古人慎言，不但非礼勿言也。《中庸》所谓"庸言"，乃孝弟忠信之言，而亦谨之。是故万言万中，不如一默。

童子涉世未深，良心未丧，常存此心，便是作圣之本。

癸卯除夕家宴，母问父曰："今夜者，今岁尽日也。人生世间，万事皆有尽日，每思及此，辄有凄然遗世之想。"父曰："诚然！禅家以身没之日为腊月三十日，亦喻其有尽也。须未至腊月三十日而预为整顿，庶免临期忙乱耳。"母问："如何整顿？"父曰："始乎收心，终乎见性。"予初讲《孟子》，起对曰："是学问之道也。"父颔之。

余幼学作文，父书"八戒"于稿簿之前，曰："毋剿袭，毋雷同，毋以浅见而窥，毋以满志而发，毋以作文之心而妄想俗事，毋以鄙秽之念而轻测真诠，毋自是而恶人言，毋倦勤而怠己力。"

"韩退之《符读书城南》诗，专教子取富贵，识者陋之。吾今教尔曹正心诚意，能之乎？"予应曰："能！"问："心若何而正？"对曰："无邪即正。"问："意若何而诚？"曰："无伪即诚。"叱曰："此口头虚话，何可对大人？须实思其何以正、何以诚，始得。"余蹶然有省。

诗文有主有从。文以载道，诗以道性情。道即性情，所谓主也；其文词，从也。但使主人尊重，即无仆从，可以遗世独立而蕴藉有余。今之作文者，类有从无主，鏧帨徒饰，而实意索然，文果如斯而已哉？

"野葛虽毒，不食则不能伤生。情欲虽危，不染则无由累己。"问："何得不染？"曰："但使真心不昧，则欲念自消，偶起即觉，觉之即无，如此而已。"

古人有言畸人硕士，身不容于时，名不显于世，郁其积而不得施，终于沦落，而万分一不获自见者，岂天遗之乎？时已过矣，世已易矣，乃一旦其后之人勃兴焉，此必然之理，屡屡有征者也。吾家积德，不试者数世矣，子孙其有兴焉者乎！

父自外归，辄掩一室而坐，虽至亲，不得见之。予辈从户隙私窥，但见香烟袅绕，衣冠俨然，素须飘飘，如植如塑而已。

父与予讲《太极图》，吾母从旁听之。父指图曰："此一圈，从伏羲一画圈将转来，以形容无极、太极的道理。"母笑曰："这个道理亦圈不住，只此一圈，亦是妄。"父告予曰："《太极图》汝母已讲竟。"遂掩卷而起。

父每接人，辄温然如春。然察之，微有不同。接俗人，则正色缄口，诺诺无违。接尊长，则敛智黜华，意念常下。接后辈，则随方寄诲，诚意可掬。唯接同志之友，则或高谈雄辩，耸听四筵，或婉语微词，频惊独坐，闻之者，未始不爽然失，帖然服也。

毋以饮食伤脾胃，毋以床笫耗元阳，毋以言语损现在之福，毋以天地造子孙之殃，毋以学术误天下后世。

丙午六月，父患微疾，命移榻于中堂，告诸兄曰："吾祖、吾父，皆预知死期，皆沐浴更衣，肃然坐逝，皆不死于妇人之手。我今欲长逝矣。"遂闭户谢客，日惟焚香静坐。至七月初四日，亲友毕集，诸兄咸在，呼予携纸笔进前，书曰："附赘乾坤七十年，飘然今喜谢尘缘。须知灵运终成佛，焉识王乔不是仙？身外幸无轩冕累，世间漫有性真传。云山千古成长往，哪管儿孙俗与贤！"投笔而逝。

遗书二万余卷，父临没，命检其重者，分赐侄辈，余悉收藏付余。母指遗书，泣告曰："吾不及事汝祖，然见汝父博极群书，犹手不释卷。汝若受书而不能读，则为罪人矣！"予因取遗籍恣观之，虽不能尽解，而涉猎广记，则自蚤岁然矣。

吾母当吾父存日，宾客填门，应酬不暇，而吾不见其忙。及父没，衡门悄然，形影相吊，而吾不见其逸。

以上男袁表录

潘用商与吾父友善，其子恕无子，余幼鞠于其家。父没，母收回，告曰："一家有一家气习。潘虽良善，其诗书礼义之习，不若吾家多矣。吾蚤收汝，随诸兄学习，或有可成。"

予随四兄夜诵，吾母必执女工相伴，或至夜分，吾二人寝，乃寝。

吾父不刻吾祖文集，以吾祖所重不在文也。及书房雨漏，先集朽不可整，始悔之。吾父亡，吾母命诸兄先刻《一螺集》，曰："毋贻后悔。"

遇四时佳节，吾母前数日造酒以祭，未祭，不敢私尝一滴也。临祭，一牲一菜皆洁诚专设。既祭，然后分而享之。尝语予曰："汝父年七十，每祭未尝不哭，以不逮养也。汝幼而无父，欲养无由，可不尽诚于祀典哉？"

每遇时物，虽微必献。未献，吾辈不敢先尝。

四兄善夜坐，尝至四鼓。余至更余辄睡，然善蚤起。四兄睡时母始睡，及吾起，母又起矣，终夜不得安枕。鞠育之苦，所不忍言。

二兄移居东墅，予与四兄从之学。家僮名阿多者送吾二人至馆，及归，见路旁蚕豆初熟，采之盈襁。母见曰："农家待此以食，汝何得私取之？"命付米一升偿其直。四兄闻而问母曰："娘虽付米，阿多必不偿人。"母曰："必如此，然后吾心始安。"

四兄补邑弟子。母语余曰："汝兄弟二人，譬犹一体。兄读书有成，而弟不逮，岂惟弟有愧色？即兄之心，当亦歉然也。愿汝常念此，努力进修，读书未熟，虽倦不敢息，作文未工，虽钝不敢限，百倍加工，何远不到？"

乙卯，四兄进浙场，文极工，本房取首卷。偶以《中庸义》太凌驾，不得中式。后代巡行文给赏，母语余曰："文可中而不中，是谓之命；倘文犹未工，虽命非命也。尔勉之，第勤修其在己者，得不得，勿计也。"

三兄蚤世，吾母哭之哀，告余曰："汝父原说其不寿，今果然。"因收七侄、八侄教育之，如吾兄弟幼时，茹苦忍辛，盖无一日乐也。

余与二侄同入泮。母曰："今日服衣巾，便是孔门弟子，纤毫有玷，便遗愧儒门。"以是余兢兢自守，不敢失坠。

吾祖怡杏翁，置房于亭桥西浒间。父遗命授余，母告曰："房之西，王鸾之屋也。当时鸾初造楼，而邑丞倪玑严行火巷之例，法应毁。汝父怜之，毁己之房以代彼。但就倪批一官帖，以明疆界而已。汝体父此意，则一切邻居皆当爱恤，皆当屈己伸人。尝记汝父有言：'君子当容人，毋为人所容。宁人负我，毋我负人。'倘万分一为人所容，又万分一我或负人，岂惟有愧父兄，实亦惭负天地，不可为人矣。"

吾母暇则纺纱，日有常课。吾妻陆氏劝其少息。曰："古人有'一日不作、一日不食'之戒，我辈何人，可无事而食？"故行年八十，而服业不休。

远亲旧戚，每来相访，吾母必殷勤接纳；去则周之，贫者必程其所送之礼，加数倍相酬，远者给以舟行路费，委曲周济，惟恐不逮。有胡氏、徐氏二姑，乃陶庄远亲，久已无服，其来尤数，待之尤厚，久留不厌也。刘光浦先生尝语四兄及余曰："众人皆趋势，汝家独怜贫。吾与汝父相交四十余年，每遇佳节，则穷亲满座，此至美之风俗也！汝家后必有闻人，其在尔辈乎！"

九月将寒，四嫂欲买绵，为纯帛之服以御寒。母曰："不可。三斤绵用银一两五钱，莫若止以银五钱买绵一斤，汝夫及汝冬衣，皆以枲为骨，以绵覆之，足以御冬。余银一两，买旧碎之衣，浣濯补缀，便可给贫者数人之用。恤穷济众，是第一件好事。恨无力不能广施，但随事节省，尽可行仁。"

母平日念佛，行、住、坐、卧皆不辍。问其故，曰："吾以收心也。

尝闻汝父有言：'人心如火，火必丽木，心必丽事，故曰必有事焉。'一提佛号，万妄俱息，终日持之，终日心常敛也。"

四兄登科，报至，吾母了无喜色，但语予曰："汝祖、汝父，读尽天下书，汝兄今始成名。汝辈更须努力。"

以上男袁衮录

跋

《庭帏杂录》者，吾内兄袁衷等，录父参坡公并母李氏之言也。参坡初娶王氏，生子二，曰衷，曰襄。衷五岁，襄四岁，王氏没，继娶李氏，生子三，曰裳，曰表，曰衮。衮十岁，参坡公亡，又二十七年，李氏弃世。故衷、襄所录，父言居多；而衮幼，不及事父，独佩母言自淑耳。参坡博学敦行，世罕其俦。李氏贤淑有识，磊磊有丈夫气。观兹录，可以想见其人矣。

钱晓识

附四　袁了凡大事记

嘉靖十二年（癸巳）十二月十一日（1533年12月26日），袁了凡出生于嘉善县魏塘镇（今浙江省嘉兴市嘉善县魏塘街道），排行老四，时年五十五岁的父亲袁仁，老来得子，视为"祥瑞之征"。袁仁寄予厚望，取名"表"，字"庆远"，并撰写《嘉禾记》一文以记此事。母亲李氏。

袁表年幼时（三至十二岁）体弱多病，他和三哥袁裳未入塾开蒙，由父亲袁仁亲自启蒙。七岁时父亲讲《颜氏家训》，兄弟俩已经会背诵传家格言和名人诗词，有"神童"之誉。袁表在《庭帏杂录》中记载："余幼学作文，父书八戒于稿簿之前，曰：毋剿袭，毋雷同，毋以浅见而窥，毋以满志而发，毋以作文之心而妄想俗事，毋以鄙秽之念而轻测真诠，毋自是而恶人言，毋倦勤而怠己力。"

嘉靖二十二年（癸卯，1543年），《庭帏杂录》："癸卯除夕家宴，母问父曰：'今夜者，今岁尽日也。人生世间，万事皆有尽日，每思及此，辄有凄然遗世之想。'父曰：'诚然！禅家以身没之日为腊月三十日，亦喻其有尽也。须未至腊月三十日而预为整顿，庶免临期忙乱耳。'母问：'如何整顿？'父曰：'始乎收心，终乎见性。'"袁表"初讲《孟子》，起对曰：'是学问之道也。'父亲颔之"。

嘉靖二十三年（甲辰，1544年），袁表的表兄沈科中进士。此事对十二岁的袁表触动很深，立志长大成人后也要中进士。

嘉靖二十五年（丙午，1546年）七月初四日，父亲袁仁亡故，遗书二万余册，享年六十八岁。父亲去世时，袁表十四岁，母亲要袁表放弃举业，继承祖业，随兄长学习医术，并说习一艺以成名，也是你父亲平素的心愿。袁家上溯三代，其曾祖袁颢、祖父袁祥和父亲袁仁咸隐于医。

《了凡事迹·家学渊源》范峤青先生手绘

嘉靖二十六年（丁未，1547年），袁表十五岁，遇到善推命理的孔先生，孔先生算出袁表可以当贡生入仕途，于是袁表决心读书应试，并跟随孔先生学习《皇极经世书》，得其真传。

同年，由表兄沈称（沈科之弟）介绍，拜郁海谷为师，在私塾寄学（郁海谷，即郁钦。郁氏为嘉善望族，与袁家是世交）。

《明万历嘉善县志》卷十载："《一螺集》，袁仁诗文也，刻自嘉靖丁未（1547年），凡十卷。王元美尝评其诗，以为斐然逼唐。子黄（袁表）重刻之。"

《了凡事迹·授书推远》范峤青先生手绘

嘉靖二十七年（戊申，1548年），袁表十六岁，参加嘉善县县考，列十四名，所列名次与孔先生事先推算相同。自此以后，凡遇考试，所考名次都不出孔先生所推定。于是，年轻的袁表坚信命数，安于天命，不求进取，日夜静坐。

嘉靖二十八年至嘉靖三十二年（己酉，1549—癸丑，1553年），袁表十七岁至二十一岁，拜师学艺。十八岁时，在嘉兴天宁寺拜唐顺之（字荆川）为师，相随至杭州，往返两个月，朝夕执书问业。编撰《荆川疑难题意》（举业用书）。在此期间，倭寇入嘉善县境侵扰，屯兵斜塘（即西塘），烧杀掳掠，凶焰日炽。袁表立志学习兵法，对筑防、兵器、练兵、对阵等，有一定研究。

嘉靖三十三年（甲寅，1554年），袁表二十二岁。由于倭寇大肆流劫东南沿海，嘉兴府通判邓迁受命兴筑嘉善县城城墙，邀请袁表一起乘船在水路巡视，确定嘉善县城池位置。时有倭寇来犯，袁表初试兵法有效，对于当时倭寇来犯时的场景，在《宝坻政书》里有记载。

在这一段时间里，袁表以读书著书和寻师访友为主，后来袁表自谓："二十年来，逢人下问，遇事遍咨，颇尽苦心。"袁表在家时亦协助三哥袁裳接诊看病。

嘉靖三十四年（乙卯，1555年），袁表二十三岁，第二次乡试，"本房取首卷，以《中庸义》太凌驾，不得中试"。编撰《四书便蒙》《书经详节》，书中"大删朱（熹）注而略存其可通者。于嘉靖乙卯年刻行"。这两部书刊刻时都未署袁表名。这年三月四日，袁表参与勘察的嘉善城墙竣工，对于防御倭患起到了作用。

嘉靖三十五年（丙辰，1556年），袁表二十四岁，编撰的《四书便蒙》《书经详节》"遍传天下"，"家家传习"。

嘉靖三十七年（戊午，1558年），袁表二十六岁，第三次乡试失利。

嘉靖四十年（辛酉，1561年），袁表二十九岁，第四次乡试失利。

嘉靖四十三年（甲子，1564年），袁表三十二岁，第五次乡试失利。

嘉靖四十四年（乙丑，1565年），袁表三十三岁。知县许镃开辟书院，令高材生从袁表受经学。许镃字国器，号白塘，云南人。袁表赠许镃对联，曰："忆成童，荷知遇之隆，仰师资于山斗，彬彬乎，政事宜民，文章报国；闻大老，遂归来之乐，树德望于乡邦，恂恂然，诗书执礼，孝悌力田。"

嘉靖四十五年（丙寅，1566年），袁表三十四岁，游山阴，拜王畿（龙溪）为师，王畿盛赞袁表"最称颖悟，余爱之"。王畿是袁表父亲袁仁（参坡）好友，为亡友袁仁撰写《参坡袁公小传》。

袁表偕沈大奎赴乡野巡视稻禾长势。沈大奎在《嘉禾颂序》中记述："嘉靖丙寅之秋，沈生大奎偕袁生表辈游于凤塘之原，止于思贤之野。时黄茂遍野，谷吐将实，见禾列有一茎三穗，一茎四穗者，而双穗者总总焉……"

隆庆元年（丁卯，1567年），袁表三十五岁。浙江提学殷溟秋看了袁表备选试卷后，慨叹道："五策，即五篇奏议也。岂可使博洽淹贯之儒，老于窗下乎！"遂令知县许镃申文准贡。殷秋溟慧眼识珠，终使在考场屡屡受挫的袁表，得以升补贡生。经浙江提学殷秋溟批准，破格升补袁表为贡生，以贡生赴北京入国子监就读。

隆庆二年（戊辰，1568年），袁表三十六岁。深信命数的袁表，在北京国子监学习一年，心存消极，也不甚读书，整日静坐。

隆庆三年（己巳，1569年），袁表三十七岁，至南京国子监。未入监，先游栖霞山，参访云谷禅师，对坐一室，三昼夜不瞑目。经云谷禅师棒喝后，受"立命之法"，改号"了凡"。回嘉善后，袁表发大愿痛改前非，行三千善事。

真节法师在栖霞寺开讲《华严疏钞》，了凡"聆其绪论，豁如也"。真节法师"道业愈隆，法席愈广"。袁了凡座师殷迈命了凡"依止"真节法师"以求解脱"。袁了凡皈依栖霞栖素庵真节法师。

《了凡事迹·禅师开示》范峤青先生手绘

隆庆四年（庚午，1570年），袁了凡三十八岁，践行立命之学，一年来，知行合一。袁了凡参加南京礼部考试，得第一名（监元）。第六次乡试（应天府乡试），中试成举人。印证了云谷禅师所传授的立命之学。

袁了凡编撰《心鹄备考》《疏意》等书，天下士子争相传阅其举业辅导读物，令都市纸价上涨。

隆庆五年（辛未，1571年），袁了凡三十九岁，与同乡丁宾、费朝宪等进京参加会试未中。丁宾进士及第。

隆庆六年（壬申，1572年），袁了凡四十岁。游学金沙，与于绍成兄弟往来。明神宗朱翊钧于六月继位，年十岁。张居正成为内阁首辅。

万历元年（癸酉，1573年），袁了凡四十一岁。袁了凡母亲李氏去世，为母守孝三年，于嘉善县城东门的大胜寺（塔院）习静。在此期间，与幻余禅师倡议将梵夹本《大藏经》翻刻为方册本。

《分湖志·人物》称，张居正曾邀请袁了凡进京修订乐律，了凡向其提议先修历法，然后方可修订乐律，未被采纳，遂拂袖返乡。历律和乐律乃袁家之绝学，代有传承。

万历二年（甲戌，1574年），袁了凡四十二岁，第二次会试失利。守母孝，在嘉善县城东门的大胜寺（塔院）念佛、阅藏、坐禅，以此功德，回向母亲。

万历三年（乙亥，1575年），袁了凡四十三岁，继续在大胜寺（塔院）念佛、阅藏、坐禅。三年守孝期满，发愿修方册本佛教《大藏经》。

万历四年（丙子，1576年），袁了凡四十四岁，与冯梦祯"谐上公车"，修业于北京护国寺。憨山大师专程至嘉善礼拜云谷禅师灵塔，看到袁了凡撰写的《云谷禅师碑文》，认为过于简要，于是亲自撰写了《云谷先大师传》，尊云谷禅师为"明代中兴禅宗之祖"。

万历五年（丁丑，1577年），袁了凡四十五岁，与嘉善同乡冯梦祯、费朝宪等在北京参加会试，袁了凡与冯梦祯同住在一处。会试房师拟荐了凡为本房第一，但策论忤逆主试官，因而落第。袁了凡悔恨交加，遂改名"黄"，改字"坤仪"，易名、字以表示谦德之意。从此以后，凡著作均署名袁黄。冯梦祯高中会元。

万历六年（戊寅，1578年），袁了凡四十六岁，继续钻研举子业准备考试，并开始编撰《举业彀率》，为士子所重，以举业之学而闻名。

万历七年（己卯，1579年），袁了凡四十七岁，历时十年，而三千善行方始完成。三千功德刚满，还来不及做回向，即跟随李渐庵（原浙江巡抚）入关至陕西，进终南山，拜刘隐士为师，学习兵法。欲隐居山中，刘隐士促令下山，命其走仕途报效国家。了凡重振精神，拜别刘隐士和李渐庵，回到江南。

万历八年（庚辰，1580年），袁了凡四十八岁，第四次会试失利。了凡回嘉善后，礼请嘉善魏塘景德寺常住性空禅师、慧空禅师在东塔禅堂做回向，了却心愿。并启建求子道场，发大愿求子嗣，夫妇发愿行三千善事。东塔禅堂在景德寺内，《嘉善县志》载："原地基一十三亩五分两厘六毫，量难办，举人袁黄代输其半。"

同年，得唐代诗人陆龟蒙遗址于汾湖之滨，卜筑居之。

万历九年（辛巳，1581年），袁了凡四十九岁。启建求子道场后，夫人沈氏有妊，生一儿，初名天启，后改名俨。

万历十年（壬午，1582年），袁了凡五十岁。张居正病逝，谥号"文忠"。

万历十一年（癸未，1583年），袁了凡五十一岁，第五次会试失利。是年八月，求子嗣行善事三千之数圆满，复请性空禅师等做功德回向。

同年九月十三日，袁了凡复起求进士愿，请性空禅师等启建"求中进士"道场，发愿做善事万件。

袁了凡与达观大师（紫柏真可）在敝庐商议编修刊刻方册本佛教《大藏经》之事。

万历十二年（甲申，1584年），袁了凡五十二岁。袁了凡与达观大师的弟子密藏道开禅师在嘉兴楞严寺筹备刻印《嘉兴藏》事宜，起草撰写《募刻方册大藏经缘起》文。

万历十三年（乙酉，1585年），袁了凡五十三岁。丁宾说："吾邑陈几亭为梁溪高忠宪公（高攀龙）高弟子，与同里袁了凡负时名。"

袁了凡曾师从唐顺之、薛应旂、瞿景淳等，自身亦是八股文名家。

万历十四年（丙戌，1586年），袁了凡五十四岁，第六次赴京会试，中进士（丙戌科唐文献榜）。《明代登科录》记载："庚午应天（南京）乡试（袁黄）三十六名；会试二百八十五名；廷试三甲一百九十三名。礼部观政。"

袁了凡在苏州观政，并呈《松江、苏州赋役议》。

丙戌年，同榜进士，还有嘉善的陈于王、吴江北厍叶家埭的叶重第（三甲五十四名）。叶重第（1558—1599年）字道及，号振斋，系叶绍袁之父。

万历十五年（丁亥，1587

《了凡事迹·进士及第》范峤青先生手绘

年），袁了凡五十五岁，为修方册本佛教《大藏经》事，赴北京，同九位善信（虔诚信佛的善男信女）在龙华道场发盟。

万历十六年（戊子，1588年），袁了凡五十六岁，授宝坻县知县（今天津市宝坻区），六月初九到任。撰写《到任祭城隍文》并祭祀城隍，在城隍前立誓，律己守廉，发愿尽全力为民造福。救灾治水，安定民心，随后又撰写发布《议置木闸文》《谕乞休书隶示文》《申请银鱼公移》等。

万历十七年（己丑，1589年），袁了凡五十七岁，所倡议刊刻的方册本佛教《大藏经》在五台山紫霞谷妙德庵正式开刻。从袁了凡与幻余禅师倡议刊刻方册本《嘉兴藏》至正式开刻，历时一十六年，由此可见，袁了凡从发宏愿、坚持、精进，直至成就，其中需要众多善智识鼎力相助。

《了凡事迹·宝坻治水》范峤青先生手绘

袁了凡撰写发布《工书》《积贮书》《救荒书》《刑书》《谕寮属刑文》等，又代座师王荆石撰写《代王座师寿浔阳董先生八十序》。

万历十八年（庚寅，1590年），袁了凡五十八岁，收养叶重第之子叶绍袁为养子。叶重第时任玉田县知县。上疏朝廷请求减免宝坻赋税。宝坻赋税倍于他县，历年积欠粮赋万石。得到朝廷允准，"从二分三厘七毫减到一分四厘六毫"，"惟是宽征缓敛，庶可惠众安民"。

袁了凡施行仁政，宝坻监狱围墙被大雨冲毁，囚犯无一人逃逸。

入秋，幻余禅师携新刻方册本佛教《大藏经》样本至宝坻，袁了凡撰写《刻藏发愿文》，并捐献俸银，请幻余禅师带到山西五台山打万僧斋（即供养一万僧侣）。

袁了凡撰写《广生篇》，又名《祈嗣真诠》，该书由《改过》至《祈祷》十篇组成。又将该书中《聚精》《养气》《存神》三篇单列一册，名为《摄生三要》。《摄生三要》流传很广，将繁杂的摄生方法归纳为聚精、养气、存神，保养好自身的"三宝"乃摄生之要诀。而《祈嗣真诠》则鲜为人知（这是一部优生优育的医学著作，为人父母者均须习之）。

万历十九年（辛卯，1591年），袁了凡五十九岁。"先西夏、后朝鲜妖氛迭起，当事者简贤能，屈指宝坻令袁先生，以蓟门条议边方上策，兵家藉指南焉。"

袁了凡撰写《劝农书》，全书共一万余字，分《天时篇》《地利篇》《田制篇》《播种篇》《耕治篇》《灌溉篇》《粪壤篇》《占验篇》等，共八篇，其中田制、灌溉二篇，还附有"田法"与"水工建筑"及部分农具和插图（这部农耕书籍在以后的四百多年里，一直有很高的实用价值）。

袁黄著《静坐要诀》，有《自序》《辨志篇》《预行篇》《修证篇》《调息篇》《遣欲篇》《广爱篇》等，共七篇。保定知府马瑞河读了《静坐要诀》后，心里十分佩服，当即派人送来见面礼，在保定遥拜袁了凡为师，自称门生。

袁了凡又著《诗外列传》《重修儒学记》《开河申文》。

万历二十年（壬辰，1592年），袁了凡六十岁，应召赴北京觐见神宗皇帝，升任兵部职方司主事。八月，朝廷命兵部右侍郎宋应昌"经略备倭事宜"，宋应昌上疏请袁黄至军营辅佐谋划，于是命"主事袁黄随行赞画"，神宗"特赐四品服以示重"。

袁了凡撰写《与项玄池书》《四上王荆石座师书》《与许甸南书》《与毛仁山侍御书》。

是年，会晤赴京会试的同乡夏建所，赞其"谦光逼人"，料其必中进士（夏建所，即夏九鼎，字台卿，嘉善人，东林党领袖顾宪成学生，万历二十年进士，官安福令。抚民如子，清操自励。改衢州府教授，卒于道，贫不能殓）。

万历二十一年（癸巳，1593年）正月，袁了凡六十一岁，随经略宋应昌、征东提督李如松过鸭绿江去朝鲜。袁了凡与同科进士刘黄裳一同渡江，一同赞画宋经略军务。刘黄裳（1529—1592年）字玄子，一作子玄，河南汝宁府光州（今河南信阳市下属光州市）人。万历十四年进士，历任刑部主事、兵部员外郎。参加万历朝鲜战争，录功，迁郎中。兵罢，请告归里而卒。

正月初八（1593年2月1日），谋划会攻平壤，歼敌万余，光复平壤，又收复开城、白川、牛峰、平山等地，日军撤至汉城。明军东进，袁了凡留守的城池曾遭日军突袭，了凡率领部下及三千朝鲜兵击退来犯之敌。

《了凡事迹·援朝抗倭》范峤青先生手绘

袁了凡在战争间歇向经略宋应昌讨教《河图》《洛书》之学问，作《河图洛书解》。

三月，袁了凡被主帅李如松参劾，李如松为袁了凡罗列了十条罪状。

朝廷谏官中也有人疏劾袁了凡在宝坻时"纵民逋税"。于是朝廷下旨将袁了凡革职。三月二十六日，袁了凡离任。袁了凡《与吴海舟侍御书》说："五月十八日抵家，回到魏塘镇。今登第凡八年而归，四壁萧然。幸弟妇及儿辈上年八月先归，收本年之租，稍可支持。不然，口食且不给矣。"袁了凡回乡后，嘉善知县章士雅聘为主笔，负责重修《嘉善县志》。章士雅，字循之，常熟梅里人。万历十七年进士，官至工部郎中。

是年，由袁了凡之门人刘邦谟、王好善编辑的《宝坻政书》刻成。《宝坻政书》成书于袁了凡离开宝坻之后，全书共十二卷，主要由袁了凡在宝坻执政期间撰写的公文、告示、政令和案卷等相关资料编辑而成。其中十一卷文稿是袁了凡主政时亲撰，刘邦谟、王好善二人除在每篇篇首加以归纳说明外，又补写了《感应篇》，收录了部分散佚事迹。

万历二十二年（甲午，1594年），袁了凡六十二岁，举家搬迁至汾湖对岸，苏州府吴江县芦墟镇赵田村隐居，建造"万卷楼"藏书。

袁了凡编辑《袁氏丛书》，作《刻袁氏丛书引》："曾祖菊泉生怡杏，怡杏生我父参坡翁，皆以医为业，有所托而逃也。然世讲道德性命之学，而游情六艺，著述甚富……以简帙浩大，未能梓行，而先辑其小者十余种，副之剞劂，名曰《袁氏丛书》，志谦也。"

《了凡事迹·江南归隐》范峤青先生手绘

袁了凡好友叶重第去世，享年四十二岁。袁了凡将其子叶绍袁接到吴江赵田村袁家扶养。养子宝生（叶绍袁）六岁，入私塾发蒙。叶绍袁《自撰年谱》曰："二十二年，甲午，六岁在赵田，六月就外塾。"

万历二十三年（乙未，1595年），袁了凡六十三岁，表兄沈科之子沈道原中进士。

袁了凡对水利特别有研究，是年分别撰写了《分黄导淮考》《运河考》。

万历二十四年（丙申，1596年），袁了凡六十四岁，是年六月，重刊父亲袁仁的诗文集《一螺集》，并作序。

十月，受嘉善县知县章士雅之邀，主笔重修《嘉善县志》，并为新修《嘉善县志》题跋。新修《嘉善县志》刊印，列十二卷、九纲、八图及二十分区图，共分五十目。现藏上海图书馆，为海内孤本。

袁了凡为"圆通精舍"作《圆通精舍募田碑记》，精舍为在家居士修行的道场。

万历二十五年（丁酉，1597年），袁了凡六十五岁。是年十月，袁了凡为十七岁的儿子天启（袁俨）"行古冠之礼"，由嘉善麟溪（今杨庙）人"家兄"沈大奎主持。此事记于《训儿俗说》序言中。

丁酉秋，袁了凡命袁俨为《庭帏杂录》作序。《庭帏杂录》，"明嘉善袁衷等录其父母之训，而钱晓所订定者也"（《四库提要》）。

万历二十六年（戊戌，1598年），袁了凡六十六岁。晚年信风水，曾坐一叶小舟寻觅风水宝地作为自己百年后的寿域。至一村，见一长者，即上岸行礼，问道："此地有好风水吗？"长者回答："我居于此地七十多年了，只见达官贵人来葬，不见子孙来祭。"袁了凡豁然憬悟，上船回府，从此破了对风水的执着。

是年八月十八日，日本关白丰臣秀吉死于京都伏见城。死讯十月传到朝鲜战场，日军士气大挫，准备撤退。明军经历五次战役战胜日军，历时六年的"万历朝鲜战争"结束。

万历二十七年（己亥，1599年），袁了凡六十七岁。他的门生韩初命撰《祈嗣真诠引》，曰："先生登进士，名重于天下。天下士传诵举子业如《心鹄备考》《疏意》等书，令都市纸增价。"增订《游艺塾续文规》是袁了凡举家迁到江苏吴江赵田村隐居后，仍心系天下读书人，又重新作了补编。

万历二十八年（庚子，1600年），袁了凡六十八岁，撰《省身录》，又名《立命篇》。

同年，明神宗赐《大藏经》予径山寺。王世贞游径山，并为径山寺撰写《刻大藏缘起序》；国子监祭酒冯梦祯资助修复径山下院化成寺，作为刻经版场所，并撰写《议复化城缘引》和《刻大藏缘起》等文。

万历二十九年（辛丑，1601年），袁了凡六十九岁，为洪应明所著《仙佛奇踪》题写小引《逍遥墟引（仙引）》："洪生自诚氏，新都弟子也。一日携《仙记》一编，征言于予。予披阅之，青霞紫气，映发左右，宛若游海上而揖群真，令人飘然欲仙，真欲界丹丘，尘世蓬岛也。"洪应明，字自诚，号还初道人，成都府新都人。"幼慕纷华，晚栖禅寂"（冯梦祯《寂光镜引》），万历间曾居于南京秦淮河一带，潜心著述，有《菜根谭》《仙佛奇踪》。

袁了凡所撰《立命文》刊刻。辛丑岁末，了凡专程到真州（今江苏仪征）拜访"其学欲合儒、释而会通之"的周汝登。周汝登为作《立命文序》，曰："了凡袁公所自述其生平行善，因之超越数量，得增寿胤，揭之家庭，以训厥子者。"特别揄扬《立命文》中所述云谷禅师语，谓非大彻者不能道，非上乘法不可明也。

万历三十年（壬寅，1602年），袁了凡七十岁。闰二月二十一日，汪廷讷（字昌朝，自号坐隐）前往赵田拜访袁了凡，出示钱贡所绘《环翠堂园景图》，请袁了凡为此园作记，袁了凡为作《坐隐先生环翠堂记》。

袁了凡召集子侄和门人编撰《游艺塾续文规》，共十八册，卷首署"赵田逸农袁黄坤仪甫辑"，正式刊刻。《游艺塾文规》正编十卷，续编十八卷，一直到明朝崇祯五年（1532年），又出了增订本，名《增订二三场群书备考》，袁黄撰，袁俨注，沈昌世增补。

冯梦祯撰《寿了凡先生七十序》，曰："今先生春秋满七十矣，而十二月十一日，其悬弧之辰也。"祝贺亦师亦友的袁了凡七十大寿。

同年，袁了凡重刊《袁氏家训》，撰写《重梓袁氏家训跋》曰："是篇刻于成化中，岁久靡烂。今据其可读者梓之，残缺者不敢增补。为吾子孙者，能绎其义而世守之，庶无愧于故家风范矣。"

袁了凡赠真可禅师《紫柏真可上人六十》诗，曰："我已七旬君六十，莫留燕市滞浮名。"次年，紫柏真可圆寂于狱中，世寿六十一岁。

万历三十一年（癸卯，1603年），袁了凡七十一岁，以"武塘了凡居士袁黄"之名，为天台山慈云寺沙门释真清（象先）撰写塔铭。

万历三十二年（甲辰，1604年），袁了凡七十二岁，撰写《绍城于公墓志铭》。

袁了凡养子宝生（叶绍袁）时年十六岁，参加县试，由吴江知县刘时俊亲自面试，出《古之人古之人》之题目，文章成后，观者无不击节。

万历三十三年（乙巳，1605年），袁了凡七十三岁，带领弟子们编撰的《游艺塾续文规》刊成行世。

同年，袁了凡《皇都水利》和《祈嗣真诠》等九种，由建阳余氏（余象斗）刊刻，书名为《了凡杂著》。

万历三十四年（丙午，1606年）七月，袁了凡在吴江县芦墟镇赵田村寿终，享年七十四岁。灵柩运回嘉善县，安葬于胥五区大西收字圩

（今嘉善县惠民镇王家村独社浜，墓在袁公桥左侧修竹林中）。

万历三十五年（丁未，1607年），袁了凡逝世一年后，有智者将其所著《祈嗣真诠》中之"改过第一""积善第二"和《立命文》合成一书出版，基本形成当下流行的《了凡四训》。

万历三十九年（辛亥，1611年），袁了凡逝世五年后，他带领弟子们编撰的《群书备考》（类书）首次刊成。

明天启元年（辛酉，1621年），袁了凡逝世十五年后，朝廷追叙东征（万历朝鲜战争）功，下诏追赠袁了凡为"尚宝司少卿"。

天启四年（甲子，1624年），袁了凡逝世十八年后，他的文集《两行斋集》，由袁俨收集整理刊行。

袁了凡"所作诗文，不自珍惜，散佚过半"。其子袁俨从父亲友人处得所藏二千纸，刻《两行斋集》十四卷行世。

天启五年（乙丑，1625年），袁了凡子袁俨中进士；养子叶绍袁同科中进士，年三十七。

袁俨字思若，号素水。中进士后，授广东高要县知县。天启七年（1627年），高要县夏季大水，秋季洪涝，县城中水深三尺。袁俨奔走救灾，"暑雨中竭力求援治苦……细看贫户，目不暇睫，劳瘁呕血，犹亲民事，遂至不起。归途囊箧萧然，士民市唁巷哭，如丧所生"。

崇祯五年（壬申，1632年），袁了凡逝世二十六年后，《增订二三场群书备考》刊行。书中"举例"第一条说："论、表、策，非拾牙慧，则效眉颦，古学日湮，后生滋误。了凡先生综览秘籍，今事古事各因类著，《经世石画》俱是矣，勿作寻常括帖观。"

崇祯十五年（壬午，1642年），袁了凡和儿子袁俨同时入吴江贤祠受享。

清康熙十五年（丙辰，1676年），袁了凡逝世七十年后，他和众高僧大德发愿修订翻刻的方册本《嘉兴藏》，历经明清两朝百年的努力，刻藏伟业遂告成动。《嘉兴藏》分正藏、续藏和又续藏三大部，共计2090部，12600余卷。

清乾隆二年（丁巳，1737年），袁了凡逝世一百三十一年后，入祀嘉善县魏塘书院"六贤祠"。浙江巡抚纳兰常安撰《祠堂记》。

乾隆十年（丁丑，1745年），袁了凡逝世一百三十九年后，时任宝坻知县的洪肇楙撰《祭袁了凡文》，收入新编《宝坻县志》，称其'德泽惠民之厚"；并收录有关褒奖了凡的祭文和诗歌二十多篇（首）。

乾隆三十八年（癸巳，1773年），袁了凡逝世一百六十七年后，"四库馆"成立，开始编撰《四库全书》。嘉善钱樾为缮书处分校官，嘉善枫泾南镇的谢墉为这部巨著的总阅官。袁了凡著作《皇都水利》《祈嗣真诠》《评注八代文宗》《庭帏杂录》被列为《四库》存目；其父袁仁的著作《春秋考误》《尚书贬蔡编》收入《四库全书》，《毛诗或问》三卷，被列为《四库》存目。

乾隆四十年（乙未，1775年），袁了凡逝世一百六十九年后，佛教学者彭绍升编撰《居士传》，袁了凡居士入传，彭绍升说："了凡既殁百有余年，而"功过格"盛传于世。世之欲善者，虑无不知效法了凡。然求如了凡之真诚恳至，由浅既深，未数数也。"

后 记

国人是有家国情怀的,素有"修身、齐家、治国、平天下"的古训。那么什么样的人,什么样的家庭能堪为典范?位高权重、富贵荣华、才高八斗,这些并不是中国传统文化所推崇的。

在余的理解里这样的家族应该是由一批有历史、有人文、有贡献、有大爱的人构成。一个人的修身养德尚显单薄,如能有智慧、有方法的带动身边的家人和朋友一起精进,可谓之齐家,如若能立功、立德、立言,激励带动全国人民一起向上向善,那就堪称楷模。

袁颢、袁祥、袁仁、袁了凡四代正是这样一个堪典范的家族,也是余数十年来学习的榜样。多年来,余在中医导引和非遗传承相关领域略有建树,也获得了一些荣誉。而近年来,余颇为看重的却是"最美家庭"的荣誉称号。一个人好还不够,要一家人一起好才是真的好,如果能影响带动身边的人和家庭,那就是文化的传与承。

余一直想把心中所思所想写下来,于是开始整理材料,从《袁了凡文集》到《袁氏家训》,从整理出版《袁了凡静坐要诀》到参加"宝坻首届袁了凡学术思想研讨会",逐渐形成了一个提纲,从早期的修身齐家,讲到治国平天下,慢慢地"大医袁了凡"五个字,就在余心中逐渐成形。

后记

2015年余应邀在上海玉佛禅寺"觉群讲堂"开讲《中医导引与佛教医方明》，其中有不少内容就讲到了袁了凡和袁氏家族。余发现听众反馈很好，不过余考虑来听的多是有宗教情感的信众，袁氏家族的故事应该让更多人知晓，尤其是年轻人。于是余将袁氏家族的内容单独提炼出来，重新整理。

2018年至今，余应善小公益基金会、上海中医药大学邀请为近3000位云南、贵州的乡村医生和基层卫生院院长讲授《大医袁了凡》，传授中医导引方法，深受学习者欢迎，余发现袁了凡的事迹和精神，正是被当代人所需要的。

其后，余又在上海浦东一念书院开讲《大医袁了凡》系列讲座，听众的文化层次很高，也更年轻、更现代，余发现他们很喜欢这种娓娓道来的讲故事形式，听课之余他们提出希望能有一本正式出版物，于是便有了本书的雏形。

事实上这本书的整理非常不容易，一来余的专业是中医导引而非研究明史的专家，要将袁颢、袁祥、袁仁、袁了凡四代近200年的事迹还原到当时的历史背景里，行文难免诸多谬误和疏漏，二来书中内容皆由讲稿而来，里面不光有很多口语，而且各讲之间亦有重复的地方，显得特别烦琐。所幸身边有真正的大家善知识，一位以她细腻的笔触，专业的素养，将余心中袁了凡的一言一行和了凡家园八景图逐一还原。另一位以他扎实的学识功底和严谨的治学态度，帮助余修正文中谬误，每一次收到他手改的稿件，看到上面红色的批注指正，在敬佩之余也为自己汗颜。两位先生都不慕名利，多次要求余不要提到他们姓名，让人深切感受到文人风骨，再次拜谢。

现在想来，余是有福气的，能生逢盛世收集整理这么丰富的资料文献，整理成文，以飨读者。国人是有福气的，国家非常注重优秀传统文化的传承和弘扬，中国书法家协会第八届主席孙晓云女士为本书题写书名，中国科学技术出版社的编辑们在此过程中一直指导和帮助我们，使得此书能顺利出版，在此一并感谢。

吾儿石卿、孙儿正易都参与了本书的整理和校对工作，很多朋友和学生也在各方面予以肯定和支持，余心甚慰！

了凡先生的精神，始终激励着我们。他的成就不仅是人们耳熟能详的《了凡四训》，也是一个修身、齐家、治国、平天下的典范，先生之才，吾辈后人或难企及，先生之德，更让我们高山仰止。让我们以此为目标，从自身做起，带动身边亲朋好友共同努力，为优秀文化的传承弘扬，为中华民族的伟大复兴而努力！

严蔚冰
癸卯立春书于藏经室